하나님은 나의 힘이요 구원이십니다

평강의 주님께서
힘과 구원이 되시어
때마다 일마다
평강을 주시길 기도하며

특별히 _____님께

이 소중한 책을 드립니다.

김장환 목사와 함께 / 경건생활 365일

하나님은 나의 힘이요
구원이십니다

나침반

시작하면서

하나님은 나의 힘이요, 구원이십니다!

요즘 우리를 염려와 불안, 두려움과 걱정으로 무력하게 하고, 포기하게 만드는 것들이 있습니다. 곳곳에서 경제압박, 재해소식, 전쟁소문, 테러, 불안한 미래, 외로움들이 우리를 위협합니다.

세상의 방법으로는 해결되지 않고 피난처가 없습니다.
그러나 이럴 때에 나의 힘이자, 구원이신 하나님을 붙드는 것만으로 우리는 충분히 승리할 수 있습니다. 그러므로 지금 우리가 해야 할 일은 바로 더욱 하나님을 의지하고 붙드는 것입니다.

"여호와는 나의 힘이요 노래시며 나의 구원이시니…"(출 15:2)
"The LORD is my strength and song, and he is become my salvation."(Exodus 15:2 / KJV)
출애굽 과정 중 죽음 앞에서 하나님의 엄청난 능력을 체험한 이들이 승리의 찬송을 부르며 출애굽기 15장 2절로 고백하고 있습니다. 하나님께서 이스라엘 백성을 보호하셔서 한 명도 다치지 않았지만 그들의 적들은 하나님의 능력으로 모두가 섬멸됐기 때문입니다.

이 놀랍고 전지전능하신 하나님만을 철저히 의지해 우리 삶에도 그 능력이 체험되길 기도합니다.

그리고 매일 주님이 주시는 귀한 말씀을 묵상함으로 나의 힘과 구원이 되시는 하나님으로 인해 승리하길 축원합니다.

김장환

김장환 (목사/극동방송-이사장)

1월

"여호와께서 너의 출입을
지금부터 영원까지 지키시리로다"
(시편 121편 8절)

1월 1일

새로운 결심

읽을 말씀 : 시편 62:1-12

● 시 62:5 나의 영혼아 잠잠히 하나님만 바라라 무릇 나의 소망이 그로부터 나오는도다

찬송가 311장 '내 너를 위하여'를 작곡한 프란시스 리들리 여사가 새로운 새해를 맞아 쓴 시입니다.
"사랑하는 아버지, 새해의 동이 트고 있습니다.
오는 해에도 주님 안에서 살게 하여 주소서.
나아가는 해가 되게 하시고, 더 찬송하는 해가 되며
주님과 함께 하심을 증거하는 해가 되게 하소서.
사랑을 증거하며 거룩한 일을 하는 해가 되게 하시고
땅에서나 혹 하늘에서나
주님만을 위하는 해가 되게 인도하소서."
세계적인 신학자 우찌무라 간조는 '신념과 결심'이란 칼럼에서 이런 말을 했습니다.
"성도의 결심은 오직 하나님께 맡기는 것뿐이어야 합니다. 해가 오거나, 해가 가거나 모든 일을 이루시는 하나님이십니다. 다만 하나님께 더욱 의지할 뿐입니다."
지난 한 해도 이루신 분은 주님이시고, 올 한 해도 이루실 분이 주님이십니다. 나의 모든 소망과 계획도 주님이 주신 비전과 말씀 위에 서있어야 합니다. 주님의 말씀을 따라 거룩한 삶을 세상 가운데 살아가게 해달라고 나의 계획과 소망을 모두 주님께 맡기십시오. 아멘!!

♥ 주님, 주님이 주시는 좋은 것들로 채울 수 있는 승리의 한 해가 되게 하소서.
📖 새해를 맞은 거룩한 결심의 글을 하나님께 드린다 생각하고 적어봅시다.

나의 영적 일지

크게 기대하라

읽을 말씀 : 시편 81:1-16

● 시 81:10 나는 너를 애굽 땅에서 인도하여 낸 여호와 네 하나님이니 네 입을 크게 열라 내가 채우리라 하였으나

　미국 오클라호마에서 꽤 큰 규모의 마트를 운영하고 있던 실반 골드만은 매출이 좀처럼 오르지 않아 고민이 많았습니다.
　매장을 방문하는 고객도 많은 편이어서 이를 이상하게 여긴 실반은 시간이 날 때마다 매장으로 나와 물건을 사는 고객들을 관찰했습니다. 그리고 중요한 사실 한 가지를 발견했는데 그것은 장바구니가 너무 작다는 사실이었습니다.
　고객들은 대부분 장바구니 하나가 가득차면 바로 계산대로 이동을 했습니다. 혹시나 싶어 좀 더 큰 크기의 장바구니로 교체를 했더니 매출이 확연히 올랐습니다.
　고객들은 들고 있는 장바구니만큼 대부분 물건을 사가고 있었습니다. 그렇게 장바구니를 크게도 하고, 2개를 묶기도 하고 여러 시행착오를 거친 실반은 1년 뒤 쇼핑카트라는 것을 개발했는데, 이 카트는 많은 물건을 담을 수 있을 뿐 아니라 쇼핑을 즐겁게 한다는 느낌을 고객들에게 받게 했습니다. 실반은 지금 우리가 마트에서 사용하고 있는 이 쇼핑카트의 원형을 개발해 매출을 전에 비해 몇 배나 올렸습니다.
　때로는 하나님의 능력에 비해 우리의 기도와 믿음이 부족해 응답을 받지 못할 때가 있습니다. 응답을 받지 못했을 때 필요한 것은 더 간절한 기도와 큰 믿음입니다. 바르게 구할 때 넘치도록 주시는 주님을 믿고 정결한 믿음으로 크게 구하십시오. 아멘!!

♡ 주님, 믿음의 연약함을 도우시고 지경을 넓히소서.
📖 말씀을 따라, 믿음을 따라 하나님께 더 크게 구합시다.

나의 영적 일지

1월 3일
진정한 본향 천국

읽을 말씀 : 누가복음 17:20-37

● 눅 17:20-21 ...예수께서 대답하여 이르시되 하나님의 나라는 볼 수 있게 임하는 것이 아니요 또 여기 있다 저기 있다고도 못하리니 하나님의 나라는 너희 안에 있느니라

   동남아시아의 작은 나라 '부탄'은 가장 행복한 나라 중 하나로 알려져 있습니다. 국민총생산금액이 전 세계 112위인 가난한 나라이지만 녹지 유지, 적은 빈부격차, 무상 복지, 무상 의료 등 생산이 아닌 행복을 위한 방향을 추구하는 지상 낙원이라며 여러 강연과 컨퍼런스, 그리고 연구 자료들이 발표되고 있습니다. 환경보호와 국민들의 여유를 위해 관광객도 1년에 딱 1만 명까지만 받고, 반드시 현지인 가이드와 운전자를 동행하며 여행세까지 내야 합니다. 이처럼 모든 정책이 삶의 질에만 맞춰져 있어 약 10년 전에는 세계에서 국민들이 가장 행복한 나라에 뽑히기도 했고 그 사실이 알려지며 많은 사람들이 부탄의 정책과 부탄국민들의 삶을 동경하고 있습니다.
   그러나 최근의 소식을 들어보면 부탄이 자랑하던 국민들의 행복도는 60위권으로 떨어졌고, 많은 청년들이 자기들이 하고 싶은 일을 하지 못하는 것에 큰 불만을 품고 있다고 합니다. 게다가 자살률도 크게 늘어 사회적 문제가 생길 정도이지만 여전히 저 멀리 있는 작은 나라 부탄을 지구상에서 가장 행복한 나라로 알고 동경하는 사람들이 많이 있습니다.
   현실의 한계를 인정하고 성경이 약속한 하나님 나라를 간절히 소망할 때 우리가 머무는 세상을 더 나은 곳으로 발전시킬 수 있고 하나님이 주신 천국을 경험할 수 있습니다. 세상의 한계를 인정하되 주님의 말씀대로 실천하기 위해 끊임없이 노력을 하십시오. 아멘!!

♥ 주님, 우리의 최종 목적지를 생각하며 세상에서도 최선을 다하게 하소서.
📖 지금 환경에 불만족하기 보다는 말씀의 원리에 따라 할 수 있는 일을 합시다.

나의 영적 일지

삶으로 하는 번역

읽을 말씀 : 요한복음 13:1-20

● 요 13:15 내가 너희에게 행한 것 같이 너희도 행하게 하려 하여 본을 보였노라

독일의 지식인들 사이에는 이런 농담이 있다고 합니다.
"그나저나 하이데거의 존재의 시간은 언제 독일어로 번역이 되나요?"
하이데거는 독일에서 태어난 순수 독일인이며 또한 평생 독일어만 사용해 철학을 했습니다. 게다가 그의 철학은 일반적인 사람들에게도 삶의 의미를 부여하고자 하는 내용이기도 했습니다. 그러나 정작 글이 너무 어려워 독일인들조차 쉽게 읽지 못하고 또 그에 대해서 서로 대화를 나누지 못하는 내용이 된 것입니다.
성경의 번역본에 대한 논란이 미국에서 커지던 시대에 한 청년이 자신이 옳다고 주장하는 번역본 성경을 들고 와 무디 선생에게 물었습니다.
"선생님은 어떤 번역본이 하나님의 말씀을 가장 잘 표현하고 있다고 생각하십니까?"
이 질문을 들은 무디 선생은 한 치의 망설임도 없이 대답했습니다.
"믿는 우리들의 삶으로 번역된 성경입니다."
두꺼운 성경 말씀을 세상 사람들에게 읽게 할 수 있는 방법이 있습니다. 하나님 말씀을 듣고 따라 실천함으로 세상에 보여주는 우리 성도들이 그 일을 할 수 있습니다. 말씀을 아무리 많이 알고 또 외운다 하더라도 세상 사람들에게 그 말씀을 보여주지 못하고, 전하지 못한다면 제자의 삶은 실패입니다. 말씀을 읽고, 깊이 배우고, 열심히 실천하십시오. 아멘!!

♥ 주님, 말씀을 더 알게 하시고, 더 믿게 하시고, 더 살아가게 하소서.
주일 예배 때 들은 말씀을 한 주간 실천하며 살아갑시다.

나의 영적 일지

1월 5일 — 지나치는 사람들

읽을 말씀 : 디모데후서 4:1-8

● 딤후 4:2 너는 말씀을 전파하라 때를 얻든지 못 얻든지 항상 힘쓰라 범사에 오래 참음과 가르침으로 경책하며 경계하며 권하라

    바쁜 뉴욕의 출근시간 한 여성이 급하게 지하철을 타려고 몸을 날렸습니다. 그런데 이를 미처 보지 못한 기관사가 문을 닫았고 승객은 목이 지하철 문에 끼어서 도움이 필요한 상황이었습니다. 기관사는 문제 파악을 못했는지 지하철 문은 다시 열리지 않았고, 신호문제로 출발을 하지도 않았습니다. 문에 목이 끼인 여자는 큰 소리로 도움을 요청했지만 지하철 안의 승객도, 역 밖에서 지나가는 승객들도 단 한 명도 도와주지 않고 제자리에 앉아 있거나 스쳐 지나갔다고 합니다. 잠시 뒤 지하철 역무원이 지나가며 그 모습을 봤지만 역시 슬쩍 쳐다보기만 했을 뿐 아무런 도움을 주지 않고 그냥 지나쳐 갔습니다.

    이 영상을 찍어 인터넷 기사로 올린 사람은 반대 편 지나가는 지하철을 탄 한 승객이었습니다. 이 승객이 탄 열차가 다시 떠날 때까지 여자는 아무런 도움을 받지 못했고, 그래서 계속 목이 낀 채로 서 있는 것이 이 영상의 마지막 모습이었습니다.

    나에게 복음을 전한 사람이 없었다면 지금도 우리 역시 죽음 앞에서 누군가의 도움이 필요한 채로 살고 있었을 것입니다. 이 소중한 복음의 흐름을 기억할 때 숭고한 주님의 희생과 더불어 힘을 입어 담대히 복음을 전할 수 있습니다. 누구에게나 반드시 필요한 것이 복음임을 기억하고, 그 복음이 필요한 사람들을 외면하거나 지나치지 마십시오. 아멘!!

♥ 주님, 도움이 필요한 사람들을 외면하지 않는 용기 있는 제자가 되게 하소서.
📖 언제든, 누구에게든 복음을 전할 수 있는 전도지를 가지고 다닙시다.

나의 영적 일지

복음의 씨앗을 뿌리는 사람

읽을 말씀 : 마태복음 13:36-43

●마 13:40 그런즉 가라지를 거두어 불에 사르는 것 같이 세상 끝에도 그러하리라

1월 6일

　청교도들이 신앙의 자유를 찾아 머나먼 바다를 건너 신대륙에 도착했을 때 가장 힘들었던 것 중의 하나가 물의 공급이었습니다.
　깨끗한 물을 발견하기도 힘들었을 뿐더러 물갈이가 심해 그나마 도착한 사람들마저 심한 복통을 호소했는데, 이 문제를 해결하기 위해 사과주스를 만들어 먹었습니다. 그리고 사과주스가 확실히 도움이 된다는 것을 깨달은 한 남자는 개척시대 내내 평생을 바쳐 전국을 돌아다니며 사과 씨앗을 심었습니다. 숨이 멈출 때까지 개척시대의 미국을 돌아다니며 사과 씨앗을 심다가 죽은 이 남자의 바람은 단 하나였습니다.
　'후손들이 정착하는 데에 조금이라도 도움이 되는 것'
　이 남자의 여행은 많은 미국인들의 귀감이 되었고 사람들은 그를 '조니 애플시드'라고 불렀습니다. 그리고 이후 사과는 미국의 특별한 상징이 되었는데, 매우 가치 있거나 멋진 일을 할 때는 '마치 애플파이 같군'이라는 말을 쓰기도 하며, 대도시인 뉴욕을 표현할 때도 '커다란 사과'라는 표현을 쓰기도 합니다.
　열악한 환경에서 자신의 안위를 찾기보다는 후손을 위해 평생을 헌신한 존 채프먼의 삶은 분명 가치 있는 삶이었습니다. 세상이 하나님을 멀리하고 복음을 전하기가 점점 척박해지는 이 시대야말로 더욱 곳곳에 복음의 씨앗을 뿌려야 합니다. 하나님이 맡기신 다음 세대를 위한 우리의 사명을 잊지 마십시오. 아멘!!

♡ 주님, 환경이 어려울수록 복음을 위해 기도하며 헌신하게 하소서.
▨ 내가 복음을 전해야 할 곳이 어디인지를 생각해보고 실행합시다.

나의 영적 일지

1월 7일
미래를 새롭게 하는 과거

읽을 말씀 : 시편 51:10-19

● 시 51:10 하나님이여 내 속에 정한 마음을 창조하시고 내 안에 정직한 영을 새롭게 하소서

    1800년대 미국 필라델피아에서는 마차를 끄는 마부들이 거리에 나와 시위를 벌였습니다.
    "전기차를 금지시켜라!", "정부는 전기차 운행을 법적으로 멈춰라!"
    아직 상용화도 안 된 전기차가 왜 나오는지 이해가 되지 않을 수도 있겠지만 사실 전기차는 1800년대 미국에서 이미 교통수단으로 활용되고 있었습니다. 그러나 당시 압도적으로 많았던 마차를 운전하는 사람들이 사고의 위험을 예로 들어 반대 운동을 벌였고 더불어 충전의 어려움 등이 맞물려 역사에서 사라지게 된 것입니다.
    그런데 그렇게 이미 사라졌던 전기차가 최근 미래를 바꿀 새로운 트렌드로 다시 자리 잡고 있습니다. 이미 세계적인 자동차 업체들은 자동주행과 전기차 시장에 사실상 올인하기 시작했고 빠르면 5년 사이 전기차가 상용화 될 것으로 많은 미래학자들은 예측합니다. 그러나 전기차처럼 많은 새로운 기술들은 사실 새롭게 개발된 것보다는 과거에 이미 있던 것들은 더 나은 방법으로 개량시켜서 재창조한 것들이 많다고 합니다. 그래서 정말 창의적인 사람들은 이미 나오지 않은 것보다 이미 나왔던 것에 더 관심을 두고 연구한다고 합니다.
    혁신은 새롭게 하는 것이 아니라 이미 있는 것을 더 낫게 하는 것입니다. 마찬가지로 태초부터 있던 복음은 그 어떤 시대가 온다 할지라도 절대 포기해서는 안 되며 오히려 더욱 지켜나가야 합니다. 형식과 방법을 떠나 복음의 진리는 언제나 만고불변임을 기억하십시오. 아멘!!

♥ 주님, 복음을 낡은 것이 아닌 언제나 새로운 말씀으로 마음에 받게 하소서.
날마다 새롭게 임하는 주님의 말씀과 은혜를 간구합시다.

나의 영적 일지

왕도는 없다

읽을 말씀 : 야고보서 2:14-26

● 약 2:26 영혼 없는 몸이 죽은 것 같이 행함이 없는 믿음은 죽은 것이니라

　중국 제나라의 위왕이 다른 지역으로 시찰을 가다가 이름 모를 명산을 발견했습니다.
　하늘 가까이 보이는 산봉우리가 너무나 멋졌으나 걸어가자니 체면이 서지 않았고, 그렇다고 가마나 말을 타고 갈 수는 없었습니다. 왕은 높은 벼슬을 하고 있는 신하들을 불러놓고 질문을 던졌습니다.
　"나를 저 산으로 편하게 옮겨놓을 방법이 있겠는가? 그런 지혜가 있는 자에게는 원하는 것을 주겠네."
　그러나 아무리 생각해도 뾰족한 방법이 없어 왕은 손자병법을 쓴 손자와 쌍벽을 이루는 병법가 손빈을 향해 방법이 없겠냐고 물었습니다.
　"저에게 전하를 산 위로 올릴 방법은 없으나 일단 산 위에 올라가시면 밑으로 내릴 방법은 있습니다."
　중국 최고의 병법가의 말이었기에 어떤 방법일지 궁금했던 왕은 손빈의 말을 듣고 서둘러 산으로 올라갔습니다. 그리고 정상에 오르자 손빈이 입을 열었습니다.
　"실은 제가 밑에서 드린 말씀이 폐하를 산 위에 올리고자 한 방법이었습니다. 스스로 오르게 하는 것 말고는 이 산에 오를 방법은 없습니다."
　높은 태산도, 낮은 뒷산도 오르는 방법은 한 가지 뿐입니다. 하나님이 주신 믿음의 분량은 모두 다르지만 주님의 제자로 사는 방법은 말씀을 따라 사는 것 한 가지 뿐입니다. 오늘 사는 삶으로 최선을 다해 주님을 따르십시오. 아멘!!

♡ 주님, 힘들다고 포기하지 말고 묵묵히 제자의 삶을 살아가게 하소서.
　내가 할 수 있는 능력껏 말씀을 실천해 나갑시다.

나의 영적 일지

1월 9일

진정한 사랑

읽을 말씀 : 요한1서 1:5-10

● 요한1서 1:9 만일 우리가 우리 죄를 자백하면 그는 미쁘시고 의로우사 우리 죄를 사하시며 우리를 모든 불의에서 깨끗하게 하실 것이요

어릴 때 사고로 시력을 잃은 남자가 있었습니다.

남자는 자신을 너무나 자상하게 대해주는 한 여자를 사랑하게 되었고, 이내 청혼을 했습니다. 그러나 여자에게 뜻밖의 이야기를 들었습니다.

"저도 당신을 사랑합니다. 그러나 사실 제 얼굴에는 심한 화상자국이 있어요. 당신이 비록 앞을 못 본다 하더라도 그 사실을 숨길 수는 없기에 거절해야 할 것 같아요."

"제가 볼 수 있는 것은 당신의 상처가 아니라 아름다운 마음씨뿐입니다. 그러니 걱정 말고 제 청을 들어주십시오."

남자의 고백에 감동을 받은 여자는 청혼을 받아들였고 둘은 결혼을 해 행복한 삶을 꾸렸습니다.

그런데 몇 년 뒤 남자가 검진을 받는 도중 수술을 받으면 시력을 회복할 수 있다는 말을 듣게 되었습니다. 며칠을 고심한 남자는 의사 선생님을 찾아와 이렇게 말했습니다.

"제 아내의 얼굴에는 심한 상처가 있습니다. 저는 그 상처가 어떨지라도 아내를 사랑할 자신이 있습니다. 하지만 아내는 제가 그 상처를 본다는 이유로 평생을 힘들어하겠죠. 그래서 수술을 포기하겠습니다."

상처를 덮는 것이 진정한 사랑입니다. 매일 연약하고 죄를 짓는 우리지만 주님은 그럼에도 다시 자백하고 주님께로 돌아오는 모습만을 기억하십니다. 자백한 죄는 기억하지 않으시는 주님을 믿고 오늘도 주님 앞으로 나오십시오. 아멘!!

♡ 주님, 죄에 대한 두려움으로 주님과의 관계를 포기하지 않게 하소서.
📖 죄에 대한 죄책감을 예배와 경건생활을 통한 은혜로 이겨냅시다.

나의 영적 일지

해초가 있는 이유

읽을 말씀 : 잠언 15:16-33

● 잠 15:17 채소를 먹으며 서로 사랑하는 것이 살진 소를 먹으며 서로 미워하는 것보다 나으니라

바다로 여행을 온 아버지와 아들이 있었습니다.

부자는 배를 빌려 수심이 얕은 곳에서 그물을 던져 고기를 잡고 있었는데 자리를 잘못 잡았는지 고기는 몇 마리 잡지도 못하고 해초만 걸려 올라와 헛물을 계속 키고 있었습니다. 참다못한 아들이 결국 화를 내며 말했습니다.

"벌써 몇 번이나 해초만 건지고 있어요. 아빠, 도대체 하나님은 왜 해초 같은 걸 만들었을까요? 바다에 고기만 가득하면 더 좋을 텐데요."

그 말을 들은 아버지는 아들의 어깨를 두드리며 말했습니다.

"아들아 하지만 생각해보렴, 바다에 해초가 없으면 미생물이 살 수 없고, 미생물이 살 수 없으면 새우도 살 수 없단다. 그리고 새우를 비롯한 작은 생물들이 사라지면 우리가 잡으려는 물고기도 존재하지 않겠지. 하나님은 모든 것을 필요한 곳에 적당히 창조하셨단다. 그러니 해초에도 감사하는 마음으로 열심히 물고기를 잡아보자꾸나."

하나님이 창조하신 세계에는 법칙이 있고 원리가 있습니다. 내가 마음에 들어 하지 않는 사람도 하나님이 창조하신 귀한 사람이고, 놀라운 하나님의 계획이 그 삶에도 있습니다. 한 사람 한 사람의 가치와 가능성을 바라볼 때 편을 가르고 대립하기보다는 이해하고 연합할 수 있습니다. 하나님이 주시는 사랑의 눈으로 귀한 형제자매들을 바라보십시오. 아멘!!

♡ 주님, 삐뚤어진 시선과 생각으로 다른 지체들을 평가하지 않게 하소서.
🙏 가까운 지체부터 하나님이 허락하신 형제자매로 생각하고 이해하고자 노력합시다.

나의 영적 일지

1월 11일
성실의 대가

읽을 말씀 : 누가복음 16:1-13

● 눅 16:10 지극히 작은 것에 충성된 자는 큰 것에도 충성되고 지극히 작은 것에 불의한 자는 큰 것에도 불의하니라

    도산 안창호 선생은 나라가 어려울수록 배워야 어려움을 극복할 수 있다고 생각을 해 힘들게 돈을 모아 미국으로 유학을 떠났습니다.
    미국에서도 힘들게 일을 해 돈을 벌면서 공부를 했는데 그러면서 했던 일 중 하나가 오렌지 농장에서 수확을 하는 일이었습니다. 오렌지 농장에서 일을 하는 일은 너무 고됐습니다. 하루 종일 뙤약볕에서 일일이 오렌지를 땄지만 급료조차 많지 않았습니다. 그래서 농장에서 일하는 사람들은 대부분 감시를 피해 건성건성 일을 했습니다. 이 모습을 본 안창호 선생은 농장에서 일하는 한인들을 불러 이렇게 말했습니다.
    "여기서 오렌지나 따고 있다고 생각할 수도 있습니다. 그러나 우리는 조국의 미래를 위해 초석을 닦는 구슬땀을 흘리고 있는 일이라고 생각할 수도 있습니다. 조국을 생각하며 더 성실하게 일합시다. 언젠가 인정받는 날이 반드시 올 것입니다."
    그렇게 몇 달이 지나자 갑자기 오렌지 농장 주인이 안창호 선생을 불러 말했습니다.
    "당신이 오고 나서 한인이 맡은 구역에만 유독 수확량이 늘었습니다. 당신들의 급료를 올려주겠습니다. 그리고 앞으로 더 많은 한국인들을 고용할 예정입니다."
    작은 일은 위대한 일이 아니지만 작은 일에도 최선을 다하는 것은 위대한 일입니다. 오늘 하나님이 맡겨주신 일들을 최선을 다해 수행하는 충성된 일꾼이 되십시오. 아멘!!

♥ 주님, 맡은 일에는 항상 최선을 다하는 성실한 손과 마음을 허락해 주소서.
📖 당장 오늘부터 맡은 일을 최선을 다해 착수합시다.

나의 영적 일지

당연히 해야 하는 일

읽을 말씀 : 잠언 4:1-13

● 잠 4:2 내가 선한 도리를 너희에게 전하노니 내 법을 떠나지 말라

　목포 부근의 바다에서 한 어선이 고기를 잡고 있었습니다.
　어두운 밤바다에 그물을 넓게 치고 잠시 뒤 거두기만 하면 되는 상황인데 갑자기 저 멀리서 커다란 불빛이 보였습니다. 배에서 불이 난 것임을 직감한 선장은 바로 선원들에게 명령을 내렸습니다.
　"그물을 칼로 다 끊어버리고 바로 저곳으로 갑시다."
　그물과 잡힌 고기를 모두 포기한 채 배는 전속력으로 불길을 향해 항해했습니다. 그곳에는 사고로 불에 타고 있는 다른 어선이 있었고, 차가운 밤바다에 몸을 던져 구조를 기다리고 있는 7명의 선원들이 있었습니다. 아직 차가운 3월의 밤바다에 강풍주의보까지 내려 위험한 상황이었지만 용기 있는 결단으로 화재가 난지 25분 만에 모든 선원들이 구조될 수 있었습니다. 이 일로 바다의 의인이라는 별명을 얻은 헌진호의 김국관 선장은 언론과의 인터뷰에서 이렇게 말했습니다.
　"별로 대단한 일이라고 생각하지 않습니다. 만약 우리 배가 같은 사고를 당했다면 다른 배 역시 그렇게 했을 것입니다. 바다에서 일하는 사람들이라면 누구나 마찬가지일거고요."
　당연히 해야 할 일을 즉시 실천한 용기가 있어야 사람을 살릴 수 있습니다. 예수님은 그 중요한 일을 우리에게 맡기셨고, 우리가 하기를 바라십니다. 단순히 나의 안위와 성공을 넘어서 영혼을 구원하는 진짜 중요한 일에 더 관심을 쏟으십시오. 아멘!!

　♥ 주님, 눈앞의 욕심에 사로잡혀 성도의 의무를 져버리지 않게 하소서.
　📖 영혼 구원을 위해서 내가 어떤 일을 해야 할지 생각합시다.

나의 영적 일지

1월 13일 승리의 조건

읽을 말씀 : 요한복음 16:25-33

● 요 16:33 이것을 너희에게 이르는 것은 너희로 내 안에서 평안을 누리게 하려 함이라 세상에서는 너희가 환난을 당하나 담대하라 내가 세상을 이기었노라

누명을 쓰고 옥에 갇혀 있던 이순신 장군이 백의종군을 해 다시 수군통제사가 되었을 때 조선 수군의 상태는 사실상 폐허 상태였습니다.

당장 전투가 벌어지면 싸울 배는 물론이고, 먹을 식량, 싸울 병사들까지 승리에 필요한 모든 것들이 절대적으로 부족했습니다. 그러나 이순신 장군은 포기하지 않고 싸우기 위한 준비를 하나하나 해나갔습니다. 병사들을 동원에 밭을 경작하며 군량미를 준비했고, 배를 보수하며 싸울 수 있는 군함을 한척이라도 더 만들었습니다. 그리고 자신의 명성을 이용해 근처 지역까지 돌아다니며 의용군을 모아 병사들을 보충했습니다.

그럼에도 모든 전력이 열세인 것은 분명했습니다. 그러나 이런 준비로 인해 불가능이 가능해질 확률이 작게나마 생겼고, 13척의 배로 10배가 넘는 적군을 격퇴시키며 23전 23승이라는 놀라운 기록이 가능해졌습니다. 이순신 장군의 전략과 통솔도 물론 훌륭했지만 이런 기적과도 같은 결과를 만든 것은 결국 승리의 조건을 갖추기 위한 착실한 노력 덕분이었습니다.

연약한 우리가 세상에 맞서 싸우는 것은 계란으로 바위치기나 마찬가지입니다. 그러나 부족할지라도 매일 주님이 주시는 은혜를 공급받고 할 수 있는 노력을 해나간다면 이미 승리하신 주님의 도우심으로 우리도 다시 일어서 승리할 수 있습니다. 심령이 지치고 힘이 들수록 더욱 주님의 도우심을 의지하십시오. 아멘!!

♡ 주님, 하나님을 의지하는 것이 진정한 승리의 비결임을 알게 하소서.
📖 하루의 시작과 마무리는 주님을 향한 경건생활로 채웁시다.

나의 영적 일지

400년 뒤 발견된 편지

읽을 말씀 : 고린도전서 13:1-13

● 고전 13:8 사랑은 언제까지나 떨어지지 아니하되 예언도 폐하고 방언도 그치고 지식도 폐하리라

경북 안동의 한 공사장에서 건축공사 도중 유물이 발견되었습니다.
유골과 함께 꽤 오래된 듯 한 종이에 쓰인 편지가 잘 보존되어 있었는데, 그 편지에는 '병술년(1586년) 초하룻날 아내가'라는 제목으로 다음과 같은 내용들이 적혀 있었습니다.
'당신은 늘 나에게 머리가 하얗게 세도록 살다가
함께 죽자고 하시더니
어째서 나를 두고 먼저 떠나셨나요?
우리 같이 어여쁘게 사랑하는 사람이 또 있을까?
아무리 생각해도 신기하다고 속삭이더니
그런 적 없다는 듯이 이제는 왜 안 계시나요?
세상천지에 이런 원통한 일이 또 어디 있을까요?
꿈속에서라도 당신을 만나 이야기를 나누고 싶어서
이렇게 편지를 적습니다. 혹여 보거든 꼭 내 꿈에 찾아와주세요.'
연구 결과 이 편지는 조선시대 이응태라는 사람의 아내가 남편을 그리워하며 어린 아들과 임신한 몸을 돌보며 쓴 것이었습니다. 비록 이미 떠난 남편이 보지 못할 것을 알지만 땅속에 묻힐지라도 남편을 향한 사랑과 슬픔 때문에 편지를 적지 않을 수 없었던 것이었습니다.
절절한 사랑의 편지는 400년이 묻혀 있어도 지금 우리의 가슴을 슬프게 하듯이 태초부터 나를 사랑하시고 한 영혼이라도 더 구원받기를 원하시는 하나님의 마음을 성경을 통해 느끼십시오. 아멘!!

🖤 주님, 성경이 말하는 하나님의 뜨거운 사랑에 응답하게 하소서.
📖 성경을 하나님의 사랑이 담긴 편지로 생각하면서 깊이 묵상합시다.

나의 영적 일지

1월 15일

산소와 수소, 나무와 가지

읽을 말씀 : 요한복음 15:1-16

● 요 15:5 나는 포도나무요 너희는 가지라 그가 내 안에, 내가 그 안에 거하면 사람이 열매를 많이 맺나니 나를 떠나서는 너희가 아무 것도 할 수 없음이라

    국내의 한 명문대의 화학과에서 만나 결혼한 커플이 담당 교수님이었던 분에게 주례를 요청했습니다.
    교수님은 신랑과 신부를 비롯한 많은 하객들도 과학도인 것을 감안해 이렇게 주례를 했습니다.
    "산소와 수소가 만나 물 분자를 이루면 보통의 힘으로는 뗄 수 없는 강한 결합이 생깁니다. 두 사람의 결혼이 그런 행복한 화학작용을 이루는 순간이 되었으면 좋겠습니다."
    그런데 이 주례사를 듣던 하객들이 갑자기 웅성거리기 시작했습니다. 교수님은 뭔가 잘못됐나 싶어 식장을 둘러봤지만 아무 일도 일어나지 않았습니다. 그러다 그중 앞에 앉은 한 학생이 옆 사람에게 하는 말을 듣고서야 교수님은 자신이 큰 실수를 했다는 것을 깨달았습니다.
    "저기 그런데, 물이 되려면 산소 하나에 수소가 두 개(H_2O) 필요하지 않아?"
    결혼은 일대일의 관계이고, 물 분자는 일대 이의 관계이지만 주님안의 공동체는 예수님께 무한히 붙을 수 있는 공동체입니다. 교회 안에서도 서로 시기하고 다투는 것이 아니라 하나님 앞에서 서로 전인적으로 성장하도록 도와야 합니다. 안심하고 한 명이라도 더 많은 영혼을 주님이라는 나무에 접붙이기 위해 복음을 전하십시오. 아멘!!

♡ 주님, 올바른 신앙생활에는 반드시 공동체가 필요함을 알게 하소서.
🖼 내가 속한 구역과 교회가 하나님이 원하시는 공동체가 되게 해달라고 기도합시다.

나의 영적 일지

마음을 움직이는 진심

읽을 말씀 : 시편 119:1-16

1월 16일

● 시 119:2 여호와의 증거들을 지키고 전심으로 여호와를 구하는 자는 복이 있도다

    1993년 캐나다의 총리 후보 토론회에서 한 후보가 일그러진 표정을 카메라 앞에 나왔습니다. 그리고 집중하지 않으면 듣기 힘들 정도의 어눌한 말투로 그 후보는 토론에 앞서 이런 말을 했습니다.
    "존경하는 국민 여러분, 저는 안면마비로 인한 언어장애를 가지고 있습니다. 지금 이 자리에 오면서 언어장애로 큰 어려움을 겪은 것도 사실이지만 그보다 저는 지금 제가 가진 이 장애 때문에 제 진심을 온전히 여러분께 전달하지 못할까봐 고통스럽습니다. 그러므로 부디 인내심을 가지고 저의 말에 귀를 기울여 주시길 부탁드립니다. 저의 어눌한 발음이 아니라 그 속에 담긴 생각과 의지를 들어주시면 고맙겠습니다."
    정치에 관심이 없거나 이 후보를 처음 본 사람도 이 말을 들은 뒤에는 그 사이 머릿속에 떠올렸던 편견과 잘못된 생각들을 모두 날려버렸습니다. 그리고 그가 어떤 말을 하는지 집중해서 경청을 했습니다. 비록 어눌하지만 최선을 다해 진심을 전달했던 이 후보는 캐나다에서 3번이나 총리가 된 장 크레티앙이었습니다.
    사람의 마음을 움직이는 것은 화려한 언변과 자랑이 아니라 진심과 실천입니다. 더 좋은 말을 하려고 노력하기보다는 나의 말에 진심이 있는지를 먼저 확인해야 합니다. 나를 드러내고 자랑하는 신앙이 아니라 하나님의 살아계심을 체험한 사실을 드러내는 신앙인이 되십시오. 아멘!!

♡ 주님, 진실로 변화되고 진실을 진심으로 전하는 사람이 되게 하소서.
🙏 말로 드러내기보다 삶으로 살아내는 성도가 됩시다.

나의 영적 일지

1월 17일

작은 정성의 기적

읽을 말씀 : 누가복음 19:11-27

● 눅 19:17 주인이 이르되 잘하였다 착한 종이여 네가 지극히 작은 것에 충성하였으니 열 고을 권세를 차지하라 하고

    미국 캔자스 주의 한 시골에 사는 소년이 있었습니다.
    하루는 먼 친척이 소년에게 용돈으로 몇 달러를 보내주었는데 그 돈을 받은 소년은 기뻐하며 답장을 보냈습니다.
    "귀한 용돈을 보내주셔서 감사해요. 마침 저희 마을에 많이 살고 계시는 한센병 환자들을 도울 방법을 찾고 있었어요. 아저씨가 보내주신 돈으로 새끼 돼지를 사서 키우면 큰 도움이 될 것 같아요. 다시 한 번 감사드려요."
    소년은 돈을 조금 더 모아 정말로 새끼 돼지를 사서 길렀습니다. 그리고 키운 돼지를 팔아 얼마는 한센병 환자들을 돕고 남은 돈으로는 다시 새끼 돼지를 사서 키웠습니다. 그리고 이 소년의 모습을 본 또래 친구들도 새끼 돼지를 사서 똑같이 키워 한센병 환자를 돕기 시작했습니다. 이 모습은 신문기사에 실려 점점 전국으로 퍼져 나갔고, 소년을 돕기 위해 직접 돼지를 키우지는 못하는 사람들이 돼지 모양의 저금통에 돈을 모아 보내주기 시작했습니다. 한국에서는 복을 의미하고 그저 저금을 의미하는 돼지저금통은 캔자스 시골의 윌버라는 한 소년이 남을 돕기 위해 시작한 아이디어에서 탄생한 것입니다.
    아무리 작은 정성이라 하더라도, 실현 가능성이 없어 보인다 하더라도 성령님이 주시는 음성을 따라 최선을 다할 때 역사하십니다. 마음에 감동을 주시는 성령님의 음성에 주저하지 말고 순종하십시오. 아멘!!

    ♥ 주님, 매일 들리는 성령님의 음성을 사소한 것이라도 놓치지 않게 하소서.
    📖 선을 행하는 일에는 잠시도 지체하지 말고 곧 행합시다.

나의 영적 일지

동물들의 사랑 방법

읽을 말씀 : 요한복음 13:31-35

● 요 13:35 너희가 서로 사랑하면 이로써 모든 사람이 너희가 내 제자인 줄 알리라

　얼핏 보기에는 평범해 보이는 동물들도 사실은 여러 가지 방법으로 사랑을 표현하고 있습니다. 그 중의 몇 가지 예를 들어보겠습니다.
- 펭귄은 프로포즈 선물로 예쁜 자갈을 가져다줍니다.
- 소는 대부분 가장 친한 친구가 있으며 그 친구와 시간을 더 많이 보냅니다.
- 해마는 평생 한 번의 결혼만 하며 여행을 할 때는 꼬리를 묶고 다닙니다.
- 다람쥐들은 버려진 새끼를 보면 입양을 해서 키웁니다.
- 바다 수달은 잠을 잘 때 떠내려가지 않기 위해 서로 손을 잡고 잡니다.
- 강아지들은 수컷이 훨씬 힘이 세지만 암컷에게 일부러 져줍니다.
- 고양이는 고마움을 표시하기 위해서 죽은 동물을 가져다 줍니다.
- 돌고래는 서로에게 이름을 지어 부릅니다.
- 벌레들은 서로 껴안는 스킨십으로 의사소통을 합니다.

　크리스천들의 습성은 어떤 것이어야 할까요? 불의에 저항하고 말씀을 목숨처럼 지키고, 낮은 곳에 가서 섬기며 서로 사랑하는 모습이 우리의 모습이자 세상 사람들이 바라보는 크리스천들의 모습이어야 하지 않을까요? 완전하신 하나님을 따르는 성도들이 온전한 사랑의 모습을 세상 사람들에게 보여줄 수 있게 해달라고 기도하십시오. 아멘!!

♥ 주님, 완전한 사랑을 서로 간의 교제로 세상에 알리는 성도들이 되게 하소서.
주님이 보여주시고 가르쳐주신 모습대로 사랑하고 있는지 돌아봅시다.

나의 영적 일지

1월 19일

바른 시각, 바른 지식

읽을 말씀 : 마태복음 23:1-12

● 마 23:12 누구든지 자기를 높이는 자는 낮아지고 누구든지 자기를 낮추는 자는 높아지리라

일본이 서양문물을 자유롭게 받아들이고 적용하던 개화기 시절에 사람들에게 가장 큰 관심이 있던 것은 신분제도의 폐지였습니다.

사람은 모두 평등하기에 신분을 떠나 마음껏 능력을 발휘하자는 사상이 퍼지면서 신분제를 폐지하자는 운동이 일어났는데 당시 이 운동을 가장 크게 반대하던 것이 놀랍게도 평민층이었습니다. 당시 평민들은 열심히 노력을 해도 귀족이나 군인들에게 착취와 노역을 당하면서 큰 설움을 당했습니다. 그럼에도 신분제 폐지를 반대한 것은 자기들이 부리던 천민들과 평등해지는 것은 견디지 못하겠다는 시각 때문이었습니다.

최근 미국에서도 '오바마 케어'로 불리는 미국의 새로운 보험 제도를 비난하며 철폐를 주장하는 사람들이 많아졌는데, 이런 사람들이 대부분이 알고 보니 '오바마 케어'의 가장 큰 수혜를 받는 계층의 사람들이었다고 합니다. 남의 설움을 생각할 줄 모르는 비뚤어진 시선과 조금의 노력도 하지 않는 잘못된 지식이 자신의 이득을 가로막고 자유를 제한하기도 합니다.

우리의 모습은 어떨까요? 주님 안의 형제자매로 서로를 부르면서 알게 모르게 여러 모습으로 줄을 나누고 차별 대우를 하고 있지는 않을까요? 믿지 않는 사람들을 복음을 전할 VIP가 아닌 천국 못가는 불쌍한 사람들로 바라보고 있지는 않을까요? 진정으로 하나님의 사랑 안에 우리 모두는 예수님의 형제자매라는 사실, 그리고 믿지 않는 영혼들은 더 소중히 대접해야 한다는 사실을 잊지 말고 바른 시선과 바른 지식을 지켜나가십시오. 아멘!!

♡ 주님, 하나님이 주신 선한 마음, 곧은 시선을 지키게 하소서.
🖎 본문 내용에 비추어 나의 생각과 시선은 어떠했는지 생각해봅시다.

나의 영적 일지

죄의 프레임을 벗어나라

읽을 말씀 : 예레미야 10:1-11

● 렘 10:6 여호와여 주와 같은 이 없나이다 주는 크시니 주의 이름이 그 권능으로 말미암아 크시니이다

　미국 맥도날드의 한 매장에서 햄버거 패티 안에 지렁이가 들어있었다는 소문이 퍼진 적이 있습니다.
　워낙에 많은 사람들이 이용하던 맥도날드였기에 이 소문은 일파만파로 퍼져 나갔고, 맥도날드의 매출도 급감하기 시작했습니다. 그러나 조사결과 이 소문은 악의적인 거짓으로 실제 일어난 일이 아니었습니다. 맥도날드는 이 사실을 홍보하기 위해서 매장마다 '맥도날드 햄버거에는 지렁이가 없습니다'라고 광고를 하고 방송으로도 열심히 해명을 했습니다.
　그러나 어쩐 일인지 해명을 하면 할수록 매출이 점점 떨어졌습니다. '지렁이가 없습니다'라는 말을 듣고 사람들은 자동적으로 지렁이를 떠올리기 때문에 사실 여부와 상관없이 불쾌감이 들어 맥도날드를 피하게 된 것입니다. 이 사실을 안 맥도날드는 그 다음부터는 지렁이 얘기를 하지 않고 새로운 음료와 감자튀김을 홍보하며 대대적인 행사를 했는데 그때부터 매출이 회복되었습니다. 감자튀김과 음료에 집중한 사람들이 햄버거와 지렁이를 잊어갔기 때문입니다.
　반복되는 죄의 굴레에서 벗어나기 위해서는 '죄를 이기자'가 아니라 죄를 이길 힘을 주시는 '하나님의 은혜'에 집중해야 합니다. 내 힘으로 할 수 있는 것은 오로지 주님이 주시는 은혜를 바라고 믿는 것뿐입니다. 하나님의 은혜를 더욱 의지함으로 죄에서 자유를 얻으십시오. 아멘!!

♡ 주님, 회개해 용서받은 죄에 대해서는 다시 떠올리지 않게 하소서.
※ 지은 죄는 철저히 회개하고, 철저히 잊고, 크게 기뻐합시다.

나의 영적 일지

1월 21일

양을 맡기신 주님

읽을 말씀 : 요한복음 21:15-25

● 요 21:16 또 두 번째 이르시되 요한의 아들 시몬아 네가 나를 사랑하느냐 하시니 이르되 주님 그러하나이다 내가 주님을 사랑하는 줄 주님께서 아시나이다 이르시되 내 양을 치라 하시고

성 밖을 나가 여행을 떠났다가 근처에서 길을 잃은 왕자가 있었습니다. 다행히 헤매는 도중에 한 양치기를 발견해 금화를 주며 성까지 데려다 달라고 부탁했습니다.

"죄송합니다. 저는 지금 양을 돌보는 중이라 데려다 드릴 수가 없습니다. 말로 설명을 해드릴 테니 직접 찾아가십시오."

화가 난 왕자가 이번에는 협박을 했습니다.

"네깟 양치기가 감히 왕자의 명을 거역할 수 있단 말이냐? 당장 나를 성으로 데려다 주지 않으면 반드시 네 놈을 찾아 목을 벨 것이다."

"하지만 왕자님, 제가 지금 치고 있는 양은 주인이 저에게 맡기신 소중한 양입니다. 설령 제 목숨을 잃는다 해도 그것만은 들어드릴 수 없습니다."

결국 왕자는 포기를 하고 설명만을 듣고 성을 찾아갔습니다. 훗날 이 왕자는 왕위를 물려받아 왕이 되었는데 자신의 최측근만큼은 백 프로 신뢰할 수 있는 사람으로 세우고 싶었습니다. 그러나 아무리 생각해도 몇 년 전 만났던 양치기만큼 신뢰할 수 있는 사람이 없어 고민 끝에 결국 그 양치기를 성안으로 초대해 자신의 가장 가까운 신하로 삼고 큰 상을 내렸습니다.

세상의 어떤 유혹에도 흔들리지 않고 주님이 맡기신 길 잃은 양을 찾아 나서는 것이 천국의 상급을 받을 충직한 성도입니다. 세상의 작은 유혹에 흔들리지 말고 하나님이 맡기신 사명을 다하는 이 땅에서의 삶을 사십시오. 아멘!!

♡ 주님, 영혼 구원이 하나님께서 맡기신 가장 큰 소명임을 잊지 않게 하소서.
🖼 나에게 맡기신 하나님의 양이 누구인지, 어디에 있는지 생각해봅시다.

나의 영적 일지

열 글자의 위대함

1월 22일

읽을 말씀 : 베드로후서 1:1-11

● 벧후 1:3 그의 신기한 능력으로 생명과 경건에 속한 모든 것을 우리에게 주셨으니 이는 자기의 영광과 덕으로써 우리를 부르신 이를 앎으로 말미암음이라

한 글자부터 열 글자로 나타내는 10가지 인생의 지혜 문답입니다.

① 천하보다 소중한 한 글자: 나 / 하나님이 직접 창조하셨기 때문에
② 어떤 고난도 이겨낼 수 있는 두 글자:
    우리 / 주님 안에 형제자매이기 때문에
③ 세상에서 가장 아름다운 세 글자:
    사랑 / 사랑은 하나님 그 본체이기 때문에
④ 평화를 만드는 네 글자:
    내 탓이오 / 내 눈의 들보를 먼저 봐야하기 때문에
⑤ 돈 안 드는 최고의 투자:
    정말 잘했어 / 칭찬에는 고래도 춤추기 때문에
⑥ 세상을 더 나은 곳으로 만드는 여섯 글자:
    우리 함께 해요 / 합력하여 선을 이루시기 때문에
⑦ 성공을 이루는 일곱 글자:
    처음 그 마음으로 / 하나님도 우리를 끝까지 사랑하셨기 때문에
⑧ 인생을 성숙하게 하는 여덟 글자:
    그런데도 불구하고 / 감당할 시험만 우리에게 주시기 때문에
⑨ 다시 일어서게 하는 아홉 글자:
    지금도 늦지 않았단다 / 탕자도 기다리시는 주님이기 때문에
⑩ 나를 지켜주는 든든한 열 글자:
    내가 항상 네 곁에 있을게 / 주님이 약속하셨기 때문에

기억하고 실천합시다. 아멘!!

♡ 주님, 삶의 작은 것부터 큰 것까지 모두 주님을 위해 하게 하소서.
🦋 오직 주님만이 삶의 이유되시며, 신앙의 모든 것 되심을 고백합시다.

나의 영적 일지

1월 23일

단 한 명의 지지자

읽을 말씀 : 히브리서 10:19-25

● 히 10:24-25 서로 돌아보아 사랑과 선행을 격려하며 모이기를 폐하는 어떤 사람들의 습관과 같이 하지 말고 오직 권하여 그 날이 가까움을 볼수록 더욱 그리하자

　사회학자인 에미 워너 박사는 하와이 군도의 카우아이섬에서 무려 30년 동안이나 역학조사를 진행했습니다.

　박사는 유독 범죄자와 정신질환자 비율이 높아 '지옥의 섬'이라고까지 불리는 이 섬의 원인이 무엇인지 궁금해 1955년에 태어난 신생아를 대상으로 30세 성인이 될 때까지 종단 연구를 했습니다. 그러면서 박사는 대부분 환경적인 영향으로 범죄자가 되거나 의존증 환자가 될 것이라 예상했습니다. 그래서 833명 중 부모님이 없거나 범죄자의 자녀 등 기준치 이상의 환경을 가진 201명을 따로 정해 연구했습니다.

　그런데 연구가 끝나자 이 201명 중 약 30%인 70여명의 아이들은 오히려 좋은 환경에서 자란 아이들보다 더 훌륭하게 성장했습니다. 우수한 성적으로 대학에서 장학금을 받고, 사회적 모범이 되는 경우도 많았습니다. 에미 교수는 추가 연구를 통해 이들이 환경을 극복해낼 수 있는 원인을 찾았습니다. 결론은 자신을 언제나 믿고 지지해주는 단 한 사람이라도 있는 사람은 불행한 환경에도 굴복하지 않고 자신의 꿈을 위해 계속해서 도전을 할 수 있었습니다.

　불우한 환경에 처한 사람에게도 단 한 사람의 지지자만 있다면 인생이 바뀝니다. 주님이 그런 지지자가 나에게 되어주신다는 사람을 믿고, 내 가족에게, 내 자녀에게, 친구에게, 주변에 힘든 상황에 처한 사람들에게 그런 지지자가 되어 주십시오. 아멘!!

♡ 주님, 언제나 동행하시며 든든히 인도해주시는 성령님의 인도를 따르게 하소서.
📖 나를 지지해주는 사람은 누구인지 나는 누구를 지지해주고 있는지 돌아봅시다.

나의 영적 일지

생각하는 하루

읽을 말씀 : 시편 119:110-119

● 시 119:112 내가 주의 율례들을 영원히 행하려고 내 마음을 기울였나이다

1월 24일

　자신만의 아이디어로 쓰레기 수거 업체를 창업해 1년에 3천억 원을 버는 브라이언 스쿠다모어는 1주일에 하루는 생각하는 날로 사용합니다.
　매주 월요일은 출근도 하지 않고 10시간 동안 생각만 하는 그는 생각은 탁월한 성과를 내려는 사람들이 일부러라도 가져야 하는 행동이라며 다음의 6가지 법칙을 제시했습니다.
　1.생각의 날에는 다른 약속을 잡지 말고 온전히 하루를 비워라.
　2.떠오른 아이디어를 적을 공책을 챙겨라.
　3.필요 없는 주중의 약속을 쳐내라
　4.해야 할 일도 최소한으로 줄여라.
　5.생각하기 전에 뭘 생각해야 할지 질문을 던져라.
　6.새로운 아이디어를 무작정 떠올려보라.
　링크드인의 제프 와이너는 매일 2시간씩 생각하는 시간을 가지고, 빌 게이츠는 1년에 2주 동안은 생각을 위한 휴가를 갖습니다. 이뿐 아니라 많은 사업가들이 점점 일보다 생각하는 시간을 늘리고 있습니다. 무엇이 중요한지 결정하는 시간이 있어야 다른 시간들을 진정 효율적으로 사용할 수 있기 때문입니다.
　주일 예배 시간이, 복잡한 주중 드리는 경건의 시간이 인생의 나침반을 잃지 않게 도와주는 시간이 되어야 합니다. 주일은 온전히 주님만을 생각하고 신앙의 방향을 정하는 귀한 시간으로 드리십시오. 아멘!!

　♡ 주님, 온전히 주님을 생각하며 주님의 일을 하게 하소서.
　📖 주일을 주님을 위한 시간으로만 보내기 위한 계획을 세웁시다.

나의 영적 일지

1월 25일 톨스토이의 지혜

읽을 말씀 : 로마서 12:14-21

● 롬 12:20 네 원수가 주리거든 먹이고 목마르거든 마시게 하라 그리함으로 네가 숯불을 그 머리에 쌓아 놓으리라

러시아의 대문호 톨스토이의 딸이 하루는 울면서 집에 돌아왔습니다.
"한 친구가 저를 때렸어요. 제가 사과를 요구했는데 오히려 더 놀려서 집에 왔어요. 저는 너무 분해요. 내일 아빠가 그 친구를 꼭 혼내주세요."
딸을 너무나 사랑했던 톨스토이는 이렇게 대답했습니다.
"알았다. 내일 아침에 꼭 아빠가 그 친구를 혼내줄 방법을 준비할 테니 오늘은 아무 걱정 말고 잠을 푹 자렴. 알았지?"
다음 날 아침, 톨스토이는 잠시만 딸에게 기다리라 하더니 주방에서 정성스럽게 만든 샌드위치를 바구니에 담아 나왔습니다. 이 모습을 본 딸이 물었습니다.
"아빠, 친구를 혼내주러 가자더니 샌드위치는 왜 준비한 거예요?"
"사랑하는 딸아, 아빠가 그 친구를 혼내준다 하더라도 아빠가 없을 때는 너를 더욱 괴롭힐 거란다. 차라리 이렇게 호의를 전하고 사과를 받고 사랑을 베풀면 오히려 사이가 더 좋아지지 않을까? 아빠랑 같이 가서 샌드위치를 전하고 사과를 받아주고 오자꾸나."
그리고 톨스토이의 말대로 딸은 샌드위치를 전해 준 그 친구와 다시 관계가 회복돼 좋은 친구로 남을 수 있게 되었습니다.
왼 뺨을 맞으면 오른 뺨을 대고, 상대의 불의에도 호의로 대접하는 것이 예수님의 가르침입니다. 세상의 방식이 아니라 예수님의 가르침을 따라 살고자 노력하십시오. 아멘!!

♥ 주님, 다른 어떤 방법보다 사랑의 방법으로 모든 일을 갚게 하소서.
🌿 오늘 하루 일어나는 모든 일들을 칭찬과 호의로 갚읍시다.

나의 영적 일지

약속의 가치

읽을 말씀 : 고린도후서 1:12-24

● 고후 1:20 하나님의 약속은 얼마든지 그리스도 안에서 예가 되니 그런즉 그로 말미암아 우리가 아멘 하여 하나님께 영광을 돌리게 되느니라

공자의 제자 중 약속을 지키기로 유명한 증자라는 사람이 있었습니다.
하루는 증자의 아내가 장을 보러 가는데 아들이 따라가겠다고 떼를 썼습니다. 시장의 맛난 음식들을 이것저것 사달라고 조를 심산인 것을 알고는 증자의 아내가 이렇게 말했습니다.
"엄마가 장을 금방 보고 올 테니 집에서 기다리렴. 돼지고기를 사와 맛있는 반찬을 해줄 테니."
그 말을 들은 아들은 얌전히 집에서 엄마를 기다렸습니다. 잠시 뒤 아내가 시장에 다녀왔는데 돼지고기를 사오지 않은 것을 보고는 증자가 마당에 나가 하나뿐인 돼지를 끌고 어디론가 가기 시작했습니다. 아내가 어딜 가느냐고 묻자 증자가 말했습니다.
"돼지고기를 사온다는 엄마가 빈손으로 왔으니 내가 돼지를 잡으러 가오."
아내는 그저 아이를 달래려고 한 말인데 진짜 돼지를 잡으면 어떡하냐고 했지만 증자는 요지부동이었습니다.
"그런 작은 일부터 약속을 안지키는 부모의 말을 자녀가 어찌 믿겠소? 부모의 말을 못 믿는 자녀가 다른 사람의 말은 어찌 믿고, 어찌 스스로도 믿을 수 있는 사람이 되겠소? 그런 자녀로 키울 바엔 돼지 한 마리가 차라리 값이 싸오."
자녀 교육에서 가장 중요한 것 중 하나가 철저하게 약속을 지키는 것입니다. 하나님께 드린 약속도 반드시 지키십시오. 아멘!!

♡ 주님, 하나님의 약속의 말씀을 굳건히 믿게 하소서.
🖼 하나님을 믿는 만큼 믿음으로 보답합시다.

나의 영적 일지

1월 27일

조화로운 그리스도인

읽을 말씀 : 잠언 28:21-28

● 잠 28:23 사람을 경책하는 자는 혀로 아첨하는 자보다 나중에 더욱 사랑을 받느니라

    40년 동안 중국 제나라의 3명의 왕을 재상의 자리에서 모신 존경을 받는 인물 안영은 재상이 돼서도 고기반찬을 한 가지 넘게 올리지 않았고 자신 뿐 아니라 식솔들에게도 비단 옷을 입지 못하게 했습니다. 그런 이유로 제나라 왕들은 안영을 특히나 신뢰하고 총애했는데, 특히나 영공은 신하들의 믿어야 할지 말아야 할지까지 안영에게 물어봤습니다.

    영공이 하루는 자신에게 간언을 올린 신하에 대해 안영에게 물었는데, 그는 폐하의 의견을 그저 동조하러 온 아첨꾼이라 평했습니다. 다음 날 또 다른 신하가 찾아와 간언을 했고 다시 왕은 안영에게 물었습니다. 그러자 조화로운 말을 할 줄 아는 충직한 신하라며 중용하라고 전했습니다. 그 말을 들은 왕이 물었습니다.

    "내가 듣기엔 두 사람 다 비슷한 말을 한 것 같소. 그런데 왜 한 사람은 아첨꾼이 되고, 한 사람은 지혜 있는 충직한 신하가 되는 것이오?"

    "폐하의 말을 듣고 모자란 것은 차게 할 방도를 말하고, 넘치는 것은 적당히 할 방법을 말하는 사람은 바른 말을 할 지혜를 가진 사람입니다. 그러나 폐하의 말에 장단을 맞춰 긍정을 긍정하고 부정을 부정하는 사람은 그저 아첨꾼일 뿐입니다."

    성경을 기준으로 내 기준을 조화롭게 하는 것이 그리스도인의 가치관 설정에 필요한 일입니다. 성경을 절대적 기준으로 내 가치관을 바꾸십시오. 아멘!!

♡ 주님, 내 입맛에 맞는 신앙을 찾아가지 않게 도와주소서.
📖 나의 기준에 성경을 맞추지 말고 성경의 기준에 나를 맞춥시다.

나의 영적 일지

다시 베푸는 이유

읽을 말씀 : 잠언 11:24-31

● 잠 11:25 구제를 좋아하는 자는 풍족하여질 것이요 남을 윤택하게 하는 자는 자기도 윤택하여지리라

전쟁으로 경기가 피폐해진 2차 대전 때 유럽의 한 지역에서 먹을 것이 없어 굶주리는 한 소녀가 있었습니다.

가족도 어머니와 둘 뿐에다 마땅히 도와줄 친척이나 이웃도 없어 말 그대로 굶어 죽을 위기에 처했었는데 한 봉사단체의 도움을 지속적으로 받아 다행히 어려움을 극복할 수 있었습니다. 죽을 고비를 무사히 넘기고 경기도 점점 나아져 상황이 나아졌고, 소녀는 좋은 기회를 얻어 세계적인 배우로 이름을 날렸습니다.

세계적인 배우가 된 소녀는 부와 명성을 얻은 뒤 돌연 한 단체에 들어가 세계를 돌아다니며 봉사를 다녔습니다. 돌연 봉사활동을 하게 된 이유를 사람들이 물을 때면 그녀는 언제나 이렇게 대답했습니다.

"이 단체의 도움으로 지금의 제가 있을 수 있었습니다. 죽을 뻔한 저를 도왔던 이 단체에서 저와 같은, 저보다 더 힘든 사람들을 찾아 돕는 것은 당연히 제가 해야 할 일입니다. 이제는 제가 사랑의 빚을 갚아야 합니다."

화려한 배우의 경력을 뒤로한 채 유니세프에 들어가 아프리카와 남미, 아시아를 돌아다니며 평생을 봉사를 한 이 배우의 이름은 세기의 아이콘 오드리 햅번입니다.

사랑의 빚은 값없이 받은 만큼 값없이 주어야 합니다. 지금까지 나를 도와주신 사람들을 생각하며, 한결 같은 은혜를 부어주시는 주님을 생각하며 사람들에게 그 사랑을 그대로 나누어 주십시오. 아멘!!

♡ 주님, 받은 사랑을 생각만으로 기억하지 않고 베푸는 실천으로 기억하게 하소서.
📖 하나님께 받은 사랑의 크기와 지금껏 나를 도운 분들의 사랑을 떠올려봅시다.

나의 영적 일지

1월 29일

뒤늦은 후회

읽을 말씀 : 잠언 20:13-20

● 잠 20:13 너는 잠자기를 좋아하지 말라 네가 빈궁하게 될까 두려우니라 네 눈을 뜨라 그리하면 양식이 족하리라

영국 최고의 화가로 알려진 가브리엘 로제티에게 어느 날 한 노인이 스케치북을 들고 찾아왔습니다.

"저 혹시 제가 그린 그림을 잠시 봐주실 수 있을까요?"

그림을 보는 안목도 훌륭했던 로제티는 흔쾌히 그러겠다고 했습니다. 그러나 수준 이하의 그림이라 뭐라 좋게 말할 표현이 없어 난처해했는데, 그 모습을 본 노인이 스케치북 하나를 더 꺼내며 말했습니다.

"표정을 보니 어떤지 알겠습니다. 그럼 실례지만 그림을 한 번만 더 봐주십시오."

노인이 두 번째로 꺼낸 스케치북의 그림은 대단했습니다.

로제티는 탄복하며 말했습니다.

"너무 멋진 그림들입니다. 조금만 갈고 닦으면 저에 비견될 화가가 될 재능이 있습니다. 노인이 아는 분의 그림입니까?"

그러자 울먹이는 표정으로 노인이 말했습니다.

"아니요. 사실은 둘 다 제 그림입니다. 젊은 날 저에게 선생님처럼 말해주는 사람이 없어 저는 그림을 포기했었습니다. 그러나 그 열정이 아직도 꺼지지 않아 다시 붓을 잡아보았으나 선생님이 보시다시피 그 재능은 모두 사라지고 말았습니다."

같은 노력도 때에 따라 내는 빛이 다릅니다. 인생의 가장 귀중한 때야 말로 하나님을 위해 헌신하기 좋은 때라는 것을 잊지 말고 늘 가장 좋은 것을 하나님께 드리십시오. 아멘!!

♡ 주님, 후회를 하지 않도록 중요한 것을 깨닫는 지혜를 주소서.
❀ 하나님을 섬기는 일과 약속한 일은 절대로 뒤로 미루지 맙시다.

나의 영적 일지

아무도 하지 않는 일

읽을 말씀 : 역대상 9:17-27

●대상 9:27 그들은 하나님의 성전을 맡은 직분이 있으므로 성전 주위에서 밤을 지내며 아침마다 문을 여는 책임이 그들에게 있었더라

1월 30일

경기도 어느 한 지역에는 심야약국이 한 곳도 없답니다.

본래 응급환자들을 위해 약국들이 따로 요일을 정해 돌아가면서 운영해야 하지만 일에 비해 손해가 크기 때문에 한 명도 참여하지 않았기 때문입니다. 이 사실을 안타깝게 여긴 바른손 약국의 김 약사님은 자기 혼자라도 해야겠다며 매일 밤 약국문을 열었습니다.

처음에는 이용하는 손님이 별로 없을 것이라고 생각해 6개월만 운영을 하고서 결정을 하려했지만 막상 밤에 찾아오는 위급한 환자가 생각보다 많았습니다. 그래서 주일날 예배시간을 제외하고는 24시간 약국을 운영하기 시작했습니다. 약국 한편의 쪽방에서 잠을 자다가도 비상벨을 누르면 바로 나와 따뜻한 차를 권하며 상담을 시작합니다.

그래서 이 약국에는 응급환자뿐 아니라 말동무가 필요한 독거노인 분들, 고민이 있어 푸념을 하러 오는 동네 어른들이 언제나 약국을 찾는다고 합니다. 이렇게 하루 종일 약국을 운영하는 탓에 오히려 적자도 나고, 시간은 더 없고, 몸도 피곤하지만 그래도 몸뿐 아니라 마음까지 아픈 분들에게 도움이 되어 기쁘다는 생각에 힘이 닿을 때까지는 계속해서 24시간 약국을 운영할 예정이라고 합니다.

아무도 하지 않는 일이라도 필요한 일이라면 누군가 해야 합니다. 십자가의 길을 묵묵히 걸어가신 주님처럼, 필요한 일을 필요한 곳에서 성실하게 감당하십시오. 아멘!!

♡ 주님, 아무도 없는 곳에서도 주님을 예배하게 하소서.
📖 힘든 일이라도 성령님의 감동이 있다면 즉각 순종합시다.

나의 영적 일지

1월 31일
그리스도인의 상관

읽을 말씀 : 시편 46:1-11

● 시 46:1 하나님은 우리의 피난처시요 힘이시니 환난 중에 만날 큰 도움이시라

미국의 28대 대통령인 윌슨이 취임했을 때는 세계 1차 대전이 막 끝났을 때였습니다. 혼돈한 국제정세 때문에 윌슨은 과중한 업무에 휩싸여 있었는데 하루는 조금도 쉬지 않고 집무실에서 일을 하는 것을 보고 걱정이 된 비서관이 조용히 찾아와 휴식을 권했습니다.

"틈틈이 산책도 하고 휴식을 좀 취하시지요? 그러다가 건강까지 잃게 되면 정말로 큰일입니다."

"나도 그러고 싶네만, 지금은 그럴 때가 아닐뿐더러 내 상사가 허락하지 않을 걸세."

깜짝 놀란 비서관은 도대체 대통령의 상사가 누구냐고 물었습니다.

"바로 양심이지. 지금은 휴식보다는 최선을 다해야 할 때라고 내 양심이 속삭이고 있거든."

이 윌슨 대통령이 말한 양심은 하나님이라는 말도 있습니다. 윌슨 대통령은 대통령 취임식 때 "하나님은 우리의 피난처시요 힘이시니 환난 중에 만날 큰 도움이시라"라는 말씀이 있는 시편 46편을 펴놓고 선서를 했기 때문입니다.

양심의 소리를 듣는 사람은 정직하고 성실하게 살 수밖에 없습니다. 하물며 양심보다 비교할 수 없이 높은 하나님의 말씀을 따라 사는 그리스도인들은 분명히 세상 사람들과는 다른 삶, 다른 행동을 보여주어야 합니다. 선택의 갈림길이 있을 때마다 하나님이 우리의 모든 것을 지켜보신다는 생각으로 결정하십시오. 아멘!!

♥ 주님, 주님의 명령을 따라 하루하루를 살아가게 하소서.
📖 하나님이 보시기에 기뻐하실 일을 하는 하루를 보냅시다.

나의 영적 일지

2월

"여호와여
주는 나의 방패시요 나의 영광이시요
나의 머리를 드시는 자이시니이다"

(시편 3편 3절)

2월 1일 큰 가치를 위한 희생

읽을 말씀 : 로마서 13:8-14

● 롬 13:13 낮에와 같이 단정히 행하고 방탕하거나 술 취하지 말며 음란하거나 호색하지 말며 다투거나 시기하지 말고

　호주 시드니 올림픽에 출전할 태권도 미국 국가대표를 뽑기 위한 선발전의 결승전이었습니다. 한 번만 더 이기면 국가대표가 되어 모든 운동선수들이 꿈처럼 여기는 올림픽에 나갈 수 있는 긴장되는 순간이었는데 경기가 시작하자마자 갑자기 한 선수가 수건을 던져 기권을 했습니다. 그러자 상대방의 기권으로 국가대표가 된 선수가 눈물을 흘리며 찾아와 감사를 전했습니다. 기권을 한 에스더 김 선수는 기권의 이유에 대해 인터뷰에서 이렇게 밝혔습니다.
　"케이 포 선수가 부상을 당해 경기를 뛸 수 없는 상태여서 기권을 했습니다. 경기를 시작했으면 제가 이겼을 테지만 케이 포 선수가 저보다 훨씬 좋은 선수라는 걸 저는 알고 있습니다. 그리고 국가대표로는 운보다 실력이 좋은 선수가 나가야 한다고 저는 생각합니다."
　미국은 태권도 강국이 아니어서 메달을 딸 가능성이 희박했기에 나라를 위해서는 자기보다 더 나은 실력의 선수에게 기회가 가야 한다고 생각해 내린 큰 결심이었습니다. 안타깝게 케이 포 선수는 올림픽 1회전에서 탈락했지만 그래도 이 일을 통해 많은 사람들이 대의를 위한 희생정신의 아름다움에 대해 생각해볼 수 있었습니다.
　나보다 일을 더 잘할 수 있는 사람에게 일을 넘겨주는 것은 부끄러운 일이 아니라 위대한 일입니다. 예수님도 항상 제자들에게 더 큰 일을 할 수 있다는 자신감을 불어 넣어주셨습니다. 나의 고집을 내려놓고 시기보다는 축복하는 마음으로 주님의 일을 맡고 또 넘겨주십시오. 아멘!!

♡ 주님, 복음을 위해서라면 작은 것은 아낌없이 희생하게 하소서.
📖 맡은 일에 더 뛰어난 적임자가 있다면 기꺼이 넘겨주고 또 축복합시다.

나의 영적 일지

어리석은 사람

읽을 말씀 : 고린도전서 9:19-27

● 고전 9:25 이기기를 다투는 자마다 모든 일에 절제하나니 그들은 썩을 승리자의 관을 얻고자 하되 우리는 썩지 아니할 것을 얻고자 하노라

중국의 한 수전노가 사기죄로 관아에 끌려갔습니다.
돈이 많은 부자임에도 가난한 사람들의 돈을 착취한 것을 보고 재판관은 중죄를 내렸는데 세 가지 형 중 하나를 선택하게 했습니다.
 - 첫 번째 형은 금화 100개로 사죄하는 것,
 - 두 번째 형은 마늘 50쪽을 먹는 것,
 - 세 번째 형은 곤장 100대를 맞는 것이었습니다.
수전노는 먼저 가장 만만해 보이는 마늘을 먹겠다고 했습니다. 그러나 10쪽도 먹지 못해 속이 뒤틀리고 목이 타는 것 같았습니다. 도저히 50개는 못 먹을 것 같아 포기한 뒤에 이번에는 매를 맞겠다고 했습니다. 그러나 곤장도 몇 대 맞자마자 살이 터지고 도저히 참기 힘들었습니다. 수전노는 결국 버티지 못하고 금 100냥을 낼 테니 살려달라고 애원했습니다. 이 모습을 본 재판관은 말했습니다.
"너는 돈이 그렇게도 많은데 사기를 친 죄로 금 100냥이 아까워 마늘도 먹고, 매도 맞고, 결국 돈까지 내게 생겼으니 참으로 뭐가 중요한지도 모르는 미련한 사람이구나."
정말로 중요한 것이 무엇인지 욕심에 사로잡힌 사람은 알지 못합니다. 내 인생에서 가장 중요하게 여기는 가치는 무엇인지, 하나님을 향한 신앙은 어디에 있는지 점검해보십시오. 아멘!!

♡ 주님, 정말 중요한 것은 무형의 가치가 더 많음을 알게 하소서.
🙏 귀한 믿음을 세상의 잘못된 가치보다 더 낮게 놓는 실수를 하지 맙시다.

나의 영적 일지

2월 3일 말씀을 학습하라

읽을 말씀 : 레위기 18:1-5

● 레 18:4 너희는 내 법도를 따르며 내 규례를 지켜 그대로 행하라 나는 너희의 하나님 여호와이니라

행동 심리학자 매라비언에 의하면 사람이 의사소통을 할 때 영향을 미치는 정도는 다음과 같습니다.
'목소리(38%), 내용(7%), 자세나 몸짓과 같은 태도(55%)'
결국 내용보다도 관계없어 보이는 태도가 말의 가치를 정한다는 말인데 학습에 관해서도 이와 비슷한 연구가 진행된 적이 있습니다.
국제학습연구회(National Training Laboratoies)에 따르면 학습 방법에 따른 기억 효율성은 다음과 같았습니다.

- 강의 듣기 5%
- 읽기 10%
- 시청각 수업 20%
- 시범강의 보기 30%
- 집단 토의 50%
- 실제 해보기 75%
- 서로 설명하기 90%

이것을 성도의 삶에 적용해보면 설교를 그냥 듣는 것보다는 말씀을 묵상하며 듣는 것이, 다른 사람의 간증을 듣는 것보다는 함께 교제하는 것이, 말씀을 실천하는 것보다는 실천하고 서로 나는 것이 하나님의 귀한 말씀을 우리의 삶에 더 잘 적용하는 것이라고 볼 수도 있습니다. 말씀을 직접 읽고, 실천하고, 또 교제로 서로 나누는 성도가 되십시오. 아멘!!

♥ 주님, 신앙을 내 삶의 언저리가 아니라 중심에 놓고 적용해나가게 하소서.
🙏 살아가는 삶과 맺는 관계를 통해 하나님의 살아계심을 체험합시다.

나의 영적 일지

언젠가는 쓸모가 있다

읽을 말씀 : 전도서 3:1-14

2월 4일

● 전 3:11 하나님이 모든 것을 지으시되 때를 따라 아름답게 하셨고 또 사람들에게는 영원을 사모하는 마음을 주셨느니라 그러나 하나님이 하시는 일의 시종을 사람으로 측량할 수 없게 하셨도다

조나라의 문관으로 중요한 책사 역할을 하던 공손룡은 학식이 높고 인품이 훌륭해 많은 사람들이 제자가 되고자 찾아왔습니다.

대부분은 문무에 뛰어나고 높은 가문의 자식들이 찾아왔는데 하루는 남루한 옷을 입은 소년이 찾아와 제자로 받아달라고 했습니다. 소년은 자신은 목청이 커 누구보다도 큰 소리를 낼 수 있다고 했습니다. 그러자 그 말을 들은 주위 사람들이 그것도 재주냐며 비웃기 시작했습니다. 그러나 공손룡은 소년에게 크게 소리를 질러보라고 했고, 소년의 목소리가 정말로 크자 제자로 받아주었습니다.

"남들보다 잘하는 것은 분명 재주다. 저 재주도 언젠가는 분명 쓸 일이 있을 것이다."

며칠 뒤 공손룡은 인근 연나라에 중요한 사절로 파견됐는데, 국경을 가로막는 큰 강이 있었습니다. 그런데 배가 저쪽 나루에만 닿아 있었고 인적이 없어 건널 방법이 없었습니다.

그때 목소리가 큰 제자가 나와 있는 힘을 다해 외쳤습니다.

"사공! 조나라 사자가 왔으니 배를 옮겨주시오!"

소리가 어찌나 컸던지 근처 숲까지 울려 퍼졌고, 결국 다른 나루에 있던 사공이 그 소리를 듣고 와서 일행을 옮겨주었습니다.

하나님이 나에게 허락하신 재능, 환경, 관계, 은사는 모두 완벽한 계획 가운데 우리의 삶에 허락하신 것입니다. 하나님의 뜻에 따라 쓰임 받는 삶을 기대하며 오늘도 맡겨주신 모든 조건에 감사하십시오. 아멘!!

♡ 주님, 오로지 주님을 위해 사용되는 일에 집중하게 하소서.
✐ 내가 가진 재능과 은사를 부끄러워하지 말고 주님 앞에 드립시다.

나의 영적 일지

2월 5일

대화 10계명

읽을 말씀 : 마가복음 12:28-34

● 막 12:31 둘째는 이것이니 네 이웃을 네 자신과 같이 사랑하라 하신 것이라 이보다 더 큰 계명이 없느니라

가장 뛰어난 라디오 호스트로 수많은 유명인을 만나 인터뷰를 한 셀레스트 헤들리는 또한 대화의 달인으로 불립니다.

그녀가 한 강연에서 말한 '대화의 달인이 되는 방법' 중 7가지입니다.

1. 한꺼번에 여러 일을 하지 마세요.
2. 자유롭게 대답할 수 있는 질문을 하세요.
3. 대화의 흐름을 따르세요.
4. 모르면 모른다고 하세요.
5. 나의 경험을 다른 사람과 동일시하지 마세요.
6. 들으세요.
7. 짧게 말하세요.

그녀는 강연의 마지막에서 이 원칙들의 대전제는 단 한 가지 '다른 사람에게 관심을 가질 것'이라고 말할 수 있다고 말하며 이 법칙 중 한 가지만 통달해도 대화의 달인이 될 수 있을 것이라고 말했습니다. 셀레스트는 어려서부터 부모님의 교육으로 어떤 사람이든 숨겨진 놀라운 면이 있다고 생각을 하고 사람들을 대했다고 합니다.

예수님이 길 잃은 영혼들에게 관심을 가졌던 것처럼 우리도 그들에게 관심을 가져야 합니다. 이웃을 향한 관심이 없는 것은 사랑과 복음의 방향을 어디로 향해야 할지 모르는 나침반 없는 배와 같습니다. 하나님의 시선이 머문 사람들에게 관심을 갖고 대화를 건네십시오. 아멘!!

♡ 주님, 나보다도 다른 사람에게 먼저 관심을 갖고 사랑을 베풀게 하소서.
✍ 위의 수칙 중에 최소 한 가지 이상을 기억하며 대화 때마다 적용합시다.

나의 영적 일지

밀레를 만든 배려

읽을 말씀 : 이사야 58:1-12

● 사 58:10 주린 자에게 네 심정이 동하며 괴로워하는 자의 심정을 만족하게 하면 네 빛이 흑암 중에서 떠올라 네 어둠이 낮과 같이 될 것이며

　프랑스의 세계적인 화가 밀레는 기나 긴 무명시절을 겪었습니다.
　당시 주류 화풍과 너무 다른 따뜻한 색감과 소박한 주제는 사람들의 관심을 끌지 못했고 그래서 끼니를 걱정할 정도로 가난하게 살았습니다. 그런데 하루는 화랑에서 작품을 사겠다는 사람이 있다며 연락이 왔습니다. 그리 큰 액수는 아니었지만 밀레는 너무나 기뻐 종종 찾아오는 친한 친구에게 신이 나 이야기했습니다.
　"드디어 내 작품이 팔렸어. 당분간은 그림에만 전념할 수 있겠어. 이제 곧 좋은 날이 오겠지?"
　친구는 밀레의 말을 듣고는 함께 기뻐해주었습니다. 그로부터 생활비가 떨어질 때쯤 되면 신기하게 그림이 하나 둘씩 팔렸고, 그때마다 밀레는 희망을 갖고 화가를 포기하지 않았습니다. 그리고 오랜 기다림 끝에 마침내 유명 화가가 되었습니다.
　여유를 찾은 밀레는 슬슬 주변을 살폈는데, 그 오랜 시간동안 자신을 찾아와 격려해 준 친구가 가장 먼저 떠올라 선물을 사서 몇 년 만에 집을 찾았습니다. 친구는 연락도 없이 찾아 온 밀레를 보고 깜짝 놀랐는데 그 집 거실에 들어선 밀레는 더욱 놀랐습니다. 자신이 힘들 때 팔았던 그림들이 친구네 집 거실에 걸려 있었기 때문입니다.
　조용한 작은 배려가 때로는 생각지도 못한 큰 변화를 이루어내기도 합니다. 나의 조용한 선행으로 큰일을 이루실 하나님을 기대하며 말씀을 따라 남을 도와주십시오. 아멘!!

　♡ 주님, 지금 이 상태에서도 기꺼이 남을 돕는 배려의 마음을 갖게 하소서.
　🙏 다른 사람의 배려에는 감사할 줄 아는 사람, 그런 배려를 베푸는 사람이 됩시다.

　나의 영적 일지

2월 7일
노숙자와 부자

읽을 말씀 : 잠언 11:23-31

● 잠 11:24 흩어 구제하여도 더욱 부하게 되는 일이 있나니 과도히 아껴도 가난하게 될 뿐이니라

'필요한 만큼 가져가세요'라고 적힌 팻말을 든 한 남자가 온 몸에 돈을 붙이고 길거리를 돌아다녔습니다.
 조깅을 하던 한 남자는 조심스럽게 떼어가도 되냐고 물었고, 몇 장을 떼어갔습니다. 뒤따라 마주친 고급 양복을 입은 한 남자는 꼼꼼하게 몇십 장의 지폐를 가져갔습니다.
 이윽고 수백만원짜리 명품백을 든 여자가 다시 지폐를 뜯어가기 시작했습니다. 팻말을 든 남자는 비싼 가방 같은데 당신도 돈이 필요하냐고 묻자, 그녀는 네일 아트를 받아야 한다고 대답했습니다.
 장소를 공원으로 옮기자 노숙자들이 찾아와 돈을 떼어 갔습니다. 그런데 대부분 1, 2장을 띄어갔습니다. 따뜻한 커피 한잔이나 간단한 식사를 할 정도의 돈만 가져간 것입니다. 남자는 노숙자들에게는 좀 더 가져가도 된다고 했지만 그들은 그 정도면 충분하다며 아직 못 받은 사람들에게 나눠주라고 말했습니다.
 코비 퍼신이라는 유명한 개인 방송인이 진행한 이 실험은 돈이 많고 좋은 옷을 입고 명품을 지닌 사람들보다 오히려 가난하고 도움이 필요한 사람들이 더 남을 배려하고 마음의 여유가 있다는 것을 보여주었습니다.
 돈을 쫓아다니는 사람은 아무리 부자가 되고 성공을 했다 하더라도 마음의 여유가 없습니다. 하나님이 주신 큰복에 종속되지 않고 도리어 물질을 지배하고 원하는 곳에 사용할 수 있는 멋진 여유를 가진 성공자가 되십시오. 아멘!!

♡ 주님, 자족할 줄 아는 마음의 여유를 갖게 하소서.
📖 위의 상황에서 나라면 얼마를 떼어갈지, 그 돈을 무엇에 쓸지 생각해봅시다.

나의 영적 일지

한 가지 장점을 보는 사람

읽을 말씀 : 빌립보서 2:12-18

● 빌 2:13 너희 안에서 행하시는 이는 하나님이시니 자기의 기쁘신 뜻을 위하여 너희에게 소원을 두고 행하게 하시나니

2월 8일

미국 볼티모어의 빈민가에서 태어난 소년이 있었습니다.

집에는 가뭄에 콩 나듯 들어오는 아버지와 병으로 자리에 누워있는 어머니 사이에서 방치되다시피 자란 소년은 모든 걸 폭력으로 해결하는 문제아가 되었습니다. 거리를 떠돌며 나쁜 짓을 일삼던 이 소년에게 하루는 담임선생님이 찾아와 앞으로는 학교를 잘 나오라고 권유를 했습니다. 그러나 학교에 관심이 없던 소년은 선생님에게도 거칠게 자신은 학교를 곧 그만둘 거라고 했습니다. 이 말을 들은 선생님이 말했습니다.

"넌 정말 듣던 대로 구제불능이구나. 내가 보기엔 너의 장점은 딱 하나 뿐이야."

이 말을 들은 소년은 눈을 번뜩이며 물었습니다.

"네? 그게 뭐죠? 제 장점이 도대체 뭐에요, 선생님? 네?"

"바로 야구야. 가끔 재미삼아 공을 던지고 갈 뿐이지만 실력이 제일 좋잖아?"

살면서 칭찬을 한 번도 들어본 적이 없던 학생은 초등학교 때 들었던 마티어스 선생님의 이 칭찬으로 야구선수의 꿈을 갖게 되었고, 훗날 통산 714개의 홈런을 쳐 명예의 전당에도 들어간 전설의 4번 타자 베이브 루스가 되었습니다.

예수님은 사회적으로 볼 것이 없는 제자들도 장점을 먼저 보셨습니다. 장점을 볼 줄 아는 사람이 사람을 세우고 또 사람을 변화시킵니다. 사람의 장점을 먼저 찾고자 노력하는 사람이 되십시오. 아멘!!

💗 주님, 죄보다 믿음을 먼저 보시는 주님처럼 사랑의 시선을 갖게 하소서.
🧩 사람의 장점을 먼저 찾고자 하는 습관을 들입시다.

나의 영적 일지

2월 9일 — 십자가의 사랑

읽을 말씀 : 요한복음 10:7-21

● 요 10:15 아버지께서 나를 아시고 내가 아버지를 아는 것 같으니 나는 양을 위하여 목숨을 버리노라

중국의 원저우 시에서 한밤중에 집이 무너지는 사고가 발생했습니다. 부실공사로 인근의 집들까지 약 4,5가구가 동시에 무너졌는데 사고가 나자마자 구조대원들이 출동했지만 주민 대부분은 빠져나오지 못하고 매몰되었습니다. 지속된 구조작업에도 고작 6명만이 살아남았고, 사고규모로 봤을 때 더 이상의 생존자는 존재하기 힘든 상황이었습니다.

그런데 12시간이 지난 뒤에 아래쪽 사고 현장에서 한 아이가 극적으로 구출되었습니다. 구조대원들은 한 부부의 시체가 포개져 있는 것을 보고 시신을 거두려 했는데 그 밑에 깔린 아이가 무사히 살아있었습니다.

건물이 무너지기 전에 큰 진동이 있었고 몇 분의 틈이 있었는데, 혹시 모를 사고에 대비하기 위해서 부모님이 몸을 겹쳐 아이를 십자가처럼 이중으로 감싸 안고 떨어지는 건물 잔해를 막았던 것입니다. 부모님 중 단 한 분이라도 조금이라도 망설였다면 아이는 죽고 말았을 것입니다. 그러나 자기 목숨보다 아이의 안전을 더 중요하게 생각한 희생 때문에 아이는 엄청난 사고 현장 속에서도 상처 하나 없이 무사히 구출될 수 있었습니다.

진정한 사랑은 목숨까지도 아까워하지 않습니다. 자녀를 위해서 부모님이 죽음을 두려워하지 않듯이 하나님 역시 그렇게 독생자를 보내셨습니다. 죄의 현장에서 일어나는 모든 험한 사고로부터 나를 지켜주시는 예수님을 믿고 의지하십시오. 아멘!!

♥ 주님, 처한 상황에 관계없이 언제나 주님은 나를 사랑하심을 알게 하소서.
🙏 우리를 위해 십자가를 지신 주님의 사랑을 깊이 묵상합시다.

나의 영적 일지

무엇을 읽는가?

읽을 말씀 : 시편 130:1-8

● 시 130:5 나 곧 내 영혼은 여호와를 기다리며 나는 주의 말씀을 바라는도다

    조선 4대 실학가 중 한 명인 이서구가 길을 가던 도중 수레에 책을 싣고 가는 한 소년을 보았습니다. 이서구는 소년의 정체가 궁금했지만 갈 길이 바빠 그냥 지나쳤습니다. 그리고 한 달 뒤에 다시 그 길을 가다가 소년을 마주쳤는데 이번에도 수레에 책을 가득 싣고 있었습니다. 이 모습을 본 이서구가 소년을 쫓아가 말을 붙였습니다.
    "한 달 전에 보았을 때도 수레에 책을 싣고 가더니 오늘도 그렇구나? 수레에 책을 싣고 다니는 이유가 무엇인지 물어봐도 되겠는가?"
    "이 책들은 제가 읽은 책들입니다. 읽은 책을 반납하고 새로 책을 구하러 가는 길입니다."
    수레에 실린 책들은 통감강목, 제자백가를 비롯한 어려운 고전들이었습니다. 이서구는 학자들도 어려워하는 책들을 어린 소년이 읽었다는 것을 믿기 힘들어 넌지시 그중 가장 어려운 책의 내용을 물어봤는데 소년은 막힘없이 대답했습니다. 이서구는 소년의 머리를 쓰다듬으며 말했습니다.
    "정말로 이 책을 다 읽었구나. 너는 분명 이후에 나라를 이끌 뛰어난 학자가 될 것이다. 필요한 책이 있거든 나에게도 찾아와 빌려가려무나."
    이서구가 알아본 이 소년은 훗날 조선 최고의 학자로 꼽히는 다산 정약용이었습니다.
    열정을 다해 읽는 책을 보면 그 사람의 됨됨이를 알 수 있습니다. 신앙에 도움이 되는 책들을 찾아 읽고 무엇보다 성경을 가까이 하십시오. 아멘!!

♡ 주님, 한정된 시간에 더 좋은 말씀과 더 좋은 영성을 사모하게 하소서.
🖋 더 많은 시간을 내어 경건서적과 성경을 읽읍시다.

나의 영적 일지

2월 11일

분을 이기는 법

읽을 말씀 : 에베소서 4:25-32

● 엡 4:26 분을 내어도 죄를 짓지 말며 해가 지도록 분을 품지 말고

    1950년대 미국의 흑인인권운동은 말콤 엑스의 저항운동과 마틴 루터 킹 목사님의 비폭력운동이라는 두 가지 축이 있었습니다.
    두 사람의 운동방식에 대해서는 흑인들도 의견이 분분했지만 결국 버밍엄에서 시작된 루터 목사님의 비폭력운동이 많은 성과를 거두면서 이후의 흑인인권운동의 방향을 평화적으로 이끌어가게 됐습니다.
    다음은 루터 목사님이 흑인들에게 강조한 '비폭력 운동의 수칙' 중 7가지입니다.
    1.우리의 목표는 승리가 아닌 정의와 화해임을 명심하자.
    2.하나님의 사랑으로 행진하고, 사랑으로 대화하자.
    3.모든 사람의 자유를 위해 지금은 개인의 자유를 희생하자.
    4.형제자매들에게 예의를 지키고, 그 예의를 원수들에게도 지키자.
    5.주먹 뿐 아니라 언어와 마음의 폭력도 삼가하자.
    6.다른 사람들을 위해 끊임없이 봉사하자.
    7.건전한 정신과 신체를 유지하도록 힘쓰자.
    분을 참지 못해 심각한 스트레스를 호소하는 분노조절장애가 4년 새 30퍼센트나 증가했다고 합니다. 말씀대로 살아가지 않는 부작용으로 마음을 다스리지 못하기 때문입니다. 그러나 분을 다스리는 사람이 선을 행할 수 있고, 사랑을 실천할 수 있습니다. 외부의 환경을 바꿀 수 없다면 내면을 다스릴 지혜를 주님께 구하십시오. 아멘!!

♥ 주님, 사소한 분노로 말씀을 어기는 잘못을 하지 않게 하소서.
📖 위의 수칙을 참고하여 크고 작은 분을 다스립시다.

나의 영적 일지

하나님께 물어라

읽을 말씀 : 베드로전서 3:8-22

● 벧전 3:15 너희 마음에 그리스도를 주로 삼아 거룩하게 하고 너희 속에 있는 소망에 관한 이유를 묻는 자에게는 대답할 것을 항상 준비하되 온유와 두려움으로 하고

　각국 최정상들이 모이는 G20이 한국에서 열렸을 때 폐막 연설을 마친 오바마 대통령이 개최국에 대한 예의를 갖추며 한국기자들에게만 질문을 받겠다고 했습니다.
　그러나 그 자리에서 오바마 대통령이 몇 번이나 권유를 하고, 농담으로 분위기를 풀기까지 했지만 단 한 명의 기자도 손을 들지 않았다고 합니다.
　이런 현상에 대해서 공부법 전문가 신영준 박사는 질문은 자신에 대한 호기심과 분야에 대한 지식이 있을 때 할 수 있는 것이기에 다그치거나, 질문법을 가르친다고 되는 것이 아니라며 다음의 4가지 방법을 추천했습니다.
　1.전공이나 직업과 다른 분야의 취미를 가져라.
　2.되도록 다양한 분야의 사람들을 만나라.
　3.해외여행을 떠나라.
　4.다양한 책을 읽어라.
　만약 성경과 신앙생활에 대한 질문이 없다면 신앙생활에 관심이 없거나, 혹은 말씀을 너무 모르는 것일 수도 있습니다. 성경의 위인들도 때로는 하나님께 묻고, 따지기도 하며 신앙이 성장했습니다. 이런 질문과 감정들을 두려워하지 않을 때 더욱 성장할 수 있습니다. 신앙의 성장을 위한 질문을 준비하며 어떤 질문이든 두려워하지 마십시오. 아멘!!

　♡ 주님, 말씀을 향한 질문을 통해 믿음이 더 굳건해지게 하소서.
　🗝 신앙에 관한 질문이 생기면 곧 교회의 목회자들을 찾아갑시다.

나의 영적 일지

2월 13일

보물이 있는 곳

읽을 말씀 : 마태복음 6:19-34

● 마 6:20 오직 너희를 위하여 보물을 하늘에 쌓아 두라 거기는 좀이나 동록이 해하지 못하며 도둑이 구멍을 뚫지도 못하고 도둑질도 못하느니라

    영국 엘스턴의 초등학생 4명은 모래밭에서 현장체험학습 과제를 하고 있었습니다. 그런데 모래를 파헤치다가 뭔가 반짝거리는 금색의 물체를 발견했는데 조사 결과 4300년 전에 만들어진 고대 유물로 10억 원의 가치를 지닌 물건이었습니다.
    미국 캘리포니아의 한 부부는 집 뒤뜰을 산책하고 있었습니다. 그런데 뒤뜰의 나무 밑에 이상한 깡통이 묻혀 있는 걸 발견하고 바로 뜯어봤는데 그 안에는 1400개의 금화가 들어 있었습니다. 이 금화들의 값어치는 대략 100억 원이었습니다.
    중국 장쑤성에 사는 11살 소년은 냇가에서 손을 씻다가 낡은 검 같이 생긴 조각을 발견해 부모님에게 가져왔고, 범상치 않은 유물이라 생각한 부모님은 전문가에게 감정을 의뢰했습니다. 그 검은 3천 년 전의 지도자들이 가지고 다니던 칼이었고 2억원이 넘는 감정가를 기록했습니다.
    루마니아에 사는 폴 크루이틀은 골동품 가게에서 은화를 샀습니다. 고대 그리스의 화폐를 위조한 것이기에 싼 가격에 살 수 있었는데 알고 보니 이것이 세계 최초의 위조지폐였고, 위조였지만 모두 순은으로 만들어져 실제 그리스 화폐보다 훨씬 비싼 가격을 받고 다시 판매되었습니다.
    가치 있는 보물은 때때로 주변에서 쉽게 발견되기도 합니다. 인생의 진정한 보물은 먼 미래에, 지금과는 다른 곳에 존재하는 것이 아니라 하나님이 지금 허락하신 내 가족, 내 이웃, 내 교회, 내 마음 안에 있다는 것을 기억하십시오. 아멘!!

♥ 주님, 내가 원하는 곳보다 하나님이 원하시는 곳에 만족하게 하소서.
🖼 하나님이 주신 지금 이 자리를 귀하게 여깁시다.

나의 영적 일지

발렌타인 데이의 유래

읽을 말씀 : 요한1서 4:7-13

● 요1 4:11 사랑하는 자들아 하나님이 이같이 우리를 사랑하셨은즉 우리도 서로 사랑하는 것이 마땅하도다

　기독교가 아직 박해를 받던 중세시대 때에 로마에 발렌타인이라는 청년이 살았습니다. 초대교회 교인들로부터 복음을 전해 듣고 독실한 신앙인이 된 발렌타인은 주변의 위협에 굴하지 않고 하나님을 예배하고, 또 복음을 전했습니다. 결국 그는 관리들의 눈 밖에 나서 감옥에 갇혀 언제 풀릴지 모르는 상황에 처했습니다.

　그러나 그는 감옥에 갇힌 것도 하나님이 주신 기회라고 생각해 바울처럼 죄수들에게 복음을 전했고 이 사실을 안 간수들은 발렌타인을 독방에 가뒀습니다. 더 이상 아무것도 할 수 없게 된 발렌타인은 우연히 뚫려 있는 창살 근처에 많은 꽃들이 핀 것을 발견했습니다. 그는 꽃잎을 뜯어 '발렌타인을 기억해 주십시오'라고 글을 적은 뒤 길가에 뿌리기 시작했습니다. 이는 곧 복음을 위해 감옥에 갇혀 자신을 생각하며 신앙을 지켜 달라던 믿음의 동역자들에게 보내는 메시지였습니다.

　그리고 꽃잎이 다시 나면 '나는 당신을 사랑합니다', '하나님은 당신을 사랑합니다'라고 적어 계속해서 길가에 뿌렸습니다. 그리고 이 메시지들은 기적적으로 몇몇 동역자들에게 전해졌고 이 메시지를 통해 감옥에 갇혀서라도 복음과 사랑을 전하던 '발렌타인'을 기억하자라는 의도에서 '발렌타인 데이'가 생기게 됐습니다.

　우리가 서로 전해야 할 사랑, 고백해야 할 가장 중요한 사랑은 바로 하나님의 사랑입니다. 모든 삶과 행동으로 하나님의 사랑을 담는 귀한 그릇으로 쓰임 받으십시오. 아멘!!

　💗 주님, 모든 삶의 모습으로 복음을 전할 수 있는 그리스도인으로 자라게 하소서.
　🖼 믿지 않는 사람들에게 사랑의 본이 되는 삶을 삽시다.

나의 영적 일지

2월 15일 어려움을 이기는 신앙

읽을 말씀 : 고린도후서 4:1-15

● 고후 4:8 우리가 사방으로 욱여쌈을 당하여도 싸이지 아니하며 답답한 일을 당하여도 낙심하지 아니하며

어려서부터 부모님께 버림받아 고아원에서 외롭게 자란 한 소녀가 있었습니다. 어른이 된 후에는 거리를 전전하며 되는 대로 살았는데, 아무런 소망도 없던 소녀는 마약 중독자가 되었고, 덧없이 죽을 날만 기다렸습니다. 그런데 그런 그녀에게 누군가 성경을 건네줬습니다. 인생이 한 없이 무료하던 그녀는 성경을 조금씩 읽기 시작했는데 말이 너무 어려웠지만 읽을수록 비어있던 마음이 사랑으로 차는 것을 느꼈습니다.

그렇게 성경으로 조금씩 다시 일어설 힘을 얻은 그녀는 봉사를 하며 남을 돕기 위한 삶을 살아갔습니다. 쉴 새 없이 돌아다니며 어려운 사람들을 만나고 또 그들을 도울 수 있는 사람들을 찾으며 살다가 급기야 자선모금행사를 전 미국을 돌아다니며 열기 시작했습니다. 그렇게 한 번 두 번 힘겹게 열던 모금행사는 점점 커지기 시작했고, 나중에 그녀가 연 자선모금행사는 무려 5000번이 넘었습니다.

이런 엄청난 봉사로 미국에서 가장 감사장을 많이 받기도 한 데일 로저스는 나중에 자신의 간증을 담은 책도 써 많은 사람들에게 희망을 주었는데 그 책의 제목은 '힘든 순간에 임하시는 하나님'이었습니다.

진정한 신앙은 형통한 순간이 아니라 가장 힘들고 어려울 때 빛을 발합니다. 하나님은 어떤 순간에도 나를 떠나 계시지 않습니다. 언제나 곁에서 함께 하시는 주님이 계심을 믿고 힘든 때일수록 주님을 의지하십시오. 아멘!!

💛 주님, 땅의 일이 힘들 수록 주님을 바라보게 하소서.
🧩 어렵고 힘들 때일수록 더욱 주님만을 의지합시다.

나의 영적 일지

꿀보다 단 말씀

읽을 말씀 : 시편 119:97-106

● 시 119:103 주의 말씀의 맛이 내게 어찌 그리 단지요 내 입에 꿀보다 더 다니이다

　인류는 꿀을 얻기 위해 3500년 전부터 벌을 기르기 시작했습니다.
　그런데 이 꿀을 얻는 것은 보통 힘든 일이 아닙니다. 벌 한 마리가 평생 죽을 때까지 모으는 꿀은 0.1g정도 밖에 되지 않습니다. 꿀 1g을 얻기 위해서는 수십 마리의 벌이 4만 5천여 꽃을 찾아다녀야 하며, 그 꽃을 찾기 위해 9만 킬로미터를 비행해야 합니다.
　또한 벌들은 아무 꽃에서나 꿀을 채집하지 않습니다. 본능적으로 비료가 있는 꽃은 피하고 독성이 없는 토양에서 자란 꽃에서만 꿀을 채집합니다. 이렇게 벌들이 공을 들여 만드는 꿀이기에 진짜 꿀에는 다양한 영양소가 들어있습니다.
　꿀에 가장 많은 것은 피로회복에 좋은 양질의 포도당과 과당인데 같은 단맛을 내는 성분이지만 설탕과는 달리 체내의 칼슘을 소모시키지 않으며 장내 유익균을 번식시킵니다. 또한 단백질과 비타민 C, 다양한 미네랄과 아미노산이 있고, 심지어 효소까지 풍부하게 들어있어 완전식품으로 평가받기도 합니다.
　이렇게 맛 뿐 아니라 영양학적으로도 몸에 좋은 꿀이기에 사람들은 예로부터 꿀을 귀하게 취급했습니다. 그런데 성경은 말씀을 이 꿀보다 더 달고 좋은 것이라고 말합니다. 꿀이 단순히 달기만 한 것이 아니라 몸에 좋은 영양소가 가득하듯이 말씀은 그저 귀에 듣기 좋은 말이 아니라 영을 살리고 삶을 변화시키는 완전한 진리임을 믿고 매일 즐겁게 말씀을 묵상하십시오. 아멘!!

　♥ 주님, 말씀을 사모하게 하시고, 주님을 닮아가게 하소서.
　🧩 말씀을 읽고 적용시켜 나감으로 영육의 참된 즐거움을 누립시다.

나의 영적 일지

2월 17일 인생의 답을 주는 책

읽을 말씀 : 시편 18:30-50

● 시 18:30 하나님의 도는 완전하고 여호와의 말씀은 순수하니 그는 자기에게 피하는 모든 자의 방패시로다

일본의 한 고등학교 선생님이 학생들에게 질문을 했습니다.
"평생을 갇혀 살아야 할 무인도에 간다면 어떤 책을 가져가겠니?"
학생들이 자기가 좋아하는 책이나 당시 유행하던 소설, 유명한 고전과 같은 책을 말하자 선생님이 덧붙였습니다.
"사실 선생님은 너희가 성경이나 백과사전, 둘 중에 하나를 선택해야 된다고 생각한단다."
이 말을 감명깊게 들은 한 여학생은 졸업을 한 뒤 결핵에 걸려 10년이 넘게 병상에 누워 있었습니다. 그런데 침대에 누워 적막한 시간을 보내다 보니 마치 무인도에 있는 것 같았고 학창시절 선생님의 질문이 생각났습니다. 그리고 고민 끝에 백과사전이 아닌 성경을 손에 들었습니다.
매일 깊이 묵상하는 성경은 인생의 외딴 섬에 빠진 것 같은 삶에 새로운 활력을 주었습니다. 훗날 성경을 통해 '사람을 사랑하는 힘, 죄를 씻는 능력, 하나님을 찾는 겸손, 살아갈 능력'을 찾았다고 말한 그녀는 그 깨달음으로 글을 쓰기 시작했습니다. 첫 작품 '빙점'으로 일본 문학계를 놀라게 하고 세계적인 작가의 반열에 오른 미우라 아야코의 이야기입니다.
성경은 정말로 삶의 시작에서 끝까지 우리 곁에 있어야 할 진리의 등대입니다. 내가 아무것도 가진 것이 없고, 아무것도 배운것이 없다 할 지라도 성경만 있다면 모든 것이 충족됩니다. 외딴 곳에서 홀로 떨어져 있는 무인도와 같은 삶으로 돌아가지 않도록 손에서 성경을 놓지 마십시오. 아멘!!

♡ 주님, 하나님의 약속이 담긴 말씀이 무엇보다 중요함을 깨닫게 하소서.
📖 인생의 앞이 보이지 않을 때마다 성경을 펴 답을 찾읍시다.

나의 영적 일지

지금이 섬겨야 할 때

읽을 말씀 : 잠언 3:27-35

● 잠 3:34 진실로 그는 거만한 자를 비웃으시며 겸손한 자에게 은혜를 베푸시나니

2월 18일

    도포를 잘 빼입은 한 선비가 여러 짐을 크게 들고 한 시골 마을을 향해 걷고 있었습니다. 살짝 깊은 개울이 나오자 잠시 망설이던 선비는 근처에서 낚시를 하는 정정한 노인을 보고는 다가가 말을 걸었습니다.
    "노인 어르신. 죄송하지만 나를 업어주실 수 있겠습니까? 중요한 일로 저 마을에 가야 하는데 새 도포가 젖을까봐 걱정이 됩니다. 힘 좀 써주신다면 사례는 톡톡히 드리겠습니다."
    노인은 선비의 얼굴을 뚫어져라 쳐다보더니 알겠다며 선비를 업어주었습니다. 선비를 내려준 노인이 그런데 마을에는 무슨 일이 있어 가냐고 물었습니다.
    "저 마을에 정승대감이셨던 맹사성 어른이 사십니다. 제 아버지와 친구지간이라 하셔서 벼슬자리를 알아보러 선물과 편지를 들고 왔습니다."
    그러자 노인이 크게 웃으며 말했습니다.
    "허허허, 그렇다면 가도 소용없으니 이만 돌아가시오. 갈 때는 도포 젖을 걱정은 안 해도 될 거요. 내가 그 맹사성이오."
    놀란 선비는 그제야 사정을 말하고 무릎을 꿇어 용서를 빌었지만 맹사성은 뒤도 보지 않고 집으로 돌아갔습니다.
    하나님은 미래가 아닌 지금 나의 말과 행동을 보십니다. 미래를 이유로 현실의 봉사와 선행을 멀리하지 말고 바로 오늘 하나님이 기뻐하실 일을 실천하십시오. 아멘!!

    ♥ 주님, 예수님의 손이 되어 세상의 낮은 곳부터 섬기게 하소서.
    🙏 오늘 만나는 작은 사람부터 주님의 마음으로 섬깁시다.

나의 영적 일지

2월 19일 살아있는 양심

읽을 말씀 : 시편 26:1-12

● 시 26:2 여호와여 나를 살피시고 시험하사 내 뜻과 내 양심을 단련하소서

　매출의 일부분을 불우이웃 돕는 일에 쓰는 토스트 프랜차이즈가 있었습니다. 그런데 하루는 다양한 식품과 시판 소스를 만드는 대기업 관계자가 사장님을 찾아왔습니다.
　"사장님, 지금 어느 회사 제품의 소스를 사용하고 계십니까?"
　"귀사 제품을 사용하고 있습니다. 단가는 좀 비싸지만 품질이 좋아서요."
　사장님은 대화를 하며 단순히 제품 판매를 부탁하러 왔을 것이라고 생각했습니다. 그런데 갑자기 생각지도 못한 말을 들었습니다.
　"앞으로는 대금 결제하지 마십시오. 모든 소스는 무료로 제공해드리겠습니다."
　깜짝 놀란 사장님이 이유를 물었습니다.
　"좋은 일 많이 하신다는 이야기를 들었습니다. 저희 회사에서도 큰 귀감이 되어 조금이라도 도움을 드리고 싶습니다. 앞으로도 좋은 일 많이 해주십시오."
　토스트 프랜차이즈의 사장님은 사업을 하면서 이날 처음으로 나눔과 양심이 살아있음을 느꼈다고 합니다.
　물질만능주의의 세상이라 할지라도, 사람의 가치관이 그렇게 변한다 할지라도 여전히 사랑이 살아있음을, 양심이 존재한다는 사실을 보여주는 사람들이 우리 그리스도인이 되어야 합니다. 교회 안과 밖의 삶이 똑같은 모습의 그리스도인이 되십시오. 아멘!!

　💗 주님, 냉혹한 사회생활을 통해서도 예수님의 살아계심을 전하게 하소서.
　📖 내가 하는 일을 통해 예수 그리스도의 복음이 전해지고 있는지 생각해봅시다.

나의 영적 일지

할 일만큼 중요한 것

읽을 말씀 : 출애굽기 20:18-26

● 출 20:20 모세가 백성에게 이르되 두려워하지 말라 하나님이 임하심은 너희를 시험하고 너희로 경외하여 범죄하지 않게 하려 하심이니라

스트레스를 받지 않는 가장 중요한 방법 중 하나는 하루의 통제력을 높이는 일입니다. 어떤 일이 생길 때 어떻게 대처한다는 방침을 정해놓는 것 하나만으로 스트레스를 놀랄 정도로 낮출 수 있는데 그래서 세계적인 기업의 경영자들은 일을 단순화하기 위해서 거의 대부분 '할 일 리스트(To-Do List)'를 적극 활용합니다.

그런데 트위터의 창업자 잭 도시는 여기에 '하지 말아야 할 리스트(To-Don't List)'를 하나 추가해서 활용합니다. 실제 그는 자기 전에 다음 날 할 일을 이렇게 적습니다.

- 할 일 리스트

①7시간 숙면, ②30분간 명상, ③일 하기 전 7분 운동 3회 반복, ④물 대신 레몬 워터를 마실 것.

- 하지 말아야 할 리스트

①지각하지 말 것, ②상대와 눈을 맞추는 걸 두려워하지 말 것.

자신이 뭘 해야 하고, 뭘 하지 말아야 하는지 미리 알고 그것을 고치려고 노력하는 것만으로도 스트레스를 거의 없앨 수 있기에 업무의 홍수에 빠져 사는 성공한 사람들일수록 이런 리스트들을 활용합니다.

지금 해야 할 일과 하지 말아야 할 일을 알고 있는 사람은 조금씩이라도 매일 성공할 수 있습니다. 말씀을 기반으로 매일 나의 성장을 위해 필요한 일들을 찾아보십시오. 아멘!!

♡ 주님, 말씀이 이끄는 일을 하고, 말씀이 막는 일은 하지 않게 하소서.
🙏 오늘 밤부터 다음 날 지킬 두 가지 리스트를 작성합시다.

나의 영적 일지

2월 21일 잘못된 확신

읽을 말씀 : 예레미야 48:26-35

● 렘 48:30 여호와의 말씀이니라 내가 그의 노여워함의 허탄함을 아노니 그가 자랑하여도 아무 것도 성취하지 못하였도다

애블린 아담스라는 여자는 당첨금이 점점 쌓이고 있다는 뉴스를 듣고는 재미삼아 로또를 한 장 샀습니다.

그런데 태어나 처음 산 로또가 1등에 당첨됐습니다. 엄청난 행운이 찾아왔다고 느낀 그녀는 어쩐지 로또에 한 번 더 당첨될 것 같아 복권을 조금씩 사기 시작했는데 정말로 몇 달 뒤 또 1등에 당첨되는 일이 일어났습니다.

두 번째 로또 당첨으로 '나는 돈의 행운이 쫓아다니는 여자다, 내가 가는 길에는 돈이 무조건 쫓아온다'라는 생각을 확신한 그녀는 다른 사람들이 상상도 못할 돈을 벌어 그 사실을 증명하기 위해서 당첨금을 모두 가지고 카지노로 향했습니다.

도박을 할수록 돈은 점점 줄었지만 그녀는 반드시 일발역전을 할 것이라는 희망을 끝까지 놓지 않았습니다. 하지만 그녀의 희망과는 달리 2번이나 당첨된 로또당첨금은 1년도 안 되어 모두 사라졌고, 마침내 빚까지 진 그녀는 결국 파산하고 말았습니다.

세상의 모든 부귀와 지혜까지 가졌던 솔로몬도 결국 하나님 없는 삶은 헛된 것임을 고백했습니다. 내가 아무리 인기가 많고, 성공을 했고, 높은 명예를 가졌다 하더라도 가장 중요한 것은 어떤 상황에서도 하나님을 의지하고 또 의지하는 것입니다. 잘못된 확신의 교만함을 버리고 더욱 더 겸손함으로 주님 앞에 무릎을 꿇으십시오. 아멘!!

♥ 주님, 작은 성공에도 넘어지지 않게 조심하는 마음을 갖게 하소서.
성공할수록 발밑을 살피며 오로지 주님께 영광을 돌립시다.

나의 영적 일지

하나님을 바라보라

읽을 말씀 : 시편 123:1-4

- 시 123:2 상전의 손을 바라보는 종들의 눈 같이, 여주인의 손을 바라보는 여종의 눈 같이 우리의 눈이 여호와 우리 하나님을 바라보며 우리에게 은혜 베풀어 주시기를 기다리나이다

마틴 루터가 길가의 식당에서 아침 식사를 하고 있었습니다.

맛있는 음식 냄새를 맡은 강아지가 한 마리 다가와 의자 옆에 자리를 잡고 앉았는데 루터는 미처 발견을 하지 못했습니다. 하지만 강아지는 루터가 발견을 할 때까지 고개를 들고 루터를 계속 바라봤습니다.

뒤늦게 발견한 루터가 강아지를 보고는 고기를 조금 주려고 잘랐는데 이 모습을 본 강아지가 자신의 일거수일투족을 집중하고 있음을 보고는 아주 신기하게 느꼈습니다. 루터가 고기를 손에 들고 이리저리 움직이자 강아지 눈도 이리저리 움직였고, 시선을 조금만 돌려도 금세 뭐가 있나 강아지도 눈을 돌렸습니다. 잠시 장난을 치다가 고기를 던져주고 집으로 돌아갔는데, 문득 이 일을 통해 큰 깨달음을 얻었습니다. 그리고 집으로 돌아가 친구에게 쓰는 편지에서 아침에 있었던 일을 적고 이렇게 덧붙였습니다.

"난 아침에 만난 강아지로부터 배운 것이 있네. 만약 그 강아지가 고기를 들고 있는 내 손을 바라보는 것처럼 우리가 하나님을 바라본다면 하나님은 분명히 기뻐하시고 감동하실 거라는 사실 말이네."

하나님을 바라보고 의지하는 것은 주일에만, 아침에만, 내가 급할 때만 해야 하는 일이 아닙니다. 매일 매 순간 하나님을 바라보는 일이 필요하고 또 그런 은혜를 구해야 합니다. 은혜를 갈망하는 마음으로 하나님께 삶의 방향을 고정하십시오. 아멘!!

♡ 주님, 주님을 사모하는 열정이 점점 깊어지는 삶이 되게 하소서.
🎬 요즘 나의 하루는 충분히 주님을 향한 삶인지 생각해봅시다.

나의 영적 일지

2월 23일

지도가 있는 사람

읽을 말씀 : 시편 119:105-111

● 시 119:105 주의 말씀은 내 발에 등이요 내 길에 빛이니이다

    알프스의 추운 길가를 행군하는 프랑스의 두 부대가 있었습니다.
    이탈리아를 침공하기에 앞서 길을 살펴보려고 나폴레옹이 선발대로 보낸 부대였는데 그 길 중간에는 표지판이 없는 갈림길이 있었습니다.
    첫 번째 도착한 부대는 이미 추위에 지쳐있는 데다가 준비한 식량까지 떨어져 사기가 바닥이었습니다. 그러다 알 수 없는 길까지 나오자 부대가 심각한 분열을 겪었습니다. 소란 끝에 한 길을 택해 가긴 했지만 가는 내내 분란이 일어났고 결국 한 명도 돌아오지 못한 채 알프스 깊은 숲에서 굶어죽고 말았습니다.
    그러나 다른 한 부대는 한 명도 빠짐없이 정찰을 마치고 귀환을 했습니다. 이 부대 역시 식량이 떨어졌고 추위에 지친 상태였습니다. 그러나 이끌던 장교는 갈림길에 다다르자 가방에서 지도를 꺼내 살핀 뒤 부대를 이끌고 갔습니다. 따르던 군사들은 지도가 있다는 것을 보고 안심하고 힘을 냈습니다. 그런데 문제는 장교가 꺼낸 지도가 다른 지역의 지도였다는 사실입니다. 오랜 경험을 가진 장교는 부하들에게 확신과 희망을 주기 위해 다른 지역의 지도를 티를 내지 않고 꺼내어 보는 척을 했던 것입니다.
    우리는 때때로 말씀을 잘못 이해하고 받아들이기도 하지만 중요한 것은 말씀이 하나님이 주신 분명한 천국으로 가는 지도라는 사실입니다. 이 귀한 지도를 손에서 놓지 말고 바른 길을 찾을 지혜를 달라고 성령님께 간구하십시오. 아멘!!

💚 주님, 인생의 유일한 지도인 성경을 통해 바른 길을 찾게 하소서.
📖 말씀의 깊은 뜻을 알기 위해 교회의 성경공부반이 있다면 등록합시다.

나의 영적 일지

문턱을 조금만 낮추라

읽을 말씀 : 디모데전서 2:1-7

● 딤전 2:4 하나님은 모든 사람이 구원을 받으며 진리를 아는 데에 이르기를 원하시느니라

    심리학 실험 중에 우수리 효과라는 것이 있습니다.
    끝이 딱 맞게 떨어지지 않는 가격의 제품이 훨씬 더 잘 팔린다는 이론인데 많은 기업들이 이 방법을 따라 실제로 천원의 가격이라면 990원 등으로 살짝 낮춰 판매를 하고 있습니다.
    프랑스의 심리학자 니콜라스 게강은 이 실험이 진짜인지 궁금해 직접 확인을 해봤습니다. 그는 똑같은 빵을 200개 만들어 집집마다 돌면서 판매를 했습니다. 절반은 2프랑에, 그리고 나머지 절반은 1.99프랑에 판매를 했는데 한국 돈으로는 약 50원 정도의 차이밖에 나지 않는 적은 금액이었습니다.
    실험을 반복한 결과 빵이 2프랑인 경우는 45% 정도가 구매를 했고, 1.99프랑인 경우에는 59%가 구매를 했습니다. 돈은 50원 정도의 차이였지만 판매율은 거의 15%가 높았습니다. 니콜라스는 우수리 효과가 실제로 있다는 것을 인정하면서 10원 단위의 작은 금액이라도 심리적인 장벽을 실제로 낮춘다고 결과를 정리했습니다.
    가격이 조금만 낮아져도 판매율이 월등이 높아지듯이 교회의 문턱이 조금만 낮아져도 믿지 않는 사람들의 발길이 월등이 높아질 것입니다. 죄인들을 거리낌 없이 찾아가고 함께 교제하셨던, 그리고 회심시키셨던 예수님처럼 예배당에 누가 오든지 웃으며 환영하고 함께 떡을 뗄 수 있는 성도가, 그런 교회가 되게 해달라고 기도하며 노력하십시오. 아멘!!

♥ 주님, 예수님의 마음으로 더 낮은 사람들을 섬기는 사랑의 자녀가 되게 하소서.
✿ 그 어떤 사람이 교회에 와도 편견 없이 맞도록 노력합시다.

나의 영적 일지

2월 25일 주일성수의 축복

읽을 말씀 : 신명기 5:12-15

● 신 5:12 네 하나님 여호와가 네게 명령한 대로 안식일을 지켜 거룩하게 하라

　미국의 '칙 필레'라는 패스트푸드의 영업방침은 성경입니다.
　마태복음 7장 12절 말씀을 따라 남에게 대접 받고자 하는 대로 손님을 대접하고, 5리를 가자고 하면 10리를 가라는 말씀대로 손님들이 요구하는 이상의 서비스를 제공합니다. 점원들은 손님이 들어오면 직접 나와 좌석을 빼주고, 테이블마다 싱싱한 생화가 장식되어 있습니다. 또 데리고 온 반려견을 위해 남은 치킨 조각을 줍니다. 손님들은 칙 필레 직원들의 미소만 봐도 감동을 받는다고 하는데, 실제로 식당평가 전문기관 자갓(Zagat)은 종합평가를 통해 칙 필레를 최고의 패스트푸드점으로 선정했습니다.
　더 놀라운 사실은 이 회사가 말씀을 따라 주일날에는 문을 열지 않는다는 사실입니다. 패스트푸드점 매출의 15%는 주일에 발생하기에 기업으로써는 큰 손실이 아닐 수 없는데 이런 영업방침에도 불구하고 세계 최대 체인점인 맥도날드보다 1년 평균 매출액이 3억이나 높습니다. 칙 필레의 트루엣 캐시 회장은 주일날 문을 닫는 것이 자신이 사업을 하며 내린 결정 중에 최고라고 평가했으며 또한 회사를 세운 이유를 '하나님을 존경하고 사업보다 더 중요한 것이 있음을 사람들에게 알리는 것'이라고 말했습니다.
　성경에는 단 하나의 거짓도 쓰여있지 않습니다. 말씀을 지키는 사람에겐 말씀이 약속한 축복이 분명히 임합니다. 내 입맛대로 성경을 재단하지 말고 말씀이 말하는 대로 성경을 읽고 또 믿으십시오. 아멘!!

♥ 주님, 하나님의 말씀은 지금도 동일하게 역사하심을 체험하게 하소서.
※ 말씀의 원리를 나의 일과 사업장에 믿음으로 적용합시다.

나의 영적 일지

일을 미루지 않는 법

읽을 말씀 : 잠언 12:19-28

2월 26일

● 잠 12:27 게으른 자는 그 잡을 것도 사냥하지 아니하나니 사람의 부귀는 부지런한 것이니라

캐나다 칼튼대학의 티모시 파이킬 교수는 사람들이 일을 미루는 이유에 대해서 오랫동안 연구를 한 뒤 일을 미루지 않게 도와주는 5가지 지침을 만들었습니다.

1. 시작의 문턱 낮추기
새로운 일을 시작하는 것은 심리적 장벽이 매우 높기에 천천히 시작하는 것이 좋습니다.

2. 미래를 상상하기
미루지 않고 했을 때 일어나는 일을 상상할 때 불쾌한 기분을 극복할 확률은 매우 높습니다.

3. 효율적으로 일을 미루기
한 가지 일을 미루는 대신 더 중요한 다른 일을 골라 하는 습관입니다.

4. 타이머 맞추기
30분 타이머를 맞춰 일단 일을 시작하고, 그 일이 끝나면 잠시 하고 싶은 일로 보상을 주는 방식입니다.

5. 스스로 용서하기
사람들은 일을 미루면서도 곧 후회를 하고 스스로를 미워합니다. 그러나 이런 감정은 다시 일을 시작하는 데에 아무런 도움을 주지 않습니다.

일을 미루는 사람은 어떤 분야에서도 성공을 할 수 없습니다. 미루기가 가장 심한 영역부터 하나씩 할 일을 세워 차분히 해나가십시오. 아멘!!

♥ 주님, 신앙의 성장을 위한 일을 무엇보다 미루지 않게 하소서.
🙏 가장 오래 미뤄왔던 일부터 다시 마음을 잡고 시작합시다.

나의 영적 일지

2월 27일

기도를 가르쳐 주신 이유

읽을 말씀 : 마태복음 18:15-20

● 마 18:19 진실로 다시 너희에게 이르노니 너희 중의 두 사람이 땅에서 합심하여 무엇이든지 구하면 하늘에 계신 내 아버지께서 그들을 위하여 이루게 하시리라

태평양을 횡단하다 태풍을 만나 산산조각난 배가 있었습니다. 에디 리컨베커라는 선장과 두 선원만이 간신히 살아남았는데 그들은 작은 뗏목 하나에 몸을 싣고 망망대해를 표류했습니다.

세 사람은 사람이 겪을 수 있는 모든 고통을 다 겪었습니다. 낮에는 뜨거운 태양을 피하지 못했고, 밤이면 무서운 추위가 찾아왔습니다. 마실 물조차 없었습니다.

그러나 모두 독실한 신자였던 세 사람은 포기하지 않고 기도를 했습니다. 더 이상 참을 수 없는 상황에서도 기도를 멈추지 않았습니다. 그러자 조금씩 기적 같은 일들이 일어났습니다. 탈진하기 전에 하늘에서 비가 내려 물을 마실 수 있었고, 높이 날던 갈매기가 갑자기 뗏목에 얌전히 올라와 배를 채울 수 있었습니다. 남은 고기로 다시 낚시를 해 물고기를 잡을 수 있었고, 내리쬐는 태양빛이 지칠 때는 구름이 선선하게 하늘을 가렸습니다. 그렇게 한 달을 버티고 마침내 지나가는 배를 만나 구조되는 기적이 일어났습니다. 에디 선장은 그 극한의 어려움을 함께 버틸 수 있던 비결을 다음과 같이 말했습니다.

"비결은 잘 모르겠습니다. 그러나 우리는 합심하여 믿음으로 기도했습니다."

기도의 중요성을 알기에 예수님은 항상 시간을 내어 기도하셨고, 또한 기도하는 법을 직접 알려주셨습니다. 예수님의 가르침을 따라, 예수님의 기도의 습관을 따라 더욱 힘써 기도하십시오. 아멘!!

♡ 주님, 어떤 상황에서도 기도하는 겸손을 주소서
📖 어려운 일을 위해 정기적으로 기도하는 시간을 정하고 모임을 만듭시다.

나의 영적 일지

그리스도인이 보여줘야 할 것

2월 28일

읽을 말씀 : 누가복음 19:11-27

● 눅 19:17 주인이 이르되 잘하였다 착한 종이여 네가 지극히 작은 것에 충성하였으니 열 고을 권세를 차지하라 하고

　미국 시카고의 피터 라할은 고등학교를 졸업하자마자 친구 한 명과 건강식품인 '프로틴 바'를 만드는 회사를 차렸습니다.
　당시 '프로틴 바'는 이미 2천여 개의 제품이 있었지만 몸에 나쁜 첨가물을 일체 사용하지 않고 맛까지 좋은 제품은 없었기에 두 친구는 성공을 확신했습니다. 그러나 아무리 좋은 재료를 쓰고 맛있게 만들어도 적자를 겨우 면하는 수준이었지 이득을 보지는 못했습니다.
　그렇게 1년이 지나고 두 친구는 문제를 찾기 위해 다시 원점으로 돌아갔습니다. 그리고 중요한 사실을 하나 알게 되는데 바로 자신들이 직접 물건을 들고 다니며 설명을 할 때는 판매율이 아주 높았지만, 매장에서 포장을 보고는 사는 사람이 거의 없다는 것이었습니다. 그리고 그 원인을 알아보기 힘든 조악한 포장이라고 생각해 회사의 로고조차 구석에 몰아넣은 뒤 오로지 성분만을 적었습니다.
　그렇게 '계란 흰자 3개, 땅콩 10알, 대추 2개, 첨가물 일체 없음'과 같이 성분이 크게 적힌 새로운 포장이 나오자마자 제품은 날개 돋친 듯 팔리기 시작해 지금은 한 달에 20만개 이상 팔리는 인기 제품이 되었습니다. 사람들은 좋은 성분으로 만든 제품을 외면한 것이 아니라 좋은 성분의 제품이 무엇인지 알아보기 힘들었던 것입니다.
　그리스도인이 보여줘야 할 것은 세상의 성공한 사람들과 같은 돈이나 명예, 스펙이 아니라 변화된 모습입니다. 성령의 열매를 삶에서 보여줌으로 복음을 전하는 성도가 되십시오. 아멘!!

♡ 주님, 하나님의 역사하심을 사람들에게 보일 수 있는 삶이 되도록 인도하소서.
　내 삶이 말씀이 적히는 공책이라 생각하고 하루를 삽시다.

나의 영적 일지

3월

"여호와는
압제를 당하는 자의 요새이시요
환난 때의 요새이시로다"

(시편 9편 9절)

3월 1일
삼일운동과 이스라엘 절기

읽을 말씀 : 시편 146:1-10

● 시 146:7 억눌린 사람들을 위해 정의로 심판하시며 주린 자들에게 먹을 것을 주시는 이시로다 여호와께서는 갇힌 자들에게 자유를 주시는도다

  이스라엘에는 '샤브옷'이라는 명절이 있습니다.
  첫 추수를 기념하는 명절인데 출애굽을 기념하는 유월절로부터 50일이 지난 뒤에 지킵니다. 유월절은 민족이 해방된 큰 명절인데 그로부터 50일이 지나 또 명절을 지키는 것은 이날이 보리와 같은 초여름 과실을 수확하는 날이기 때문입니다. 출애굽의 기쁨에 흥청망청 사는 것이 아니라 해방시켜주신 하나님께 감사하는 마음으로 추수라는 성과를 내는 것도 중요하기에 유월절과 더불어 이 명절을 반드시 지킵니다.
  또한 출애굽기에는 3월을 한 해의 시작으로 지키라는 말씀이 있어 이스라엘 사람들은 이때 유월절과 더불어 신년을 기념하는데 반년이 지난 9월에 또 다시 신년을 기념합니다. 9월에 신년을 기념하는 이유는 탈무드의 나오는 이야기 중 하나님이 창조를 계획하신 후 실제로 창조하신 기간이 6달이라는 내용이 나오기 때문입니다. 이런 관습 때문에 유대인들은 대부분 계획을 세우는 일뿐 아니라 그 계획을 실제로 성취하는 일이 중요하다고 생각합니다.
  일제치하의 수탈을 당하면서도 목숨을 아끼지 않고 일말의 가능성을 위해 온몸을 던진 사람들이 있었기에 광복이 가능해진 것입니다. 삼일운동에서 희생당한 독립열사들과 그들의 후손을 위해 기도하며 나에게 자유를 주기 위해 사람의 몸을 입고 오신 예수님의 희생을 기억하십시오. 아멘!!

♡ 주님, 역사를 통해 하나님의 섭리를 알아가게 하소서.
🙏 나라와 민족을 위한 기도를 꾸준히 합시다.

나의 영적 일지

작은 관심이 살린 노숙자

읽을 말씀 : 마태복음 18:1-14

●마 18:1 누구든지 나를 믿는 이 작은 자 중 하나를 실족하게 하면 차라리 연자 맷돌이 그 목에 달려서 깊은 바다에 빠뜨려지는 것이 나으니라

　　미국 휴스턴의 경찰관 스티브가 공원을 순찰 중이었습니다.
　벤치에는 한 노숙자가 앉아 있었는데 멀찌감치 떨어져 있는데도 냄새가 고약해 사람들이 모두 근처를 피해 다녔습니다. 그러나 오래 씻지 못해 손과 발이 까맣게 변한 남자를 보고 스티브는 가슴이 아파 조용히 다가가 친절하게 물었습니다.
　"실례합니다. 제가 선생님을 도와드려도 괜찮을까요?"
　노숙인이 허락을 하자 스티브는 동료와 함께 물을 가져와 일단 손과 발을 씻겨주며 길게 자란 손톱까지 잘라주었습니다. 그러면서 대화를 나누었는데 퀸투스라는 남자는 녹내장으로 실명되어 앞이 보이지 않아 씻을 수도 없고, 도움을 청할 수도 없는 상황이었습니다. 그런 퀸투스에게 말을 걸어준 건 스티브가 몇 년 만에 처음이었습니다.
　스티브는 퀸투스를 가까운 노숙인 재활 센터에 데려다 주었고, 퀸투스는 그곳에서 몇 년 만에 기분 좋게 샤워를 할 수 있었습니다. 또한 스티브의 선행이 크게 알려지면서 휴스턴 경찰청에서도 퀸투스의 건강과 재활을 위한 지원을 아끼지 않기로 결정했습니다.
　오늘 내가 피해가는 그 사람이 사실은 누구보다 도움이 필요한 사람일 수 있습니다. 사랑의 실천은 매일 만나는 사람들에게 필요한 도움을 주는 것입니다. 평소 마주치는 이웃, 지나가는 길거리에 있는 사람들에게 아주 조금만 더 관심을 기울이십시오. 아멘!!

♡ 주님, 정말로 도움이 필요한 사람들을 향한 편견을 갖지 않게 도우소서.
🧎 오늘 나의 관심이 필요한 사람은 없는지 주의를 살핍시다.

나의 영적 일지

3월 3일
믿는 사람의 대처

읽을 말씀 : 요한1서 3:13-24

● 요1 3:18 자녀들아 우리가 말과 혀로만 사랑하지 말고 행함과 진실함으로 하자

중년의 백인 여성이 기차를 기다리는 도중 식당에 가서 샐러드를 한 접시 시켰습니다. 테이블에 음식을 놓고 화장실을 잠시 들렀다온 부인은 물과 포크를 가지고 왔는데 처음 보는 흑인이 자기 자리에서 샐러드를 먹고 있었습니다.

부인은 흑인이 자리를 착각했나 싶어 조용히 반대편에 앉아 흑인이 떠나길 기다렸지만 흑인 역시 자신을 멀뚱멀뚱 쳐다볼 뿐이었습니다. 그러다 잠시 뒤 샐러드를 조금 덜어주었습니다. 부인은 무섭게 생긴 흑인에게 뭐라고 말도 못하고 불쾌한 표정으로 그냥 덜어준 샐러드를 먹고 있었습니다. 그런데 흑인이 카운터로 가서 갑자기 커피 두 잔을 시키더니 한 잔을 부인에게 건네주며 말했습니다.

"좋은 오후 보내세요, 부인."

흑인이 떠나고 부인은 깜짝 놀랐습니다. 흑인이 앉아 있던 자리 너머에 있는 테이블에 멀쩡한 샐러드 한 접시가 있었기 때문입니다. 자리를 착각한 것은 자신이었는데도 흑인은 아무 말 없이 샐러드를 나눠주고 커피까지 대접했습니다. 아담 데이빗슨 감독의 실화를 바탕으로 한 영화 '점심의 데이트'에 나오는 내용입니다.

우리는 하나님께 모든 것을 드린다고 고백하면서도 정작 섬겨야 할 사람들에게는 아주 작은 사랑도 베풀지 못할 때가 너무나 많습니다. 어떤 상황에서도 배려와 선행의 자세를 먼저 보이십시오. 아멘!!

♡ 주님, 평소 기본 행실에서도 주님이 드러나게 하소서.
🙏 기본 매너와 말투로 다른 사람을 무시하지 않게 신경을 씁시다.

나의 영적 일지

성공한 인생의 기준

읽을 말씀 : 시편 143:1-12

●시 143:2 주의 종에게 심판을 행하지 마소서 주의 눈 앞에는 의로운 인생이 하나도 없나이다

자수성가로 엄청난 성공을 한 남자가 있었습니다.
평생 실패를 모르고 살았던 그 남자는 나이가 들어 노환으로 고생을 했는데 병실에서 가족과 측근들이 보는 앞에서 유언을 남기고 숨을 거두었습니다. 그런데 그는 숨을 거두기 전에 이런 말을 했습니다.
"아무래도 나는 인생을 잘못 산 것 같소."
주변 사람들은 깜짝 놀라 물었습니다.
"세상에 회장님만큼 성공하신 사람이 몇 명이나 된다고 그런 말씀을 하십니까? 충분히 성공하신 인생이십니다."
"돈으로 따지자면 그럴지도 모르지. 하지만 여기 병실에 누워 인생을 돌아보니 지금 친구라고 부를 수 있는 사람이 한 명도 없지 뭔가? 이런 인생을 성공한 인생이라 할 수 있겠는가?"
그러나 주변의 사람들은 여전히 이해할 수 없었습니다. 왜냐하면 이 남자는 독자적으로 인공위성을 가지고 있을 정도로 성공한 거대 기업 월마트의 창업자인 샘 월튼이었기 때문입니다.
최근 워런 버핏은 '서로 사랑할 수 있는 사람을 만나는 것이 성공'이라고 한 강연에서 이야기했습니다. 이처럼 성공이란 세상적인 기준으로 재단할 수 있는 것이 아니며 또한 각자의 생각에 따라 정의할 수 있는 것도 아닙니다. 세상을 창조하시고 모든 기준을 만드신 분이 주님이시기 때문입니다. 하나님의 말씀을 따라 하나님께 인정받는 성공의 기준을 세우십시오. 아멘!!

♡ 주님, 무형의 가치를 더 소중히 여기며 집중하게 하소서.
📖 친구를 기준으로 할 때 나의 인생은 어떤지 평가해봅시다.

나의 영적 일지

3월 5일
찬송을 하십시오

읽을 말씀 : 신명기 10:12-22

● 신 10:21 그는 네 찬송이시요 네 하나님이시라 네 눈으로 본 이같이 크고 두려운 일을 너를 위하여 행하셨느니라

영국의 대형여객선 스텔라호가 한밤중에 암초에 부딪혀 난파됐습니다. 급하게 선원들이 관객들을 대피시키고 구명보트를 준비했지만 대부분의 사람이 죽거나 실종됐고, 그나마 구명보트에 탄 사람들도 해류에 쓸려 뿔뿔이 흩어졌습니다.

그 중 12명이 탄 한 보트에 있던 유명한 가수 마가렛 윌리엄스가 갑자기 찬송을 부르기 시작했습니다. 지금 상황에 찬송이 나오냐며 다른 사람들이 화를 내자 그녀는 이렇게 말했습니다.

"이제 의지할 분은 하나님뿐이십니다. 우리는 한치 앞도 볼 수 없고, 노도 없이 떠내려 갈 수밖에 없습니다. 그러나 함께 찬송하며 하나님께 감사하며 도움을 구합시다."

이 말을 들은 사람들은 한 명씩 찬송을 따라 부르기 시작했고, 마침내 12명 모두가 찬송을 부르며 망망대해를 떠내려갔습니다. 그리고 동이 틀 무렵 새벽에 근처에서 구조 활동을 하던 선박이 이들이 탄 보트를 발견하고는 구조하러 왔습니다. 그들 역시 어두운 바다에서 어쩔 줄 몰라 날이 밝을 때까지 가만히 서 있었는데 어디선가 들리는 찬송소리를 듣고는 보트를 내려 찾아 나선 것입니다.

주님을 향한 감사가 남아있는 사람은 언제든 찬송할 수 있고 하나님이 이끄시는 놀라운 기적을 볼 수 있습니다. 언제 어디서든 주님께 찬양으로 영광을 돌려 드리십시오. 아멘!!

♥ 주님, 하나님이 받으시는 기쁜 찬양을 올려드리게 하소서.
🖼 모든 찬양을 전심으로 마음을 담아 부릅시다.

나의 영적 일지

물질보다 중요한 것

읽을 말씀 : 잠언 6:20-35

● 잠 6:23 대저 명령은 등불이요 법은 빛이요 훈계의 책망은 곧 생명의 길이라

3월 6일

   한 철학자가 가난한 사람들에 대한 깊은 사색에 잠겼습니다.
   '사람은 왜 가난한 것인가?', '사회 구조가 문제인가?', '그 가난의 연결 고리는 어떻게 끊을 수 있나', '어떤 사람들이 가난에서 벗어났는가?'
   그리고 생각에서 벗어나 직접 현장을 뛰어다니며 자료를 조사했습니다. 그런데 그 과정 중에서 중요한 깨달은 한 가지를 얻었습니다.
   '돈이 없다고 꼭 가난한 것이 아니다! 돈이 있다고 가난하지 않은 것도 아니다!'
   그는 자신의 연구를 바탕으로 가난의 진짜 요인은 돈이 아닌 '철학의 부재'라고 결론을 내렸습니다. 그리고 더 이상의 연구를 그만두고 사람들이 누구나 쉽게 들을 수 있는 철학 강의를 시작했고, 이내 학교를 만들었습니다. '록펠러보다 부하게'라는 목표를 가지고 그는 거리의 노숙자들, 감옥의 재소자들, 하루 먹고 살기 바쁜 빈민가의 사람들을 찾아다니며 철학을 강의했습니다.
   그런데 놀라운 일이 일어났습니다. 그렇게 강의를 들은 사람들이 변하기 시작했고, 무려 55%의 사람들이 사회복귀에 성공을 했습니다. '희망의 인문학'의 저자인 얼 쇼리스의 이야기입니다.
   어려운 사람들의 삶의 필요에도 귀를 기울여야 하지만 그보다 더 중요한 영적인 갈급함에 귀를 기울여야 합니다. 귀한 봉사와 헌신도 중요하지만 반드시 알맹이를 복음으로 채우십시오. 아멘!!

♡ 주님, 복음이 아닌 결핍으로 인해 인생을 불행하게 여기지 않게 하소서.
🖤 복음만으로 행복할 수 있는 인생이라고 주님께 고백합시다.

나의 영적 일지

3월 7일 - 행동으로 살 수 있는 것

읽을 말씀 : 누가복음 12:22-34

● 눅 12:26 그런즉 가장 작은 일도 하지 못하면서 어찌 다른 일들을 염려하느냐

캐나다의 브리티시컬럼비아라는 작은 도시가 있습니다.

좋은 환경과 좋은 사람들이 사는 도시였지만 문제는 일자리가 너무 적어 경제가 오랜 세월 침체되어 있었습니다. 일을 구하지 못해 돈을 벌지 못하고, 또 돈이 없어 필요한 물건을 사지 못하는 사람이 많았습니다.

그런데 마이클 린턴이라는 프로그래머가 하루는 이런 생각을 했습니다.

'가만히 생각해보면 우리 마을은 돈 빼고는 다 있단 말이야? 그렇다면 돈 대신 다른 것들을 서로 교환하면 어떨까?'

그리고 마을 게시판과 인터넷을 활용해 서로 물건이나 시간을 교환하는 장터를 열었습니다. 그런데 의외로 반응이 폭발적이었습니다. 어떤 사람은 아이를 봐주고 대신 집을 수리해줄 사람을 찾았고, 어떤 사람은 집안일을 해주고 직접 만든 빵을 받았습니다. 나중에는 '렛츠'라는 지역 잡지가 나와 서로의 필요를 공유했고, 더 나아가 통장이 생겨 직접 교환이 아니더라도 남을 돕는 즉시 통장에 '지역 화폐'가 정립되는 시스템으로까지 발전했습니다. 지역의 경제는 이전과 같았지만 한 가지 아이디어 덕분에 브리티시컬럼비아의 주민들은 훨씬 더 윤택한 삶을 살아가게 되었습니다.

두 렙돈의 과부와 같은 정성으로, 도르가와 같은 마음으로 헌신한다면 사람들에게는 감동이, 하나님에게는 기쁨이 될 것입니다. 지금 내가 할 수 있는 일을 찾아 남을 도우십시오. 아멘!!

♥ 주님, 구제와 봉사에는 어떤 핑계도 대지 않게 하소서.
🖼 남을 도울 수 있는 나만의 방법을 찾아봅시다.

나의 영적 일지

영원한 것을 위해

읽을 말씀 : 시편 31:9-18

● 시 31:9 여호와여 내가 고통 중에 있사오니 내게 은혜를 베푸소서 내가 근심 때문에 눈과 영혼과 몸이 쇠하였나이다

  프랑스의 화가 르느와르는 빛의 화가 모네와 비견될 정도로 인상파의 중요한 화가였습니다.
  그런데 노년에 손가락에 류머티즘이 걸려 극심한 통증을 앓았습니다. 당시 그의 나이는 이미 70세가 넘었고, 세상이 인정하는 걸작도 수십 점이나 있던 상황이었기에 붓을 놓고 요양을 해도 충분했지만 그는 죽는 순간까지 붓을 손에서 놓지 않고 그림을 그렸습니다.
  이 상황을 딱하게 여긴 친구가 하루는 찾아와 걱정하며 물었습니다.
  "자네가 앓고 있는 병은 약도 없다고 들었네. 이제 그만 쉬어도 될 텐데 그렇게까지 그림에 집착하는 이유가 뭔가?"
  르느와르는 그림을 그리던 손을 놓지 않고 대답했습니다.
  "고통은 순간이지만 내가 그린 그림의 아름다움은 영원하거든."
  르느와르는 그렇게 죽을 때까지 고통을 찾아가며 그림을 그렸고, 그가 아프기 시작하고 나서 그린 '욕녀들'과 같은 작품들은 파리 인상파미술관에서 르느와르의 대표작으로 여겨 거액을 주고 구입해 지금도 소장하고 있습니다.
  에콰도르의 아우카 족에게 선교를 하다가 죽은 짐 엘리엇은 '영원한 것을 얻고자 영원하지 않은 것을 버리는 자는 바보가 아니다'라는 말을 남겼습니다. 때로는 고통스럽더라도, 때로는 인내해야 하더라도 지금 우리의 삶을 투자해야 할 것은 거룩한 하나님의 나라와 주님의 명령임을 한시도 잊지 마십시오. 아멘!!

♡ 주님, 주님이 주신 것들을 올바로 사용하게 마음을 주장하여 주소서.
🌸 무엇을 위해 살고 있는지 최근의 삶을 돌아보고 방향을 주님께로 수정합시다.

나의 영적 일지

월척의 비결

3월 9일

읽을 말씀 : 누가복음 14:15-24

● 눅 14:21 종이 돌아와 주인에게 그대로 고하니 이에 집 주인이 노하여 그 종에게 이르되 빨리 시내의 거리와 골목으로 나가서 가난한 자들과 몸 불편한 자들과 맹인들과 저는 자들을 데려오라 하니라

명당으로 유명한 낚시터가 있었습니다.

월척을 낚으려고 수많은 낚시꾼들이 자리를 펴고 기다렸는데 반나절이 지나도 좀처럼 입질이 오지 않자 실망한 낚시꾼들이 여기저기서 투덜댔습니다.

"명당이래서 왔더니만 뭔 고기가 한 마리도 안 잡혀?"

그런데 저 위쪽에서 한 남자가 고기를 가득 채운 양동이를 들고 내려왔습니다. 그 모습을 보고 깜짝 놀란 낚시꾼들이 모여들어 물었습니다.

"아니, 도대체 그 많은 고기를 어디서 잡았습니까? 우리는 여기에서 몇 시간을 기다렸는데 한 마리도 못 잡았는데요?"

물고기를 잔뜩 잡은 남자가 덤덤히 말했습니다.

"저도 처음엔 여기에서 낚시를 하고 있었습니다. 그런데 입질이 없자 저 위쪽으로 자리를 옮겼습니다. 그러자 조금 잡히더군요. 혹시나 싶어 조금 더 위로 올라갔더니 그쪽은 아직 낚시꾼들이 모이지 않았는지 던지기만 하면 고기가 낚이더군요."

삶에 문제가 있다면 가장 먼저 내가 움직여야 합니다. 주변의 상황에 불만을 품기보다는 해결을 위해 먼저 움직이십시오. 그리고 함께 할 동역자들을 모아 뜨거운 마음으로 기도하십시오. 교회의 빈자리를 보고 가슴 아파하기보다는 먼저 나오지 않는 성도에게 연락하고 거리로 나가 복음을 전하는 주님의 어부가 되십시오. 아멘!!

♥ 주님, 불평하기보다는 행동하는 사람이 되게 하소서.
📖 내 삶과, 내 가정과, 우리 교회에 불만이 있다면 먼저 행동하는 사람이 됩시다.

나의 영적 일지

조건은 중요치 않다

읽을 말씀 : 마가복음 11:1-11

● 막 11:3 만일 누가 너희에게 왜 이렇게 하느냐 묻거든 주가 쓰시겠다 하라 그리하면 즉시 이리로 보내리라 하시니

3월 10일

호박벌은 벌 중에서 가장 뚱뚱한 벌입니다.

길이는 2cm가 조금 넘는 짧은 몸에 날개는 꿀벌보다 가볍습니다. 곤충학자들은 호박벌은 태생적으로 비행을 하는 것만으로도 기적에 가까운 일이라고 말을 합니다. 그래서 호박벌은 나는 소리부터가 다릅니다. 벌을 키우는 사람은 소리만 들어도 꿀벌인지 호박벌인지 구분을 할 수 있습니다. 그러나 호박벌은 꿀벌만큼 꿀을 잘 모으는 종입니다. 하루에 200킬로미터 이상 비행을 할 때도 많고 꿀을 모으는 양도 꿀벌에 비해 뒤지지 않습니다. 그런데 사람의 눈으로 볼 때는 나는 것조차 기적에 가까운 호박벌은 어떻게 200킬로미터를 날아다니며 꿀을 모을 수 있을까요?

그것은 호박벌이 꿀을 모으는 것 외에는 아무런 일을 하지 않기 때문입니다. 호박벌은 아침부터 저녁까지 오로지 꿀을 모으는 일에만 집중합니다. 그래서 쓸데없는데 힘을 빼지 않아 공격성이 거의 없고 성격도 온순합니다.

호박벌은 꿀을 모으거나 비행을 하기에 적합한 벌은 아닙니다. 그러나 하나님은 그보다 중요한 일에 대한 집중력과 태도를 호박벌에게 주셨고, 그래서 과수원에서는 꿀벌보다 호박벌을 더 중요하게 여길 정도로 귀하게 대접을 하고 있습니다.

내가 해야 할 일이라면, 주님이 말씀하신 일이라면 조건은 생각지 말고 그 일에 집중하는 자세가 필요합니다. 하나님이 나에게 요구하시는 것은 능력이 아니라 순종임을 기억하십시오. 아멘!!

♥ 주님, 하나님의 말씀을 믿고 불가능을 향해 전진하게 하소서.
🖼 스스로 한계를 정하지 말고 오직 주신 사명에 힘씁시다.

나의 영적 일지

3월 11일
죄인이기에 할 수 있는 일

읽을 말씀 : 로마서 5:12-21

● 롬 5:20 율법이 들어온 것은 범죄를 더하게 하려 함이라 그러나 죄가 더한 곳에 은혜가 더욱 넘쳤나니

스코틀랜드의 브라운로우라는 다재다능한 청년이 있었습니다.

이 청년은 모든 사람이 부러워할만한 인생을 살았습니다. 얼굴도 잘생겼고, 재산도 넉넉했습니다. 말에는 기품이 있었고, 성격도 낙천적이어서 모든 사람들이 좋아했습니다. 그러나 스스로 그런 인생에 곧 싫증을 내고는 마음이 가는 대로 살았습니다.

그는 틈만 나면 도박을 했고, 매일 파티를 열어 수많은 여자를 만나고 술에 취해 살았습니다. 그리고는 장난으로 20명의 여자에게 돌아가면서 청혼을 했는데 모두 승낙을 받았습니다. 그들은 서로 브라운로우와 결혼을 하겠다며 다투기까지 했습니다. 그러나 그렇게 인생을 탕진하며 살아도 어떤 만족을 느끼지 못했던 그는 성경을 통해 회개하게 됩니다.

'지난 40년간의 인생은 나에게 아무런 의미가 없었다. 이제 남은 것이 뭐가 있겠는가? 내 남은 인생을 하나님께 걸어보자.'

그리고는 넘치는 은혜를 받아 스코틀랜드의 전 지역을 돌아다니며 복음을 전하기 시작했습니다. 그리고 그의 지난 삶을 기억하고 불신하는 사람들에게는 이렇게 말했습니다.

"저는 여러분 앞에 설 수 없는 끔찍한 죄인입니다. 그러나 그렇기에 지금 저를 변화시킨 이 복음을 전해야 합니다. 저를 변화시킨 놀라운 사랑의 이야기를 잠시만 들어주시겠습니까?"

죄가 있는 곳에 은혜가 더욱 넘칩니다. 내게 임한 주님의 은혜를 생각하며 감격의 마음으로 복음을 주위에 전하십시오. 아멘!!

♡ 주님, 나를 변화시킨 주님의 놀라운 사랑을 전하게 하소서.
📖 다른 사람에게 확실히 전해 줄 수 있는 간증을 준비합시다.

나의 영적 일지

집을 짓는 지혜

읽을 말씀 : 이사야 26:1-7

● 사 26:4 너희는 여호와를 영원히 신뢰하라 주 여호와는 영원한 반석이심이로다

  미국의 시인 롱펠로우의 '건축가'라는 작품에는 이런 대목이 나옵니다. '세상의 모든 사람은 건축가, 운명과 시간 안에서 집을 짓는 건축가'
  솔로몬은 시편 127편에서 이렇게 말했습니다.
  "여호와께서 집을 세우지 아니하시면 세우는 자의 수고가 헛되며 여호와께서 성을 지키지 아니하시면 파수꾼의 깨어 있음이 헛되도다"
  그리고 예수님도 지혜로운 자는 반석 위에 집을 짓는다고 말씀하셨습니다. 마태복음 5장부터 7장에 나온 예수님의 말씀에서 지혜로운 사람의 집 짓는 비결 3가지를 알 수 있습니다.
  - 첫째, 지혜로운 자는 반석 위에 집을 세웁니다.
  그러나 반석은 임의로 만들 수 없습니다. 먼저 반석이 어디에 있는지 알아야 합니다.
  - 둘째, 모래 위에 세우지 않습니다.
  반석에 비해 모래는 찾기가 쉽지만 집에 닥칠 어떤 풍파도 막아주지 못합니다.
  - 셋째, 반석이 예수 그리스도임을 아는 사람입니다.
  온전한 반석이신 예수님을 발견하고 그 말씀 위에 인생의 집을 세우는 사람이 지혜로운 사람입니다.
  내 시간과 삶을 보면 어디에 집을 짓고 있는지 알 수 있습니다. 말씀 위에 집을 짓는 지혜로운 사람이 되십시오. 아멘!!

♡ 주님, 진정한 반석을 찾고 그 위에 집을 세우는 사람이 되게 하소서.
  하루에 얼마나 주님을 위해 쓰는지 점검하고 계획을 다시 세웁시다.

나의 영적 일지

3월 13일 — 주님이 함께 하신다

읽을 말씀 : 시편 73:20-28

● 시 73:23 내가 항상 주와 함께 하니 주께서 내 오른손을 붙드셨나이다

영국의 웨스트민스터 사원에는 감리교의 창시자 요한 웨슬리의 기념비가 있습니다. 그 기념비에는 웨슬리가 남긴 3가지 말이 새겨져 있습니다.
1. 세계는 나의 교구다.
2. 하나님의 일꾼들은 언젠가 땅에 묻히지만 하나님의 일은 계속되고 있다.
3. 세상에서 누리는 가장 중요한 축복은 하나님이 우리와 함께 하신다는 것을 깨닫는 것이다.

웨슬리는 세계를 돌며 말씀을 전하고 속회로 공동체를 만들었습니다. 그리고 나이가 들어서는 자신이 죽어도 복음을 전할 수 있는 일꾼들을 많이 세웠습니다. 그리고 죽기 전에 유언으로는 "하나님이 함께 하신다는 것이 최고의 축복"이라는 말을 남겼습니다. 반대로 말하면 하나님이 함께 하신다는 것을 알았기에 세계를 교구로 다니며 많은 사람들을 회심시키고, 세울 수 있었습니다.

성직자 타울러도 이런 말을 한 적이 있습니다.

"하나님이 함께 하신다면 나는 언제나 기쁘다. 그렇기에 주님이 없는 황금의 성인 천국에 가는 것보다 주님과 함께인 불구덩이 지옥 속으로 가는 것을 나는 선택하겠다."

'주님이 우리와 함께 하신다' 이 말처럼 위로가 되며 힘이 되는 말은 없습니다. 예수님은 하늘로 승천하시면서 승리를 선언하셨고, 함께 있다고 약속하셨습니다. 이 말씀을 믿음으로 위로받고 승리하는 성도의 삶을 사십시오. 아멘!!

♥ 주님, 언제나 함께 계시는 주님의 손을 놓치지 않게 하소서.
📖 매일 아침 주님이 함께 하신다는 사실을 확신하며 집을 나섭시다.

나의 영적 일지

한 번에 한 사람씩

읽을 말씀 : 갈라디아서 6:1-10

●갈 6:9 우리가 선을 행하되 낙심하지 말지니 포기하지 아니하면 때가 이르매 거두리라

　제나라 선왕이 풍년을 기원하는 의식을 치르려고 제단으로 가던 중이었습니다. 저자거리를 지나는 도중 제물로 쓰일 소를 잠깐 지나쳤는데 눈물이 맺혀 부들부들 떨면서 걸어가는 소를 보고는 죄책감에 사로 잡혀 신하를 불러 명했습니다.
　"아무래도 소를 잡아서는 안 되겠다. 저 소를 풀어주고 대신 양을 잡아라."
　이 말을 들은 신화와 백성들은 영문을 몰라 혼란에 빠졌습니다. 소나 양이나 죽는 것은 똑같은데 굳이 바꿀 이유는 없었기 때문입니다. 급기야 왕이 돈을 아끼려고 풍년을 비는 제사에 소보다 싼 양을 쓴다는 소문까지 흘러나오며 민심이 흉흉해졌습니다.
　그러나 이 말을 들은 맹자는 직접 선왕과 신하들을 찾아가 이렇게 말했습니다.
　"왕이 그런 마음을 품은 것은 인이 있기 때문입니다. 소나 양이나 죽는 것은 마찬가지이지만 소는 봤고, 가까이서 만나 그 처지를 알았기 때문입니다. 눈앞의 소에게 그런 인의 마음을 품을 수 있는 왕은 백성들을 향한 선정도 베풀 수 있습니다."
　나의 작은 실천으로는 세상이 아무것도 바뀌진 않습니다. 그러나 그렇게 힘껏 실천하는 예수님의 제자들이 많아질 때 세상은 조금씩 변해갑니다. 도울 힘이 있을 때 힘껏 도우십시오. 아멘!!

♡ 주님, 일상의 손과 발을 통해 누군가를 돕는 삶을 살게 하소서.
※ 오늘 살며 만나는 최소 한 사람에게 도움을 줍시다.

나의 영적 일지

3월 15일 — 그럴 때 생각하십시오

읽을 말씀 : 시편 59:1-10

● 시 59:9 하나님은 나의 요새이시니 그의 힘으로 말미암아 내가 주를 바라리이다

　로마의 황후 헤로디아가 도시 곳곳에 은으로 된 흉상을 만들고 그곳을 지나갈 때마다 절을 하라는 법을 만들었습니다.
　당시 성자 크리소스톰은 사람들이 있는 곳마다 찾아가서 이렇게 설교했습니다.
　"하나님을 믿는다면 절대로 절을 하지 마십시오. 목이 달아나더라도 신앙을 지켜야 합니다."
　이 이야기를 들은 헤로디아는 분개해서 신하를 보내 당장 설교를 그만두지 않으면 목을 치겠다고 협박했지만 오히려 크리소스톰은 다시 광장으로 나가 이렇게 말했습니다.
　"여러분, 저는 이제 곧 황후에게 죽을 것입니다. 그러나 세상을 통치하시는 분은 주님이라는 것을 기억하십시오. 황후가 제 몸을 찢으려 한다면 저는 이사야를 생각할 것입니다. 사자 먹이로 준다면 다니엘을 생각할 것이며 바다에 던진다면 요나를 떠올릴 것입니다. 돌에 맞아죽은 스데반이 있었고, 목이 잘리면서 복음을 전한 사도 요한이 있습니다. 고난이 닥칠 땐 고난 가운데 하나님을 바라고 믿었던 이들을 생각하십시오."
　크리소스톰은 이 설교를 한 뒤에 병사들에게 끌려가 유배를 갔는데 가는 도중에 자객에 의해 목숨을 잃었습니다.
　감당할 수 없는 어려움이 닥칠 땐 성경을 봐야 합니다. 믿음의 선조들이 한 행동을 따라 신앙을 지키고 주님이 하신 말씀을 따라 마음의 반석을 견고히 닦으십시오. 아멘!!

　♥ 주님, 어떤 역경에도 주님을 떠나지 않는 삶으로 영광되게 하소서.
　🙏 성경에 나오는 믿음의 위인들을 떠올리며 찾아오는 역경을 이깁시다.

나의 영적 일지

서원의 축복

읽을 말씀 : 마태복음 21:18-22

● 마 21:22 너희가 기도할 때에 무엇이든지 믿고 구하는 것은 다 받으리라 하시니라

한국전쟁 당시 대학교를 다니다가 공산당에 끌려간 청년이 있었습니다. 재판과정 중에 청년의 학력과 또렷한 말투가 맘에 들지 않았던 재판관은 바로 총살형을 선고했습니다. 청년은 포박된 채로 산속으로 끌려가면서 계속해서 기도했습니다.

'하나님, 여기 죽고 싶지는 않습니다. 여기서 저를 살려주시기만 한다면 평생을 주님과 민족을 위해 살겠습니다. 제발 살려주세요.'

그런데 기도가 끝나자마자 갑자기 군인들이 잠시 쉬었다 간다며 길을 가다 멈췄습니다. 그러더니 보초도 세우지 않고 어디론가 사라졌습니다. 청년은 이때다 싶어 죽을힘을 다해 달렸고 다행히 목숨을 건질 수 있었습니다.

이후에 해방이 되고 열심히 공부해 대학을 졸업한 청년은 기독교식 교육을 연구해 보급하는 일에 힘썼고 박사가 되어 문교부 국장, 한남대 총장, 경희대 부총장까지 역임을 하며 학계의 인정까지 받으며 이원설이라는 이름을 알렸습니다. 그리고 은퇴 뒤에는 한국기독교학교 연맹을 만들고 기독교리더십연구원의 이사장으로 재직하면서 성경의 원리를 적용한 교육을 사회에 알리기 위해 지금도 힘쓰고 있습니다.

하나님은 우리에게 하신 약속을 반드시 지키십시오. 주님께서 부어주신 풍성한 복을 잊지 말고 주님께 드린 약속을 꼭 지키십시오. 아멘!!

♥ 주님, 주님께 드리는 서원을 지키는 것이 오히려 축복임을 알게 하소서.
🙏 주님께 서원하고 지키지 않은 것이 있다면 서둘러 지킵시다.

나의 영적 일지

네 가지 화

3월 17일

읽을 말씀 : 잠언 15:1-10

● 잠 15:1 유순한 대답은 분노를 쉬게 하여도 과격한 말은 노를 격동하느니라

그리스의 철학자 아리스토텔레스는 화를 낼 때는 반드시 4가지를 생각해야 된다고 했습니다.

- 첫째, 올바른 대상인가를 따져야 합니다.

우리는 가끔 화의 원인과는 아무 상관이 없는 사람에게 화풀이를 하곤 하는데 그런 사람들은 대부분 성격이 온순하거나 나와 가까운 착한 사람일 때가 많습니다.

- 둘째, 올바른 시기인가를 따져야 합니다.

불의한 일을 당할 때마다 화를 내는 사람은 분노조절장애나 마찬가지입니다. 주변 상황과 장소를 봐가며 화를 낼만한 때에 내야 합니다.

- 셋째, 올바른 방법으로 화를 내야 합니다.

상대방이 나를 때렸다고 나도 똑같이 때리면 분풀이밖에 되지 않습니다.

- 넷째, 올바른 목적으로 화를 내야 합니다.

화를 내는 궁극적인 목적은 반드시 관계나 상황의 더 나은 개선에 있어야 합니다.

아리스토텔레스는 이 4가지 목적을 말하면서 '올바르게 화를 내는 것은 화를 참는 것보다 어렵다'라고 말했습니다.

성경은 구약과 신약을 아울러 분을 다스리라고 우리를 가르치고 있습니다. 불필요한 분을 다스리는 유순한 마음을 주시며 반드시 화를 내야할 때는 올바르게 낼 수 있는 지혜를 달라고 간구하십시오. 아멘!!

♥ 주님, 분을 다스리는 지혜와 유순한 마음을 허락하소서.
🖼 화를 낼 때는 위의 4가지 원칙을 최대한 지킵시다.

나의 영적 일지

헛된 것을 따르는 삶

읽을 말씀 : 디모데전서 4:6-16

● 딤전 4:7 망령되고 허탄한 신화를 버리고 경건에 이르도록 네 자신을 연단하라

3월 18일

18세기 말 중국 베이징에는 말라리아가 창궐했습니다.

말라리아는 지금도 마땅한 치료제가 개발되지 않은 상황이고 수많은 합병증을 일으키는데다가 사망률이 10%가 넘는 전염병이기 때문에 당시 베이징은 말라리아 대한 공포가 엄청난 수준이었습니다.

그런데 항간에 '용의 뼈를 먹으면 말라리아가 낫는다'는 이상한 소문이 돌기 시작했습니다. 그리고 며칠 뒤에 시내의 약방에서 실제로 '용의 뼈'를 팔기 시작했습니다. 사람들은 말라리아에 대한 두려움을 이겨내기 위해서 앞 다투어 용의 뼈를 사 먹기 시작했습니다. 수요가 많아지자 이제는 일반 상점에서도 용의 뼈를 팔기 시작했습니다.

문제는 모두가 알다시피 용이 상상 속의 동물로 존재하지 않는다는 것입니다. 그러나 약국은 처음에는 자라의 뼈를 용골이라 속여 팔다가 나중에는 자라보다 싼 소나 양의 뼈를 용골로 팔았고 사면서 의문을 제기하는 사람도 없었습니다. 말라리아에 대한 두려움에 모든 사람들이 용이 존재하지 않는다는 것을 알면서도 용의 뼈를 돈을 주고 사먹고 또 말라리아가 치료되기를 바란 것입니다.

존재하지 않는 것을 위해, 혹은 금세 사라질 것을 위해 돈을 쓰고 시간을 버리는 것만큼 어리석은 일은 없습니다. 역사를 보면, 주변을 보면 세상을 위한 삶의 결국을 쉽게 알 수 있습니다. 허탄한 것들을 따르지 말고 영원한 것을 위해 주님이 주신 삶을 투자하십시오. 아멘!!

♡ 주님, 쫓아야 할 것과 그러지 말아야 할 것을 분별하게 하소서.
🖼 허상을 쫓는데 과도한 노력을 하고 있지 않은지 돌아봅시다.

나의 영적 일지

3월 19일 믿을 수 있는 사람

읽을 말씀 : 잠언 18:20-24

● 잠 18:24 많은 친구를 얻는 자는 해를 당하게 되거니와 어떤 친구는 형제보다 친밀하니라

벨라 아이젠버그는 유대인이란 이유로 2차 세계대전 때 아우슈비츠에 끌려갔습니다. 다행히 목숨을 잃지는 않았고 모든 것이 이전과 같이 평화롭게 돌아왔습니다. 그러나 분명히 달라진 한 가지가 있었는데 이전처럼 친구를 쉽게 사귈 수 없다는 것이었습니다.

목숨이 걸린 상황에서 도피를 하던 그녀는 믿었던 친구가 배신을 하는 상황도 경험했고, 또 전혀 의외의 인물이 끝까지 비밀을 지켜주는 일도 봐왔습니다. 그리고 이런 경험을 하면서 수용소에서 해방된 뒤에도 누군가를 만날 때 '이 사람은 나를 숨겨줄 수 있을까?'라는 생각을 하게 되면서 쉽게 믿을 수가 없었습니다. 그리고 세상을 떠나기 얼마 전 그녀의 삶을 취재하던 작가에게 이런 말을 남겼습니다.

"나는 친구를 사귈 때마다 속으로 질문을 합니다. 저 사람을 믿을 수 있을까? 나를 끝까지 숨겨줄 수 있을까? 만약 당신이 내 나이가 됐을 때에도 여전히 그런 사람을 단 한명이라도 곁에 두고 있다면 성공한 거예요. 반대로 당신이 실종이 되든 죽든, 신경을 쓰지 않는다면 그건 실패한 인생이에요. 돈이 얼마나 많고, 얼마나 유명하든 나는 전혀 신경 안 써요. 믿을 수 있는 사람이 없는 인생은 실패한 인생이에요."

믿을 수 있는 단 한 사람이 있습니까? 혹은 다른 사람이 신뢰할 수 있는 단 한 사람입니까? 세상 사람들이 신뢰할 수 있는 사람이 되도록 자신을 연단하고 또 그런 동역자를 위해 기도하십시오. 아멘!!

♥ 주님, 동역을 감당할 수 있는 사람이 되게 하시고, 그런 사람과 동역하게 하소서.
🖼 어떤 상황에도 믿을 수 있는 사람이 되도록 노력합시다.

나의 영적 일지

작은 습관의 영향

읽을 말씀 : 잠언 13:10-15

● 잠 13:14 지혜 있는 자의 교훈은 생명의 샘이니 사망의 그물에서 벗어나게 하느니라

　학교에서 금연에 관한 공익광고를 만들고 있던 10살짜리 소년이 있었습니다. 평소 계산하기를 좋아했던 소년은 금연이 사람의 수명을 얼마나 단축시키는지 궁금해서 도서관에 가서 온갖 자료를 모아 나름의 계산을 했는데 담배 한 모금을 들이마실 때마다 줄어드는 수명이 2분 정도 된다는 결론을 내렸습니다. 그리고 집에 돌아와 할머니가 담배를 피우는 모습을 열심히 관찰한 소년은 다음 날 아침에 할머니에게 쪼르르 달려가 말했습니다.
　"할머니, 제가 어제 계산을 해봤는데 담배 때문에 할머니 수명이 지금까지 9년은 줄어든 것 같아요."
　소년은 자신의 계산으로 할머니가 건강을 되찾길 바랬기에 칭찬을 받을 줄 알았는데 이 말을 들은 할머니는 큰 충격을 받은 모습이었습니다. 매일 습관적으로 피우던 담배였지만 수명에 그렇게 큰 영향을 미칠 줄은 몰랐기 때문입니다. 할머니의 고민하는 모습을 본 소년은 사람들이 자신의 행동이 미칠 영향을 잘 모른다는 것을 깨달았고 이후에는 자신의 재능을 사람들의 필요를 분석하는 일에 사용했습니다. 그리고 나중에 이 소년은 고객보다 고객을 더 잘 안다는 평가를 받는 '아마존'을 창업했습니다.
　매일 무심코 하는 작은 시간들이 생각지도 못한 큰 결과를 가져옵니다. 조금씩 낼 수 있는 시간들을 이웃을 위한 일에, 나의 영성을 위한 일에 사용하십시오. 아멘!!

💚 주님, 작은 일을 소홀히 여기지 않게 하소서.
📖 내 삶을 풍요롭게 하고 말씀을 실천할 수 있는 작은 일들을 찾아봅시다.

　나의 영적 일지

3월 21일 변하지 않는 사람

읽을 말씀 : 로마서 12:1-13

● 롬 12:2 너희는 이 세대를 본받지 말고 오직 마음을 새롭게 함으로 변화를 받아 하나님의 선하시고 기뻐하시고 온전하신 뜻이 무엇인지 분별하도록 하라

논어의 양화 편에 보면 공자의 제자가 하루는 이런 질문을 합니다.
"사람 중에 변하지 않아도 되는 사람이 있습니까?"
그러자 공자는 '유상지여하우불이(唯上知与下愚不移)'라고 대답했습니다. 가장 지혜로운 사람과 가장 어리석은 사람은 변하지 않는다는 말이었습니다. 지혜로운 사람은 유지만 하면 되니 더 변할 필요가 없고, 어리석은 사람(하우,下愚)은 변할 필요를 스스로 느끼지 않아 변하지 않습니다. 그런데 후세의 학자 정이천은 공자가 말한 이 어리석은 사람을 '스스로 선을 행하는 일을 포기한 사람'이라고 해석했습니다.

국내의 한 유머 사이트에 '세 남매가 돌려 쓴 정석'이라는 제목으로 한 장의 사진이 올라왔습니다. 그 사진에는 '수학의 정석'이라는 책에 '김철수의 동생, 김영희의 동생 김승현'이라고 이름이 쓰여 있었습니다. 세 남매가 학교를 따로 다녀 거의 10년 넘게 터울이 있었는데 책이 중요한 내용이었기에 같은 내용으로 이어져 내려온 것입니다.

이와 마찬가지로 우리도 변하지 않는 지혜를 본 받아 변해가야 합니다. 그리고 계속해서 그 지혜를 물려주어야 합니다. 더 이상 변하지 않고 있다면 말씀을 더욱 사모해야 하며, 주변이 변하지 않고 있다면 말씀을 더욱 전해야 합니다. 완전한 지혜인 성경을 두고도 실천하지 않는 어리석은 사람이 되지 말고, 지혜의 정수인 성경을 계속해서 물려주는 현명한 사람이 되십시오. 아멘!!

♡ 주님, 조금씩이지만 계속해서 성령님의 인도하심을 따라 변화하게 하소서.
📖 좋은 방향으로 변해가는 지혜를 말씀에서 찾읍시다.

나의 영적 일지

복음이란 선물

읽을 말씀 : 누가복음 4:31-44

● 눅 4:43 예수께서 이르시되 내가 다른 동네들에서도 하나님의 나라 복음을 전하여야 하리니 나는 이 일을 위해 보내심을 받았노라 하시고

    방문판매의 전설 토마스 풀러는 나중에 자신의 이름을 딴 칫솔회사 '풀러 브러시'를 만들었습니다. 그리고 사원을 모집해 자신의 방문판매 노하우를 전수했는데, 그 내용을 4가지로 요약하면 다음과 같습니다.
  1.'샘플'이라고 하지 말고 '선물'이라고 한다.
  2.물건을 팔지 못해도 무조건 '선물'을 전해준다.
  3.'선물'은 되도록 현관이 아니라 거실에 들어가서 준다.
  4.바빠서 시간이 없다고 한다면 끝날 때까지 기다린다고 한다.
  선물이 필요 없으니 그냥 가라고 할 때는 이렇게 말한다.
  "하지만 저에게는 선물을 드릴 의무가 있습니다. 어떻게 잠시라도 안 될까요?"
  한 때 미국에서는 '돈을 벌고 싶으면 반드시 풀러에서 일을 해봐라'라는 말이 있었다고 합니다. 부동산 재벌로 미국 대통령이 된 트럼프도 대학생 시절에 풀러 브러시에서 일을 했었습니다.
  온라인 시대가 찾아오면서 지금 풀러는 문을 닫았지만 이 법칙은 여전히 유효합니다. 풀러의 법칙을 복음에 적용하고 만나는 모든 사람들에게 선물을 전해준다고 생각하면 어떨까요? 복음을 전하는 사명을 가진 사람들은 물건을 판매하는 사람보다 더 친절하게, 더 끈질기게, 더 열정적으로 노력해야 합니다. 하나님이 주신 최고의 선물을 다른 이들에게 전달해 주는 최고의 전도자가 되십시오. 아멘!!

♥ 주님, 복음을 전하는 것이 인생의 목표가 될 수 있게 하소서.
🦶 복음을 전하는 것은 가장 중요한 사명임을 기억하고 실천합시다.

나의 영적 일지

3월 23일
지금 해야 할 이유

읽을 말씀 : 욥기 14:1-10

● 욥 14:10 장정이라도 죽으면 소멸되나니 인생이 숨을 거두면 그가 어디 있느냐

영국의 수필가 찰스 램은 글을 잘 쓰기로 유명해 많은 독자들을 확보하고 있었습니다. 그러나 그는 안정적인 생활을 선호했기 때문에 회사를 다니면서 저녁에 짬을 내어 조금씩 글을 썼습니다. 그의 팬들은 항상 그가 회사를 그만두고 글에만 전념하면 얼마나 좋은 글들이 쏟아져 나올까 생각하며 그날만을 기다렸습니다.

찰스 램도 마찬가지였습니다. 늦은 밤 별빛을 보고 집으로 돌아올 때마다 그는 이렇게 생각했습니다.

'퇴직을 하고 나서 작가 인생은 본격적으로 시작하는 거야.'

그리고 마침내 꿈에 그리던 퇴직날이 찾아왔습니다. 그는 기쁨에 젖어 사람들에게 이렇게 말했습니다.

"이제 별빛과 같이 반짝이던 나의 글은 태양처럼 환해질 것입니다."

그러나 3년이 지난 뒤에도 찰스 램은 이전과 같이 훌륭한 작품을 발표하지 못했습니다. 그는 글이 써지지 않는 괴로움을 담은 내용을 친구에게 편지로 적었습니다.

'나는 영감이 떠오를 때마다 글을 써야 했어. 시간이 생기면 글이 저절로 써질 것이라 생각했지만 그것은 나의 착각일 뿐이었다네.'

성령님의 감동이 있다면 선행이든, 묵상이든, 찬양이든 그 즉시 따라야 합니다. 불확실한 미래를 하나님께 약속하지 말고, 확실한 지금을 하나님께 드리십시오. 아멘!!

♡ 주님, 게으름이라는 악한 간교에 빠지지 않게 지켜주소서.
❀ 오늘 드릴 감사와 찬양, 그리고 헌신을 내일로 미루지 맙시다.

나의 영적 일지

나 하나의 영향력

읽을 말씀 : 디모데후서 1:2-18

● 딤후 1:9 하나님이 우리를 구원하사 거룩하신 소명으로 부르심은 우리의 행위대로 하심이 아니요 오직 자기의 뜻과 영원 전부터 그리스도 예수 안에서 우리에게 주신 은혜대로 하심이라

하버드 의과대학의 니콜라스 크리스타키스 박사는 비만에 대한 관심이 많았습니다. 그러다 비만의 힌트를 사회학에서 발견했다고 생각한 그는 32년 동안 1만 명이 넘는 사람들을 조사했습니다. 그리고 자신도 발견한 뒤 믿을 수 없는 사실을 한 가지 발견했는데 그것은 바로 비만도 전염이 된다는 사실이었습니다.

그의 연구에 따르면 어떤 사람이 갑자기 비만이 되는 지점부터 그와 가까운 친구들도 비만일 확률이 크게 늘었습니다. 굳이 주변에 살지 않는 사람들도 가깝게 지낸다면 매일 같이 보는 친구와 비례해 비슷한 확률로 비만이 됐습니다. 그는 이 결과를 해석할 이론을 고심하다가 결과적으로 이렇게 해석했습니다.

"우리는 주변의 누군가의 모습을 보고 '평균'이나 '보통'에 대한 수준을 정립합니다. 자주 연락하고 찾아보는 친구가 비만인 순간 그 지점이 우리의 보통 지점으로 인식되기 때문에 이런 결과가 나타나는 것 같습니다."

이 연구에 영향을 받은 댄 레비 교수에 따르면 이 이론은 주량에도 똑같이 적용되어 주량이 높은 룸메이트와 같이 있는 사람들은 대부분 평균 음주량이 높아졌습니다.

아무도 신경 쓰지 않는 나의 작은 행동도 사실은 나의 주변에 그리고 우리 사회에 엄청난 영향력을 끼치고 있습니다. 하나님의 말씀의 향기를 세상에 퍼트릴 수 있는 행동을 하는 사람이 되십시오. 아멘!!

♡ 주님, 짧은 대화 한 번, 바라보는 시선 한 번으로도 사랑을 전하게 하소서.
🌻 선한 영향력을 미칠 수 있는 오늘 하루를 삽시다.

나의 영적 일지

3월 25일 주님을 위한 고난

읽을 말씀 : 고린도후서 1:1-11

● 고후 1:7 너희를 위한 우리의 소망이 견고함은 너희가 고난에 참여하는 자가 된 것 같이 위로에도 그러할 줄을 앎이라

일제치하시절 신사참배를 거부한단 이유로 주기철 목사님을 일본 순사들이 체포하러 갔습니다.

주기철 목사님은 당시 주일 예배를 드리고 계셨는데 이 사실을 미리 알게 된 한 성도가 서둘러 목사님께 소식을 전했습니다. 그러나 주기철 목사님은 피하지 않으시고 오히려 설교 때 이런 말씀을 전하셨습니다.

"주님을 위하여 오는 고난을 내가 피하였다가 이다음 무슨 낯으로 주님을 대하겠습니까? 주님을 위하여 당하는 수옥을 내가 피하였다가 이다음 주님이 '너는 내 이름으로 평안과 즐거움과 영광을 다 받아 누리고 고난의 잔은 어찌하고 왔느냐?'고 물으시면 내 무슨 말로 대답하겠습니까? 주님을 위하다 오는 십자가를 내가 지금 피했다가 이다음 주님이 '너는 내가 준 유일한 유산인 고난의 십자가를 어찌하고 왔느냐?'고 물으시면 내 무슨 말로 대답하겠습니까?"

그리고 이 말씀을 다 전하시기 전에 들이닥친 순사들에게 끌려간 뒤 고초를 당하시다 결국 주님을 위해 순교당하셨습니다.

예수님은 우리를, 그리고 나를 구원하시기 위해 이 땅에 오셨고 고난을 받으셨습니다. 이 숭고한 희생은 고난주간이나, 부활절 예배 때만이 아니라 모든 신앙생활 가운데 기억해야 할 중요한 은혜입니다. 능히 피할 수 있었고, 또 받아야 할 이유도 없었지만 오로지 나를 위한 사랑으로 크신 고난을 감내하신 주님을 기억하며 한 주간을 경건히 보내십시오. 아멘!!

💚 주님, 나를 위해 참으신 한량없는 그 사랑을 깨닫게 하소서.
🎗 날 구원하기 위해 모든 피를 쏟으신 주님을 한 주간 동안 묵상합시다.

나의 영적 일지

고난이 연단인 이유

읽을 말씀 : 잠언 17:1-10

● 잠 17:3 도가니는 은을, 풀무는 금을 연단하거니와 여호와는 마음을 연단하시느니라

2008년 베이징 올림픽 접영 200m 결선에서 펠프스가 세계신기록을 세우고 출발대 위로 올라왔습니다. 그런데 세계신기록을 세우고도 기록을 확인하지 않고 갑자기 물안경을 벗으며 짜증스런 표정으로 집어던졌습니다. 그리고 잠시 뒤 기록을 확인한 뒤 세계신기록으로 금메달을 땄음을 확인했지만 그래도 표정이 밝지 않았습니다.

이날 모든 경기가 끝난 후 인터뷰에서 펠프스는 자신의 이런 반응을 물안경에 물이 차서 앞이 하나도 보이지 않았기 때문이라고 밝혔습니다. 그리고 코치인 바우먼의 지시를 따라 이런 사태를 대비해 불이 꺼진 경기장에서도 연습을 충분히 했기 때문에 몇 번의 스트로크를 하면 턴을 해야 하고 언제 최종 스퍼트를 해야 하는지 눈을 감고도 알 수 있었다고 말했습니다.

결국 펠프스는 앞을 보지 못하고도 세계에서 가장 큰 무대인 올림픽에서 세계신기록을 세웠고 금메달을 목에 걸었습니다. 만에 하나 있을 일에 대비해 미리 준비를 한 명코치와 그 코치의 지시를 따라 묵묵히 훈련을 한 명선수가 있었기에 가능한 일이었습니다.

고난이 연단인 이유는 그 고난을 통해 우리가 때로는 성장하고, 때로는 더욱 주님을 깊이 알게 되기 때문입니다. 세상에 태어날 때부터 죽을 때까지 모든 일에는 의미가 있고 하나님의 계획하심이 있음을 믿고 고난에도 순종하십시오. 아멘!!

♡ 주님, 모든 삶의 걸음이 하나님의 계획안에 있음을 인정하게 하소서.
🖼 모든 일에 감사와 찬양을 더함으로 하나님의 뜻을 깨달읍시다.

나의 영적 일지

함께 한다는 의미

읽을 말씀 : 에베소서 5:15-21

● 엡 5:16 세월을 아끼라 때가 악하니라

    모바일 시장조사업체 '와이즈앱'에 따르면 한국 성인의 스마트폰 평균 이용시간은 3시간이었습니다.
    수면시간과 일과시간, 식사시간을 제외하면 여가의 거의 대부분을 스마트폰을 사용하는 것입니다. 스마트폰을 가장 많이 사용하는 연령대는 20대로 4시간이 넘었고, 10대와 30대는 3시간으로 비슷했습니다.
    6년 전에는 스마트폰이 없으면 불안을 느끼느냐는 설문조사에 약 60%가 그렇다고 응답했습니다. 그런데 최근에는 무려 80%가 불안하다고 응답했습니다. 한국정보화진흥원에 따르면 스마트폰 중독자가 3년에 2배 이상 늘어나고 있는데 특히 일반적인 생각과는 다르게 10대보다 성인의 경우가 훨씬 가파르게 증가, 현재 약 400만 명이라고 합니다.
    이처럼 스마트폰에 대한 의존도가 가파르게 상승하고 있습니다. 손에서 잠시도 떼지 않는 사람들도 많고, 화면을 보면서 걷느라 좀비 같다는 신조어 '스몸비(smombie)'라는 신조어까지 생겼습니다.
    성경의 '쉬지 말고 기도하라'는 말씀은 도저히 불가능하다고 생각하는 우리들이, 스마트폰은 이미 금단증세까지 겪어가며 중독되고 있습니다. 그러나 이런 시대일수록 삶을 피폐하게 만드는 가치보다 영을 살리는 말씀과 기도를 더욱 우리 삶에 가까이 해야 합니다. 하나님보다 더 가까이 여기는 것들은 우상임을 알고 의식적으로 멀리하려고 노력하십시오. 아멘!!

♡ 주님, 말이 아닌 행동으로 정말 주님을 사랑하고 귀하게 여기게 하소서.
🗝 조금 더 많은 시간을 하나님과 함께 하도록 노력합시다.

나의 영적 일지

울어줄 사람

3월 28일

읽을 말씀 : 마태복음 12:9-21

● 마 12:20 상한 갈대를 꺾지 아니하며 꺼져가는 심지를 끄지 아니하기를 심판하여 이길 때까지 하리니

비가 오는 어느 날 마포대교 위의 난간에서 우산을 쓰고 혼자서 고개를 숙인 여고생이 있었습니다. 몇 분 후 저 멀리서 한 여순경이 허겁지겁 뛰어와 여고생 앞으로 달려갔습니다. 그리고 무릎을 꿇고 손을 잡으며 위로의 말을 건넸습니다. 처음엔 경찰을 보고 놀랐지만 진심어린 따스한 위로를 듣던 여고생은 따돌림을 당하고 성적까지 떨어져 죽을 결심을 하고 마포대교를 찾았다며 펑펑 울기 시작했습니다.

이 여고생의 유일한 친구가 이런 고민을 알고는 혹시나 큰일이 날까봐 먼저 급하게 신고를 한 것인데 여순경은 이 친구의 이야기를 하며 이렇게 위로했습니다.

"너를 위해 울어줄 친구 한 명이 있다면 꽤 괜찮게 살고 있는 것 아닐까? 일단 언니랑 좀 걷자."

결국 마음을 돌린 여고생은 이후 연락을 받고 온 가족과 함께 서로를 위로하며 집으로 돌아갔습니다.

때로는 누군가를 위해 울어줄 수 있는 사람이 생명을 살리고 영혼을 구할 수 있는 사람입니다. 하나님은 지금도 잃어버린 영혼들을 위해 마음 아파하고 계십니다. 우리 역시 그 마음을 가지고 잃어버린 영혼들을 바라고도, 또 먼저 나서서 손을 내밀어야 합니다.

하나님의 마음을 깨닫고 주위의 살아갈 힘을 잃은 사람들을 찾아가 위로하고, 복음을 전하십시오. 아멘!!

♥ 주님, 주님으로 인해 위로 받고 또 위로하게 하소서.
🙏 누군가를 위해 울어줄 수 있는 생명을 살리는 위로자가 됩시다.

나의 영적 일지

3월 29일 — 마음이 가난한 사람

읽을 말씀 : 잠언 17:1-6

● 잠 17:1 마른 떡 한 조각만 있고도 화목하는 것이 제육이 집에 가득하고도 다투는 것보다 나으니라

김종원 작가가 세계 3대 빈민가 중 하나인 필리핀 톤도에 있을 때였습니다. 작업을 하며 친해진 한 아이가 있었는데 하루는 햄버거가 어떤 맛이냐고 물었습니다.

"도대체 어떤 맛일지 너무 궁금해요. 요즘은 꿈에서까지 나와요."

다음 날 김 작가는 햄버거 3개를 사와 학교에서 수업을 하는 도중 아이 가방에 몰래 넣어두었습니다. 아이들에게 뺏기지 않고 넉넉히 맛을 보라는 의미였습니다. 그런데 학교가 끝날 때까지 아이는 햄버거를 꺼내지 않았습니다. 조급해진 김 작가가 다가가 말했습니다.

"가방에 있는 햄버거 너 먹으라고 내가 넣은 것이니까 맘껏 먹어도 돼. 걱정하지 마."

아이는 그제야 안심을 하더니 고맙다는 인사를 하고 갑자기 어디론가 달려갔습니다. 김 작가는 햄버거를 아이들에게 뺏길까봐 갔을 것이라고 생각을 했는데 잠시 뒤 아이는 햄버거를 15조각으로 잘라와 반에 있는 아이들과 나누어 먹었습니다. 김 작가는 이 모습을 보고 크게 반성을 했습니다. 그리고 가장 가난한 도시에 사는 아이들도 감사와 나눔으로 행복을 만들 줄 안다고 자신의 저서에 적었습니다.

마음이 가난한 사람에게는 일만금이 있어도 만족이 없습니다. 하나님이 주신 행복은 나누고 감사할 때 누릴 수 있습니다. 나누고 또 감사함으로 하나님이 주시는 행복을 누리십시오. 아멘!!

♡ 주님, 진정한 만족은 물질이 아닌 태도와 마음에 있음을 깨닫게 하소서.
🙏 작은 것이라도 나눌 수 있는 마음을 달라고 기도합시다.

나의 영적 일지

전해주고 싶은 이야기

읽을 말씀 : 이사야 52:1-12

● 사 52:7 좋은 소식을 전하며 평화를 공포하며 복된 좋은 소식을 가져오며 구원을 공포하며 시온을 향하여 이르기를 네 하나님이 통치하신다 하는 자의 산을 넘는 발이 어찌 그리 아름다운가

 대중교통을 타며 사람들의 이런저런 이야기를 귀담아 듣는 남자가 있었습니다. 그는 사람들이 생각보다 다양한 고민을 갖고 있고, 또 깊은 지혜를 갖고 있다고 느꼈습니다. 그리고 자신의 경험과 더불어 이런 이야기들을 섞어서 하나의 소설로 쓰기 시작했습니다.

 처음에는 자녀들에게 보여주기 위해서 책을 썼는데 우연히 그 책을 주변 사람들이 빌려가 읽었습니다. 그리고 내용이 너무 좋다고 그 책을 다시 복사해서 다른 사람들에게 선물하며 책으로 출판하는 것이 어떠냐고 권했습니다.

 자기 글이 사람들에게 힘이 되는 것을 본 남자는 열심히 출판사를 찾아다녔습니다. 그러나 일반 출판사는 기독교적 내용이 너무 강하다며 싫어했고, 기독교 출판사는 소설이 진보적이라고 거절했습니다. 결국 그 남자는 직접 책을 만들어 온라인으로만 판매하는 사이트를 만들어 직접 판매했습니다. 그런데 우연히 이 책을 본 사람들이 몇 십 권씩 사서 주변에 선물하기 시작했고, 자기 나라 언어로 번역을 시작했습니다. '오두막'이라는 이 책은 지금 수많은 나라에 출판돼 무려 2천만부가 넘게 팔리고 최근에는 할리우드에서 영화제작까지 됐습니다.

 삼위일체의 하나님이 명확하게 드러난 소설이지만 이런 영향력을 보일 수 있는 것은 성경이 참된 진리로 사람의 마음을 움직이기 때문입니다. 내 삶에 임하신 하나님의 이야기를 담대히 자녀들에게, 또 지인들에게 전하십시오. 아멘!!

♡ 주님, 제 삶에 임하신 귀한 하나님의 은혜를 소중히 여기게 하소서.
✍ 다른 사람에게 전하고 싶은 간증이 어떤 것인지 적어봅시다.

나의 영적 일지

3월 31일 — 소통의 7가지 법칙

읽을 말씀 : 고린도전서 7:25-40

● 고전 7:35 내가 이것을 말함은 너희의 유익을 위함이요 너희에게 올무를 놓으려 함이 아니오 오직 너희로 하여금 이치에 합당하게 하여 흐트러짐이 없이 주를 섬기게 하려 함이라

방송국 아나운서였던 김은성 작가는 지금까지 살아온 사람 중에 연설을 가장 잘하거나 사람과의 소통을 잘했던 인물 100명을 연구했습니다.

그리고 그 중에서도 최고로 인정받은 케네디 대통령, 마틴 루터 킹 목사님 같은 사람들 13명을 뽑아 공통점을 찾았는데 그 결과 대화나 연설로 사람들의 마음을 움직였던 사람들에겐 다음의 7가지 특징이 있었습니다.

1. 먼저 공감한다.
2. 최대한 경청한다.
3. 대립시키지 말고 통합한다.
4. 스토리로 대화한다.
5. 최대한 단순하게 말한다.
6. 핵심을 반복함으로 자극한다.
7. 진정성을 전염시킨다.

여기서 가장 중요한 것은 공감과 경청, 그리고 진정성입니다. 소통을 잘하는 사람들은 수많은 사람들 앞에서도 먼저 공감하고 최대한 이야기를 들으려 했으며 또 아무리 좋은 내용이라 할지라도 그 사람의 말과 행동에서 진정성이 느껴지지 않으면 소용이 없었습니다. 위의 내용들을 참고해 하나님의 사랑과 복음을 흘려보내는 소통의 통로로 쓰임 받으십시오. 아멘!!

♡ 주님, 다른 사람을 위하는 진정성 있는 마음으로 전도하게 하소서.
📖 복음을 전하고 전도를 할 때는 위의 법칙을 참고합시다.

나의 영적 일지

4월

"여호와는 나의 반석이시요
나의 요새시요 나를 건지시는 이시요
나의 하나님이시요 내가 그 안에 피할 나의 바위시요
나의 방패시요 나의 구원의 뿔이시요 나의 산성이시로다"

(시편 18편 2절)

4월 1일 죽음을 이기는 힘

읽을 말씀 : 베드로전서 1:1-7

● 벧전 1:3 우리 주 예수 그리스도의 아버지 하나님을 찬송하리로다 그의 많으신 긍휼대로 예수 그리스도를 죽은 자 가운데서 부활하게 하심으로 말미암아 우리를 거듭나게 하사 산 소망이 있게 하시며

암으로 시한부 판정을 받은 남편을 극진히 간호하는 아내가 있었습니다. 죽음이 가까워졌다는 것을 느낀 남편은 두려움에 사로잡혀 나날이 정신이 피폐해져 갔습니다. 같은 병동의 다른 중환자들이 한두 명씩 세상을 떠날 때마다 공황상태가 찾아왔고 급기야 잠을 자다가도 발작을 일으켜 난동을 부릴 정도로 두려움에 몸과 마음이 사로잡혔습니다.

부부 모두 다른 종교를 독실하게 믿고 있었지만 마음의 평안을 찾을 수 없었고 나중에 남편은 저승사자가 눈에 보인다며 아내를 잡고 덜덜 떨기까지 했습니다. 이 소식을 들은 춘천의 한 교회의 성도가 안타까운 마음에 찾아와 복음을 전했습니다.

"하나님이 사람으로 이 땅에 오신 분이 예수님입니다. 그분이 우리 죄 때문에 죽으시고 부활하셨습니다. 그렇기에 예수님을 믿으면 죽음에서 끝나지 않고 영원한 생명을 얻게 됩니다."

기독교에 대해선 아무 것도 몰랐지만 '부활의 복음'을 듣자마자 아내의 마음에는 평안이 찾아왔습니다. 그리고 이미 의식이 희미해진 남편도 그 순간은 또렷한 정신으로 예수님을 영접하고 이후엔 죽음의 공포를 이겨내고 평안한 마음으로 하늘의 소망을 품다가 2주 뒤 웃으며 세상을 떠났습니다.

그 누구도 피할 수 없는 죽음을 이기시고 부활하신 예수님이 계시기에 오직 예수님만이 길이며, 진리이며 생명이 되십니다. 부활의 기적을 의심 없이 믿음으로 참된 평안을 얻으십시오. 아멘!!

♡ 주님, 부활을 통한 생명과 기쁨으로 충만하게 채워주소서.
 부활로 완성되는 예수님의 공생애를 말씀을 통해 깊이 묵상합시다.

나의 영적 일지

하루 백통의 전화

읽을 말씀 : 로마서 12:1-13

4월 2일

● 롬 12:11 부지런하여 게으르지 말고 열심을 품고 주를 섬기라

    1990년도 캐나다의 소도시 애버츠포드의 작은 은행에서 일하는 트렌트 더스미드라는 남자가 있었습니다. 트렌트는 직장에 들어간 뒤에야 뒤늦게 성공의 꿈을 품었지만 소도시의 작은 은행에서 어떤 일을 해야 성공할지 도저히 감을 잡을 수가 없었습니다. 그렇다고 이제 와서 사업을 하거나 공부를 다시하기에는 엄두가 나지 않았습니다.

    결국 그는 영업의 기본인 고객연락에 모든 것을 걸기로 했습니다. 당시에는 휴대폰도 없고, 이메일도 보편화되지 않은 때라 그는 오로지 책상 위의 전화기로만 하루에 120통을 걸기로 목표를 정했습니다.

    그러나 전화 한 통에 3분이라고만 쳐도 360분, 즉 6시간이나 걸리는 엄청난 일이었습니다. 그러나 그는 이 일을 10년 가까이 지속했고, 그 결과 서른이 되기 전에 수억의 연봉을 받는 자리에 올라갈 수 있었습니다.

    처음엔 그 역시 120통의 전화를 하는 것이 쉽지는 않았습니다. 그런데 통 안에 120개의 클립을 담아 전화를 한 통 할 때마다 다른 통으로 옮기면서 체크를 하자 일이 훨씬 쉬웠습니다. 할 일의 양이 눈에 보이니 힘도 더 나고 목표가 한층 뚜렷해졌습니다. 그리고 이 방법으로 그는 10년 가까이 하루에 120통의 전화를 걸었고, 그 결과 원하는 것을 이루었습니다.

    포기할 핑계를 대는 것보다 성공할 방법을 찾는 사람이 되어야 합니다. 매년 포기해왔던 말씀 읽기표와 묵상 시간을 눈에 보이는 곳에 두고 활용해 다시 시작해보십시오. 아멘!!

♡ 주님, 무엇보다 신앙의 성공에 욕심을 내게 하소서.
✤ 경건생활과 전도에 대한 목표를 세우고 양을 확인할 수 있게 시각화합시다.

나의 영적 일지

4월 3일 — 미술품을 모은 이유

읽을 말씀 : 고린도전서 9:16-27

● 고전 9:18 그런즉 내 상이 무엇이냐 내가 복음을 전할 때에 값없이 전하고 복음으로 말미암아 내게 있는 권리를 다 쓰지 아니하는 이것이로다

    고등학교를 중퇴하고 우체국에서 일하던 허버트 보겔은 일을 하다 미술의 매력에 빠져 근처의 아카데미에서 미술사학을 배웠습니다.
    그리고 곧 허버트의 아내도 이런 영향을 받아 미술에 관심을 갖고 직접 그림까지 그리기 시작했습니다. 이들 부부는 나중에는 유명한 작품들을 구입하는 일을 취미로 했는데 워낙 박봉이기에 살 수 있는 작품이 한정적이었습니다. 그래서 아내 월급으로는 생활을, 남편 월급은 모두 작품을 모으는데 썼고 미술에 대한 지식을 바탕으로 아직 비싸지 않지만 충분한 가치가 있다고 생각되는 작품을 위주로 구입을 했습니다.
    그렇게 수십 년이 지나자 이들 부부가 모은 작품은 5천 점에 달했습니다. 그리고 어느새 부부가 모은 작품들은 '개념주의'라는 이름으로 중요한 미술사의 한 자리를 차지하는 작품들이 되었습니다. 이들 부부의 소식을 들은 국립미술관의 큐레이터는 매일 같이 찾아와 설득을 했는데, 결국 후세를 위한 일을 하고 싶다는 결심에 부부는 전량을 무료로 갤러리에 기증을 했습니다. 미술계의 사람들 중 이 소식을 듣고는 놀라지 않은 사람이 없었습니다. 이때의 기증으로 미술계에서는 허버트와 도로시 부부를 언급할 때 반드시 '전설적인 수집가'라는 말을 꼭 붙이는 관행이 생겼다고 합니다.
    정말 무언가를 사랑하는 사람은 그것을 위해 희생할 수 있고, 또 대가 없이 줄 수 있습니다. 하나님을 사랑한다면 이와 같이 행동하십시오. 아멘!!

♡ 주님, 수단이 목적이 되지 않도록 말씀의 지혜를 허락하소서.
※ 내 인생은 무엇을 위해 노력하고 있는지 묵상합시다.

나의 영적 일지

우리가 살고 있는 곳

읽을 말씀 : 마태복음 13:44-50

4월 4일

● 마 13:44 천국은 마치 밭에 감추인 보화와 같으니 사람이 이를 발견한 후 숨겨 두고 기뻐하며 돌아가서 자기의 소유를 다 팔아 그 밭을 사느니라

주한미군들이 보는 인터넷 게시판에 누군가 이런 글을 올렸습니다. "혹시 한국에서 내가 너무 오래 살았다고 느꼈을 때 있어?" 그리고 그 글 밑에는 이런 댓글들이 달렸습니다.
- 더 이상 마늘 냄새가 뭔지 모르게 됐을 때
- 친구 주차할 때 나도 모르게 '오라이, 오라이'하고 있을 때
- 달러 크기가 생각보다 작아 보일 때
- 지하철에서 파는 물건들이 내 방에 쌓일 때
- 노래방에서 중간에 '아싸'라고 추임새를 넣을 때
- 커피 값이 저녁 식사 값보다 비싼 게 아무렇지 않을 때
- 두루마리 휴지가 식탁 위에 있어도 괜찮을 때
- 가끔 뻔데기가 먹고 싶어질 때
- 미국영화 보면서도 한글 자막 볼 때

새로운 터전에 오래 머물다보면 말이 바뀌고 행동이 바뀝니다. 세상에서도 하나님의 말씀을 열심히 실천하고 함께 교제한다면 예수님이 말씀하신 하나님의 나라를 우리 삶에서도 체험할 수 있게 됩니다. 교회 밖과 안을 구분하는 신앙으로는 삶 속에서 임하시는 주님의 손길과 능력을 온전히 체험할 수 없습니다. 하나님 나라를 위해 모든 성도들과, 교회들이 함께 협력하며 선한 영향력을 끼쳐나갈 수 있게 해달라고 꾸준히 기도하십시오. 아멘!!

♡ 주님, 말씀을 실천함으로 세상에서 천국을 경험하는 저와 공동체가 되게 하소서.
🖋 세상보다 천국의 법칙을 따라 살아가는 사람이 됩시다.

나의 영적 일지

4월 5일
내 몸과 같이 사랑하는 것

읽을 말씀 : 야고보서 2:1-13

● 약 2:8 너희가 만일 성경에 기록된 대로 네 이웃 사랑하기를 네 몸과 같이 하라 하신 최고의 법을 지키면 잘하는 것이거니와

신앙생활을 열심히 하는 집사님 부부가 계셨습니다.
집사님 부부는 꾸준히 기도하던 중에 이미 두 딸이 있었지만 힘이 닿는 데까지 부모님에게 버려진 아이들을 입양하기로 결정하고 실행에 옮겼습니다. 비록 좋은 형편은 아니었지만 하나님이 주신 감동에 반응을 해서인지 서류제출과 가정 방문까지 순조롭게 끝났고, 태어난 지 6개월 된 아이와 연결이 되었습니다. 아이가 2살이 될 때까지 기다리기만 하면 모든 절차는 완료되는 상태였습니다. 그런데 몇 달 뒤에 기관으로부터 연락이 왔습니다. 아이를 돌보다 사고가 나서 척추에 손상을 입어 어쩌면 장애가 생길 수도 있다는 말이었습니다. 아직 입양 절차가 끝나지 않았으니 고민을 해보고 연락을 다시 달라는 직원의 말을 듣고 집사님 부부는 깊은 고민을 했습니다. 그런데 이 사실을 알게 된 초등학생 큰 딸이 물었습니다.
"엄마, 아빠 혹시 내가 그렇게 아파도 나를 포기할거야?"
"아니지, 모든 것을 바꿔서라도 너를 구할 거란다."
"그럼 그 아기한테도 그렇게 해야 하지 않을까?"
이 말을 들은 부부는 정신이 번쩍 들었습니다. 그리고 곧 전화를 걸어 입양을 하겠다고 말한 뒤 되도록 빨리 치료를 받게 하고 싶으니 절차를 더욱 서둘러 달라고 부탁을 했습니다.
자녀로 받기로 결정했다면 자녀와 똑같은 사랑을 주어야 합니다. 그리고 하나님은 믿기로 작정한 모든 사람들을 십자가의 사랑으로 사랑하십니다. 나를 사랑하시는 하나님의 사랑으로 가까운 사람부터 먼 사람까지 내 몸과 같이 사랑하고자 노력하십시오. 아멘!!

♡ 주님, 말이 아닌 실천으로 차별 없는 사랑을 세상에 보여주게 하소서.
🧩 나의 시선과 편견을 떠나 사람들을 사랑할 수 있게 노력합시다.

나의 영적 일지

천하와 바꿀 수 없는 것

읽을 말씀 : 누가복음 9:18-27

● 눅 9:25 사람이 만일 온 천하를 얻고도 자기를 잃든지 빼앗기든지 하면 무엇이 유익하리요

중국의 사상가 장자의 식견이 탁월하다는 소문을 들은 전국시대의 한 왕이 신하를 보내 관직을 맡아줄 것을 요구했습니다. 그러나 장자는 단칼에 거절을 했습니다. 신하가 거절을 당하자 이번엔 왕이 직접 찾아가 관직을 맡아달라고 부탁을 했으나 장자는 이렇게 말했습니다.

"저에게 가장 중요한 일은 제가 하고 싶은 대로 살아가는 것입니다. 수레를 타고 여기저기 돌아다니며 자연을 거니는 것이 저에게는 가장 중요한 일이라 설령 천하를 주신다 해도 받아들일 수가 없습니다. 이런 제가 못마땅하시다면 차라리 데려온 병사들에게 저를 죽이라고 명하십시오."

비슷한 시대의 사상가 양주도 이런 말을 했습니다.

"만약 내가 내 몸의 털을 하나 뽑아서 천하가 태평해진다 해도 내가 그럴 마음이 들지 않는다면 나는 차라리 죽을지언정 털을 뽑지 않을 것이다."

중국 제자백가의 사상가들 중에는 자유를 가장 중요한 것으로 생각하는 사람들이 많았는데 이들은 실제로 높은 자리나 많은 돈, 혹은 목숨을 잃는다 해도 자유를 지키기 위해 뜻을 꺾지 않았습니다.

정말로 중요하다고 생각하는 것은 그 어떤 어려움이 따른다 해도 반드시 지켜야 합니다. 하나님은 나를 잃을 수 없기에 예수님을 보내시면서까지 구원하셨습니다. 내가 정말로 지켜야 하는 것이 무엇인지, 그것을 제대로 지키고 있는지 확인해보십시오. 아멘!!

♡ 주님, 예수님을 통해 구원하신 하나님의 귀한 사랑에 감사하는 삶을 살게 하소서.
🧭 하나님이 천하보다 귀하게 여기는 것이 나와 다른 사람임을 잊지 맙시다.

나의 영적 일지

4월 7일
위로하시는 주님

읽을 말씀 : 고린도후서 1:1-11

● 고후 1:7 너희를 위한 우리의 소망이 견고함은 너희가 고난에 참여하는 자가 된 것 같이 위로에도 그러할 줄을 앎이라

　아버지가 돈 때문에 노동자들에게 죽는 모습을 본 10대 소년이 있었습니다. 그는 그 사건에 큰 충격을 받고 청년이 되어 돈 때문에 고통 받지 않는 이상향을 주장하는 사회주의 운동에 빠져 혁명에 가담을 했다 체포되었고, 사형을 선고 받았습니다. 사형수들을 수감하는 감옥으로 기차를 타고 가는 도중 일반 승객들도 함께 사용하는 역에 잠시 섰는데 갑자기 한 여자가 열차에 타서 죄수들에게 작은 책을 몰래 나눠주고 서둘러 내렸습니다.
　대부분은 그 책을 바로 버렸으나 그 청년은 몰래 숨겨 감옥으로 가지고 들어왔습니다. '신약'이라고 쓰여진 그 책을 청년은 읽고 또 읽었습니다. 그리고 잘은 모르지만 그 책에 나오는 예수님을 믿게 되었습니다.
　그리고 기적적으로 사형이 취소되어 자유의 몸이 된 이 청년은 감옥에서 읽은 그 책을 통해 변화된 자신의 생각을 소설로 쓰기 시작했는데 이 책들은 놀라운 작품성을 인정받았습니다. 톨스토이와 함께 러시아의 대문호로 인정받는 도스토예프스키라는 이 청년은 성경에 대해 이렇게 말했습니다.
　"그리스도가 진리가 아니라고 누군가 분명하게 증명한다 하더라도 나는 진리보다 그리스도 주 예수와 함께하는 삶을 선택할 것입니다."
　말씀 안에 계시는 주님은 지금도 살아계시고, 나를 만나주시고, 또한 위로해주십니다. 나에게 주시는 말씀으로 성경을 믿고, 그 가운데 위로하시고 또 만나주시는 주님을 체험하십시오. 아멘!!

♡ 주님, 절대로 내 손을 놓지 않으시는 주님을 믿고 의지하게 하소서.
✺ 고난과 어려움 가운데 더욱 주님을 찾읍시다.

나의 영적 일지

배우는 자가 열매를 맺는다

4월 8일

읽을 말씀 : 고린도전서 4:1-6

● 고전 4:6 이는 너희로 하여금 기록된 말씀 밖으로 넘어가지 말라 한 것을 우리에게서 배워 서로 대적하여 교만한 마음을 가지지 말게 하려 함이라

　미국의 복음단체 '성경과 함께 걷는 삶(Walk Thru the Bible Ministries)'의 브루스 윌킨스 대표는 '변화되고 열매 맺는 배우는 사람의 7가지 법칙'을 다음과 같이 말했습니다.
　1.배우고 싶게 만들어라
　학생들이 선생님을 보고 무언가를 배우고 싶어하지 않는다면 그 교육은 이미 실패한 것입니다.
　2.좋은 기대를 하라.
　배우는 사람에게 어떤 기대를 하느냐가 태도와 성과를 변화시킵니다.
　3.적용방법을 제시하라.
　원리를 아는 것보다 1개의 원리를 실천하는 것이 더욱 중요합니다.
　4.반복해서 기억시켜라.
　중요한 내용은 되도록 자주 반복해야 장기기억으로 저장됩니다.
　5.필요에 맞추어 설명하라.
　같은 내용이더라도 상대방의 상황에 따라 변화시켜 가르쳐야 합니다.
　6.리더를 세워라.
　다른 사람을 가르칠 수 있는 사람으로 가르치는 것이 가장 귀한 열매입니다.
　7.다시 살아나는 것이 부흥임을 강조하라.
　사람의 숫자가 아니라 진정으로 회심함으로 주님 앞에 다시 서는 사람을 만드십시오. 아멘!!

💗 주님, 하나님께 칭찬 받는 열매 맺는 좋은 가지가 되게 하소서.
🙏 제자가 되고 또 제자를 세우는 예배자가 됩시다.

　나의 영적 일지

4월 9일 — 후회한 이유

읽을 말씀 : 고린도후서 7:2-16

● 고후 7:10 하나님의 뜻대로 하는 근심은 후회할 것이 없는 구원에 이르게 하는 회개를 이루는 것이요 세상 근심은 사망을 이루는 것이니라

이탈리아의 르네상스 시대를 이끌었던 귀족 메디치 가문에 어느 날 한 책이 도착했습니다. 마키아벨리라는 남자가 쓴 '군주론'이라는 책은 당시 메디치 가문의 수장이었던 '줄리아노 데 미디치에게 이 책을 바칩니다'라는 글로 시작되었습니다. 당시 사분오열 되어 있던 이탈리아를 통치하는 이론과 방법을 역사적인 분석과 통찰로 담은 이 책에는 이런 내용들이 나옵니다.

'맺힌 원한은 은혜를 베푼다고 사라지는 것이 아니니 늘 복수를 조심해야 한다.'

'사람들은 엄청난 모욕에 대해서는 대항할 엄두조차 내지 못한다. 그러므로 말 안 듣는 민중은 때때로 완전 없애 버릴 각오로 다루어야 한다.'

냉철하게 순전히 권력을 잡는 방법들로만 채워진 이 책은 정작 메디치가 죽고 난 뒤 점점 유명해져서 오늘날에는 성공하기 위해서는 이 '군주론'과 같아야 한다고 믿는 사람들도 많습니다. 그러나 마키아벨리는 죽기 전에 '카스트루초 카스트라칸의 생애'라는 책을 썼는데 이 책은 '군주론'에 담은 자신의 내용들을 후회하며 그렇게 살지 말 것을 당부하는 내용을 담은 소설이자 유작입니다.

이기주의와 약육강식의 논리는 하나님이 창조하신 원리가 아닙니다. 잘못된 처세와 세상의 법칙을 따르다 후회하지 말고 말씀이 가르치는 삶의 방식을 따라가십시오. 아멘!!

♡ 주님, 왔던 길을 다시 돌아가는 어리석은 사람이 되지 않게 하소서.
※ 하나님을 멀리하는 삶에는 후회뿐임을 기억합시다.

나의 영적 일지

기준의 대상

읽을 말씀 : 잠언 3:1-8

● 잠 3:7 스스로 지혜롭게 여기지 말지어다 여호와를 경외하며 악을 떠날지어다

보 잭슨은 역사상 가장 뛰어난 '운동선수'로 뽑힙니다.

시즌이 겹치지 않는다는 이유로 팀들과 계약을 미루면서까지 봄부터 여름에는 메이저리그에서 야구선수로, 가을부터 겨울에는 미식축구선수로 활동을 했는데 그러면서 두 종목에서 모두 주전으로 활동했습니다. 게다가 쉬는 일정이 없어 따로 종목 훈련을 하지 못했음에도 경기를 뛰면서 성장해 부상을 당하기 전까지는 계속해서 성적이 오르는 모습을 보였습니다.

그런데 이런 보 잭슨에게는 아주 특이한 모습이 있었습니다.

매년 20개가 넘는 홈런을 쳤지만 홈런을 치고 난 뒤 한 번도 좋아하는 모습을 보인 적이 없었고 미식축구에서 터치다운에 성공했을 때도 마찬가지였습니다.

미국 스포츠방송 ESPN에서 선정한 역사상 가장 뛰어난 운동선수 8위에 꼽힌 그는 선수시절 홈런이나 터치다운을 하고도 기뻐하지 않은 이유를 이렇게 말했습니다.

"물론 성공을 한 것은 기쁜 일입니다. 그러나 더 완벽하게 할 수 있었습니다. 그 방법을 생각하느라 기뻐할 겨를이 없었던 것뿐입니다."

다른 사람의 기준으로 스스로를 평가하거나, 다른 사람의 인정을 위해 노력하는 일에는 금방 한계가 찾아옵니다. 신앙생활을 역시 다른 사람의 인정이나 기준에 따라 실행하지 말고 오직 말씀을 따라, 감동을 주시는 성령님을 따라 기준을 세우고 정진하십시오. 아멘!!

♡ 주님, 사람과 환경이 아닌 말씀과 주님이 기준이 되게 하소서.
📖 말씀을 기준으로 성령님의 인도하심에 더욱 귀를 기울입시다.

나의 영적 일지

4월 11일 목사님의 전단지

읽을 말씀 : 디모데후서 4:1-8

● 딤후 4:2 너는 말씀을 전파하라 때를 얻든지 못 얻든지 항상 힘쓰라 범사에 오래 참음과 가르침으로 경책하며 경계하며 권하라

　충북 영동의 한 농촌 마을에 하루는 집집마다 이런 전단지가 붙어 있었습니다.
　'이런 일이 있다면 바로 전화주세요'
　01.보일러가 고장나면
　02.텔레비전이 안 나오면
　03.냉장고나, 가전제품이 고장나면
　04.핸드폰이나 집 전화가 안 되면
　05.집에 힘쓸 일이 있을 때면
　06.농사일이 바쁠 때면
　07.마음이 슬프거나 힘들 때면
　08.몸이 아프다고 생각되면 바로
　09.병원에 갈 일이 생겼을 때면
　10.경로당에서 고스톱 칠 때 짝이 안 맞는다면
　교인 4명이 전부인 이 동네 교회의 목사님이 돌린 전단지였습니다. 목사님은 복음을 전하기 전에 마을 사람들과 함께 하고 돕는 일에만 힘썼고 그렇게 2년이 지나자 사람들이 알아서 교회를 찾아오기 시작했습니다. 지금은 주일학교까지 생겼고, 약 50여명의 성도가 다니고 있습니다.
　복음은 말보다는 관계와 행동으로 전해지는 것입니다. 믿음으로 행동하면 열매는 반드시 맺힌다는 확신을 가지십시오. 아멘!!

♥ 주님, 복음을 위한 희생이라면 언제나 즐거이 감당하게 하소서.
🖼 거저 받은 은혜를 선행으로 이웃에게 베풉시다.

나의 영적 일지

진실한 관계의 기준

읽을 말씀 : 베드로전서 5:1-11

● 벧전 5:2 너희 중에 있는 하나님의 양 무리를 치되 억지로 하지 말고 하나님의 뜻을 따라 자원함으로 하며 더러운 이득을 위하여 하지 말고 기꺼이 하며

미국의 한 햄버거 회사에서 페이스북에 이런 글을 올렸습니다.

"여러분은 물론 친구들을 사랑합니다. 그러나 저희 회사 햄버거를 더 사랑할지도 모르죠. 만약 페이스북 친구 10명을 지운다면 햄버거를 공짜로 드실 수 있는 쿠폰을 드리겠습니다."

이 이벤트의 이름은 '친구인가? 햄버거인가?'였습니다. 더 놀라운 것은 1주일도 안 되서 햄버거를 먹으려고 친구 10명을 지운 사람들이 23만 명이나 되었다는 사실입니다. 이벤트가 점점 커지면서 우정을 빌미로 한다는 나쁜 인식이 퍼져 이벤트를 중간에 멈췄지만 이 사건이 소문을 타고 퍼지면서 나중에 이 회사는 '친구보다 좋은 햄버거'라는 카피 라이트를 사용하기도 했습니다.

한 도너츠 회사에서는 알람 서비스 비슷한 앱을 활용해 모닝 세트를 먹을 수 있는 시간을 전날 저녁에 정해놓고 만약 약속 시간에 맞게 매장에 찾아오면 30%를 할인해 주는 행사를 했습니다. 그런데 아침을 전혀 먹지 않는 사람들이 무려 20만 명이나 이 앱을 깔고 몇 천원을 할인 받기 위해 아침잠을 줄여 나왔습니다.

햄버거를 신앙에, 모닝세트를 새벽예배와 비교해 보십시오. 특별한 기도를 위해 아침잠을 포기하고 새벽을 깨울 수 있습니까? 아무것도 아닌 유혹 때문에 신앙생활이 흔들리지는 않습니까? 정말로 중요한 것은 그 무엇과도 바꿀 수 없어야 하고, 때때로 다른 것을 포기할 수 있어야 합니다. 하나님을 향한 신앙이 최우선이 되도록 사십시오. 아멘!!

♥ 주님, 말이 아닌 행동으로 가장 귀한 주님이심을 고백하게 하소서.
🙏 하나님보다 더 귀하게 여기는 것이 있지 않은지 묵상합시다.

나의 영적 일지

4월 13일
하나님이 쓰실 수 없는 사람

읽을 말씀 : 골로새서 1:9-23

● 골 1:10 주께 합당하게 행하여 범사에 기쁘시게 하고 모든 선한 일에 열매를 맺게 하시며 하나님을 아는 것에 자라게 하시고

복음을 전하는 목적으로 운영되는 사이트 '카리스마 뉴스'의 제이 그래디 편집장 쓴 '하나님이 쓸 수 없는 사람의 7가지 유형'입니다.

1. 예수님을 조수석에 앉힌 운전자들 / 예수님은 나의 구원자로 믿지만 정작 내 인생인 내 맘대로 하는 사람들입니다.
2. 주위 사람을 감시만 하는 비평가 / 비판과 참소는 사탄의 역사이며 사랑과 은혜가 하나님의 역사입니다.
3. 언제나 어두운 쪽을 보는 비관론자 / 세상이 불완전한 것은 사실이나 그 속에서도 밝은 면을 볼 때 열매가 맺힙니다.
4. 세속적인 마음을 당연시하는 기독교인 / 죄와 싸우지 않고 더 세속적으로 사는 그리스도인은 그리스도인이 아닙니다.
5. 교회에 불만을 가진 기독교인 / 교회의 문제는 성도인 우리가 서로 연합하며 해결해야지 누군가에게 국한된 문제가 아닙니다.
6. 도전을 주저하는 사람들 / 바울은 주님을 부끄러워하는 사람은 세상에서 두려워한다고 말했습니다.
7. 예배를 귀찮아하는 사람들 / 마음 편히 하루를 놀러가기 위해 2시간을 투자하는 예배가 되고 있지는 않습니까?

나는 하나님이 쓰실 수 있는 사람입니까, 없는 사람입니까? 마지막 날에 쭉정이로 심판 받지 않기 위해서는 알곡이 될 수밖에 없습니다. 하나님이 기꺼이 사용하실 수 있는 성도가 되십시오. 아멘!!

♥ 주님, 작은 일이라도 주님이 하시는 일이 쓰임 받음을 기쁘게 하소서.
기준에 해당사항이 있다면 극복하고자 노력합시다.

나의 영적 일지

가우디의 정신

읽을 말씀 : 디모데후서 2:1-13

● 딤후 2:9 복음으로 말미암아 내가 죄인과 같이 매이는 데까지 고난을 받았으나 하나님의 말씀은 매이지 아니하니라

　스페인 바르셀로나의 '사그라다 파밀리아 성당'은 133년째 공사 중인 건물입니다. 이 건물을 지은 천재 건축가 가우디는 하나님에 대한 개인적 참회의 의미로 공사를 시작했습니다. 워낙 유명해 여러 가지 일을 해야 했음에도 40년 동안 이 성당을 지었고, 사고가 나기 전 10년 동안은 오로지 이 건물의 완성을 위해서만 모든 시간을 쏟았습니다. 그런데 이 건물에는 몇 가지 중요한 사실이 있습니다.

　가우디 개인이 원해서 짓기 시작한 이 건물은 막대한 돈이 들었습니다. 그런데 가우디의 신앙에 동의하는 사람들이 많았기 때문에 그 사람들의 기부로 40년 동안 지어질 수 있었습니다. 또한 직선은 사람이 만들었지만 곡선은 하나님이 만든 것이라고 생각한 가우디의 신념을 따라 외관의 대부분은 곡선으로 만들어져 있습니다. 그리고 높이가 정확히 170미터 인데 이는 근처의 몬주익 언덕이 171미터로 사람의 창조물이 하나님이 만드신 자연보다 높을 수는 없다는 의미입니다.

　이런 가우디의 신념이 담긴 이 건물은 가우디의 정신을 소중히 여기는 사람들 덕분에 133년째 8명의 건축가가 바뀌면서도 공사가 끊어지지 않고 계속 이어지고 있습니다.

　하나님의 말씀과 예수님의 보혈은 이 세상이 끝나기 전까지 계속해서 퍼져 나가야 하고, 또한 전해나가야 합니다. 하나님의 사랑과 예수님의 희생, 수많은 성도들의 피와 땀을 거쳐 받은 이 복음과 신앙을 더욱 소중히 여기십시오. 아멘!!

♡ 주님, 전 세계로, 다음 세대로 퍼져나갈 복음을 위해 기도하고 힘쓰게 하소서.
🖼 귀한 믿음을 물려받았음에 감사하고, 그 믿음을 다시 물려주고자 노력합시다.

나의 영적 일지

4월 15일
낙방의 깨달음

읽을 말씀 : 마태복음 6:19-34

● 마 6:28 또 너희가 어찌 의복을 위하여 염려하느냐 들의 백합화가 어떻게 자라는가 생각하여 보라 수고도 아니하고 길쌈도 아니하느니라

　가난한 시골에서 자라 오로지 성공을 위해 고시공부에만 온 힘을 쏟던 남자가 있었습니다.
　자는 시간을 빼고는 오로지 공부에만 힘썼음에도 고시에 탈락했고, 1년만 더 해보자는 생각에 이를 악 물었음에도 3년간 연달아 낙방했습니다. 더 이상 어떤 일을 할 수 있는 에너지도 남아있지 않아 그냥 정처 없이 하루하루를 보내고 있었는데 하루는 길을 가다 우연히 해바라기를 바라봤습니다.
　'해바라기 한 송이가 이렇게 예쁜 꽃이었던가?'
　몇 천 원짜리 꽃 한 송이에 큰 위로를 받은 남자는 이내 꽃꽂이를 배웠습니다. 돈이 없어 배달을 하며 푼푼이 아껴 학원을 다녔고, 밑천이 좀 모이자 노점을 시작했습니다. 꽃을 한아름 품은 리어카에는 이런 팻말이 걸려 있었습니다.
　'여기 오시면 꽃이 예술이 됩니다'
　그렇게 꽃으로 사람들을 위로하고 즐겁게 하고자 부단히 노력했던 플로리스트 오면 씨는 코리아컵 플라워 디자인에서 대상을 탔고, 독일에까지 건너가 '장인'의 증표인 플로리스트 마스터까지 되었습니다.
　내가 태어난 목적을 아는 순간 진짜 인생이 꽃핍니다. 도전과 시련을 통해 결국 하나님이 주신 삶의 의미를 찾을 수 있음을 믿고 오늘도 최선을 다하십시오. 아멘!!

♡ 주님, 하나님이 주시는 삶의 의미를 찾게 하소서.
❋ 언제나 푸른 초장으로 인도하시는 하나님이심을 믿읍시다.

나의 영적 일지

단 세 장의 사진

읽을 말씀 : 시편 34:14-22

●시 34:14 악을 버리고 선을 행하며 화평을 찾아 따를지어다

    미국 시카고의 리글리 필드 경기장에서 야구경기를 보고 집으로 가려던 한 시각장애인이 있었습니다. 일행이 없이 혼자서 온 그는 택시를 타기 위해 횡단보도에서 계속 기다렸지만 그 어떤 택시도 서지 않았고, 도움을 주려는 사람도 없었습니다. 그런데 이 모습을 발견한 한 여자가 달려와 시각장애인에게 도움을 줘도 괜찮겠냐고 물었고, 괜찮다는 대답에 이내 택시를 잡아주었습니다. 시각장애인이 택시를 타자 여성은 곧 자리를 떠났습니다.
    그런데 이 모습이 우연히 반대편 건물 옥상에서 일을 하던 사람에 의해 3장의 사진으로 남았고, 남자는 이 사진을 설명과 함께 인터넷에 올렸습니다. 그리고 이 여자의 선행을 보고 수천만 명이 감동을 받아 댓글을 남겼고, 이 사진이 화제가 되자 결국 지역 방송국에서 특집 방송으로까지 내보냈습니다. 그러나 그렇게 찾은 주인공인 케이시 스펠멘은 이런 반응을 이해를 할 수 없다며 이런 말을 했습니다.
    "솔직히 왜 화제가 되는지 모르겠습니다. 어려운 일도 아니고 당연한 일을 한 건데 이게 그렇게 놀랄 일인가요? 그렇다면 사람들이 더욱 당연한 일을 자주 해야 합니다."
    사람들의 선행이 더욱 주목을 받는다는 것은 반대로 그런 일이 더욱 자주 일어나고 있지 않다는 반증입니다. 하나님의 사랑이 만들 수 있는 놀라운 변화와 선행의 모습을 지역사회의 교인들과 함께 세상에 보여주십시오. 아멘!!

♥ 주님, 어려움에 처한 이웃을 그냥 지나가지 않는 돕는 손을 허락하소서.
🖼 작은 일부터 남을 돕는 일이 습관이 되게 합시다.

나의 영적 일지

4월 17일 여호수아 이야기

읽을 말씀 : 민수기 32:1-12

● 민 32:12 그러나 그나스 사람 여분네의 아들 갈렙과 눈의 아들 여호수아는 여호와를 온전히 따랐느니라 하시고

'크리스천 포스트'의 데이비드 루지카가 포스팅한 '당신이 여호수아에 대해서 반드시 알아야 할 사실'이라는 글입니다.

1. 여호수아는 이집트 노예 출신이다. / 여호수아는 다른 이스라엘 백성들과 마찬가지로 이집트에서 태어나 노예생활을 했습니다.

2. 여호수아는 출애굽의 현장에 있었다. / '모세의 후계자로써 우리는 여호수아를 생각하지만 여호수아는 애굽의 재앙부터 홍해의 기적, 그리고 수많은 전투까지 이스라엘 백성들과 함께 목도했습니다.

3. 여호수아도 40년 동안 광야를 돌았다. / 하나님께 불순종한 죄로 이스라엘 백성들은 40년 동안 광야를 돌았습니다. 여호수아와 갈렙은 끝까지 순종했지만 그럼에도 40년 동안 광야를 돌았습니다.

4. 여호수아는 어린 시절부터 모세를 돕는, 오른 손 역할을 했다. / 여호수아는 갑자기 후계자로 발탁된 것이 아니라 어린 시절부터 모세를 돕고 하나님을 체험하면서 이스라엘 백성들을 이끌 후계자로 성장했습니다.

5. 여호수아는 이스라엘 백성들을 약속의 땅으로 인도했다. / 아브라함이 약속받은 땅으로 인도한 사람은 모세가 아니라 여호수아였습니다.

노예 생활을 하면서도, 광야에서도, 여리고 성에서도 누구를 믿고 따라야 하는지 절대로 잊지 않았던 것이 여호수아와 이스라엘 백성들의 차이였습니다. 어떤 상황에서도 하나님의 역사하심을 기억하고 잊지 않는 여호수아 같은 시선의 사람이 되십시오. 아멘!!

♡ 주님, 믿음의 눈을 통해 모든 일을 바라보게 하소서.
❀ 어떤 상황에도 역사하시는 주님께 초점을 맞춥시다.

나의 영적 일지

백발의 지혜

읽을 말씀 : 잠언 20:24-29

● 잠 20:29 젊은 자의 영화는 그의 힘이요 늙은 자의 아름다움은 백발이니라

　'나이가 들면 뇌 기능이 감소한다.'는 말은 하나의 상식처럼 사람들에게 퍼져있는 말입니다.
　그 예를 증명이나 해주듯이 과거 노벨상을 수상한 천재들은 대부분 20대였고, 많은 수학자와 과학자들이 전성기를 20대에서 30대 초반까지로 생각합니다. 또 뇌의 크기와 전두엽이나, 두정엽 같은 발달 부위에 따라 창의력이나 논리력을 판단할 수 있다고도 알려져 있습니다.
　그래서 사람들은 나이가 들면 새로운 활동을 하기보다는 안정적인 반복된 삶을 택하고 '나이가 들면', '나이가 들어서'라는 말을 입에 달고 살기도 합니다.
　그런데 최신 연구를 살펴보면 뇌의 크기나 특정 부위의 발달보다도 더 뇌기능에 중요한 것이 '연결 신경망'이라고 합니다. 뇌의 전체적인 영역이 서로 유기적으로 연결된 사람들은 크기가 작거나 발달이 덜 되도 뇌의 전체적인 기능이 더 뛰어났습니다.
　그런데 모든 사람들은 나이가 들면서 뇌가 줄어들고 특정 영역의 발달이 감소하는 대신 이 신경연결망이 점점 늘어납니다. 결론적으로 나이가 들수록 비록 단순 암기력이나 인지능력은 조금 떨어질지 모르지만 오히려 뇌를 전체적으로 활용하는 지능은 전반적으로 향상한다는 것이 최신 뇌과학의 연구결과입니다.
　언제나 하나님만 바라볼 수 있는 사람은 언제나 하나님의 뜻대로 쓰임 받습니다. 나이와 성별, 시대에 상관없이 나를 통해 이루시길 바라는 하나님의 뜻이 무엇인지를 늘 묻고 순종하십시오. 아멘!!

♡ 주님, 때와 시대에 상관없이 맡겨진 일을 최선을 다해 하는 자세를 갖게 하소서.
　나이나 세월에 관련된 말들을 입버릇처럼 하지 않게 조심합시다.

나의 영적 일지

4월 19일

세속화 된 신앙인

읽을 말씀 : 스바냐 1:2-18

● 습 1:7 주 여호와 앞에서 잠잠할지어다 이는 여호와의 날이 가까웠으므로 여호와께서 희생을 준비하고 그가 청할 자들을 구별하셨음이니라

작가이자 미국 목회자 연합의 대표이기도 한 조셉 마테라 목사님이 쓴 '세속화 된 신앙인의 10가지 특징'입니다.

01. 하나님의 뜻을 먼저 생각하지 않고 중요한 결정을 내린다.
02. 하나님보다 사람들의 시선을 더 의식한다.
03. 성령에 이끌리지 않고 돈에 이끌린다.
04. 하나님께 예배드리기 위해서가 아니라 인간관계(교제)를 목적으로 예배에 참석한다.
05. 대중문화가 추구하는 가치를 따른다.
06. 하나님은 인생의 일부일 뿐이라고 생각한다.
07. 하나님을 추구하는 삶을 살지 않는다.
08. 다른 이들에게 복음의 영향력을 미치지 않고 전도도 하지 않는다.
09. 그리스도의 제자가 되지 않고, 제자삼지도 않는다.
10. 재정에 있어서 성경적 청지기 정신을 가지고 있지 않다.

크리스천은 세상과 구별되어 살아가야 합니다. 세상의 즐거움과 거룩함 두 가지를 동시에 추구할 수 없기에 결국은 하나님이 만드신 세상에서 하나님이 주신 것을 가지고 나를 위해 쓰는가, 아니면 하나님을 위해 쓰는가가 중요한 지표입니다. 나의 삶은 누구를 위해 더 많이 사용하고 있는지 살펴보십시오. 그리고 세상 안에서 분명히 하나님을 나타내며 사는 참된 그리스도인이 되십시오. 아멘!!

♡ 주님, 점점 악해가는 세상에 물들지 않는 그리스도인이 되게 지켜주소서.
📖 위 10가지 중에 내게 해당되는 것이 몇 개인지 확인하고 고칩시다.

조깅을 전파한 사람

읽을 말씀 : 잠언 15:1-9

● 잠 15:7 지혜로운 자의 입술은 지식을 전파하여도 미련한 자의 마음은 정함이 없느니라

1960년대 시카고의 대표 지역지인 '시카고 트리뷴'에 이런 기사가 실린 적이 있습니다. '요즘 들어 아침마다 달리기를 하는 사람이 늘어났다 아주 이상한 취미다'

지금은 건강관리의 대명사가 된 조깅이지만 50년 전만 해도 사람들은 거리를 뛰어다니는 것을 아주 이상하게 생각했습니다. '조깅'이라는 말조차 알려져 있지 않아서 건강을 위해 거리나 공원을 뛰는 사람들은 경찰에게 불심검문까지 당했습니다. 그러다 나이키의 창업자인 빌 보워만이 뉴질랜드에서 운동코치인 아서 리디아도를 만나 조깅에 대해서 알게 됩니다. 조깅이 사업 확장의 큰 기회라고 생각한 그는 미국에 돌아와 바로 조깅을 대대적으로 홍보했습니다. 각종 언론에 전문가들의 의견과 실험결과를 실어 사람들에게 조깅을 알렸고, 연예인들을 활용해 적극 홍보했습니다. 그리고 불심검문을 당하지 않게 조깅을 하고 있다는 티를 낼 수 있는 트레이닝복을 만들었고, 이내 조깅화까지 만들었습니다. 심지어 당시 건강을 위해 이산화탄소 농도가 낮은 저녁에 하던 조깅을 더 안전한 아침에 하도록 유도하는 운동까지 했습니다. 결국 한 사업가의 열정이 전 미국에 조깅을 문화처럼 퍼트렸고, 지금은 전 세계에서 그대로 문화를 따라 조깅을 하고 있게 됐습니다.

몸에 좋다는 이유로, 돈을 벌기 위해서는 눈에 불을 켜고 시간을 쓰면서 정작 중요한 영혼구원에는 아무런 신경을 쓰고 있지 않는 사람들이 많습니다. 모든 사람에게 꼭 필요한 구원을 시대의 문화와 코드에 맞는 방법으로 전하기 위해 고민하고 노력하십시오. 아멘!!

♡ 주님, 복음전파에 대한 참을 수 없는 열정을 갖게 하소서.
📖 일상에서 복음을 전할 수 있는 방법을 고민해봅시다.

나의 영적 일지

4월 21일

정직의 가치

읽을 말씀 : 이사야 26:1-11

● 사 26:7 의인의 길은 정직함이여 정직하신 주께서 의인의 첩경을 평탄하게 하시도다

    100년을 견디는 초우량기업만을 연구해온 '초우량 기업의 조건'의 저자 톰 피터스는 성공하는 기업들이 추구해야 할 가치에 대해 이렇게 말했습니다.
    "정직, 정직이 언제나 모든 기업들의 최상의 정책이자 최우선 추구 가치라는 점에는 의심의 여지가 없습니다."
    영국의 보험회사 로이드는 세계적으로 신뢰가 높은 명성 있는 보험회사입니다. 그런데 이 회사에는 주주가 없습니다. 주주가 있으면 이익을 위해 때로는 부정직한 방법을 쓰게 될지도 모르는데 그런 일들을 미연에 방지하고 위험을 대비하는 보험회사 본연의 역할을 하기 위해 '무한책임, 절대적 진실'이라는 두 가지 가치로 회사를 운영합니다.
    작가 고든 비 힝클리는 정직이 상실되고 있는 시대에 대해서 이런 말을 했습니다.
    "부정직하다고 감옥에 가거나 사형을 당하지는 않습니다. 그러나 정직하지 않은 사람들은 내면의 뭔가가 죽어가는 것을 느낄 것입니다. 양심은 숨을 못 쉬고, 인격이 사라지고, 자존감은 녹아내릴 것입니다. 인간의 고귀함과 명예는 찾을 수 없게 될 것입니다. 십계명의 절반이 정직에 대한 내용인 것은 결코 우연이 아닙니다."
    살인하지 말라, 도둑질하지 말라, 간음하지 말라, 거짓 증언하지 말라, 이웃의 소유를 탐내지 말라, 이 계명들은 결국 하나님 앞에서 정직하라는 뜻입니다. 하나님께 정직할 때 인생이 형통합니다. 귀한 정직의 가치를 쉽게 포기하지 마십시오. 아멘!!

♡ 주님, 모든 것을 아시는 주님이 있다는 사실을 잊지 않고 살아가게 하소서.
📖 어떤 상황에서도 정직, 또 정직한 사람이 됩시다.

나의 영적 일지

신앙 안에서 성장하라

읽을 말씀 : 고린도전서 3:1-9

● 고전 3:6 나는 심었고 아볼로는 물을 주었으되 오직 하나님께서 자라나게 하셨나니

4월 22일

    독실한 그리스도인인 할아버지 밑에서 신앙적으로 교육을 받는 한 소년이 있었습니다. 소년은 할아버지의 가르침이 성경적이고 그렇게 살아야 한다는 것을 알았지만 그래도 너무 세상의 문화와 환경을 경험해보고 싶은 마음이 커서 성인이 되면 도시에 나가 혼자서 맘대로 살고 싶은 열망을 갖고 있었습니다.

    그러다 하루는 할아버지가 시장에서 사온 작은 유리병을 보게 됐는데 그 안에는 커다란 사과가 들어있었습니다. 작은 입구로 어떻게 큰 사과가 들어갔는지 소년은 너무 궁금했지만 사 오신 할아버지도 모른다고 했습니다. 그러다 우연히 시장을 가서 같은 장식품을 판매하는 곳을 봤는데 거기서 소년은 사과가 어떻게 들어갔는지를 알게 됐습니다. 아직 판매하지 않는 병 안에는 입구로 들어갈 수 있는 작은 사과가 있었습니다. 그런데 이 사과가 들어간 병을 보고 소년은 깨달음을 얻었습니다.

    '사과가 시기를 맞추지 못하면 병 안에 들어갈 수 없구나, 신앙도 마찬가지 아닐까? 나도 지금부터 신앙 안에서 성장하도록 노력을 해야겠어.'

    그리고 열심히 신앙생활을 하고 말씀을 공부한 이 소년은 훗날 설교의 황태자로 불리며 죽을 때까지 예수 그리스도만을 전했습니다. 이 소년은 바로 스펄전입니다.

    이미 복음이 믿어지고 하나님의 은혜 안에 있는 것은 너무나 귀한 축복입니다. 세상을 바라보며 부러워하지 말고 이미 주신 은혜를 보며 감격하는 삶을 사십시오. 아멘!!

♡ 주님, 세상을 부러워하며 갈팡질팡하는 미련한 사람이 되지 않게 하소서.
🙏 언제나 하나님 편으로 마음을 확정하고 하루를 시작합시다.

나의 영적 일지

4월 23일

지혜로운 독장수

읽을 말씀 : 히브리서 10:11-18

● 히 10:17 또 그들의 죄와 그들의 불법을 내가 다시 기억하지 아니하리라 하셨으니

후한 말에 많은 사람들의 존경을 받는 곽태라는 사람이 있었습니다.

조정에서 벼슬을 준다 해도 병을 핑계로 가지 않고 오로지 시골을 돌며 후학을 양성하는데 힘을 썼던 그는 죽었을 때 친구들이 '아무리 생각해도 곽태는 생전에 부끄러운 일을 한 기억이 없다'고 말을 했을 정도로 성인군자였습니다. 그랬던 그가 아주 존경했던 독장수가 한 명 있었습니다. 우연히 길을 가다 수레를 끄는 젊은이와 같은 방향으로 걷게 된 적이 있었는데 길이 험해 그만 독이 떨어져 깨졌습니다. 그런데 독장수는 아무런 망설임 없이 계속 걸었습니다. 깜짝 놀란 곽태가 오히려 독이 깨졌다고 알려줬습니다.

"이보시오, 어찌 떨어진 독을 쳐다보지도 않고 그냥 간단 말이오?"

그러자 독장수가 "이미 떨어진 독을 뭐에 쓴단 말입니까? 줍는다고 붙일 수 없고 아쉬워한다고 다시 돌아오지도 않으니 그 시간에 한 걸음이라도 더 걷는 것이 훨씬 낫습니다"라고 대답했습니다.

곽태는 이 말을 듣고 비록 그가 글도 잘 모르는 평민이라는 것을 알았지만 평생 그 독장수를 존경했습니다.

이미 저지른 실수를 만회하는 가장 좋은 방법은 더 열심히 노력하는 것뿐입니다. 주님은 이런 연약한 모습을 외면하거나 질책하지 않으시고 오히려 기쁘게 받아주십니다. 회개나 자백한 죄는 기억하지 않으시는 주님을 믿고 과거의 죄와 실수로부터 벗어나 미래를 꿈꾸십시오. 아멘!!

♡ 주님, 지나간 일들은 모두 주님께 맡기고 다가올 미래를 준비하게 하소서.
📖 나를 괴롭게 하는 과거를 잊기 위해 기도하고, 또 기도를 부탁합시다.

나의 영적 일지

하나님의 심판

읽을 말씀 : 마태복음 12:22-37

● 마 12:36 내가 너희에게 이르노니 사람이 무슨 무익한 말을 하든지 심판 날에 이에 대하여 심문을 받으리니

미국의 한 기독교 라디오 생방송중 한 농부가 전화를 했습니다.
"저는 이 지역에서 농사를 짓고 있고, 저는 무신론자입니다."
"아, 그렇군요. 그런데 어떤 일로 전화를 주셨나요?"
농부는 자신이 하나님이 계시지 않는다는 사실을 증명할 수 있다며 "나는 솔직히 기독교를 잘 모릅니다. 하나님이 누구인지, 예수님이 누구인지 알지도 못하고 관심도 없습니다. 그러나 이런 나 같은 사람이 당신들이 말하는 신앙이 좋은 사람보다도 훨씬 더 나은 삶을 살고 있습니다. 우리 농장 바로 옆에는 신앙이 정말 좋은 농부가 살고 있습니다. 그런데 우리 밭에서 자란 곡식이 거의 절반이나 많습니다. 이 일을 어떻게 설명하실 수 있겠습니까? 내 머리론 아무리 생각해도 하나님이 없다는 증거로밖에 생각되지 않습니다" 라고 말했습니다.
이 말을 들은 진행자는 이렇게 답했습니다.
"농사를 짓는 실력이 좋으신 것 같군요. 정말 축하드립니다. 그리고 이 말씀을 꼭 드리고 싶네요. 하나님은 가을마다 결산하시는 분이 아닙니다. 물론 연말에 결산하시는 분도 아니고요. 하나님의 결산은 우리의 인생이 끝나는 순간에 찾아온답니다."
복음은 단순히 성공을 위한 징검다리가 아닙니다. 복음은 죽음 뒤에 있을 분명한 심판을 피해 천국으로 들어갈 수 있는 생명을 보장하는 유일한 하나님의 은혜입니다. 인생의 마지막 순간까지 하나님과 동행하며 의지하십시오. 아멘!!

🖤 주님, 복음의 가장 중요한 것은 구원임을 기억하게 하소서.
📖 작은 일의 성패에 따라 일희일비하지 않는 신앙인이 됩시다.

나의 영적 일지

4월 25일 문제를 해결하는 법

읽을 말씀 : 베드로전서 5:1-11

● 벧전 5:7 너희 염려를 다 주께 맡기라 이는 그가 너희를 돌보심이라

런던 북부에 있는 헨든 경찰 대학에서 한 청년이 마지막 졸업 시험을 보고 있었습니다. 그런데 배점이 가장 높은 주관식 문제가 다음과 같이 나왔습니다.

"당신은 지금 런던 외곽을 순찰하고 있다. 그런데 갑자기 큰 폭발음이 들려 돌아보니 근처에 있는 주유소가 폭발했다. 황급히 달려가 현장을 살펴보니 인도에는 폭발 때문인지 큰 구멍이 뚫렸고 그 바로 옆에는 차가 뒤집혀 있다. 차는 기름이 새는지 휘발유 냄새가 코를 찔렀으며 얼핏 보니 그 안에는 두 사람이 운전석과 조수석에 사람이 타고 있었다. 갑자기 길 가던 오토바이가 서더니 한 남자가 내려 당신을 돕겠다고 했다. 그런데 그는 현상 수배 중인 무장강도 용의자. 당신이 잠시 망설이는 사이 이번에는 옆집에서 한 남자가 문을 박차고 나와 아내가 임신 중인데 폭발로 쇼크를 받아 쓰러졌다며 제발 도와달라고 울부짖고 있다. 그리고 그 사이 거리에 생긴 구멍에 대피중인 시민 몇 명이 떨어졌다. 이제 당신이 어떤 행동을 취할지 답을 적고 그렇게 행동한 이유와 관련 법조항을 서술하라."

잠시 고민을 하던 남자는 이렇게 답을 적고 자리를 떠났습니다.

"경찰복을 벗은 뒤 군중 틈에 섞여 피난하겠다."

내 힘으로 해결할 수 없는 문제를 만났을 때 도망치고 싶은 것이 사람의 본능입니다. 그러나 먼저 하나님께 맡기고 내가 할 수 있는 최선을 다할 때 하나님은 나의 작은 손을 들어 놀라운 일을 행하십니다. 하나님의 크신 능력을 믿고 어떤 일이든 최선을 다하십시오. 아멘!!

♡ 주님, 나는 연약하나 하나님은 전능하심을 믿음으로 힘을 얻게 하소서.
🖼 피할 수 없는 문제들은 기도로 준비하며 부딪쳐 나갑시다.

나의 영적 일지

위험할 땐 뭉쳐라

읽을 말씀 : 전도서 4:1-12

● 전 4:12 한 사람이면 패하겠거니와 두 사람이면 맞설 수 있나니 세 겹 줄은 쉽게 끊어지지 아니하느니라

　먹이를 나르다 실수로 강에 빠진 개미 한 마리가 있었습니다.
　개미는 살려고 발버둥을 쳤지만 구조상 헤엄을 칠 수 없기에 몇 분 뒤 죽고 말았습니다. 그런데 개미가 한 마리가 아니라 만약 줄지어 물에 빠지면 상황이 많이 달라집니다. 물에 빠진 것을 안 개미들은 서로 신호를 주고받으며 뭉칩니다. 그리고 몸을 말아 서로의 팔다리를 엉켜 떨어지지 않게 공처럼 모양을 만들고 그 안에는 여왕개미를 넣고 보호합니다.
　동그랗게 뭉친 개미는 물에 빠지지 않고 물살을 타고 내려가다가 뭍에 닿게 되는데 그러면 다시 일사불란하게 흩어져 먹이를 물고 집으로 돌아갑니다. 그런데 이 모습을 보고 개미들이 어쩌다 서로 엉켜서 살아남는 것인지 아니면 위기 때마다 서로 뭉치는 습성이 있는지 궁금한 학자들이 실험을 했습니다.
　수천마리의 개미를 큰 컵 안에 넣고는 아주 빠르게 흔들어 위협을 가했는데, 불과 10초도 되지 않아 개미들은 똘똘 뭉쳐 다시 공의 모양이 되었습니다. 개미 한 마리만 살짝 집어도 전체가 들릴 정도로 강한 결속이었고, 어떤 종류든 위협의 낌새가 있기만 하면 개미들은 똘똘 뭉쳐 서로를 보호했습니다.
　어렵고 힘든 상황일수록 서로 뭉치고 협력하는 개미의 지혜를 오늘날의 성도들은 배워야 합니다. 다른 사람의 잘못을 붙잡고 비난하기보다는 먼저 감싸주고 위로해주는 공동체를 우리 가정, 교회, 지역사회에 세우십시오. 아멘!!

💗 주님, 만물에 담겨 있는 하나님의 지혜를 발견하고 배워가게 하소서.
🖼 가정이나 교회에 어려운 일이 있을수록 말씀과 기도로 뭉쳐 승리합시다.

나의 영적 일지

4월 27일

힘들다고 생각하십니까?

읽을 말씀 : 데살로니가후서 3:1-5

● 살후 3:5 주께서 너희 마음을 인도하여 하나님의 사랑과 그리스도의 인내에 들어가게 하시기를 원하노라

남아프리카에 점이 유행이던 때가 있었습니다.

한 여름에 유명한 점쟁이가 올해는 대기근이 들 것이라고 말을 했는데 그 소문이 일파만파로 남아프리카 전역에 퍼졌습니다.

그럴 징후는 보이지 않았지만 이 소문이 너무 널리 퍼졌고 사람들을 분명 기근이 올 것이라고 믿게 됐습니다. 그리고 여름이 끝나기 전 결국 재난을 피하기 위해 2만 명이나 되는 농부들이 농사를 포기하고 짐을 챙겨 도시로 떠나버렸습니다.

그리고 잘 자라던 곡식들은 관리소홀로 인해서 모두 말라버렸습니다. 농사는 당연히 망쳤고, 그 결과 점쟁이의 예언처럼 기근이 찾아왔습니다. 그러나 그해에는 비도 충분히 왔고 기후도 좋았습니다. 그리고 태풍이나 홍수, 가뭄 같은 그 어떤 재해도 찾아오지 않았습니다. 다만 밭을 가꿀 농부가 없었습니다. 1946년도에 남아프리카에서 실제로 일어났던 사건입니다.

때때로 실제 일어난 일보다 그 일에 대한 걱정이 진짜 고난을 불러오기도 합니다. 절대 긍정이 답은 아니지만 그래도 주어진 일을 조금 희망적으로 바라보는 것이 고난을 극복할 수 있는 좋은 동력이 됩니다. 모두가 복음전파가 힘들다고 하는 이 시대, 기독교의 위기라고 말하는 이 시대지만 고난 가운데 역사하셨던 주님의 모습을 의지하며 밝은 희망을 품으십시오. 아멘!!

♡ 주님, 과도한 걱정이나 기대를 떠나 현실에 충실하게 하소서.
❀ 일어나지 않을 일에 대한 생각보다는 눈앞의 일에 집중합시다.

나의 영적 일지

사랑으로 교제하는 법

4월 28일

읽을 말씀 : 사도행전 9:26-31

● 행 9:31 그리하여 온 유대와 갈릴리와 사마리아 교회가 평안하여 든든히 서 가고 주를 경외함과 성령의 위로로 진행하여 수가 더 많아지니라

한 교회의 인터넷 게시판에 어떤 성도가 이런 글을 올렸습니다.
"최근 교회 분위기가 좋지 않은 것 같습니다. 이럴 때일수록 우리가 서로 노력해보는 것은 어떨까요?"
그러면서 다음과 같은 10가지 방법을 제안했습니다.
01. 인사는 반갑게 먼저 하려고 하자
02. 교회에는 되도록 밝은 얼굴로 다니자
03. 남의 좋지 않은 이야기는 하지 말자
04. 예배시간과 모임시간은 철저히 지키자
05. 맡은 직분은 성실히 감당하자
06. 문제가 생겨도 발전적으로 생각하자
07. 다른 사람의 입장을 이해하고 공감하려고 노력하자
08. 봉사도 열심히 하고, 교제도 열심히 하자
09. 많이 보고, 많이 듣고, 많이 생각해서 말하자
10. 천국에 가는 그날까지 주안에서 계획을 세우고 함께 노력하자

예수님을 믿는 사람들이 모이는 곳이 교회입니다. 그러나 사람이기에 문제가 없을 수는 없습니다. 하지만 포기하지 않고 기쁨으로 합력하여 선을 이루도록 바로 우리가 노력해야 합니다. 이렇게 포기하지 않고 노력하는 성도들이 너 많아질 수록 우리 교회와, 한국 교계가 더욱 변해갈 것입니다. 더 나은 하나님의 전을 위해 교제하고 동역하고자 힘쓰십시오. 아멘!!

💗 주님, 사랑과 용서로 바로 서는 공동체가 되게 하소서.
📖 성도들끼리 비슷한 아이디어를 모아 교회 게시판이나 주보를 통해 교감합시다.

> 나의 영적 일지

4월 29일 이해할 수 있게 전하라

읽을 말씀 : 고린도전서 13:1-13

● 고전 13:11 내가 어렸을 때에는 말하는 것이 어린 아이와 같고 깨닫는 것이 어린 아이와 같고 생각하는 것이 어린 아이와 같다가 장성한 사람이 되어서는 어린 아이의 일을 버렸노라

어려운 문장을 쉽게 바꿔주는 헤밍웨이 앱이라는 것이 있습니다.
　헤밍웨이는 불필요한 수식을 빼고 담백한 글을 쓰는 작가였는데 퓰리처상을 받으며 현대문학의 시작이라 알려지는 노인과 바다는 초등학교 4학년이 이해할 수 있는 단어로만 쓰였습니다. 당시 어려운 말을 쓰는 것을 미덕으로 여겼던 많은 작가들은 이런 헤밍웨이를 비판했습니다. 다양한 부사로 긴 문장을 썼던 윌리엄 포크너는 헤밍웨이의 책은 사전이 없이도 읽을 수 있는 책이라고 대놓고 비판했지만 헤밍웨이는 감정적 울림은 어려운 단어가 없어도 나올 수 있다며 무시했습니다.
　그래서 이 앱은 어떤 문장을 쓰면 그 문장을 더욱 쉽게 고칠 수 있게 검토해줍니다. 이 앱이 추천하는 수준은 한국으로 치면 고등학교 1학년 수준인데 설문조사에 따르면 거의 아무도 읽지 않다 싶다한 전자기기 매뉴얼을 이 앱에 따라 수정을 했더니 읽는 고객이 2배나 늘었습니다.
　또한 이 앱을 통해 여러 명작들을 확인해 본 결과 헤밍웨이뿐 아니라 제인 오스틴의 오만과 편견, 톨스토이의 전쟁과 평화, 그리고 최근 베스트셀러 작가로 유명한 말콤 글래드웰의 모든 책들도 대부분 초등학교 6학년이면 읽을 수 있는 수준의 글들이었습니다.
　복음을 전달하는 가장 좋은 방법은 상대방이 쉽게 이해할 수 있게 전달하는 것입니다. 예수님이 만나는 사람들의 수준을 맞추어 비유를 들어 말씀하신 것처럼 혹시 내가 너무 어려운 단어들로 복음을 전하고 있지는 않은지 살펴보십시오. 아멘!!

♡ 주님, 진리의 기쁜 소식인 복음을 효율적으로 전할 수 있는 지혜를 주소서.
🖼 누구나 이해할 수 있게 복음을 전할 수 있는 말을 준비합시다.

나의 영적 일지

먼저 시작하는 사람

읽을 말씀 : 고린도후서 8:1-15

● 고후 8:5 우리가 바라던 것뿐 아니라 그들이 먼저 자신을 주 께 드리고 또 하나님의 뜻을 따라 우리에게 주었도다

4월 30일

인도의 변호사 아프로즈샤는 일 때문에 뭄바이로 이사를 왔습니다. 근처에 해변이 있다는 소문을 듣고는 좋은 경치를 기대하며 산책을 나갔는데 도착한 해변은 쓰레기장보다 더할 정도로 쓰레기천지였습니다.

2미터에 가깝게 쌓여가는 쓰레기를 보고 가만있을 수가 없었던 변호사는 쓰레기를 조금 줍다 돌아갔습니다. 그리고 친구에게 연락해 도움을 구했습니다. 친구는 우리 둘이 쓰레기를 주워봤자 티도 나지 않는다며 처음엔 거부했지만 변호사의 열정에 설득당해 다음날부터는 둘이서 쓰레기를 주웠습니다. 그렇게 몇 달이 지났고, 해변은 조금도 나아지지 않았습니다. 그러나 아프로즈샤와 친구는 포기하지 않고 쓰레기를 주웠고, 계속해서 주위에 도움을 요청했습니다.

그러자 기적 같은 일이 일어났습니다. 묵묵히 쓰레기를 줍는 이들의 모습을 보고 천여 명의 사람들이 함께 돕겠다며 찾아왔습니다. 그 중에는 유명한 영화배우와 가수도 있었습니다. 그렇게 늘어난 사람들이 2년여에 걸쳐 쓰레기를 줍자 해변은 몰라볼 정도로 아름다운 모습으로 돌아왔습니다. 아프로즈샤는 인도에서 최초로 해변정화사업을 시작한 사람이었고 이들이 처리한 쓰레기는 530만 킬로그램이나 되었습니다.

불가능해보일지라도 먼저 시작하는 사람만이 세상을 변화시킬 수 있고 하나님의 일꾼으로 쓰임받을 수 있습니다. 성령님의 감동이 임하는 일이라면 먼저 시작하며 하나님의 도우심을 구하십시오. 아멘!!

♡ 주님, 알아주지 않아도 있어야 할 곳에 갈 수 있는 믿음을 허락하소서.
※ 아무도 하지 않는 일 중에 내가 할 수 있는 일이 있는지 생각해봅시다.

나의 영적 일지

5월

"여호와는 나의 빛이요 나의 구원이시니
내가 누구를 두려워하리요
여호와는 내 생명의 능력이시니
내가 누구를 무서워하리요"

(시편 27편 1절)

5월 1일 — 제대로 읽는 성경

읽을 말씀 : 시편 19:1-14

● 시 19:14 나의 반석이시요 나의 구속자이신 여호와여 내 입의 말과 마음의 묵상이 주님 앞에 열납되기를 원하나이다

기독교 잡지 칼럼니스트 제라드 윌슨에게 누군가 성경을 묵상하는 방법에 대해 물었습니다.

그는 대답으로 자신의 블로그에 '성경을 읽을 때 해야 하는 8가지 방법'이라는 글을 썼습니다.

1. 묵상한 내용을 메모하라
2. 이해가 되지 않는 부분은 의문을 가져라
3. 탐구하는 마음으로 성경을 읽어라
4. 고정관념이나 선입견을 버려라
5. 읽은 뒤에는 반드시 묵상하는 시간을 가져라
6. 때때로 다른 번역본이나 주석을 참고하라
7. 이해가 되지 않는 단어나 비유가 있다면 시간을 들여 연구해보라
8. 당신의 생각이나 질문을 가지고 주위 사람들과 토론해보라

제라드는 자신도 성경을 장식처럼 두던 보통의 크리스천이었지만 이 방식을 적용함으로 지난 8년간 성경을 정말 가까이 두고 삶의 핵심으로 삼을 수 있게 되었다고 말했습니다.

하나님의 말씀을 읽을수록, 알수록 더욱 빠져드는 진리의 말씀입니다. 우리는 이 말씀이 없이는 살아갈 수 없고 또 성장할 수 없습니다. 믿음이 허락하는 만큼 조금이라도 성경을 읽고 깊이 하나님의 마음을 묵상하십시오. 아멘!!

♡ 주님, 나날이 말씀을 더욱 사모하도록 감화시켜 주소서.
✤ 위의 지침을 참고하여 하루에 1장 이상 성경을 묵상합시다.

나의 영적 일지

성령님의 감화

읽을 말씀 : 사도행전 2:36-42

● 행 2:38 베드로가 이르되 너희가 회개하여 각각 예수 그리스도의 이름으로 세례(침례)를 받고 죄 사함을 받으라 그리하면 성령의 선물을 받으리니

중국에 최후까지 남아있던 선교사이자 한국교회역사의 산 증인인 방지일 목사님은 매일 새벽 3시면 일어나 말씀을 읽었습니다.
그런데 같은 말씀을 똑같이 읽어도 스스로의 삶에 비추어 어떤 날은 기쁨이 느껴지고 또 어떤 날은 너무나 부끄러워 회개하며 눈물을 흘릴 수밖에 없었습니다. 사람들의 존경을 받는 자리에 있기에 때때로 이런 혼자만의 모습이 부끄럽기도 했지만 그래도 하나님 앞에 고동치는 가슴을 맡기며 매일 같이 회개와 감격하는 시간을 끊을 수가 없어 평생 동안 새벽을 깨워 말씀에 삶을 비추는 시간을 가지셨습니다.
방 목사님은 나중에 이 시간을 '심장을 깨끗하게 하는 운동'이라고 말씀하셨는데 생명의 필수적인 심장의 움직임처럼 신앙의 기본을 튼튼하게 해 교만하지 않고 더욱 더 주님만을 의지할 수 있는 시간이기 때문에 이런 이름을 붙이셨습니다.
라브리 공동체를 세운 세계적인 기독교 변증가 프란시스 쉐퍼 박사는 마지막 유언으로 이런 말을 남겼습니다.
"청년들이여, 행복을 삶의 목표로 삼는 실수를 하지 마십시오."
행복에 눈이 멀어 참회하는 눈물과 거룩함을 멀리하는 세태를 안타까워하는 말이었습니다. 그리스도인의 진정한 행복은 기쁨만이 존재하는 삶이 아니라 회개하고 애통하는 마음으로 다시 하나님 앞에 서는 것이어야 합니다. 잘못된 행복을 추구하며 말씀의 거울에 삶을 비추는 일을 등한히 하지 마십시오. 아멘!!

♥ 주님, 말씀 앞에 모든 것을 내어놓고 솔직하게 주님과 교제하게 하소서.
▩ 큐티나 경건시간에 하나님이 주시는 감동에 집중합시다.

나의 영적 일지

5월 3일

승리의 DNA

읽을 말씀 : 시편 119:71-78

● 시 119:71 고난 당한 것이 내게 유익이라 이로 말미암아 내가 주의 율례들을 배우게 되었나이다

미국 애리조나에 강력한 폭풍이 몰아친 적이 있었습니다.

태풍의 진행방향에는 커다란 농장이 있었는데 강력한 태풍에 헛간이며 창고, 곡식까지 모두 엉망이 되었습니다. 기르던 가축도 대부분 사라져 어디 있는지조차 알 수가 없었습니다. 대피소에서 몸을 피하던 농부는 이 모습을 보자마자 다리에 힘이 풀려 그 자리에 쓰러져 눈물을 흘렸습니다.

농사를 더는 지을 수 없다는 절망감에 빠져 울고 있던 때에 갑자기 어디선가 닭이 우는 소리가 들렸습니다. 근처에 돌아다니던 짚단에 털이 군데군데 빠져 엉망이 된 닭 한 마리가 동이 트는 것을 알리는 소리였습니다.

모든 것이 사라졌음에도 묵묵히 자신의 할 일을 하는 닭을 보고 농부는 힘을 얻었습니다.

'그래 하늘을 보고 소리치는 저 닭처럼 나도 하나님을 보고 힘을 내자'

그리고 농부는 머지않아 이전처럼 농장을 멋지게 복구해 많은 수확을 얻었습니다.

접붙임을 하려고 나무의 가지를 쳐버리면 평소엔 나지 않는 곳까지 싹이 나고 평소보다 더 빨리 줄기가 자란다고 합니다. 위기를 극복하기 위해 오히려 더 힘을 내는 것입니다. 고난에 쓰러지는 것이 아니라 고난이 올수록 더욱 힘을 내는 것이 하나님이 우리에게 심어주신 본능입니다. 힘들 수록 하늘에 계신 하나님을 바라보십시오. 그리고 다시 일어설 힘과 용기를 얻으십시오. 아멘!!

♡ 주님, 어려운 순간들을 통해 주님을 향한 믿음이 확증되게 하소서.
🧩 내가 힘들고 외로울 때에도 떠나지 않는 주님이심을 확신합시다.

나의 영적 일지

화합의 정신

읽을 말씀 : 로마서 8:18-30

● 롬 8:28 우리가 알거니와 하나님을 사랑하는 자 곧 그의 뜻대로 부르심을 입은 자들에게는 모든 것이 합력하여 선을 이루느니라

1860년 미국의 대통령 선거에서 많은 사람들의 예측을 깨고 링컨이 당선됐습니다. 당시 유력 대통령 후보였던 스티븐은 투표결과가 나온 직후 연단에 올라가 이렇게 소감을 말했습니다.

"애국심보다 더 앞설 수 있는 것은 그 어떤 것도 없습니다. 저는 결과를 받아들이겠습니다. 링컨 대통령과 이제 함께 하겠습니다."

2000년도 미국의 대통령 선거에서도 비슷한 일이 있었습니다. 조지 부시에게 패배한 앨 고어는 "도전할 때는 맹렬히 싸워야 하지만 결과가 나오면 단결하고 화합해야 합니다. 이것이 미국의 선거입니다"라고 했고, 2004년도에도 치열한 접전을 벌이다 패배한 존 캐리는 이렇게 말했습니다.

"미국 선거에서 패자란 존재하지 않습니다. 제가 당선이 되도 저는 미국인이며, 당선이 되지 않는다 해도 미국인입니다. 그렇기 때문에 미국을 위한 선거가 된다면 패자란 존재하지 않을 것입니다."

링컨 대통령을 더욱 훌륭하게 만든 것은 화합의 본질을 놓치지 않은 스티븐이었고 그 흐름은 좋은 전통이 되어 지금도 내려오고 있습니다. 우리 교회와 교회를 넘어선 사회에서도 이런 분위기가 조성되고 또 계속해서 내려와야 합니다. 믿는 성도들끼리도 예수님이라는 뿌리가 모두 같다는 본질을 놓치지 않을 때 합력하여 선을 이루라는 말씀을 실천할 수 있습니다. 어쩔 수 없는 다툼과 경쟁이 있을지라도 이 본질만은 놓치지 마십시오. 아멘!!

♥ 주님, 진정으로 그리스도에 연합된 성도들이 될 수 있도록 기도하게 하소서.
📖 갈등을 피하기보다는 지혜롭게 봉합될 수 있는 방법을 고민합시다.

나의 영적 일지

아이들은 배운다

읽을 말씀 : 마태복음 18:1-14

● 마 18:4 그러므로 누구든지 이 어린 아이와 같이 자기를 낮추는 사람이 천국에서 큰 자니라

세계적으로 유명한 육아컨설턴트이자 교사인 도로시 로 놀테 여사가 자녀를 키우는 부모들을 위해 지은 시 '아이들은 그들의 삶을 통해 배운다 (Children Learn What They Live)'입니다.

"꾸지람 받으며 자란 아이들은 비난하는 것을 배우고
미움 받으며 자란 아이들은 싸움을 배우고
두려움 속에 자란 아이들은 근심을 배우고
칭찬 받으며 자란 아이들은 자신감을 배우고
너그러움 속에 자란 아이들은 인내심을 배우고
격려 받으며 자란 아이들은 고마워하는 것을 배우고
사랑 받으며 자란 아이들은 사랑을 배우고
정직함 속에 자란 아이들은 진실된 삶을 배우고
공정한 대우를 받으며 자란 아이들은 정의를 배우고
친절함 속에 자란 아이들은 남을 존중하는 법을 배우고
다정함 속에 자란 아이들은 세상이 살기 좋은 곳임을 배운다."

이 짧은 시가 담긴 책은 무려 수십 개의 언어로 번역되어 세계 여러 나라에서 자녀를 키우는 부모님들의 지침으로 사용되고 있습니다. 싱그러운 아이들을 좋은 성품으로, 주님의 말씀으로 귀하게 키워내는 것은 우리 모두가 감당해야 할 일입니다. 미래의 희망인 우리 아이들에게 좋은 성품과 가치, 그리고 신앙을 실천하는 모습으로 가르치고 또 격려해주십시오. 아멘!!

♡ 주님, 미래를 이끌 아이들이 바른 성품과 신앙으로 세워지게 하소서.
🕯 교회 교육기관에 필요한 후원이 무엇인지 알아보고 힘써 도웁시다.

나의 영적 일지

진짜 중요한 인맥

읽을 말씀 : 로마서 6:1-14

- 롬 6:5 만일 우리가 그의 죽으심과 같은 모양으로 연합한 자가 되었으면 또한 그의 부활과 같은 모양으로 연합한 자도 되리라

옥스퍼드대학의 인류학자 로빈 던바는 고고학적 연구를 통해 인간은 150명 정도의 친구만 사귈 수 있다는 결론을 내렸습니다.

'던바의 숫자', '던바의 법칙'이라고 불리던 이 이론은 최근에 뇌과학 연구에 의해서도 증명됐는데 150명 정도와 관계를 맺는 것이 뇌의 인지 능력의 한계였습니다. 라스베가스에서 공연을 하는 마술사 릭 렉스는 자신은 보통 사람보다 훨씬 기억력이 좋다며 던바의 숫자를 깨려는 실험을 했지만 그 역시 150명이 넘어서자 다른 사람과 착각을 해 대화를 잘못하며 도전에 실패했습니다.

우리사회 역시 많은 사람들이 넓은 인맥을 중요하게 여기지만 하버드대학의 연구에 따르면 150명의 친구보다도 15명의 진짜 친한 친구가 삶에는 훨씬 도움이 된다고 합니다. 하버드 대학의 연구를 간략히 정리하면 다음과 같습니다.

1. 많은 친구보다 가까운 친구가 건강상태에 긍정적인 영향을 준다.
2. 친밀도를 높이기 위해선 자주 얼굴을 보고 교류를 해야 한다.
3. 시간은 유한하기 때문에 친밀한 관계를 많이 맺기는 힘들다.
4. 그러므로 넓은 인맥보다는 진실한 관계를 중요하게 여기는 것이 더 중요하다.

사업을 성공하려면 절친한 동업자가 있어야 하고, 신앙을 성공하려면 진실한 동역자가 있어야 합니다. 하나님의 일을 함께 하는 선한 동역자들과 더 자주 교제하고, 더 힘써 연합하십시오. 아멘!!

♡ 주님, 하나님의 일을 위해 더 연합하고, 더욱 교제하게 하소서.
✍ 다니는 교회와 구역, 소속부서의 활동을 중요하게 여깁시다.

나의 영적 일지

5월 7일

내가 잘하는 일

읽을 말씀 : 디모데전서 1:3-11

● 딤전 1:11 이 교훈은 내게 맡기신 바 복되신 하나님의 영광의 복음을 따름이니라

세계적인 물류회사 라피드 익스프레스의 면접에서 있었던 일입니다.

일류대학을 나와 스펙까지 월등한 청년이 면접을 보러 들어왔는데 앉아 있는 자세에서부터 자신감이 느껴졌습니다. 그리고 가져온 추천서는 업계에서는 누구나 알만한 유명한 교수님이 적어준 것이었습니다.

회사에 대한 정보도 많이 알고 있었고 면접관의 질문에 막힘없이 대답도 잘 했습니다. 만족스러운 표정을 짓던 면접관이 마지막 질문을 던졌습니다.

"우리 회사에서 하고 싶은 일이 어떤 일입니까? 어떤 일을 잘할 수 있죠?"

청년은 기다렸다는 듯이 대답했습니다.

"어떤 일이든지 잘할 수 있습니다. 저는 제 능력을 믿습니다. 필요한 일이라면 어떤 일이든 시켜주시면 됩니다."

그러나 면접관들의 표정이 갑자기 어두워졌습니다. 그리고 이런 말을 한 뒤 청년을 돌려보냈습니다.

"좋은 자세입니다만 사실 우리는 한 가지 일이라도 잘할 수 있는 사람이 필요하지 어떤 일이든 하려는 사람은 필요가 없습니다. 면접 보느라 수고하셨습니다."

성경에 나오는 말씀을 힘닿는 만큼 최선을 다할 때 하나님은 기뻐하십니다. 다른 사람의 선행과 믿음에 스스로를 비교하지 말고 두 렙돈의 여인처럼 하나님께 드릴 수 있는 최선을 드리십시오. 아멘!!

♡ 주님, 하나님이 주신 달란트를 썩히는 악한 종이 되지 않게 하소서.
🎴 하나님을 위해 내가 할 수 있는 일에 집중합시다.

나의 영적 일지

한 아이의 소원

읽을 말씀 : 마태복음 6:19-34

● 마 6:33 그런즉 너희는 먼저 그의 나라와 그의 의를 구하라 그리하면 이 모든 것을 너희에게 더하시리라

태어날 때부터 다리가 마비되어 평생 휠체어를 타고 다녀야 되는 아이가 있었습니다.

부모님의 헌신으로 별 다른 탈 없이 자란 아이는 초등학교도 일반 학교로 진학을 했습니다. 이 학생이 '만약 내가 다시 태어난다면'이라는 주제로 글을 쓰는 수업시간에 쓴 글입니다.

'만약 내가 다시 태어난다면
나는 내 어머니의 어머니로 태어나고 싶다.
그래서 지금까지 받은 고마움을
어머니의 어머니가 되어 보답하고 싶다.
지금의 나는 어머니의 고마움을 보답하며 살 수가 없다.
그렇기에 다시 태어날 수만 있다면
나는 내 어머니의 어머니로 태어나서
그 무한한 사랑을 조금이나마 갚고 싶다.'

이 글을 본 선생님은 큰 감동을 받아 익명으로 인터넷에 공유를 했고 많은 사람들이 이 짧은 글을 통해 감동을 받고 부모님의 크신 사랑에 대해 다시 마음에 새길 수 있었습니다.

어떤 상황에서도 절대로 자녀를 포기하지 않는 것이 부모님의 사랑입니다. 어떤 상황에서도 최선을 다해 나를 사랑해주신 부모님의 사랑을 잊지 말고 할 수 있는 최선을 다해 충분히 사랑을 표현하십시오. 아멘!!

♡ 주님, 귀한 부모님을 통해 이 세상에 오게 하심을 감사하게 하소서.
📖 부모님에게 작은 성의 표시와 함께 감사의 마음을 담은 편지를 씁시다.

나의 영적 일지

죄가 떠난 자리

5월 9일

읽을 말씀 : 히브리서 8:1-13

● 히 8:12 내가 그들의 불의를 긍휼히 여기고 그들의 죄를 다시 기억하지 아니하리라 하셨느니라

나바호 인디언 거주 지역에 큰 불이 난 적이 있습니다.

지평선이 보일 정도로 넓은 평원이라 인디언들은 마땅히 대피하지도 못하고 점점 다가오는 불길에 어쩔 줄을 몰라 밤새도록 대책 회의를 하고 있었습니다. 조여 오는 불길 속에 어떻게든 결정을 내려야 하는 순간 마을에서 가장 나이 많은 노인이 갑자기 좋은 수가 있다며 사람들을 불러 보아 외쳤습니다.

"먼저 절반은 우리가 살고 있는 곳을 덮도록 되도록 큰 원을 그려 불을 지르세. 나머지 절반은 이정도 폭으로 들판이 타면 바로 불을 끄면 되네."

사람들은 산불을 피하는 것과 불을 잠깐 지르는 것이 무슨 소용인지 알 수 없었지만 딱히 다른 방법도 없어 그 말을 따랐습니다. 불을 낸 후에 노인은 큰 천막에 물을 적셔 모든 인디언들을 그곳으로 대피시켰습니다. 인디언들은 천막 안에서 공포에 떨었지만 밤새 아무 일도 일어나지 않았습니다. 다음 날 아침 나와 보니 불을 냈던 원 안으로는 조금의 피해도 입지 않았습니다. 한 번 불이 났던 곳이 다시 날 수는 없었고, 물에 젖은 천막 안으로 연기도 들어오지 못했기 때문입니다.

한 번 불이 난 곳에 다시 날 수는 없는 것처럼 하나님도 용서하신 죄는 다시 기억하지 않으십니다. 새로운 피조물로 변화시킨 주님의 사랑과 은혜를 잊지 말고 죄의 자리를 떠나 은혜의 장막으로 들어오십시오. 아멘!!

♡ 주님, 죄에 넘어지는 연약한 저의 모습 때문에 구원의 감격이 사라지지 않게 하소서.
🙏 영원한 구원을 허락하신 주님께 더욱 감사합시다.

나의 영적 일지

빵 한 봉지의 사랑

읽을 말씀 : 이사야 58:1-12

5월 10일

● 사 58:7 또 주린 자에게 네 양식을 나누어 주며 유리하는 빈민을 집에 들이며 헐벗은 자를 보면 입히며 또 네 골육을 피하여 스스로 숨지 아니하는 것이 아니겠느냐

    빵을 만드는 일이 평생 꿈인 사람이 있었습니다.
    잘 나가는 IT기업에 다니고 있었지만 꿈을 포기할 수 없었던 그는 일을 하며 빵 만드는 기술을 배웠고, 또 가게를 낼만한 위치와 비용 등을 틈틈이 알아보며 준비를 하고 있었습니다. 그리고 그렇게 10년의 준비 끝에 드디어 빵집을 시작했습니다.
    남자에게는 초등학교에 다니는 딸이 하나 있었는데 아침마다 딸을 위해 갓 구운 빵을 하나씩 만들어주었습니다. 하루는 학교에 갔던 딸에게 빵이 맛있었냐고 물었습니다.
    "응, 정말 맛있었어요. 생크림이 특히 좋았어요."
    남자는 깜짝 놀랐는데 아침에 만든 빵에는 초코크림이 들어있었기 때문입니다. 딸에게 무슨 일이 있나 싶어 남자는 다음 날 몰래 딸의 뒤를 따라갔는데 딸은 학교 앞에서 폐지를 수거하시는 할머니에게 꾸벅 인사를 하고는 빵을 드리고 학교로 들어갔습니다.
    '아, 그래서 빵이 어떤 맛인지를 몰랐구나.'
    딸의 마음씨가 너무나 예쁘고 대견스러운 아빠는 다음 날부터는 아무 말 없이 빵을 두 개씩 싸주었습니다. 그리고 장사가 끝나고 남은 빵은 주변의 불우이웃들을 위해 나누기 시작했습니다.
    조그만 관심만 있다면 빵 한 봉지로도 얼마든지 사랑을 전할 수 있습니다. 표현 방법의 크고 작음을 고민하지 말고 내가 할 수 있는 최선의 방법으로 주변 사람들에게 자주 사랑을 표현하십시오. 아멘!!

♡ 주님, 하나님의 놀라운 사랑을 다른 이들에게도 전하게 하소서.
🙏 하루에 최소 한 번은 주변 사람들에게 사랑을 표현합시다.

나의 영적 일지

소크라테스의 겸손

5월 11일

읽을 말씀 : 시편 149:1-9

● 시 149:4 여호와께서는 자기 백성을 기뻐하시며 겸손한 자를 구원으로 아름답게 하심이로다

　페르시아 전쟁이 끝나고 승전국인 아테네는 엄청난 보물을 얻었습니다. 그리스 북쪽의 타소스 섬에서 엄청난 양의 금광까지 발견되어 아테네 사람들은 엄청난 부와 자유를 누렸습니다. 이 시대를 역사가들은 '황금의 시대'라고 부르는데 파르테논에 있는 모든 신상들을 금으로 칠하고 누구나 보석을 걸치고 다녔을 정도로 진짜 황금의 시대였습니다.
　그러면서 사람들은 남는 시간을 자신을 치장하는데 사용했습니다. 남자들은 근육을 만드는 일에 신경을 썼고, 여자들은 진한 화장을 하고 다양한 장신구를 만들었습니다. 그런데 이런 세태 속에서 소크라테스만큼은 달랐습니다. 그는 끼니를 걱정할 정도로 가난했고, 또 외면을 가꾸지 않아 아테네 사람들이 그의 외모를 가지고 욕을 할 정도였습니다.
　희극 작가인 아리스토파네스는 소크라테스의 친한 친구였는데도 그를 희롱하는 구름이라는 연극을 만들어 광장에서 공연을 했습니다. 그런데 소크라테스가 그 연극을 보러 극장에 들어왔습니다. 소크라테스는 연극이 시작하기에 앞서 사람들 앞에 나와 이렇게 말했습니다.
　"저는 이 연극을 통해 나의 고칠 점이 있나 보러 온 것입니다. 그러니 아무 걱정 말고 평소처럼 웃고 즐기십시오."
　진리를 갈구하는 사람은 겸손하고 또 사치를 부리지 않습니다. 신앙생활에서도 이런 허영심을 버리고 순전히 주님을 사모하고 또 예배하기를 바라는 마음만이 가득해야 합니다. 참된 진리인 그리스도의 도를 세상 사람들에게 알게 하는 삶을 사십시오. 아멘!!

　♡ 주님, 자랑과 교만이 아니라 겸손과 간증으로 주님을 전하게 하소서.
　🎭 주님 앞에서나, 사람들 앞에서나 언제나 겸손하도록 살핍시다.

나의 영적 일지

기부의 유일한 조건

읽을 말씀 : 잠언 11:24-31

● 잠 11:25 구제를 좋아하는 자는 풍족하여질 것이요 남을 윤택하게 하는 자는 자기도 윤택하여지리라

5월 12일

산림청에 하루는 양복을 차려입은 남자가 두툼한 서류뭉치를 들고 찾아와 "땅을 좀 기부하려고 하는 데요"라고 했습니다.

관련 서류를 살펴보던 공무원은 깜짝 놀랐습니다. 남산 공원의 2배가 넘는 크기에 입지도 좋았습니다. 바로 매매해도 천억은 벌 수 있는 땅이었습니다. 믿을 수가 없던 공무원은 정말이냐고 물었습니다.

"보시면 아시겠지만 서류까지 이미 모두 챙겨왔습니다. 그런데 한 가지 조건이 있습니다. 절대로 기증자의 신상을 공개하지 말아주십시오. 저는 대리인으로 왔습니다."

그러나 워낙 큰 땅이었기에 공무원은 이런 일은 알리는 것이 더 좋다며 설득을 좀 해달라고 부탁했습니다. 그러나 그저 '손창근'이라는 진짜인지도 모르는 이름과 '가족들도 이 기부에 적극 찬성했다'는 사실을 더해 보도 자료로만 써달라는 답변이 왔습니다.

부모님에게 물려받은 땅을 후대를 위해 잘 보존하고 싶었으나 개발을 목적으로 끊임없이 제시받는 거액의 유혹이 너무 거세서 초심을 관철하고자 한 것이 기증의 목적이었습니다.

오른손이 하는 일을 왼손이 모르게 하라는 것이 예수님의 말씀입니다. 아무 조건 없이 남을 돕는 일은 결코 쉬운 일은 아니지만 예수님의 말씀이기에 우리는 실천하고자 노력해야 합니다. 모든 행실이 나나 우리가 아닌 하나님이 영광 받으시는 일이 되도록 신경 쓰십시오. 아멘!!

♡ 주님, 모든 노력과 행동을 통해 오로지 주님만 영광 받으소서.
🖼 사람이 아닌 하나님을 기쁘시게 하는 선행을 실천합시다.

나의 영적 일지

5월 13일 — 회개하지 않는 죄

읽을 말씀 : 사도행전 3:11-26

● 행 3:19 그러므로 너희가 회개하고 돌이켜 너희 죄 없이 함을 받으라 이같이 하면 새롭게 되는 날이 주 앞으로부터 이를 것이요

조셉 얼라인의 '돌이켜 회개하라'는 책에 나오는 '회개하지 않을 때 짓게 되는 죄' 중 10가지를 추려보았습니다.
01. 회개의 중요성을 모르는 무지의 죄.
02. 하나님께 더 나아가지 않는 죄.
03. 형식적으로 신앙생활하고 있는 죄.
04. 잘못된 다른 동기에 이끌려 신앙 생활하는 죄.
05. 자기의 의를 믿는 죄.
06. 일정 수준의 신앙에 안주하는 죄.
07. 하나님보다 세상을 더 사랑하는 죄.
08. 회개할 필요가 없다고 생각하는 교만의 죄.
09. 쾌락에 빠져 같은 죄를 반복하는 죄.
10. 영이 아닌 육신의 안전을 의지하는 죄.

반복되는 일상에서 계속 죄를 짓다 보면 믿음을 포기하고 싶고, 스스로가 무력하게 느껴질 때가 많습니다. 그러나 죄에서 완전할 수 있는 인간은 아무도 없기에 누구든 진리의 복음을 믿어야 하며, 죄를 지으면 곧 회개(자백)해야 합니다. 회개는 죄를 짓는 매 순간에 주님을 향해 진실한 마음으로 이루어져야 합니다. 회개할 줄 모르는 목이 뻣뻣한 백성이 되지 마십시오. 아멘!!

♥ 주님, 날마다 그리스도의 보혈을 의지하여 주님의 은혜로 나아가게 하소서.
🙏 하루의 시작과 끝에 주님께 진솔한 기도를 드립시다.

나의 영적 일지

포기하지 않으면

5월 14일

읽을 말씀 : 시편 126:1-6

● 시 126:5 눈물을 흘리며 씨를 뿌리는 자는 기쁨으로 거두리로다

　프로골퍼 해리슨 프레이저가 초등학생인 아들과 함께 동네 놀이터에서 놀고 있었습니다. 그러다 해리슨의 직업을 알게 된 아이들이 쪼르르 달려와 물었습니다.
　"아저씨 그러면 골프 엄청 잘 치시겠네요? 우승도 해본 적 있으세요?"
　해리슨은 그저 씁쓸하게 웃고 말았습니다. 데뷔 14년차 동안 우승은커녕 3위 안에도 들어본 적이 없었기 때문입니다. 프로로 데뷔는 했지만 뛰어난 재능이 없었던 해리슨은 잇따른 부상까지 당해 한물 간 선수 취급을 받고 있었습니다. 최근에는 10차례 대회에서 본선을 나간 적도 4번밖에 되지 않았습니다.
　그러나 그는 항상 프로의 자세를 잊지 않았습니다. 고된 훈련을 한 번도 거른 적이 없고, 때로는 가족까지 멀리하며 연습을 하고 대회를 나갔습니다. 그렇게 13년을 보냈고 354번이나 대회에 나간 해리슨은 이제는 더 할 것이 남아있지 않다고 느껴 은퇴를 결심했습니다. 그런데 은퇴를 앞둔 355번째 도전에서 메이저 우승이라는 놀라운 일이 일어났습니다. 그는 대회 출전권이 보장되는 2년 뒤로 은퇴를 미뤘습니다.
　사람들은 355번의 도전 끝에 우승한 그를 보고 '뜻밖의 행운'이라고 말했지만 사실 14년 동안 언제나 묵묵하게 훈련을 계속했던 '끈기가 만든 행운'이었습니다.
　포기하지 않으면 반드시 기회가 옵니다. 때로는 반복된 실패의 연속일지라 하더라도 마땅히 해야 할 일을 성실히 함으로 다가올 성공을 준비하십시오. 아멘!!

♡ 주님, 모든 영혼의 구원을 위해 기다리시는 주님을 생각하며 인내하게 하소서.
🙏 주님이 주신 비전은 어떤 일이 있어도 끝까지 포기하지 맙시다.

나의 영적 일지

스승의 날

5월 15일

읽을 말씀 : 갈라디아서 6:1-10

● 갈 6:6 가르침을 받는 자는 말씀을 가르치는 자와 모든 좋은 것을 함께 하라

충남 강경의 여고에서 평생을 교직에 몸을 담다 은퇴하신 선생님이 계셨습니다. 이 선생님이 노년에 몸이 안 좋아 약도 안 듣고 고생을 많이 하셨는데 학교를 다닐 때 이 선생님의 인품과 가르침에 감동을 받았던 제자들이 이 소식을 듣고 한 걸음에 달려왔습니다. 제자들은 서로 시간이 될 때마다 선생님을 방문해 돌아가실 때까지 병수발을 들며 보살폈는데 이 감동의 이야기가 전국으로 퍼져나가 스승의 은혜에 대한 반항이 일어 1982년 정부의 기념일로 스승의 날이 제정됐습니다.

탈무드에는 바다에서 아버지와 스승이 인질로 잡힌 아들의 이야기가 나옵니다. 몸값이 한명 분밖에 없는 아들이 '과연 아버지와 스승 중 누구를 구해야 하는가?'에 대한 문제인데 대부분 아버지를 구하는 것이 당연하다고 생각하지만 탈무드에선 선생님을 구해야 한다고 가르칩니다.

아버지는 나를 세상에 있게 해주신 소중한 분이지만 선생님은 장차 나라를 있게 할 수많은 학생들을 교육할 중요한 분이기 때문입니다. 그래서 교육이 모든 분야에 최우선인 이스라엘의 국가와 사회, 가정의 선생님이 가장 중요한 존재라고 가르칩니다.

부모님은 나를 있게 해주신 분이고, 스승님은 나를 살게 해주시는 분입니다. 부모님을 향한 효도가 당연한 것처럼 선생님들 향한 존경과 감사의 표시도 당연합니다. 나의 삶에 큰 가르침을 주신 스승님이 계시다면 감사함을 잊지 말고 더 늦기 전에 마음을 표현하십시오. 아멘!!

♥ 주님, 참된 신앙과 삶을 배울 수 있는 좋은 스승을 만나게 하소서.
📖 지금 나를 가르치는 위치에 계신 선생님들께 존경과 감사의 마음을 표현합시다.

나의 영적 일지

전설의 비결

5월 16일

읽을 말씀 : 여호수아 22:1-9

● 수 22:5 ...너희의 하나님 여호와를 사랑하고 그의 모든 길로 행하며 그의 계명을 지켜 그에게 친근히 하고 너희의 마음을 다하며 성품을 다하여 그를 섬길지니라 하고

한 온라인 쇼핑몰 회사의 직원이 고객과 전화통화를 하고 있었습니다. 어린 시절 이야기부터 최근의 회사 분위기까지 마치 잡담을 하는 것 같이 느껴질 정도였는데 1시간이 넘도록 통화가 계속 이어졌습니다.

어느덧 무려 10시간을 통화한 직원은 만족스러운 표정으로 수화기를 내려놨습니다. 일반적인 회사의 모습으로는 상상할 수 없지만 미국의 온라인 쇼핑몰 자포스에서는 고객과 10분 이상 통화하고 사담을 나누는 것이 일상적인 모습입니다. 전화통화를 단순히 문제를 해결하는 도구가 아니라 고객과 유대감을 쌓는 것을 목표로 하기 때문입니다. 직원들은 전화를 하며 알게 된 고객의 사정에 따라 얼마든지 권한을 행사할 수 있습니다. 아버지를 위해 신발을 샀는데 갑자기 돌아가셔서 환불을 해야 한다는 이야기를 들은 직원은 모든 환불비용을 대신 지불했고, 회사 명의로 위로의 꽃다발까지 보냈습니다. 모든 비용은 회사가 지불했고, 질책 대신 칭찬을 받았습니다. 그리고 이 구시대의 유물이 되어버린 유선전화 서비스로 자포스는 많은 평생고객을 확보했고, 업계에서는 '전설적인 고객 서비스의 자포스'라고 불립니다.

단순히 고객과 직원의 관계에서도 이런 유대가 가능하다면 VIP로 섬겨야 할 전도대상자들, 아직 복음을 믿지 않는 가까운 가족과 친구들에게도 가능합니다. 문자 하나, 전화 한 통에도 사랑과 진심을 담아 복음을 전하는 일을 습관화 하십시오. 아멘!!

♡ 주님, 시대가 아무리 변해도 복음전파의 열망을 잃지 않게 하소서,
📷 1주일에 최소 한 번은 복음을 담은 진심어린 문자를 주변 사람들에게 보냅시다.

나의 영적 일지

5월 17일 겸손의 연습

읽을 말씀 : 베드로전서 5:1-11

● 벧전 5:6 그러므로 하나님의 능하신 손 아래에서 겸손하라 때가 되면 너희를 높이시리라

　인드라 누이는 펠시코라는 대기업에 여성으로서는 처음으로 이사회의 멤버가 되었습니다. 너무나 기뻐서 집에 오자마자 어머니에게 이 사실을 말했는데 한껏 들뜬 인드라를 본 어머니는 심드렁하게 가게에서 우유를 사오라고 했습니다. 대기업의 이사가 우유 심부름이나 해야겠냐고 인드라가 따지자 어머니가 말했습니다.
　"그게 싫다면 집에서 나가렴. 우리 집에 왕관을 쓴 사람은 필요하지 않아."
　그 말을 듣고 인드라는 정신이 번쩍 들었습니다. 그리고 승진을 거듭하면서도 겸손함을 잊지 않고 직원들을 예우했고, 직원들의 지지로 나중에는 회장의 자리에까지 올랐습니다.
　대공황을 극복한 루즈벨트 대통령은 자신이 오만해질까봐 늘 옆에서 겸손의 자세를 도와줄 조력자를 구했습니다. 고문인 루이스 하위가 그 역할을 담당했는데 그는 언제나 루즈벨트를 대통령이 아닌 평범한 이름으로 불렀습니다.
　겸손은 타고 나는 것이 아니라 부단한 노력으로 몸에 익히는 것입니다. 높은 자리에 오르고, 성공의 성공을 거듭할수록 겸손해야 합니다. 모든 것은 하나님이 주신 것으로 이루어진 것이며, 하나님이 잠시 맡겨주신 것이라는 사실을 기억할 때 겸손할 수 있습니다. 모든 교만은 하나님 앞에 짓는 죄라는 사실을 명심하십시오. 아멘!!

　♡ 주님, 모든 일에 교만하지 않도록 성령님을 통해 감찰하여 주소서.
　✿ 나의 잘못을 지적하는 사람들을 더욱 가까이 두고 경청합시다.

나의 영적 일지

죽음에 대한 사실들

읽을 말씀 : 로마서 8:1-9

● 롬 8:6 육신의 생각은 사망이요 영의 생각은 생명과 평안이니라

네티즌들이 모아놓은 죽음에 대한 여러 가지 사실들입니다.
- 미국에서는 40초당 1명이 자살합니다.
- 처방전에 있는 의사의 악필 때문에 죽는 사람은 1년에 7천명이 넘습니다.
- 1시간에 1명씩 음주운전으로 죽고 있습니다.
- 에베레스트산에는 미수습 시체가 200여구 있는데 시체가 있는 곳은 대부분 정상부근입니다.
- 감자칩 프링글스를 만든 사람은 죽은 뒤 화장을 해서 프링글스 통에 넣어달라고 했고, 실제로 그렇게 묻혔습니다.
- 1923년에 태어난 소련의 남자 80%는 2차 대전 때문에 죽었습니다.
- 90초당 1명씩 출산하다 사망합니다.
- 침대에서 떨어져 죽는 사람은 천명이 넘습니다.
- 하루에 2만 명의 아동이 기아로 사망합니다.
- 영국에서는 6천명이 바지를 갈아입다 사고로 죽습니다.

모든 생명은 소중합니다. 그러나 죽음의 모양은 너무나 다양해서 누가 어떻게 죽을지 알 수 있는 사람은 아무도 없습니다. 그러나 내가 지금 무사히 삶을 영유하고 있다면 그것은 엄청난 하나님의 은혜이며 또한 하나님의 일을 하라고 주신 기회라는 것은 분명한 사실이기에 감사하고 또 기뻐해야 합니다. 하나님이 허락하신 오늘을 하나님이 데려가시는 그날까지 주의 일을 하며 사십시오. 아멘!!

♡ 주님, 하나님의 허락 없이는 아무 것도 일어나지 않음을 알게 하소서.
🙏 주님이 허락하신 오늘도 주님을 위해 살아갑시다.

나의 영적 일지

5월 19일
지능보다 중요한 성품

읽을 말씀 : 잠언 22:1-12

● 잠 22:11 마음의 정결을 사모하는 자의 입술에는 덕이 있으므로 임금이 그의 친구가 되느니라

세계국립과학 아카데미에서는 무려 46년 동안이나 IQ가 삶의 질에 어떤 영향을 미치는지 조사했습니다.

미국, 네덜란드, 영국의 10대 초반의 학생들을 2만 명 정도씩 무작위로 추출해 1970년도부터 2016년도까지 IQ와 학교 성적, 취직한 직장과 정신 건강, 행복도와 같이 삶의 다양한 지표들을 조사했습니다.

그런데 IQ보다 성격과 관련된 부분들이 임금과, 범죄, 신체와 정신적 건강에 훨씬 중요한 영향을 미쳤습니다. IQ는 어떤 영역에도 별 다른 영향을 미치지 못했는데 아이러니한 것은 학교 성적조차 예상할 수 없었습니다.

네덜란드의 모범생들은 IQ나 성적으로 예측할 수 없었고 영국의 모범생들은 IQ보다 성격으로 예상하는 편이 훨씬 정확했습니다. 대부분 학창시절에서 좋은 성적을 받기 위해 필요한 것은 성격, 그리고 그 중에서도 성실성이었고 직장생활을 잘하는 사람들은 스펙보다도 사회성이 좋은 사람들이었습니다.

원하는 일을 이루지 못하는 것은 능력의 부족보다는 자세의 부족인 경우가 더 많습니다. 실수하지 않으시는 하나님은 이미 필요한 모든 능력과 환경을 나에게 주셨고, 또 능히 이룰 수 있는 비전을 주셨습니다. 이런 저런 핑계를 대며 아직 부족하다는 말로 믿음의 연약함을 내세우지 말고, 정말 온 마음을 다해 하나님을 섬기는 자세로 삶의 예배를 드리십시오. 아멘!!

♡ 주님, 좋은 능력보다 좋은 자세의 축복을 내려주소서.
🗝 스펙과 성적보다 성품과 신앙을 더 중요하게 여깁시다.

나의 영적 일지

훌륭한 인격을 만드는 7가지

5월 20일

읽을 말씀 : 베드로후서 1:1-11

● 벧후 1:4 이로써 그 보배롭고 지극히 큰 약속을 우리에게 주사 이 약속으로 말미암아 너희가 정욕 때문에 세상에서 썩어질 것을 피하여 신성한 성품에 참여하는 자가 되게 하려 하셨느니라

'성장심리학'에 나오는 듀예인 슐츠 박사의 '인격을 한 단계 높여주는 7가지 기준'입니다.

1. 자기 자신만을 아는 생각에서 벗어나는 것. / 다양한 영역에서의 활동으로 나를 넘어선 우리를 넘어선 세계에 대한 생각을 해야 합니다.
2. 일상의 관계를 따뜻하게 유지하는 것. / 좋은 인격을 가진 사람은 배우자, 부모, 자식과 같이 가까운 사람과의 관계부터 좋습니다.
3. 정서적인 어려움을 극복하는 것. / 안정감이란 어려움이 존재하지 않는 것이 아니라 어려움을 극복하는 것입니다.
4. 현실을 객관적으로 바라보는 것. / 필요 이상으로 비관적이나 낙관적으로 보지 않고 객관적으로 보는 시각이 필요합니다.
5. 일상의 영역에 집중하는 것. / 당장 살아가기에 필요한 일에 집중하는 사람은 책임감이 출중한 사람입니다.
6. 나 자신을 객관적으로 바라보는 능력. / 지금 나의 위치를 알아야 내가 원하는 나까지의 거리를 알 수 있습니다.
7. 삶에 일관성을 줄 수 있는 분명한 목표. / 미래지향적이고 삶의 의미를 부여할 수 있는 목표가 일관성을 부여합니다.

분명한 삶의 방향성이 없다면 일관성이 없고, 그에 맞는 인격도 형성될 수 없습니다. 하나님의 말씀과 나라를 위한 목표로 나의 삶을 이끄십시오. 아멘!!

♡ 주님, 주님이 인도하시는 곳으로 순종하며 나아가는 삶이 되게 하소서.
🖼 하나님과 주님의 나라를 위한 분명한 목표를 세웁시다.

나의 영적 일지

5월 21일 — 건강한 뇌, 불안한 뇌

읽을 말씀 : 고린도전서 16:13-24

● 고전 16:13 깨어 믿음에 굳게 서서 남자답게 강건하라

국내 한 건강의학 프로그램에서 소개된 뇌를 빨리 늙게 만드는 5가지 방법입니다.
 1. 오후 9시 이후에 야식을 하는 습관
 2. 남의 험담을 하는 것
 3. 항상 같은 생활 패턴
 4. 운동 부족과 수면 부족
 5. 과도한 스마트폰 사용

다음은 많은 뇌과학자들이 추천하는 뇌를 젊게 만드는 5가지 방법입니다.
 1. 새로운 악기를 배우거나 연주를 꾸준히 한다.
 2. 머리를 사용하는 퍼즐이나 게임을 한다.
 3. 충분한 수면과 휴식으로 뇌가 쉴 시간을 준다.
 4. 정보를 얻을 수 있는 어떤 행동이든 한다.
 5. 새로운 언어를 배운다.

사명을 잘 감당하기 위해선 건강한 몸과 마음도 중요합니다. 필요한 영양소를 위해 좋은 음식을 먹고, 몸이 아프면 병원에 가야 하듯이, 정신과 영혼도 관리가 필요합니다. 건강 못지않게 중요한 뇌를 잘 관리함으로 하나님께 기쁘게 쓰임 받는 삶이 되도록 관리하십시오. 아멘!!

♥ 주님, 주님이 맡기신 사명을 잘 감당할 수 있는 지혜를 주소서.
✺ 최소 한 가지 이상의 좋은 습관을 들이고, 나쁜 습관을 제거합시다.

나의 영적 일지

천명을 바꾼 한 사람

5월 22일

읽을 말씀 : 잠언 16:20-33

● 잠 16:21 마음이 지혜로운 자는 명철하다 일컬음을 받고 입이 선한 자는 남의 학식을 더하게 하느니라

   호주 여행사에 취직해 베트남에서 가이드를 하게 된 지미라는 청년이 있었습니다. 하루는 손님을 모시고 다닐 루트를 점검하기 위해 골목길을 거닐고 있었는데 쇠파이프로 어린이를 때리는 부모를 봤습니다. 급히 다가가 말리다가 사정을 들어보니 도망간 아빠 대신 혼자 아이를 키우는 엄마는 도박 중독이었고, 자녀에게 구걸을 시켜 돈을 벌어오게 하고 있었습니다. 더 충격적인 사실은 베트남 어디서나 볼 수 있는 구걸을 하는 아이들은 대부분 상황이 비슷했다는 것입니다.
   이 모습을 본 지미는 고민 끝에 오갈 데 없는 아이들을 보살피며 영어와 요리를 가르치는 교육센터를 세웠고 졸업한 학생들이 일할 수 있는 사회적 기업 'KOTO' 레스토랑을 세웠습니다.
   처음엔 자본과 인력이 허락하지 않았습니다. 그러나 지미가 먼저 몇몇 학생들을 가르쳤고, 그 학생들이 다시 다른 학생들을 가르쳤습니다. 그렇게 시간이 지날수록 많은 학생들이 이곳을 거쳐 가 지금은 천명이 넘는 아이들이 새로운 삶을 시작했고 그 중에는 유명 호텔과 식당의 주방장이 된 아이들도 많이 있습니다.
   내가 참된 제자가 되는 것만큼 참된 그리스도의 제자를 세우는 것도 중요합니다. 나만 잘 되고 바로 서는 신앙은 반쪽짜리 신앙입니다. 예수님과 열두 제자들이, 초대교회 성도들이 한 것처럼 참된 제자가 되고, 참된 제자를 세우십시오. 아멘!!

♡ 주님, 제자를 삼는 것은 모든 그리스도인에게 주신 사명임을 깨닫게 하소서.
🙏 제자가 될 사람, 제자를 키울 사람이 바로 나임을 명심합시다.

나의 영적 일지

5월 23일 — 왕궁으로 들어간 보석

읽을 말씀 : 로마서 14:1-12

● 롬 14:8 우리가 살아도 주를 위하여 살고 죽어도 주를 위하여 죽나니 그러므로 사나 죽으나 우리가 주의 것이로다

고대 인도에 텔와라고 하는 현인이 있었습니다.

그 사람은 매우 가난했는데 하루는 밭을 갈다가 진귀한 보석을 발견했습니다. 그러나 텔와는 그 보석을 자기보다 어려운 사람에게 주기로 마음을 먹고는 그런 사람을 찾아다녔지만 마을 사람들은 전부 다 자기 삶에 만족하고 있기에 보석이 필요하지 않다고 말했습니다.

결국 그가 보석을 들고 간 곳은 왕궁이었습니다. 왕은 텔와가 가져온 보석을 보고는 크게 기뻐하며 말했습니다.

"이런 귀한 보석을 어디서 구했는가? 나는 너에게 무엇을 해주면 좋겠느냐?"

텔와는 그저 보석을 받아달라고만 이야기 했습니다. 그때 텔와의 누추한 행색을 본 왕이 이 보석을 왜 그냥 주냐고 물었습니다.

"폐하는 이미 많은 금은보화를 가지고 계십니다. 그러나 금은보화에서 행복을 느끼시기에 더 많은 금은보화가 필요하십니다. 하지만 제가 행복을 느끼는 것은 다른 곳입니다. 그러니 제가 아무리 가난해도 이 보석은 저에겐 필요가 없습니다."

예수님이 재물이 있는 곳에 마음이 있다고 말씀하신 것은 많은 사람들이 재물을 얻는 데에만 혈안이 되어 있기 때문입니다. 나의 마음이 있는 곳은 어디며, 나로 인해 행복을 느끼게 하는 것은 무엇입니까? 유일한 행복의 소망, 삶의 이유 되시는 분이 주님이심을 마음을 다해 고백하십시오. 아멘!!

♥ 주님, 모든 인생의 답과 소망이 예수 그리스도가 되게 하소서.
🖋 나의 행복은 어디에 있는지 지난 삶을 돌아보며 살펴봅시다.

나의 영적 일지

같은 보상의 차이

읽을 말씀 : 잠언 22:1-6

● 잠 22:4 겸손과 여호와를 경외함의 보상은 재물과 영광과 생명이니라

듀크대 경제학과 교수인 댄 애리얼리는 사람들을 움직이는 동기를 연구하기 위해 참가자를 모집했습니다. 비슷한 성향의 사람들을 모아 두 그룹으로 나눈 뒤에 단순한 디자인의 블록을 조립하고 돈을 지급했는데, 첫 조립에는 2달러를 주고 이후 80%씩 금액을 깎았습니다. 블록을 완성시킨 돈은 실험이 끝나고 일괄지급하기로 했습니다. 과연 어느 정도까지 돈 때문에 조립을 하게 될 것인가가 실험의 목표였습니다.

먼저 일반적인 실험을 진행했던 첫 번째 그룹은 평균 10개 정도를 조립했습니다.

두 번째 그룹의 실험은 조금 달랐는데 이번에는 블록이 모자란단 이유로 옆에서 조립을 하자마자 바로 분해를 했습니다. 그런데 실험으로 받는 돈은 똑같았음에도 자기가 만든 블록이 바로 해체된 것을 본 그룹은 평균 7개 정도만 조립을 하고는 실험을 마쳤습니다.

결국 같은 난이도의 일을 하고 같은 돈을 받는다 해도 그 일을 통해 보람을 느끼는가가 성취도에 큰 영향을 미친 것입니다. 실제로 완성된 블록을 옆에서 본 첫 번째 그룹의 사람들이 실험에 대한 만족도도 두 배나 높았습니다. 두 그룹이 받은 돈의 차이는 단돈 3천원 정도였습니다.

신앙의 열매가 필요한 것은 가장 먼저 나의 신앙생활에 도움이 되기 위해서입니다. 씨를 뿌리는 사람은 반드시 거두리라는 주님의 말씀을 믿고, 추수할 그날을 위해 열심히 씨를 뿌리십시오. 아멘!!

♡ 주님, 성과가 없다고 불평하기보다 더 열심히 추수를 위해 준비하게 하소서.
🎯 더욱 많은 열매를 위해 신앙도 일도 정진하십시오.

나의 영적 일지

5월 25일 인생은 일방통행

읽을 말씀 : 빌립보서 3:10-16

● 빌 3:13,14 형제들아 나는 아직 내가 잡은 줄로 여기지 아니하고 오직 한 일 즉 뒤에 있는 것은 잊어버리고 앞에 있는 것을 잡으려고 푯대를 향하여 그리스도 예수 안에서 하나님이 위에서 부르신 부름의 상을 위하여 달려가노라

1919년 미국에서는 뉴욕에서 파리까지 비행기로 날아가는 대회가 있었습니다. 성공할 때까지 누구나 도전할 수 있던 이 대회에는 10억이나 되는 상금 때문에 많은 사람들이 경비행기를 가지고 도전했습니다. 그러나 당시의 기술로는 아직 개인 비행기를 가지고 태평양을 횡단하는 것이 어려웠습니다. 그래서 많은 사람들이 도전을 했지만 대부분 절반 정도만 갔다가 다시 돌아오기 일쑤였습니다.

그런데 이 대회를 지켜보던 한 청년은 이렇게 생각했습니다.

'참 이상하단 말이야. 파리를 가려고 도전을 한 사람들이 어째서 중간에 돌아올 생각을 하지?'

청년은 몇 주의 준비를 한 뒤 대회에 도전을 했고, 당당히 성공을 했습니다. 뉴욕에서 파리까지 최초로 횡단을 한 찰스 린드버그는 자신의 성공비결을 이렇게 말했습니다.

"대회에 참가하는 사람들은 대부분 위험을 대비해 구조에 필요한 무전기, 라디오, 비상 식량 등을 챙기더군요. 그런 자세로는 절대로 5800킬로미터를 비행할 수 없습니다. 나는 오로지 연료를 더 싣기 위해 낙하산조차 싣지 않았습니다. 내 목표는 오직 뉴욕에서 파리로 가는 것이었으니까요."

인생은 천국으로 가는 여정으로 다시는 돌아오지 못하는 일방통행입니다. 떠났다 다시 돌아올 고향처럼 세상에 집착하지 말고 우리의 본향으로 가기 위한 삶을 준비하십시오. 아멘!!

♡ 주님, 땅에 남기는 삶이 아니라 천국을 예비하는 삶을 살게 하소서.
☒ 천국에서의 삶을 준비하기 위한 세상에서의 삶을 살고 있는지 점검합시다.

나의 영적 일지

시간이 지나면 알게 되는 것

5월 26일

읽을 말씀 : 에베소서 2:1-10

● 엡 2:7 이는 그리스도 예수 안에서 우리에게 자비하심으로써 그 은혜의 지극히 풍성함을 오는 여러 세대에 나타내려 하심이라

　미국의 철학자 랄프 왈도 에머슨은 27살에 사랑하는 아내 엘렌의 죽음을 겪었습니다. 너무나 큰 상실감에 폐인이 되었다가 겨우 극복한 에머슨은 또 다른 사랑을 만나 행복한 가정을 꾸렸지만 힘들게 얻은 아들이 두 살 때 세상을 떠나는 것을 보고는 일평생 사람의 인생은 무엇인지, 도대체 어떻게 행복할 수 있는지를 연구하고 또 사색했습니다. 그는 노년에 '보상'이라는 수필집을 냈는데 그 수필의 마지막에는 다음과 같은 문장이 나옵니다.
　"나는 내가 고통에 대한 보상을 받았다는 사실을 아주 오랜 시간이 지난 뒤에 알게 됐다. 심한 열병으로 불구가 됐을 때, 사랑하는 친구, 배우자, 형제, 애인의 죽음을 경험했을 땐 절대로 그 어떤 것도 이런 상실감을 보상할 수 없을 것이라고 생각했다. 그러나 시간이 지날수록 이런 괴로운 경험들이 삶의 안내자와 같은 역할을 한다는 것을 알게 되었다. 이런 상실감이 삶의 태도를 바꾸게 해주며 편협한 사고방식을 깨트려준다. 그리고 결국엔 인격을 성숙시켜 더 높은 수준의 자아로 만들어준다. 온실 속 화초는 성장에 한계가 있지만 숲에서 이런저런 고난을 경험한 나무들은 많은 이웃에게 그늘을 만들어주고 열매를 제공하는 일들을 할 수 있다."
　하버드 대학의 '행복학 강의'에서는 에머슨의 수필을 반드시 공부합니다. 고통의 의미를 찾지 못하면 행복으로 나아갈 수가 없기 때문입니다. 지나온 어려움을 극복시킬 힘을 주시고 지금껏 인도하신 하나님을 통해 참된 행복을 만나십시오. 아멘!!

♡ 주님, 어떤 순간에도 주님이 동행하셨음을 고백하는 믿음을 주소서.
🔲 지나온 고난을 통해 역사하신 하나님께 진심으로 감사와 찬양을 드립시다.

나의 영적 일지

5월 27일 - 배우고 익히는 사람

읽을 말씀 : 여호수아 1:1-9

● 수 1:8 이 율법책을 네 입에서 떠나지 말게 하며 주야로 그것을 묵상하여 그 안에 기록된 대로 다 지켜 행하라 그리하면 네 길이 평탄하게 될 것이며 네가 형통하리라

집안이 어려워 학교 대신 상점에서 점원으로 일하는 소년이 있었습니다. 주급으로 받는 돈은 2달러로 한 달에 만원 정도였는데 그 돈의 대부분을 기계와 자동차에 대한 책을 샀습니다. 나중에 결혼을 할 때에도 가져갈 살림이라고 책장과 그동안 사모았던 책밖에 없었습니다. 무려 20년이 넘게 기계와 자동차에 대한 책을 읽고 꿈을 키웠던 이 소년은 자동차왕 헨리 포드라고 사람들에게 불리게 됐습니다.

마찬가지로 어려운 환경 탓에 초등학교도 다니지 못하고 인쇄소에서 일을 하던 소년이 있었습니다. 책이 너무나 읽고 싶었던 소년은 사장을 설득해 식사를 절반만 받는 대신 돈을 조금씩 받아 그 돈을 모아 책을 샀습니다. 나중에는 더 많은 책을 읽기 위해 서점에서까지 일을 했습니다. 그렇게 닥치는 대로 책을 사서 읽은 이 벤자민 프랭클린이라는 이 소년은 훗날 미국에서 '건국의 아버지'로 불리며 지금도 많은 사람들이 롤모델로 삼고 있는 위인이 됐습니다.

일본의 저널리스트 다치바나 다카시는 한 권의 책을 쓸 때마다 500권의 책을 읽고, 소설가 성석제는 어린 시절부터 지금까지 항상 책을 지니고 다닙니다. 오프라 윈프리는 일주일에 한권씩 의무적으로 읽은 책이 자신의 인생을 바꿨다고 말했습니다.

배우고자 하는 사람만이 책을 읽을 수 있고, 또 그렇게 배우는 사람만이 자신을 바꿀 수 있습니다. 하나님의 말씀으로 나를 바꾸고 싶다면 성경과 경건서적을 읽는 일을 절대로 쉬지 마십시오. 아멘!!

♡ 주님, 하나님의 말씀을 사모하고, 그 말씀을 더욱 가까이 두게 하소서.
※ 매일 시간을 정해 말씀을 묵상하고, 많은 경건서적을 읽읍시다.

나의 영적 일지

숙명적인 외로움

읽을 말씀 : 시편 107:1-11

● 시 107:9 그가 사모하는 영혼에게 만족을 주시며 주린 영혼에게 좋은 것으로 채워주심이로다

다이너 박사에 따르면 미국인의 10%가 고질적인 외로움으로 어려움을 겪는다고 합니다.

최근에 OECD 국가를 대상으로 진행된 조사에 따르면 우리나라에 '정말 힘들 때 의지할 사람이 없다'고 대답한 사람은 30%나 됐는데 다른 나라에 비해서 평균 10%나 높았습니다.

모두 겉으로 보기에는 평범하고 행복해 보이지만 한 꺼풀만 벗겨내면 의지할 사람이 없어 외롭고 힘들어하고 있는 것입니다. 그런데 이 외로움을 잊기 위해서 사람이 가장 쉽게 빠지는 것이 '중독'입니다.

대마초나 마약을 복용할 때 가장 큰 효과 중의 하나가 외로움을 줄이는 것인데 이런 효과 때문에 두통약에도 중독되는 사람들이 있습니다. 또한 조우 박사의 연구에 따르면 외로움을 많이 느끼는 사람일수록 돈에 집착하는 경향이 크다고 합니다. 그리고 실제로 돈을 벌 때 외로움을 덜 느끼도록 뇌가 반응하는데 문제는 아주 일시적인 완화뿐이어서 결국 더 많은 돈을 벌어야 외로움을 덜 느끼게 됩니다. 뿐만 아니라 도박, 폭식, 포르노 중독에도 비슷한 경향을 보였는데 결국 외로운 사람들은 마음을 달래줄 무언가를 찾게 되고 쉽게 중독되는 경향이 아주 높았습니다.

평범한 일상을 살아가는 사람들도 대부분 마음의 공허함을 달래기 위해 무언가를 찾고 중독되고 있습니다. 그러나 그 빈자리를 채워줄 수 있는 것은 오직 예수님뿐입니다. 삶의 의미를 주실 수 있는 유일한 분이 주님이심을 외로워하는 사람들에게 알리십시오. 아멘!!

♡ 주님, 인간의 공허함을 채워줄 수 있는 분은 오직 주님이심을 알게 하소서.
❀ 마음이 힘들고 외로울 때는 세상의 쾌락을 찾지 말고 주님을 더욱 찾읍시다.

나의 영적 일지

5월 29일
고정관념의 테두리

읽을 말씀 : 출애굽기 35:30-35

● 출 35:31 하나님의 영을 그에게 충만하게 하여 지혜와 총명과 지식으로 여러 가지 일을 하게 하시되

'환상 교향곡'으로 유명한 프랑스의 낭만주의 작곡가 베를로오즈는 프랑스의 작은 시골에서 태어났습니다.

너무나 작고 가난한 농촌이라 마을에는 피아노가 한 대도 없었습니다. 베를로오즈가 이 마을에서 자라며 본 것은 작은 피리 한 개가 전부였습니다. 17살 때 의사가 되길 원하는 아버지를 설득해 음악가의 길을 걷기로 한 뒤에 파리 음악원에 입학해서야 피아노를 비롯한 다양한 악기들을 보게 됐고 악기를 제대로 다룰 줄 아는 것이 없어 작곡을 시작했습니다.

나중에 좋은 곡을 써 성공을 한 뒤에 새집을 사며 피아노를 구매했지만 여전히 칠 줄은 몰랐고 간단한 화음을 확인하는 정도로 사용했습니다. 이런 모습을 보던 그의 제자들은 가끔씩 베를로오즈에게 이렇게 물었습니다.

"선생님, 어떻게 피아노를 배우지 않으시고도 작곡가가 되실 수 있으셨습니까? 저희가 아는 작곡가 중 피아노를 전혀 못 치시는 분은 선생님 밖에 안 계십니다."

"나는 피아노를 안 배우면 작곡을 못하는 지 전혀 알지 못했네, 나는 파리에 오기 전까지 피아노를 본 적도 없었고, 그래서 그런 말을 들어본 적도 없었거든."

때로는 불가능에 대한 지식이 고정관념을 만들고, 존재하는 가능성을 바라보지 못하게 만듭니다. 새로운 변화를 두려워하지 말고 틀에 박힌 고정관념을 떠나 주님이 주시는 가능성을 바라보십시오. 아멘!!

♥ 주님, 모든 일에 전능한 주님을 믿고 따라가게 하소서.
✍ 나에 대해서 가지고 있는 고정관념들이 무엇인지 적어보고 극복합시다.

나의 영적 일지

실수로부터 배우는 것

5월 30일

읽을 말씀 : 시편 121:1-8

● 시 121:3 여호와께서 너를 실족하지 아니하게 하시며 너를 지키시는 이가 졸지 아니하시리로다

　영국 리버풀에 레코드 가게가 있었습니다.
　남다른 수집욕이 있던 그 가게 주인은 사람들에게 인기가 없는 레코드라 하더라도 일단 발매가 된 것은 모두 모았습니다. 그곳에만 가면 없는 레코드가 없다고 사람들이 말할 때마다 주인은 자부심을 느꼈습니다. 그래서 나중에는 가게 앞에 '세상의 모든 레코드가 다 있는 곳'이라고 팻말을 걸었습니다.
　그런데 그 팻말을 보고 하루는 10대 소녀가 찾아와 어떤 그룹의 레코드가 있는지 물었습니다. 주인이 아무리 뒤져봐도 그 레코드는 없었고 심지어 들어보지도 못한 이상한 이름이었습니다. 10대 소녀가 장난을 친 것일 수도 있었지만 주인은 큰 충격을 받았습니다. 그리고 소녀에게 반드시 레코드를 구해주겠다고 약속하고 사방팔방 연락을 해 그 그룹의 레코드가 있는 곳을 찾았습니다. 영국에서 독일 함부르크까지 가서 레코드를 구한 주인은 음반을 들어보고는 높은 수준에 깜짝 놀랐고 곧바로 그들이 공연하고 있는 소극장을 찾았습니다. 라이브 연주를 보고 성공을 확신한 그는 그들을 찾아가 매니저가 되어주겠다고 했고, 이들은 20세기 대중음악의 전설이 되었습니다. 비틀즈를 발견한 첫 매니저 브라이언 엡스타인의 이야기입니다.
　작은 실수로부터도 배우려고 노력하는 사람이 계속해서 성장할 수 있습니다. 하루를 살아가며 겪는 크고 작은 실수에 의기소침하기보다는 실수를 극복하며 배우는 자세를 유지하십시오. 아멘!!

♡ 주님, 때로는 부족함을 통해 더 성장할 수 있음을 알게 하소서.
🙏 실수를 부끄러워하고 숨기기보다 성장의 발판으로 삼읍시다.

나의 영적 일지

5월 31일
내가 섬기는 곳

읽을 말씀 : 잠언 11:1-3

●잠 11:3 정직한 자의 성실은 자기를 인도하거니와 사악한 자의 패역은 자기를 망하게 하느니라

    네덜란드의 한 청년이 중학교를 졸업한 뒤에 정부의 배려로 일자리를 얻었습니다. 시골에 있는 작은 마을의 관리직이었지만 청년은 일을 할 수 있다는 사실에 매우 행복했습니다. 다른 사람들은 더 좋은 일자리를 얻으려고 잠시 머물다 대도시로 떠났지만 청년은 오히려 여유롭게 하고 싶은 일을 할 수 있다며 60년 동안 마을에서만 살았습니다.
    워낙 한적한 시골이라 청년에게는 자유로운 시간이 많았는데 이런저런 취미를 접해보다가 유리알을 세공하는 일에 완전히 빠져들었습니다. 나중에는 유리로 렌즈를 만들었는데, 개량을 거듭한 결과 유리로 만든 렌즈의 성능이 너무 좋아 작은 미생물을 관찰할 수 있었습니다.
    네덜란드의 한적한 시골에 있는 청년의 발명품에 세계 과학계는 깜짝 놀랐습니다. 그는 중학교밖에 나오지 못했지만 파리과학아카데미의 정회원이 되었고, 그의 명성을 듣고 만나보기 위해 영국 여왕이 네덜란드의 시골로 직접 방문했습니다. 많은 사람들이 청년의 모습을 보고 야망이 없다고 질책했지만 작은 시골에서의 삶을 소중히 여겼기에 레이우엔훅은 세계최초로 현미경을 개발할 수 있었고 모두 떠나던 작은 마을을 세계적인 명소로 만들 수 있었습니다.
    가정이 부유함에 상관없이 행복의 요람의 역할 해야 하듯이 교회 역시 크고 작음에 관계없이 하나님을 섬기고 전하는 귀중한 장소가 되어야 합니다. 지금 내가 섬기는 교회가 하나님이 보내주신 사역지임을 기억하십시오. 아멘!!

♥ 주님, 사역지에는 크고 작음이 없고 오직 주님이 보내신 곳만 있음을 알게 하소서.
🙏 지금 섬기는 교회와 직장에서 주님의 영광을 위하여 최선을 다합시다.

나의 영적 일지

6월

"주의 백성을 구원하시며
주의 산업에 복을 주시고
또 그들의 목자가 되시어
영원토록 그들을 인도하소서"

(시편 28편 9절)

6월 1일
하나님께 귀 기울여라

읽을 말씀 : 잠언 26:17-22

● 잠 26:19,20 자기의 이웃을 속이고 말하기를 내가 희롱하였노라 하는 자도 그러하니라 나무가 다하면 불이 꺼지고 말쟁이가 없어지면 다툼이 쉬느니라

당나라 고종 때 적인걸이라는 사람이 있었습니다.
그는 평민이었지만 빼어난 지식과 훌륭한 인품으로 벼슬길을 시작해 나중에는 예주 지역을 다스리는 자사의 자리에 올랐습니다. 워낙에 흠을 잡을 것이 없어 주위에 시기하는 자가 많았는데 하루는 이런 말을 들었던 고종의 황후 측천무후가 적인걸을 불러 말했습니다.
"자네가 예남 지방에서 선정을 베푼 이야기를 들었네. 그런데 그 선정에 다른 꿍꿍이가 있다고 누가 그러더군. 그 말을 한 사람이 누군지 궁금한가?"
그러자 적인걸이 이렇게 답했습니다.
"저의 험담을 한 사람이 누구인지는 중요하지 않습니다. 다만 황후께서 들으시고 그것이 사실이라고 생각되면 저에게 고치라고 말씀하십시오. 그러나 저에 대한 험담을 듣고도 그럴 사람이 아니라고 생각하면 저는 신의를 입은 사람이니 운이 좋은 사람이겠지요. 저의 험담을 한 사람이 누구인지는 조금도 중요한 것이 아닙니다."
이 말을 들은 측천무후는 적인걸의 도량을 '만인을 다스릴 인품'이라 칭찬하며 재상의 자리에 세웠습니다.
하나님을 믿고 따르는 우리들은 하나님의 말씀만을 기준으로 삼으면 됩니다. 주변 사람들과 험담을 하는 사람들에게 깊은 신경을 쓰지 말고 오로지 하나님 앞에 정직하게, 충직한 신앙의 모습으로 가꾸십시오. 아멘!!

♡ 주님, 사람이 보기에 옳은 삶이 아니라 주님이 보시기에 옳은 삶을 살게 하소서.
🖼 사람들의 백 마디 말보다 하나님의 한 마디 말씀에 더 귀를 기울입시다.

나의 영적 일지

옷장으로 알아보는 성공철학

읽을 말씀 : 마태복음 6:1-4

● 마 6:4 네 구제함을 은밀하게 하라 은밀한 중에 보시는 너의 아버지께서 갚으시리라

    일본의 베스트셀러 작가 나카타니 아키히로는 자신의 책 '부자가 되는 비결'에서 성공의 여부를 옷장으로 알아볼 수 있다고 했습니다.
    그는 먼저 옷장을 열었는데 옷이 빼곡히 걸려 있다면 성공할 가능성이 낮다고 했습니다. 옷장에 옷이 많은 이유는 다음의 세 가지입니다.
  1.옷을 많이 샀기 때문에
  2.필요하지 않은 옷도 있기 때문에
  3.필요하지 않다는 것을 알면서도 버리지 못하기 때문에
    만약 다음의 세 가지 중에 하나라도 해당하는 옷이 있다면 모두 버려야 한다고 합니다.
  1.한 번도 입지 않은 옷
  2.한 번만 입은 옷
  3.몇 년 동안 입어보지 않은 옷
    그런데 도대체 옷을 쌓아놓는 것과 성공이 무슨 상관이 있을까요? 옷을 버리지 못하는 것은 '본전 생각'이 나기 때문인데 저렴한 옷조차 본전 생각에 버리지 못한다면 그보다 귀한 공간, 시간, 정신적 여유를 위해서도 아무것도 버릴 수 없기 때문입니다.
    나의 옷장은 어떻습니까? 혹은 옷이 아니더라도 필요하지 않는 데도 미련을 버리지 못하는 목록이 있습니까? 그러나 물건도 마음도 쓸데없는 것들을 버려야 여유가 생깁니다. 하나님과의 관계를 거추장스럽게 하는 모든 것들을 한 번에 정리하십시오. 아멘!!

♡ 주님, 하나님을 모실 넉넉한 마음과 삶을 갖게 하소서.
🎁 아까워 버리지 못하는 물건이 있다면 불우이웃을 위해 기증합시다.

나의 영적 일지

6월 3일
주방장을 부른 이유

읽을 말씀 : 로마서 14:13-23

●롬 14:18 이로써 그리스도를 섬기는 자는 하나님을 기쁘시게 하며 사람에게도 칭찬을 받느니라

경영의 신이라 불리는 마쓰시타 고노스케가 회사에 중요한 고객을 대접하러 한 레스토랑을 찾았습니다.
식사를 즐겁게 마치며 협상도 잘 끝나 자리를 떠나려는 순간 마쓰시타가 갑자기 종업원을 부르더니 미안하지만 주방장을 불러달라고 말했습니다. 마쓰시타가 부른다는 소리에 서둘러 나온 주방장은 접시를 보고 식은땀을 흘렸습니다. 마쓰시타의 접시 위에 스테이크가 반이나 남아있었기 때문입니다.
'중요한 손님인데 실망을 시켜드렸구나. 내가 요리에 뭔가 실수를 한 것 같은데 이걸 어쩐다...'
그러나 주방장의 예상과는 달리 마쓰시타는 아주 흡족한 미소를 지으며 말했습니다.
"음식은 너무나 훌륭했습니다. 그런데 제가 나이가 많이 들어 예전 같이 소화를 시키지 못해서 반이나 남기고 말았는데 혹시 스테이크가 남아있는 접시를 보고 마음이 상하실까봐 바쁜 와중에도 잠시 나오시라 했습니다. 무례를 용서하십시오."
이 말을 들은 주방장은 마음 깊이 감격해 고개를 숙이며 감사를 표했습니다.
작은 삭개오가 수많은 인파 가운데 나무에 올라 있는 것을 본 세심한 예수님의 시선이 우리에게도 필요합니다. 작은 일에도 배려하는 자세로 사람들의 마음을 따뜻하게 해주는 사람이 되십시오. 아멘!!

♥ 주님, 말이나 생각에서 그치지 않고 정말로 이웃을 사랑하게 하소서.
삶의 작은 곳에서 남을 향한 배려가 습관이 되도록 노력합시다.

나의 영적 일지

마음을 움직이는 두 마디

읽을 말씀 : 데살로니가전서 2:6-16

● 살전 2:7 우리는 그리스도의 사도로서 마땅히 권위를 주장할 수 있으나 도리어 너희 가운데서 유순한 자가 되어 유모가 자기 자녀를 기름과 같이 하였으니

  유명한 법률회사인 '설리반 앤 크롬웰'은 높은 연봉과 뛰어난 복지혜택으로 모든 변호사들이 선망하는 직장이었습니다.
  그러나 꿈의 직장인 이곳에 막상 다니는 변호사들은 몇 년 지나지 않아 다른 회사로 떠나는 경우가 많았습니다. 적응을 할 만하면 변호사들이 죄다 회사를 떠나는 바람에 급기야 금전적 손실까지 점점 커져 가서 결국 간부들이 모여서 긴급 비상회의를 했습니다.
  그리고 사원들을 대상으로 면밀히 조사를 했는데 사원들이 바라는 것은 더 나은 연봉이나 복지, 심지어 승진도 아닌 존중받는 말 한 마디였습니다. 간부들은 회의 끝에 앞으로 회사에서 '부탁합니다', '고맙습니다'라는 말을 쓰는 캠페인을 하기로 했습니다. 그리고 간부들 자신부터 그 말을 습관적으로 쓰기 시작했고 예전과는 달리 막 입사를 한 말단 변호사라도 복도나 승강기에서 마주치면 반갑게 인사를 하며 안부를 물었습니다.
  심지어 야근이나 잔업을 지시를 할 때도 명령하지 않고 정중하게 부탁했는데 그 결과 1년 뒤에 이루어진 평가에서 가장 이직률이 높던 설리반 앤 크롬웰은 사원들의 만족도가 가장 높은 회사로 180도 변해있었습니다.
  회사가 입은 막대한 손실을 단 두 단어의 말로 해결할 수 있듯이 따뜻한 말 한 마디가 인생을 변화시키고, 사람의 마음을 움직입니다. 감사와 사랑의 언어로 이웃에게 다가가는 일상을 가꾸십시오. 아멘!!

♡ 주님, 나보다 남을 낮게 여기고 실제로 그렇게 대하게 하소서.
 상대를 존중하고 부탁하는 말을 사용하는 습관을 들입시다.

6월 5일
나의 진짜 가치

읽을 말씀 : 빌립보서 4:10-20

● 빌 4:12 나는 비천에 처할 줄도 알고 풍부에 처할 줄도 알아 모든 일 곧 배부름과 배고픔과 풍부와 궁핍에도 처할 줄 아는 일체의 비결을 배웠노라

케네디의 아내였던 재클린의 진주 목걸이가 소더비 경매에 나온 적이 있습니다. 그 목걸이는 재클린이 결혼 전에 샀던 모조품으로 3만 원 정도밖에 안하는 물건이었습니다. 그러나 시작가는 500만 원이었고 최종적으로 린다 레즈닉이라는 여인이 2억 원에 낙찰 받았습니다. 사람들은 3만 원 짜리를 2억에 샀다며 린다를 미련한 여자라고 손가락질 했습니다.

그러나 린다는 그 목걸이를 고급스런 투명 케이스에 담아 미국 전역을 돌며 전시를 했습니다. 그리고는 박물관에 영구 기증을 했습니다. 이제 사람들은 린다가 그저 재클린을 사랑하는 돈 많은 여인이라고 생각했습니다.

그러나 몇 주 뒤에 린다는 '영부인 재클린의 진주 목걸이'라는 제품을 들고 판매하기 시작했습니다. 이미 높은 낙찰가와 미국 전역을 돌며 유명세를 탄 목걸이기에 불티나게 팔렸습니다. 결국 린다는 이 목걸이를 13만개나 팔아 300억이 넘는 돈을 벌었습니다. 린다는 3만 원짜리 목걸이에서 300억의 가능성을 봤기에 2억을 투자할 수 있었습니다.

내가 보기에 스스로가 너무 한심하고 미약해보여도 담대히 하나님의 일에 참예할 수 있는 것은 하나님이 나를 받으셨고, 하나님이 나를 사용하길 원하시기 때문입니다. 스스로 너무 미약하고 사명을 감당하기에 부족하다고 느껴질지라 하더라도 하나님은 나를 부르셨고, 선택하셨습니다. 나의 진짜 가치는 내가 아닌 하나님께 달려 있음을 기억하십시오. 아멘!!

♡ 주님, 비할 데 없는 크신 희생을 통해 구원하신 주님의 사랑을 알게 하소서.
🖼 예수님이 십자가의 희생으로 구원하신 사람이 바로 나임을 기억합시다.

나의 영적 일지

보여주고 설득하라

읽을 말씀 : 고린도후서 8:16-24

● 고후 8:24 그러므로 너희는 여러 교회 앞에서 너희의 사랑과 너희에 대한 우리 자랑의 증거를 그들에게 보이라

   '쥬라기 공원'의 원작자인 소설가 마이클 크라이튼은 또한 영화감독이기도 했습니다. 자신의 작품을 직접 영화로 만들고 싶어 감독으로 데뷔한 마이클은 '코마'라는 영화로 흥행을 거뒀고, 이후 숀 코네리를 주연으로 '대열차강도'라는 후속작의 촬영을 들어갔습니다. 그런데 촬영장소인 영국의 현지 제작인원들이 굉장히 비협조적인 자세로 나왔습니다.
   마이클은 달래도 보고, 윽박도 질러 보았지만 스태프들의 자세는 나날이 나빠졌습니다. 그런다 우연히 스태프들끼리 하는 이야기를 듣게 됩니다.
   "저 감독은 영화를 제대로 만들 줄이나 알까?"
   "작가 나부랭이였다는데 영화에 대해서 알기나 하겠어?"
   이 말을 들은 마이클은 촬영을 중단한 뒤에 미국 배급사에 연락해 자신이 촬영한 '코마'의 필름을 배달해달라고 했습니다. 그리고 필름이 도착하자 모든 스태프들을 불러 자신의 영화를 보여주었습니다. 그리고 다음 날이 되자 거짓말처럼 스태프들이 협조하기 시작했습니다. 스태프들은 능력 있는 감독 밑에서 일을 하길 바랬고, 마이클이 그것을 증명하자 가장 든든한 아군이 된 것입니다.
   어떤 일을 증명하는 가장 확실한 방법은 보여주는 것입니다. 그리스도인인 우리의 삶으로 세상에 하나님을 증명하고, 또 복음을 믿게 하십시오. 아멘!!

♡ 주님, 말과 자랑이 아닌, 행함으로 복음을 전하는 제자 되게 하소서.
  진짜 그리스도인, 진짜 사랑이 무엇인지 이웃들에게 삶으로 보여줍시다.

나의 영적 일지

매력이 된 약점

6월 7일

읽을 말씀 : 잠언 16:1-9

● 잠 16:4 여호와께서 온갖 것을 그 쓰임에 적당하게 지으셨나니 악인도 악한 날에 적당하게 하셨느니라

    패션모델 매니지먼트에서 일하던 앤더슨이 하루는 길을 가다가 너무나 매력적인 대학생을 만났습니다. 화장도 잘 못하고, 옷도 수수하게 입었지만 앤더슨은 그녀가 엄청난 스타가 될 수 있다는 확신을 느꼈습니다. 그래서 갖은 노력 끝에 회사에 입사를 시켰고 열심히 꾸민 뒤 각종 오디션을 보러 다녔습니다. 하지만 입술 옆의 큰 점 하나 때문에 번번이 퇴짜를 맞았습니다. 입술 옆의 점이 촌스러운 이미지를 줘서 모델로 쓸 수 없다는 의견이 가장 많았습니다.
    결국 모델이 먼저 앤더슨에게 점을 빼는 것이 좋지 않겠냐고 물었습니다. 실제로 피부과에서 몇분만 시술을 받으면 간단히 뺄 수 있는 점이었습니다. 하지만 앤더슨은 그런 말을 들을 때마다 강력히 반대했습니다.
    "지금은 그 점 때문에 사람들 앞에 나서지 못하지만 성공하고 나면 그 점 때문에 사람들이 기억할거야. 반면에 지금 점을 빼버리면 성공을 한다 해도 금세 사람들에게 잊혀진 평범한 모델이 되고 말거야."
    앤더슨의 말이 이루어지기까지는 무려 3년이 넘게 걸렸습니다. 그러나 3년이 지나고 하루에 3천 만 원을 버는 슈퍼모델로 성공했고, 사람들은 그녀 입가의 점을 특별한 매력으로 여겼습니다. 앤더슨이 발굴한 여대생은 바로 신디 크로포드였습니다.
    강점을 주신 분도 하나님이시고, 약점을 주신 분도 여호와 하나님이십니다. 족한 은혜를 부어주시는 주님이심을 믿고 약점까지도 주님 앞에 내어 맡기십시오. 아멘!!

♡ 주님, 필요한 모든 것을 알맞게 이미 주셨음을 알게 하소서.
✤ 나의 약점도 주님이 주신 것임을 기억하고 모든 일에 감사합시다.

나의 영적 일지

세 가지 조건

읽을 말씀 : 잠언 1:7-19

●잠 1:7 여호와를 경외하는 것이 지식의 근본이거늘 미련한 자는 지혜와 훈계를 멸시하느니라

　철학자 칸트는 다음의 세 가지 조건을 가진 사람은 행복한 사람이라고 말했습니다.
　첫째, 할 일이 있는 사람
　둘째, 사랑하는 사람이 있는 사람
　셋째, 희망이 있는 사람
　만약 지금 할 일이 있고, 사랑하는 사람이 곁에 있으며, 미래에 대한 소망이 있다면 그 사람은 누구나 행복한 사람입니다.
　톨스토이의 단편 '사람은 무엇으로 사는가'에는 다음의 3가지 질문이 나옵니다.
　첫째, 사람의 마음속에 있는 것은?
　둘째, 사람에게 허락되지 않은 것은?
　셋째, 사람은 무엇으로 사는가?
　그리고 소설의 마지막에는 이 정답이 나오는데 사람의 마음속에 사랑이 있으며, 자신에게 필요한 것은 알 수 없으며 또한 사랑 때문에 살아가는 것이었습니다.
　칸트와 톨스토이가 말하는 행복은 결국 나의 한계를 인정하고 지금 주어진 것에 최선을 다할 때 찾아오는 것입니다. 그렇기에 진정한 행복은 나의 한계를 알고 이 모든 것을 주신 하나님을 알고 또 믿을 때에만 진정으로 맛볼 수 있습니다. 하나님을 알고, 하나님이 주시는 것을 감사하게 여김으로 행복을 누리십시오. 아멘!!

♡ 주님, 하나님이 허락하신 것들을 누리며 더욱 하나님의 살아계심을 깨닫게 하소서.
📖 내가 생각하는 위의 질문의 답은 무엇인지 적어봅시다.

나의 영적 일지

6월 9일
중요한 사람

읽을 말씀 : 열왕기하 7:3-17

● 왕하 7:6 이는 주께서 아람 군대로 병거 소리와 말 소리와 큰 군대의 소리를 듣게 하셨으므로 아람 사람이 서로 말하기를 이스라엘 왕이 우리를 치려 하여 헷 사람의 왕들과 애굽 왕들에게 값을 주고 그들을 우리에게 오게 하였다 하고

중국 초나라의 명장 자발 장군에게 하루는 시투라는 유명한 도둑이 찾아왔습니다.
"저를 장군님의 부하로 받아주십시오. 시키는 일은 뭐든지 하겠습니다."
자발 장군은 사람의 출신을 보지 않고 능력만 보고 등용을 했는데, 그 소문을 듣고 개과천선을 하고 싶어 찾아온 것입니다. 그리고 자발 장군은 신하들의 만류에도 받아들였습니다.
"좋다. 대신 앞으로 절대로 도둑질을 해서는 안 된다."
이듬해 제나라가 초나라를 쳐들어왔는데 워낙 기세가 강성하여 명장 자발도 물리치기가 어려웠습니다. 고심 중인 장군에게 하루는 막사에 시투가 들어와 묘책이 있다며 맡겨달라고 했습니다. 자발 장군은 병사가 얼마나 필요하냐고 물었지만 시투는 혼자 알아서 할 테니 걱정 말라며 조용히 막사 밖으로 나갔습니다. 그리고 그날 밤 제나라 장군의 막사 휘장을 훔쳐와 자발에게 주며 제나라 진영으로 사신을 통해 보내 달라했습니다. 그리고 다음 날 저녁에는 제나라 장군의 베개를 가져와 자발에게 주며 마찬가지 부탁을 했습니다.
그러자 제나라 장군은 초나라에 솜씨 좋은 자객이 있는 줄 알고 다음 날에는 목이 날아갈까봐 서둘러 군막을 꾸려 퇴각했습니다.
분명한 믿음이 있다면 도둑뿐 아니라 그 어떤 죄인도 새사람으로 다시 태어날 수 있습니다. 예수님을 보내서까지 구원하고자 했던 중요한 사람이 바로 나라는 사실을 기억하고, 하나님의 기대에 부응하는 새로운 삶을 살아가십시오. 아멘!!

♡ 주님, 넘치는 은혜로 매일 새로운 삶으로 변화되게 하소서.
🖤 내가 하나님께 얼마나 중요한 사람인지 깨닫고, 그 사실을 다른 이에게도 전합시다.

나의 영적 일지

두려움을 이기는 비결

6월 10일

읽을 말씀 : 예레미야 17:12-18

● 렘 17:17 주는 내게 두려움이 되지 마옵소서 재앙의 날에 주는 나의 피난처시니이다

   판제와 슈테그만이라는 독일 학자가 몇 년 전에 '두려움이 소모하는 비용'이라는 책을 냈습니다. 이들의 연구에 따르면 두려움 때문에 독일 경제가 겪는 손실은 다음과 같았습니다.
   - 직장에서의 어려움을 잊으려고 술을 마시는데 쓴 돈 400억 마르크
   - 기업에서 안정제와 같은 신경성 의약품을 구입한 비용 200억 마르크
   - 심신미약으로 일을 재대로 못한 손해비용 300억 마르크
   - 걱정하느라 병이 나서 일을 못해 결근한 비용 180억 마르크
   현재 가치로 약 우리 돈 70조 정도가 두려움 때문에 소비되고 있었습니다.
   자동차 세일즈로 12년 연속 기네스북에 등재된 세계최고의 판매왕 조 지라드는 자신이 35살 때까지 두려움에 사로잡혀 있었다며 그것을 극복한 비결을 다음과 같이 말했습니다.
   1. 자신에 대한 믿음을 가져라.
   2. 자신감이 넘치는 사람들과 자주 만나라.
   3. 바쁘게 움직여라.
   흔들리지 않는 믿음이 있는 사람은 두려워하지 않습니다. 연약한 믿음까지도 주님께 내어놓고 간절히 구할 때 주님은 그 연약함 마저 이길 힘을 주십니다. 내가 아닌, 나를 사랑하시는 주님을 향한 믿음으로 세상에서 오는 두려움들을 이겨내십시오. 아멘!!

  ♡ 주님, 세상과 싸워 이길 담대한 용기를 허락하소서.
     두려움으로 생긴 마음의 공백에 주님이 주시는 용기를 채웁시다.

나의 영적 일지

6월 11일
참된 주기도문

읽을 말씀 : 마태복음 6:5-15

● 마 6:9 그러므로 너희는 이렇게 기도하라 하늘에 계신 우리 아버지여 이름이 거룩히 여김을 받으시오며

우루과이에 있는 한 작은 교회 예배당에 주기도문에 대해 적혀 있는 글을 7가지 계명으로 나눠보았습니다.

1. 세상에 빠져 있으면서 "하늘에 계신 아버지"라 고백하지 마십시오.
2. 세상에서 자기 이름을 높이는 일에만 신경 쓴다면 "아버지의 이름을 거룩히 여김을 받으시고"라고 고백하지 마십시오.
3. 내 뜻대로 되기만을 기도하면서 "아버지의 뜻을 이루소서"라고 고백하지 마십시오.
4. 더 갖기 위해 욕심을 부리면서 "일용할 양식을 주소서"라고 고백하지 마십시오.
5. 다른 사람에게 분을 품고 있는 마음이 있다면 "우리의 죄를 사하여 주소서"라고 고백하지 마십시오.
6. 죄 지을 기회를 찾아다니면서 "우리를 시험에 들게 마옵소서"라고 하지 마십시오.
7. 이 말씀을 진실로 믿지도 않으면서 "아멘"으로 올려드리지 마십시오.

참된 기도는 입이 아닌 진심과 행동으로 드려지는 것입니다. 마음에도 없는 기도, 삶으로 실천하고 있지 않은 기도를 드리고 있다면 습관을 따른 신앙생활을 하고 있는 것이며 하나님을 기만하고 있는 것입니다. 주기도문을 할 때마다 정말로 모든 것을 주님께 맡기겠다고 서원하는 마음으로 간절히 드리십시오. 아멘!!

♥ 주님, 진실한 마음으로 신앙을 고백하게 하소서.
🖼 위의 7가지 중 어느 것이 가장 마음에 걸리는지 생각해봅시다.

나의 영적 일지

명예와 책임

읽을 말씀 : 신명기 11:1-7

● 신 11:1 그런즉 네 하나님 여호와를 사랑하여 그가 주신 책무와 법도와 규례와 명령을 항상 지키라

    영국과 프랑스의 백년 전쟁 당시 프랑스 외곽의 작은 항구도시 깔레가 영국군에게 포위된 적이 있습니다.
    에드워드 3세가 항복을 하면 모두 살려주겠다고 했지만 깔레가 전략적 요충지라는 것을 아는 시민들은 군대를 조직해 끝까지 싸웠습니다. 그러다 식량이 바닥나서 결국 항복했는데 뜻밖의 저항에 고생을 한 영국 왕 에드워드 3세는 마을 사람들을 모아 놓고 말했습니다.
    "마을을 위해 죽을 사람 6명이 나와라. 한 명이라도 모자라면 전부 다 죽일 것이다."
    모든 사람이 머뭇거리고 있는데 깔레에서 가장 돈이 많은 생피에르가 담담히 걸어 나왔습니다. 그리고 그 뒤를 쫓아 고위 관료와 상인, 법률가 등 고위 관료와 귀족들이 나와 6명을 채웠습니다. 다행히 임신을 한 영국 왕비의 만류로 사형은 집행되지 않았고 이 6명의 특권층은 깔레의 영웅이 됐습니다. 그리고 이 사건이 지금까지도 '노블리스 오블리주'의 대표적인 이야기로 여러 나라에 알려지고 있습니다.
    '명예'에는 '책임'이 있다는 뜻이 '노블리스 오블리주'입니다. 그리스도인의 명예를 누리는 성도들은 마땅히 하나님이 명령하신 책임 또한 다해야 합니다. 주님의 말씀을 지켜 행하는 세상의 빛과 소금의 책임을 다하십시오. 그러므로 하나님의 인정을 받는 그리스도의 자녀로써의 명예를 누리십시오. 아멘!!

💗 주님, 주님이 주신 좋은 것들을 이웃과 나누며 살게 하소서.
🖼 알고 있는 어려운 사람 중 한 사람이라도 도웁시다.

나의 영적 일지

6월 13일 — 죄를 떠날 용기

읽을 말씀 : 로마서 6:15-23

● 롬 6:23 죄의 삯은 사망이요 하나님의 은사는 그리스도 예수 우리 주 안에 있는 영생이니라

캐나다의 포트 알칸 교도소는 몇 백 년 동안 단 한 건의 탈옥도 발생하지 않은 철통 보안으로 유명한 곳입니다.

경비가 워낙 삼엄하고 명성이 드높아 이곳을 들어간 죄수들은 아무런 말썽도 일으키지 않습니다. 그런데 워낙 시설이 오래되어 노후하다 보니 새로운 교도소를 지어 수감자들을 이송했는데 그 과정에서 교도소를 허무는 모습을 본 죄수들은 다들 허탈한 웃음을 지었습니다. 교도소의 벽이 종이와 흙으로 붙어 있어 사람이 세게 밀기만 해도 쉽게 부서졌기 때문입니다. 그러나 교도소에 들어가기 전부터 그곳은 난공불락이라고 생각했기 때문에 들어가서도 지레 포기해 아무런 시도를 하지 못한 것입니다.

영화 '트루먼 쇼'의 주인공은 바다에 대한 두려움을 갖고 있습니다. 가끔씩 호기심으로 바다를 건너려고 하면 어디선가 마을 사람들이 와서 바다에 대한 두려움을 심어줍니다. 그렇게 몇 번을 망설이다가 마침내 큰 용기를 내어 바다를 건넜는데, 그때 자신의 인생이 한 티비쇼프로그램에서 방송되고 있다는 것을 알게 됩니다.

반복되는 죄를 짓다 보면 죄에 대한 무력함이 습관이 되기도 합니다. 그러나 죄의 삯은 사망이며 심판은 누구도 피할 수가 없기에 죄의 사슬을 끊을 수 있도록 은혜를 구해야 합니다. 이미 모든 죄를 물리치고 승리하신 주님을 의지함으로 지긋지긋한 죄의 사슬을 끊으십시오. 아멘!!

♥ 주님, 죄의 사슬에 매여 사는 이들에게 복음을 전할 때 믿게 하소서.
📖 나의 마음을 결박하고 있는 것이 무엇인지 살펴봅시다.

나의 영적 일지

소임을 다하라

읽을 말씀 : 잠언 13:17-25

- 잠 13:17 악한 사자는 재앙에 빠져도 충성된 사신은 양약이 되느니라

    수많은 전쟁을 치룬 한 장군에게 하루는 부관이 찾아와 불만을 표현했습니다.
    "장군님, 저도 이제는 더 높은 지위가 필요하다고 생각됩니다. 장군을 따라 생사의 고비를 수도 없이 넘었습니다. 그러나 장군님과 같이 전쟁에 참여했음에도 저는 여전히 부관일 뿐입니다. 황페 폐하에게 제 승진을 건의해 주시지 않으시겠습니까?"
    그러자 장군은 근처 나무에 묶여 있는 자신의 말을 가리키며 "저 말은 자네보다 2배는 많은 전장에 참여했네. 하지만 여전히 그냥 말일 뿐이야"라고 말했습니다. 믿고 쓸 수 있는 충성된 종은 위나 아래가 아닌 앞으로 보는 사람입니다. 여자 테니스 선수 빌리 진 킹은 윔블던에서 28번이나 메이저 대회 우승을 하고 여성 스포츠 선수도 돈을 받도록 시스템을 개척한 최초의 선수입니다. 그녀가 윔블던에서 3회 연속 우승을 하자 취재진들이 몰려와 비결을 물었는데 그녀는 이렇게 대답했습니다.
    "어제 저녁에는 푹 잠을 자기 위해 집중했지요. 그리고 일어나서 열심히 정신을 차렸습니다. 그리고 오늘 입을 옷을 열심히 골랐지요. 경기장에 오면서는 사고가 나지 않고 최선을 다해 운전했습니다. 최선을 다해 신발끈을 묶었고, 라켓을 손질했습니다. 그리고 코트에 나가 열심히 경기에 집중했습니다."
    직분이나 대우에 연연하지 않고 맡은 일을 최선을 다해 하는 것이 하나님께 쓰임 받는 비결입니다. 사람의 칭찬과 직분을 기대하지 말고 오로지 주님의 일을 위해 최선을 다하십시오. 아멘!!

♥ 주님, 하나님의 일에 방해가 되는 인간적인 마음을 이겨내게 하소서.
📖 묵묵히 교회에서 맡은 일을 하며, 그렇게 일하시는 분들을 존경합시다.

나의 영적 일지

중요한 사람이 누구인가?

6월 15일

읽을 말씀 : 마태복음 10:40-42

● 마 10:42 또 누구든지 제자의 이름으로 이 작은 자 중 하나에게 냉수 한 그릇이라도 주는 자는 내가 진실로 너희에게 이르노니 그 사람이 결단코 상을 잃지 아니하리라 하시니라

할리우드에서의 성공을 꿈꾸는 한 무명감독이 자신이 직접 만든 시나리오를 가지고 유명 제작자를 만났습니다.

제작자가 시나리오를 꽤 마음에 들어 하자 감독은 단돈 1달러에 팔겠다고 파격제안을 했습니다. 그리고 대신에 자신을 감독으로 써달라고 말했습니다. 제작자는 고민 끝에 그 제안을 받아들였고 그렇게 탄생한 '터미네이터'는 역사상 가장 흥행한 영화 중 한 편이 되었습니다. 그리고 이 무명 감독은 터미네이터를 시작으로 '타이타닉', '아바타'까지 역대급 흥행작을 만들며 세계 최고의 흥행감독 제임스 카메론으로 불렸습니다.

시나리오가 좋다고 영화가 성공하는 것은 아니지만 그는 자신의 아이디어를 제대로 소화할 사람은 오직 자기 자신뿐이라고 생각했기에 당당히 요구했고 또 증명해보였습니다.

워런 버핏이 하버드 대학에서 강의를 하며 "여러분이 가장 존경하는 사람을 위해 일하십시오"라는 조언을 했습니다. 그런데 다음 주에 학장으로부터 이런 연락이 왔습니다.

"도대체 강의 때 무슨 말을 했나? 갑자기 창업을 하겠다는 학생들이 엄청 늘었다네."

자기 자신을 가장 소중히 여기는 사람은 자신을 위한 일을 합니다. 나만이 할 수 있다는 자신감이 있는 사람은 위험을 감수하고 도전합니다. 그러나 그리스도인들은 내가 아닌 하나님을 위해 사는 사람들이어야 합니다. 하나님을 위해 일하고, 하나님을 위해 도전하십시오. 아멘!!

♥ 주님, 인생의 가장 높은 곳에 주님을 모시게 하소서.
📖 내 뜻을 따르지 말고 주님의 말씀을 따라 삽시다.

나의 영적 일지

핑계를 극복하는 법

읽을 말씀 : 여호수아 14:6-15

● 수 14:9 그 날에 모세가 맹세하여 이르되 네가 내 하나님 여호와께 충성하였은즉 네 발로 밟는 땅은 영원히 너와 네 자손의 기업이 되리라 하였나이다

  무용가 피나 바우스에게 바그너의 오페라 '탄호이저'의 안무 요청이 들어왔습니다. 세계적인 작품의 안무를 직접 짜고 출연까지 할 수 있다는 생각에 피나는 즐겁게 승낙을 했습니다. 그런데 작품을 준비할수록 점점 몸이 아프기 시작했습니다. 결국 그녀는 병을 이유로 작품을 거절해야겠다고까지 생각했습니다. 그런데 제작사에 연락을 하려는 순간 문득 이런 생각이 들었습니다.
  '내가 그동안 이렇게 아파 본 적이 있었나? 내가 살면서 또 이런 작품을 맡을 기회가 있을까? 혹시 작품에 대한 중압감이 나를 아프게 만드는 것이 아닌가?'
  때마침 제작사로부터 몸은 괜찮냐고 먼저 연락이 왔는데, 피나는 이렇게 대답했습니다.
  "네, 아무 문제도 없습니다. 무슨 일이 있어도 안무는 완성시킬 테니 걱정하지 마십시오."
  그런데 이렇게 마음을 먹자마자 거짓말처럼 건강이 돌아왔습니다. 탄호이저는 대성공을 거뒀고, 몇 년 뒤 그녀는 단순한 훌륭한 안무가가 아니라 '현대무용의 거장'으로 세상에 이름을 알렸습니다.
  무슨 일이 있어도 내가 해야 한다는 자세가 삶에도, 신앙에도 필요합니다. 하나님이 필요로 하시는 것은 능력 있는 사람이 아니라 오직 충성하는 사람입니다. 주님이 명하시기 전까지는 오로지 전진하며 충성하십시오. 아멘!!

♡ 주님, 참된 순종으로 주님께 나아가게 하소서.
성령님의 감동이 있는 일들은 이유를 불문하고 일단 착수합시다.

나의 영적 일지

6월 17일

성공을 위한 장애물

읽을 말씀 : 시편 119:161-168

● 시 119:165 주의 법을 사랑하는 자에게는 큰 평안이 있으니 그들에게 장애물이 없으리이다

    심리학자 골위쳐와 외팅겐은 사람들이 정말로 간절히 원하는 목표임에도 실패하는 이유가 뭔지 궁금했습니다.
    먼저 그들은 '이루고 싶은 강력한 목표'가 있는 사람들을 조사했습니다. 그들은 대부분 저마다 이루고 싶은 확고한 목표가 있었고, 또 실패를 했음에도 정기적으로 다시 목표를 위해 도전을 했습니다. 그런데 문제는 목표만 정하고 어떻게 실천할 지에 대해서는 전혀 생각하지 않았습니다.
    그래서 이 사람들을 두 그룹으로 나눠 동기 부여를 위해 가장 많이 알려진 '목표를 달성한 자신 그려보기'를 꾸준히 하도록 시켰고, 다른 한 그룹에게는 반대로 '목표를 이루는 데에 방해가 되는 요소들'을 생각해보도록 시켰습니다. 그랬더니 장애물을 생각한 그룹의 목표 달성률이 몇 배나 높았습니다.
    사람들은 대부분 잘 아는 일에 대한 계획을 세우더라도 들어가는 시간과 노력을 절반 정도로 과소평가하는 성향이 있는데 장애물을 생각하는 것이 이런 현상을 줄여주고 목표를 이루기 위해서 해야 하는 진짜 필요한 일을 정하는 데 도움을 주기 때문이었습니다.
    하나님이 주신 비전이라 하더라도 그 일을 이루는 데 어려운 조건을 떠올려 보십시오. 아무리 생각해도 나의 힘으로는 도저히 넘어설 수 없고, 나의 환경으로는 극복할 수 없는 문제들도 있을 것입니다. 그러나 포기하지 않고 계속해서 도전하며 기도하며 하나님이 주실 지혜와 능력을 구하십시오. 아멘!!

♡ 주님, 고난을 피하지 않고 오히려 담담히 받아들이며 극복할 담대함을 주소서.
❀ 이상과 현실 사이에서 비전을 이룰 추진력을 얻읍시다.

나의 영적 일지

약속을 지키는 사람

읽을 말씀 : 갈라디아서 3:15-22

● 갈 3:22 그러나 성경이 모든 것을 죄 아래에 가두었으니 이는 예수 그리스도를 믿음으로 말미암는 약속을 믿는 자들에게 주려 함이라

백 년 전 미국에서 레온우드 빈이라는 남자가 작은 신발 사업을 시작했습니다. 처음에는 아웃도어용 신발 딱 한 종류만을 팔았는데 홍보를 위해 품질에 이상이 있다면 무조건 환불을 해주겠다고 광고를 했습니다. 그런데 1차 판매된 양의 90%가 환불요청이 들어왔습니다. 대부분의 제품은 하자가 없는 데도 막무가내로 이상이 있다며 환불을 요청했습니다.

회사가 망할지도 모르는 상황이었지만 고심 끝에 레온우드는 1차도, 2차도, 계속해서 약속을 지켜 환불을 해줬습니다. 그로부터 100년이 지난 지금 레온우드가 창립한 엘 엘 빈은 미국에서 최고로 신뢰받는 아웃도어 신발회사로 성장했습니다.

후지다 덴은 미국의 유명 레스토랑 체인에 식기를 납품하는 계약을 따냈습니다. 그러나 공장에 문제가 생겨서 3일 전에야 제품을 완성했습니다. 후지다는 약속을 지키기 위해서 배 대신 비행기로 물건을 배송했는데, 물건은 제때 들어갔지만 오히려 판매를 하고도 손해를 보게 됐습니다. 그러나 이 사실이 알려지며 '믿을 수 있는 사람'이라는 평판을 얻었고, 같은 레스토랑으로부터 두 배나 더 큰 계약을 받으며 다른 회사로부터도 많은 계약을 따냈습니다.

눈앞의 이익보다 신뢰의 관계를 지키는 사람이 진정으로 현명한 사람입니다. 나를 포기하지 않으시고 끝까지 믿어주시는 예수님처럼, 하나님과 사람들에게도 약속을 지키는 신뢰의 사람이 되십시오. 아멘!!

♡ 주님, 작은 이익으로 남을 속이는 어리석은 죄를 짓지 않게 하소서.
🔖 지킬 수 있는 약속만 하고, 약속을 하면 반드시 지킵시다.

나의 영적 일지

6월 19일 — 신앙의 유일한 비결

읽을 말씀 : 골로새서 3:18-25

● 골 3:23 무슨 일을 하든지 마음을 다하여 주께 하듯 하고 사람에게 하듯 하지 말라

한 평생 도예의 길을 걸어온 장인이 있었습니다.

장인에게는 뛰어난 수제자가 한 명 있었는데 그는 스승 밑에서 10년 동안이나 배웠지만 도저히 스승을 뛰어넘을 수가 없었습니다. 아무리 노력해도 스승님을 뛰어넘을 수 없던 제자는 스승님의 비법이 무엇인지 매우 궁금해 가끔 물어보았으나 스승님은 그럴 때마다 같은 얘기를 반복할 뿐이었습니다.

"흙을 반죽할 때는 부모님을 안마해 드리듯이 정성을 다하고, 모양을 빚을 때는 연인을 다루듯이 사랑을 다하고, 유약을 바를 때에는 하나님께 기도를 드리듯이 정성을 다하고, 가마에 넣을 때는 물가에 내놓은 어린 자녀를 지켜보듯이 세심하게 살펴야 한다."

그러나 제자는 스승님에게는 다른 비결이 있다고 생각했습니다. 가끔씩 늦은 밤 구석진 상자를 꺼내어 두루마리를 펼쳐 읽는 것을 봤기 때문입니다. 그로부터 다시 10년의 세월이 흐르고 스승은 세상이 떠날 날이 다가왔다는 것을 직감하고 제자를 불러 두루마리가 담긴 작은 상자를 물려주었습니다. 제자는 기쁜 마음으로 서둘러 두루마리를 펼쳐 보았습니다. 그런데 그 두루마리에는 "흙을 반죽할 때는 부모님을 안마해 드리듯이"로 시작하는 스승님의 가르침이 적혀 있을 뿐이었습니다.

구원의 길이 오직 예수 그리스도 뿐인 것처럼 신앙에도 왕도가 없습니다. 하나님을 사랑하고 이웃을 섬기라는 유일한 계명을 힘써 지키십시오. 아멘!!

♡ 주님, 주님이 말씀하신 가장 큰 첫째 계명을 힘써 지키게 하소서.
❀ 기본적인 주님의 명령을 제대로 지키고 있는지 점검합시다.

나의 영적 일지

욕심의 말로

읽을 말씀 : 야고보서 4:1-10

● 약 4:2 너희는 욕심을 내어도 얻지 못하여 살인하며 시기하여도 능히 취하지 못하므로 다투고 싸우는도다 너희가 얻지 못함은 구하지 아니하기 때문이요

 뛰어난 화가이자 프랑스의 50대 부자 안에 들 정도로 돈이 많았던 발랑이 죽은 뒤 변호사에 의해서 유서가 공개됐습니다.
 "나는 원래 가난하게 태어났습니다. 그러나 어떤 비법을 알았기에 성공할 수 있었고, 하고 싶은 일을 하면서도 많은 돈을 벌 수 있었습니다. 이제 세상을 떠나기 전에 나는 그 비법을 공개하려고 합니다. 그러기 위해서는 그 비법을 맞추는 사람에게 내 재산을 주는 것이 최선이라고 생각합니다. 그러면 많은 사람들이 머리를 싸매고 답을 찾을 것이며, 정답을 맞추는 순간 언론에 대서특필 될 테니까요. 그럼 문제를 말하겠습니다. 가난한 사람에게 가장 부족한 것은 무엇일까요?"
 이 유언이 알려지고 난 뒤 1년 동안 4만 8천통의 편지가 도착했는데 그 중의 딱 한 장이 발랑이 남긴 문제의 정답을 맞혔습니다. 테일러라는 9살 소녀가 그 주인공으로 그는 발랑이 죽은 뒤 1년이 지나고 변호사의 입회 안에 금고 열쇠를 양도 받았습니다. 테일러는 주변에서 사람들이 하는 말을 통해 정답을 맞혔다고 밝혔는데 그 정답은 바로 '욕심', 더 정확히 말하자면 '부자가 되고 싶은 욕심'이었습니다.
 돈에 대한 욕심이 없으면 가난해지는 것처럼, 신앙에 대한 열심히 없으면 영적인 기근에 시달리게 됩니다. 사라질 헛된 가치가 아니라 영원한 진리의 말씀, 즉 복음을 향한 더 강한 열망을 품으십시오. 아멘!!

 ♡ 주님, 풍요로운 물질보다 풍요로운 은혜를 사모하게 하소서.
 ❋ 하나님의 말씀을 향한 뜨거운 열정을 회복해 달라고 기도합시다.

나의 영적 일지

6월 21일

큰일을 이루는 사람

읽을 말씀 : 데살로니가전서 5:12-24

● 살전 5:24 너희를 부르시는 이는 미쁘시니 그가 또한 이루시리라

조선시대의 학자 강희맹이 쓴 '등산록'에 나오는 이야기입니다.

한 고을의 관리에게는 3명의 아들이 있었습니다. 첫째는 침착하고 성실했지만 다리를 절었고, 둘째는 건강하고 호기심이 많았습니다. 그리고 셋째는 몸이 날래고 겁이 없었지만 생각이 짧았습니다. 하루는 둘째와 셋째가 집 근처에 있는 큰 산의 정상에 누가 먼저 오르는지 시합을 했습니다. 첫째는 몸이 불편했으나 동생들과 함께 하고 싶어 따라나섰습니다. 열심히 걸어 어느덧 겨우 정상에 도착했는데 동생들이 보이지 않았습니다.

둘째는 올라오다 이런 저런 샛길을 보고 뭐가 있을지 궁금해 돌다가 왔고, 셋째는 호기롭게 이길 줄 알고 멋진 경치를 즐기다 깜박 잠이 들었던 것이 그 이유였습니다. 산에서 내려 온 삼형제가 신기해하며 하는 말을 옆에서 듣던 아버지는 이렇게 말했습니다.

"공자에게도 세 명의 수제자가 있었다. 자로는 용맹했고, 염구는 재주가 좋았고, 안회의 총명했지만 결국 공자의 수준에 다다르지 못했다. 하지만 둔하지만 포기하지 않았던 증자가 공자의 경지를 결국 넘어섰다. 너희들도 오늘 일을 명심하거라."

'둔한 칼이 더 열심히 일한다'는 말이 있습니다. 자신의 모자람을 알면서도 열심히 노력하는 사람에게 하나님이 힘과 지혜를 내려주십니다. 맡겨주신 작은 일들을 최선을 다해 하십시오. 아멘!!

♥ 주님, 하나님의 일을 하는 것에 그 어떤 핑계도 대지 않게 하소서.
🌸 내가 지금 정진해야 할 일이 무엇인지 적어보고 매일 지킵시다.

나의 영적 일지

스트레스 관리법

6월 22일

읽을 말씀 : 로마서 8:1-8

● 롬 8:6 육신의 생각은 사망이요 영의 생각은 생명과 평안이니라

　'혼다 바이크'의 창업자 혼다 소이치로는 스트레스를 즐기는 사람이었습니다. 1%만 성공하면 99%의 실패를 보상받을 수 있다고 생각한 그는 사원들에게도 무모한 도전을 권장했고, 무엇이든 자신의 기대를 충족시키지 못할 때는 당장 불호령을 내렸습니다. 작업복을 입고 현장을 돌아다니다가 주머니로 인해 다칠 수도 있겠다는 생각이 들자 다음날 모든 작업복의 주머니를 없앴고, 구내식당의 밥이 맛없다고 느껴지자 이런 밥을 먹고 힘을 낼 수 있겠냐며 바로 식당에 들어가 주방장을 다그쳤을 정도입니다.
　그러나 대다수의 사원들은 혼다처럼 스트레스를 즐기지 않았습니다. 이 사실을 알게 된 혼다는 사원들에게 스트레스(STRESS)라는 영어단어를 가지고 다음과 같은 스트레스 해소법을 제시했습니다.
　S – Sports, 운동을 틈틈이 할 것.
　T – Travel, 여행을 떠날 것.
　R – Recreation, 재충전의 시간을 가질 것.
　E – Eat, 잘 먹을 것.
　S – Sleep, 숙면을 취할 것.
　S – Smile, 많이 웃을 것.
　외부로부터 받는 스트레스는 막을 수 없지만 잘 관리할 수는 있습니다. 하나님이 주신 것들을 잘 활용해 나만의 스트레스 해소법을 만들어보십시오. 아멘!!

　♡ 주님, 두렵고 떨리는 마음으로 주님과 함께 도전하게 하소서.
　🎴 적당한 긴장을 즐기고, 과도한 스트레스에는 확실한 휴식을 취합시다.

나의 영적 일지

6월 23일

얼마나 믿으십니까?

읽을 말씀 : 야고보서 1:2-8

● 약 1:6 오직 믿음으로 구하고 조금도 의심하지 말라 의심하는 자는 마치 바람에 밀려 요동하는 바다 물결 같으니

한 유명한 심리치료사에게 기자가 어떤 사람들이 가장 많이 찾아오느냐고 물었습니다.

"대부분 많은 사람들 앞에서 말을 잘 못하는 사람들이 찾아옵니다. 심한 경우에는 그런 생각만 해도 얼굴이 빨개집니다."

호기심이 생긴 기자는 그렇다면 치료만 받으면 누구나 극복할 수 있는지 물었습니다.

"저를 찾아오시는 분들도 그걸 가장 많이 묻더군요. 그런데 치료효과는 생각에 따라 달라집니다. 보통 세 가지 유형이 있는데 첫째는 저를 100% 믿는 분들입니다. 저는 일단 대중 앞에서는 것이 힘들다는 생각을 극복해야 한다고 말하는데 이 말을 전적으로 신뢰하는 분들은 대부분 증상이 완전히 사라집니다. 반면에 '생각이 바뀐다고 될까'라고 소극적으로 믿는 분들은 어느정도 좋아지기는 하지만 완치는 힘듭니다. 마지막으로 '지금 그게 안 돼서 여기 온 건데 무슨 소릴 하는 거지'라고 완전히 불신하는 분들의 경우에는 돈만 날리고 가는 경우가 많습니다."

같은 의사가 같은 환자를 치료해도 환자의 믿음에 따라 치료 효과가 완전히 달라집니다. 반면에 나의 모습은 어떻습니까? 주님의 말씀을, 복음을 얼마나 신뢰하십니까? 100%입니까? 50%입니까? 아니면 내가 믿고 싶은 부분만 믿습니까? 성경을 온전하신 하나님의 말씀으로, 100%의 신앙으로 믿음생활을 하십시오. 아멘!!

♥ 주님, 성경의 단 한 문장도 의심하지 않는 반석의 믿음을 주소서.
📖 성경을 묵상하고 공부함으로 말씀에 대한 의심을 잠재웁시다.

나의 영적 일지

클립 하나의 가치

읽을 말씀 : 베드로전서 2:1-10

6월 24일

● 벧전 2:9 너희는 택하신 족속이요 왕 같은 제사장들이요 거룩한 나라요 그의 소유가 된 백성이니 이는 너희를 어두운 데서 불러 내어 그의 기이한 빛에 들어가게 하신 이의 아름다운 덕을 선포하게 하려 하심이라

최근 한 명품 브랜드에서 평범한 클립에 로고를 박아 20만원에 판매해 논란이 된 적이 있습니다. 평범한 클립에 은이 좀 섞여 있고 로고가 찍혀 있다는 것만으로 가격이 수십 배나 비쌌기 때문에 그럴 가치가 있는지 사람들은 갑론을박을 벌였습니다. 캐나다의 20대 청년 카일도 우연히 책상에 놓인 빨간 페이퍼 클립을 보고 비슷한 생각을 했습니다.

'몇 백 원짜리 이 클립에는 어느 정도의 가치가 있을까?'

너무나 궁금했던 카일은 직접 실험을 해봤습니다. 그는 인터넷 사이트에 클립 사진을 찍어 올린 뒤 혹시 다른 물건과 바꿀 사람이 있는지를 찾았습니다. 그러자 밴쿠버에 사는 어떤 사람이 물고기 모양의 펜과 교환을 하자고 연락이 왔습니다. 그는 클립을 펜으로 바꾼 뒤에 다시 사이트에 올렸습니다. 그리고 펜을 직접 제작한 수제 손잡이로, 그 손잡이를 캠핑용 스토브로, 그리고 다시 발전기로 교환했습니다.

그렇게 6개월 동안 무려 14번의 교환을 통해 최종적으로 영화배우 코빈 번슨이 보장하는 '도나 온 디맨드'의 영화에 배우로 출연할 수 있는 권리를 캐나다 키플리의 2층짜리 작은 농장과 바꿨습니다. 카일의 빨간 클립은 무려 2층짜리 농장의 가치였습니다.

하나님이 죄인인 나를 위해 예수님을 보내주셨기에 이제 더 이상 나는 미약한 존재가 아닙니다. 하나님의 자녀라는 본연의 가치를 잊지 말고 나를 소중히 여기십시오. 아멘!!

♡ 주님, 예수님을 통해 죄인인 나를 구원하신 은혜를 잊지 않게 하소서.
📖 내 자신이 초라하게 느껴질 때마다 그리스도의 자녀라는 사실을 기억합시다.

나의 영적 일지

6월 25일
변하지 않는 기준

읽을 말씀 : 사도행전 4:1-12

● 행 4:12 다른 이로써는 구원을 받을 수 없나니 천하 사람 중에 구원을 받을 만한 다른 이름을 우리에게 주신 일이 없음이라 하였더라

　18세기 프랑스에서는 지역마다 사용하는 측정기준이 무려 25만개나 됐습니다. 심지어 같은 밭이라 해도 기르는 작물에 따라 다르게 측정을 했는데 예를 들면 포도밭은 우브레, 목초지는 수아튀르, 옥수수는 주르날이라는 단위를 썼습니다. 또한 같은 단위라도 지역마다 양이 달랐는데 음료의 양을 재는 '팽트'는 파리와 다른 지역이 70%나 차이가 났습니다.
　이런 문제들로 프랑스는 국민의회를 열어 새로 단위를 통일하기로 했는데 이때 기준으로 삼은 것이 절대로 변하지 않을 지구의 둘레였습니다.
　드랑브르와 메솅은 됭게르크에서 바르셀로나까지 길이를 측정해 지구의 둘레를 구하는 여행을 떠났는데 당시는 프랑스 혁명과 비롯해 크고 작은 전쟁들이 일어나던 정세라 목숨을 잃을 뻔 한 숱한 위기를 겪었습니다. 그러나 절대적 기준을 만들겠단 일념으로 7년 만에 간신히 측정을 끝냈습니다. 그렇게 측정된 절대적 기준 미터법은 국제 협약에 의해 통일된 도량형이 되었고 지금은 세계에서 세 나라만 제외하고는 모든 나라가 기준으로 삼는 단위가 됐습니다.
　절대적인 기준은 변하지 않아야 하고 유일한 방법이어야 하며 모두에게 적용되어야 합니다. 그렇기에 하나님이 주신 말씀이 유일한 진리이며, 모든 사람이 알아야 할 복음의 선물인 것입니다. 그러나 이 선물은 나만이 위한 것이 아니며 또한 받은 사람이 다시 전해야 하는 선물입니다. 유일한 진리인 성경 말씀을 모든 사람이 알 수 있도록 힘을 다해 전파하십시오. 아멘!!

♡ 주님, 하나님의 말씀을 인생의 절대적 기준을 삼아 살게 하소서.
※ 누구도 바꿀 수 없는 절대적 기준인 성경 말씀에 나를 맞추어 삽시다.

나의 영적 일지

개판 오분 전

읽을 말씀 : 시편 42:1-11

● 시 42:1 하나님이여 사슴이 시냇물을 찾기에 갈급함 같이 내 영혼이 주를 찾기에 갈급하니이다

'개판 오분 전'이라는 말에는 2가지 유래가 있다고 알려져 있습니다.

첫 번째는 씨름판에서 나온 유래입니다. 씨름을 하다 두 선수가 함께 넘어졌는데 누가 먼저 넘어졌는지 정확하지 않은 애매한 상황이면 다시 경기를 하는데 이것을 개판이라 합니다. 만약 심판이 판정을 내리면 한 쪽은 무조건 지기 때문에 애매하거나 살짝 불리한 상황이라 생각되면 그 쪽에서는 '개판'을 하자고 강력하게 요구를 하는데 여기서 '개판 오분 전'이라는 말이 나왔다는 설명이 있습니다.

두 번째는 6.25전쟁 때 피란민들에게 미군들이 구호물자를 주며 끼니를 제공했는데, 밥을 지은 가마솥을 열기 전에 줄을 서라는 의미로 가마솥 뚜껑을 곧 연다는 말로 '개판 오분 전'이라고 외쳤다고 합니다. 그러면 혹여나 밥이 떨어져 배식을 못 받을까봐 사람들이 몰려들어 아수라장이 됐는데 이 모습을 보고 지금의 '개판 오분 전'이라는 말이 나왔다는 설명이 두 번째입니다.

두 가지 유래가 서로 정신없는 상황을 표현하는 것은 맞지만 그 동기는 확연히 다릅니다. 그리스도인들에게는, 그리고 지금 나의 삶에는 서로의 잘잘못을 따지는 개판 오분 전의 상황이 아니라, 은혜를 갈구하는 자세가 필요합니다. 서로 날을 세우고 물어뜯는 모습은 주님이 원하시는 모습이 아니기에 용납하며 권면해야 합니다. 잘못된 모습에 집중하며 서로 잘잘못을 따지기보다 서로를 위해 더욱 기도하고 주님의 은혜를 구하십시오. 아멘!!

♡ 주님, 사랑과 격려가 성도들의 마음에 가득 차도록 기도하게 하소서.
🙏 비판과 비난보다는 기도하고 좋은 본을 보이는 성도가 됩시다.

나의 영적 일지

6월 27일

한 가지 약속

읽을 말씀 : 고린도후서 7:1-9

● 고후 7:1 그런즉 사랑하는 자들아 이 약속을 가진 우리는 하나님을 두려워하는 가운데서 거룩함을 온전히 이루어 육과 영의 온갖 더러운 것에서 자신을 깨끗하게 하자

    오페라 가수인 안 피어스는 노래 실력 뿐 아니라 좋은 금슬로도 유명합니다. 50년간 어디서나 한결같이 사랑하는 모습을 보여준 그는 부부관계가 행복한 이유를 한 가지 약속 때문이라고 말했습니다.
    "아내와 저 역시 결혼 생활 초기에 많은 갈등이 있습니다. 그러나 우리는 분명히 서로를 사랑했고 이 문제를 해결하기 위한 약속을 한 가지 했습니다. 어떤 상황이든, 서로에게 얼마나 화가 나 있든 반드시 이 약속을 지키기로 맹세했습니다. 그 약속이란 한 사람이 소리를 지르면 한 사람은 말을 끊지 않고 듣는 것입니다. 사람이 감정적이 되면 말을 다 듣지 않고 같이 소리를 지르게 되고 그러면 일의 경중과 상관없이 언제나 싸움이 커졌습니다."
    성공학의 창시자 나폴레옹 힐은 다른 사람의 존중을 얻는 방법에 대해서 다음과 같이 말했습니다.
    "가끔 보면 작은 약속도 무조건 지키려고 노력하는 사람들이 있습니다. 그런 사람들은 언제나 주위의 존경과 신뢰를 얻습니다. 작은 약속이라도 반드시 기억하고 지키십시오. 그러면 사람들은 당신을 존중할 것입니다."
    한 가지 약속을 지키는 것이 행복한 결혼 생활의 비결이었고, 사람들에게 존중받는 비결이었습니다. 성경도 결국은 하나님이 우리에게 주시는 약속입니다. 하나님은 예수님을 통해 그 약속을 지키셨습니다. 나의 삶은 주신 약속의 선물을 받기만 하는 삶입니까? 아니면 드리려고 노력하고 또 지키는 삶입니까? 그 약속을 믿는다면 하나님께 드리는 믿음의 약속을 반드시 지키십시오. 아멘!!

♡ 주님, 주님께 약속한 것들을 속히 지키게 하소서.
📖 주님께 약속한 것 중 지키지 않은 것들이 있는지 적어봅시다.

나의 영적 일지

말씀 묵상 계획

읽을 말씀 : 로마서 16:5-11

● 롬 16:7 내 친척이요 나와 함께 갇혔던 안드로니고와 유니아에게 문안하라 그들은 사도들에게 존중히 여겨지고 또한 나보다 먼저 그리스도 안에 있는 자라

영국의 '크리스천 투데이'에 올라온 '하나님의 말씀을 읽도록 도와주는 4가지 방법'입니다.

1. 시작할 수 있는 만큼 시작하라.

말씀을 읽기로 결심했다면 일단 분량을 실천할 수 있는 양으로 정해야 합니다. 1장도 좋고 1장이 힘들면 몇 절도 좋습니다.

2. 매일 지킬 수 있는 시간을 정하라.

보통 말씀은 새벽에 묵상한다고 생각합니다. 그러나 사람마다 낼 수 있는 시간이 각기 다릅니다. 빼먹지 않고 말씀을 묵상할 수 있게 정기적으로 낼 수 있는 시간을 정하십시오.

3. 장소를 구별하라.

언제든 갈 수 있고 집중할 수 있는 곳으로 묵상의 장소를 정하십시오. 집의 작은 방, 카페, 혹은 회사 휴게실도 좋습니다.

4. 잠시라도 묵상하라.

말씀을 내 삶에 적용하고 하나님의 말씀으로 받으려면 단순히 읽기를 위한 읽기만으로 끝나서는 안 됩니다. 잠시라도 읽은 성경 말씀을 묵상하고 기도하십시오.

성경은 어쩌다 읽기로 결심하는 미션이 아니라 매일 삶을 지탱하는 양식이 되어야 합니다. 교회갈 때만 찾는 성경이 아니라 언제나 내 삶을 인도하는 구원의 가이드북으로 성경을 사용하십시오. 아멘!!

♥ 주님, 영의 양식을 섭취하는 일에 소홀히 하지 않게 하소서.
※ 위의 4가지 내용이 들어있는 말씀 묵상 계획을 세웁시다.

나의 영적 일지

6월 29일 — 다섯 손가락 기도

읽을 말씀 : 마가복음 14:32-42

● 막 14:38 시험에 들지 않게 깨어 있어 기도하라 마음에는 원이로되 육신이 약하도다 하시고

    조지 레인의 소설 '비범한 일'에는 불평으로 삶이 불행한 한 간호사가 나옵니다. 우연히 그 간호사와 대화를 하게 된 주인공은 그녀에게 해결책으로 기도하는 방법을 가르쳐줍니다. 손가락을 보며 기도 대상을 떠올리는 '다섯 손가락 기도법'은 다음과 같습니다.
  1. 가장 가까운 엄지는 친한 사람들을 위한 기도입니다.
  가족과 친구, 연인, 자녀들을 위해 기도합니다.
  2. 검지는 상대방을 대하는 손가락입니다.
  복음을 전하고, 다음 세대를 위해 헌신하는 분들을 위해 기도합니다.
  3. 중지는 가장 긴 손가락입니다.
  위정자들과 영적 지도자, 교역자들을 위해 기도합니다.
  4. 약지는 손가락 중에서 힘이 가장 약한 손가락입니다.
  가난한 사람들, 소외된 사람들을 위해 기도합니다.
  5. 마지막으로 가장 작은 새끼손가락을 보며 나를 위해 기도합니다.
  연약한 죄인을 하나님이 구원해주셨다는 사실을 잊지 않고 언제나 겸손할 수 있기를 기도해야 합니다.
  나는 무엇을 위해, 누구를 위해, 얼마나 기도하고 있습니까? 기도란 하나님의 능력을 위한 간구이지 나의 원하는 것을 얻기 위해 떼를 쓰는 것이 아닙니다. 기도는 무엇보다도 하나님의 나라와 하나님의 뜻을 위해 드려져야 합니다. 복음이 필요한 세상, 사람들, 그리고 모든 교육자와 성도들을 위해 먼저 기도하십시오. 아멘!!

♡ 주님, 주님의 음성을 듣는 기도가 되게 하소서.
✤ 하나님의 뜻을 위해 기도하는 방법으로 다섯 손가락 기도를 활용합시다.

나의 영적 일지

내가 구할 사람

읽을 말씀 : 고린도후서 4:1-15

● 고후 4:5 우리는 우리를 전파하는 것이 아니라 오직 그리스도 예수의 주 되신 것과 또 예수를 위하여 우리가 너희의 종 된 것을 전파함이라

네덜란드의 한 작은 바닷가 마을의 사람들은 대부분 어부로 물고기를 잡으며 살았습니다. 그런데 어느 날 밤, 일기가 좋지 않음에도 바다에 나간 어부들이 있었습니다. 생각보다 거친 파도에 배가 전복됐고, 간신히 전복되기 전에 구조 신호를 마을에 보냈습니다. 비상사태가 벌어진 마을 사람들은 서둘러 구조대를 보냈습니다. 그런데 구조대로 뽑힌 한스를 어머니가 붙잡았습니다.

"한스, 그냥 모른 척 잠시 빠지면 안 되겠니? 10년 전 너희 아버지도 구조대 일을 하다 돌아가셨단다. 어제 바다에 나간 형도 돌아오지 않았어. 예감이 아주 좋지 않아."

"하지만 전 가야 해요. 아무 희생도 없이 사람들을 구할 수는 없잖아요? 다른 사람들도 핑계를 대지 않고 가는 것처럼 저도 가야 해요."

그렇게 한스는 구조대와 함께 떠났습니다. 그러나 밤새 배는 돌아오지 않았고, 바다가 잠잠해지고 동이 트고 나서야 저 멀리 배가 한척 보였습니다. 뱃머리에 선 한스는 어머니를 향해 외쳤습니다.

"어머니, 여기 우리 형이 있어요. 어제 조난된 배에는 우리 형이 타고 있었어요."

전도가 어려워도 해야 할 이유는 바로 내가 사랑하는 가까운 사람들의 생명을 구하는 일이기 때문입니다. 가까운 사람들의 구원을 위해 힘써 노력하고 기도하십시오. 아멘!!

♡ 주님, 구원이 영혼을 살리는 유일한 방법임을 알고 절박하게 기도하게 하소서.
🙏 전도수첩을 만들어 대상자들을 위해 계속해서 기도하며 복음을 전합시다.

나의 영적 일지

7월

"내가 여호와께 간구하매 내게 응답하시고
내 모든 두려움에서 나를 건지셨도다"

(시편 34편 4절)

7월 1일

살리는 그리스도

읽을 말씀 : 요한복음 15:1-8

● 요 15:5 나는 포도나무요 너희는 가지라 그가 내 안에, 내가 그 안에 거하면 사람이 열매를 많이 맺나니 나를 떠나서는 너희가 아무 것도 할 수 없음이라

미국의 식물학자 샘판 아켄 교수가 뉴욕 근교의 한 과수원을 방문했다가 소홀한 관리로 죽어가는 나무들을 발견했습니다.

이미 생명력을 거의 잃어서 일반적인 방법으로는 다시 살릴 수 없는 상태였습니다. 고민에 고민을 거듭한 아켄 교수는 최후의 방법으로 가장 생명력이 강한 나무를 찾아 가장 약한 나무의 가지를 접붙였습니다. 일반적인 경우와는 달리 접붙임은 기둥이 되는 나무가 강할수록, 그리고 접붙임 되는 나무가 약할수록 성공률이 높습니다.

그렇게 첫 번째 접붙임이 멋지게 성공했고 교수는 계속해서 죽어가는 나무들의 가지를 잘라 튼튼한 나무에 접붙임을 시도했습니다. 몇 년이 지나자 한 나무에 무려 40여 가지의 서로 다른 열매들이 맺혔습니다.

복숭아, 자두, 체리, 살구에 아몬드까지 한 나무에 서로 다른 열매들이 맺히지만 나무는 여전히 건강했기에 교수는 이어서 다른 튼튼한 나무들에도 비슷한 방법으로 접붙임을 시작했습니다. 열매를 맺을 때가 되면 형형색색으로 아름답게 빛나는 이 나무는 '세상에서 가장 환상적인 나무'로 알려져 각종 언론에 소개됐고 인터넷에도 많은 사진과 영상이 올라오고 있습니다.

서로 다른 열매를 맺는 가지들이 튼튼한 나무에 맺혀 환상적인 풍경을 자아내는 것처럼 서로 다른 다양한 모습을 가진 우리들도 주님께 접붙임 되어야 합니다. 주님의 영광을 위한 하나의 목표로 아름답게 연합하는 모습을 세상에 보여주십시오. 아멘!!

♡ 주님, 주님 안의 형제자매로 아름답게 연합하는 이 세상의 성도들이 되게 하소서.
📖 나의 잘못된 편견과 시선들을 내려 놓고 오직 믿음으로 연합합시다.

나의 영적 일지

신앙을 위한 봉사

7월 2일

읽을 말씀 : 에베소서 4:11-16

● 엡 4:12 이는 성도를 온전하게 하여 봉사의 일을 하게 하며 그리스도의 몸을 세우려 하심이라

　미국의 '교회성장 다이제스트'라는 기관에서는 신앙부흥을 위한 다양한 설문조사를 하다가 한 가지 특이한 점을 발견했습니다.
　보통 일이 바쁘면 교회에 소홀하고 교회 내의 봉사도 많이 못한다고 생각하지만 조사 결과는 오히려 교회 일을 많이 하는 사람들은 일이 바빠도 시간을 내서 하는 것으로 보였습니다. 그래서 이들은 다시 교회에서 봉사를 하는 사람과 하지 않는 사람들로 나누어 설문조사를 진행했습니다.
　그리고 그 결과 교회에서 봉사를 하지 않는 사람들은 일이 바쁘면 교회를 빠지거나, 경건시간을 줄일 수 있다는 응답률이 무려 53%나 됐지만 지금 봉사를 하고 있는 사람들은 단 3%만 일 때문에 교회를 빠지겠다고 응답했습니다.
　일반적인 생각과는 정 반대로 나타난 이 응답을 통해 '교회 성장 다이제스트'는 바쁜 사람들일수록 더더욱 교회에서 할 일을 만들어야 하고 교회는 다양한 성도들이 봉사할 수 있는 기회를 주기 위해 노력해야 한다고 결론을 내렸습니다. 그리고 이런 결과가 나온 이유에 대해서 하나님이 주신 달란트를 교회에서 활용하는 과정을 통해 기쁨을 느끼고 서로 교제하며 신앙이 성숙해지기 때문이라고 예상했습니다.
　교회 내의 봉사는 바른 목적을 가지고 있다면 신앙에 도움이 됩니다. 바쁘다고 교회를 등한시 하는 것이 아니라 바쁘기 때문에 더더욱 헌신하는 바른 우선순위를 지키는 성도가 되십시오. 아멘!!

♡ 주님, 세상의 그 어떤 일보다 주님을 예배하는 일이 중요함을 알게 하소서.
🕊 바쁘다는 핑계를 대지 말고 교회에서 주님을 위해 봉사할 수 있는 일을 찾읍시다.

나의 영적 일지

7월 3일

혼자가 아닌 이유

읽을 말씀 : 마태복음 28:16-20

●마 28:20 내가 너희에게 분부한 모든 것을 가르쳐 지키게 하라 볼지어다 내가 세상 끝날까지 너희와 항상 함께 있으리라 하시니라

　철저히 복음만을 위해 살다가 떠난 시인 던킨의 '나는 혼자가 아니다'라는 시입니다.
　"나는 혼자가 아니다
　남들과 달리 나밖에 없는 길을 걷고 있으나
　나는 혼자가 아니다
　사람들이 나를 조롱하고
　어서 같은 길을 걷자고 강요해도
　나는 혼자가 아니다
　세상을 향해 '아니오'라고 말하는 것은
　결코 손해가 아니다
　친구들이 뜻이 다르다고 불평하다 떠나도
　다른 사람들이 나를 미친 사람으로 볼지라도
　또 내가 이 길에 미혹된 듯이 보여도
　예수님께서 걸어가신 길이 바로 이 길이라면
　나는 혼자가 아니다"
　하나님과 함께하는 삶을 선택한다면 언제나 혼자가 아닙니다. 어둠이 아무리 짙게 깔린다 할지라도, 나아갈 곳이 어딘지 알 수 없을 지라도, 이 길 위에 아무도 없을지라도, 다른 사람이 손가락질 한다 해도 주님이 함께 하시니 두려워 마십시오. 아멘!!

　♡ 주님, 주님이 묵묵히 걸어가신 그 길을 따라 걷게 하소서.
　🙏 세상에서 멀어지는 일을 두려워 말고 오직 주님을 따릅시다.

나의 영적 일지

불길을 피할 곳

읽을 말씀 : 사무엘하 22:1-11

7월 4일

● 삼하 22:3 내가 피할 나의 반석의 하나님이시요 나의 방패시요 나의 구원의 뿔이시요 나의 높은 망대시요 그에게 피할 나의 피난처시요 나의 구원자시라 나를 폭력에서 구원하셨도다

산 중턱에서 짐승을 찾고 있는 사냥꾼 세 사람이 있었습니다.

산기슭을 따라 올라 짐승을 찾고 있는데 어디선가 검은 연기가 올라왔습니다. 바위에 올라 살펴보니 산 밑에 불길이 올라 까만 연기로 뒤덮였고 어디로 빠져나가야 할지 길이 보이지 않았습니다.

나무를 잘 타던 첫 번째 사냥꾼은 급히 근처의 가장 높은 나무 위로 올라갔습니다. 그러나 솟아오른 불길을 피할 수 없었고 결국 올라온 나무가 타들어가 목숨을 잃었습니다.

체력에 자신이 있던 두 번째 사냥꾼은 불길을 피해 달리기 시작했습니다. 그러나 멈추지 않는 불길을 빠져나오기에는 역부족이었습니다. 결국 힘이 다 빠져 쓰러진 사냥꾼은 연기에 휩싸여 목숨을 잃었습니다.

세 번째 사냥꾼은 딱히 잘하는 것이 없었습니다. 피할 곳이 있나 주변을 살피던 그는 동굴을 발견했고, 급히 그 안으로 들어갔습니다. 깊은 굴 속은 불길이 들어올 수 없었고, 어디선가 신선한 공기도 계속 들어와 연기에 목이 메지도 않았습니다.

아무리 뛰어난 능력이 있어도 불길 속은 피할 수가 없듯이 세상의 어떤 능력과 권위를 가진 사람도 죄의 문제만큼은 해결할 수가 없기에 진정으로 살기 위해선 모든 것을 내어놓고 주님 앞에 무릎 꿇는 마음으로 은혜를 간구해야 합니다. 이길 수 없는 죄를 향해 헛된 노력을 하지 말고 든든한 피난처 되시는 주님의 품으로 들어오십시오. 아멘!!

♡ 주님, 세상의 그 어떤 가치를 믿기보다 주님의 말씀만을 믿게 하소서.
 죄의 문제를 해결하실 분은 오직 주님이심을 고백합시다.

나의 영적 일지

7월 5일
하나님의 사랑

읽을 말씀 : 로마서 8:31-39

● 롬 8:39 높음이나 깊음이나 다른 어떤 피조물이라도 우리를 우리 주 그리스도 예수 안에 있는 하나님의 사랑에서 끊을 수 없으리라

사회심리학자 에리히 프롬이 쓴 '사랑의 기술'에는 사랑의 5가지 정의가 나옵니다.

1. 사랑은 관심입니다.

매일 반복되는 일상에서 똑같이 만나는 사람들 중에 유독 더 관심이 가는 사람이 생기면서 사랑은 시작됩니다.

2. 사랑은 존경입니다.

사랑은 상대방의 지위에 따라 변하지 않습니다. 그래서 사랑에는 존경의 마음이 있습니다.

3. 사랑은 이해입니다.

때때로 사랑에 빠지는 과정은 이해가 되지 않을 때가 많습니다. 그러나 사랑에 빠진 사람은 모든 것을 이해합니다.

4. 사랑은 책임입니다.

의무와 권리가 아닌 서로에 대한 책임을 다하는 것이 진정한 사랑입니다.

5. 사랑은 주는 것입니다.

사람은 이기적이기에 일반적으로는 주기보다는 받으려고 합니다. 그러나 사랑에 빠진 사람은 받기보다 주려고 합니다.

나를 향한 하나님의 사랑은 위의 모든 조건을 갖추고도 남는 완전한 사랑입니다. 끝까지 포기하지 않으시고 독생자 예수님까지 보내주신 하나님을 나도 최선을 다해 사랑하십시오. 아멘!!

♡ 주님, 세상의 그 어떤 것과도 비교할 수 없는 주님의 사랑을 찬양하게 하소서.
✍ 주님이 주신 사랑에 최선을 다해 반응하고 있는지 확인해봅시다.

나의 영적 일지

우리가 해야 할 의무

읽을 말씀 : 베드로전서 4:12-19

● 벧전 4:16 만일 그리스도인으로 고난을 받으면 부끄러워하지 말고 도리어 그 이름으로 하나님께 영광을 돌리라

　튀니지의 휴양지인 수세에서 갑자기 기관총을 든 괴한 두 명이 나타났습니다.
　이슬람 과격 무장단체로 추정되는 두 명은 갑자기 외국인들을 향해 신의 심판이라고 외치면서 마구 총을 쏘기 시작했습니다. 근처에 있다가 총소리를 듣고 깜짝 놀란 영국인 존과 여면 부부는 서둘러 호텔로 도망치기 시작했습니다. 그런데 호텔 근처에서 갑자기 튀니지인 수십 명이 나타나는 걸 보고 이제는 죽었구나라고 생각했습니다. 하지만 이들은 서로 팔을 묶어 스크럼을 짜더니 존과 여먼을 향해 외쳤습니다.
　"여기는 우리 막겠습니다. 빨리 도망치세요. 빨리요!"
　이들은 테러가 났다는 소식을 듣고 관광객들을 보호하려고 뛰쳐나온 호텔 직원들이었습니다. 그리고 관광객들을 뒤쫓아 온 테러리스트들을 향해 외쳤습니다.
　"지나가려면 우리를 쏴 죽이고 가라! 우리도 너희와 같은 무슬림이다!"
　이 말에 테러리스트들은 총을 쏘지 못했고 곳곳의 이런 방해로 비록 수십 명의 사상자가 나온 끔찍한 테러였지만 그래도 많은 피해를 줄일 수 있었습니다.
　유일한 길이자 진리이신 예수님을 믿고 섬기는 우리들은 무엇을 말하고 어떤 삶을 보여주고 있습니까? 목숨을 아끼지 않고 우리에게 부어주신 주님의 명령을 최선을 다해 순종함으로 세상에 복음을 전하십시오. 아멘!!

　♡ 주님, 그리스도인이라는 이름이 부끄럽지 않은 삶을 살아가게 하소서.
　✍ 주님의 사랑을 세상에 전파하는 그리스도인의 의무를 다하는 삶을 삽시다.

나의 영적 일지

7월 7일

변화의 증거

읽을 말씀 : 로마서 12:1-5

● 롬 12:1 그러므로 형제들아 내가 하나님의 모든 자비하심으로 너희를 권하노니 너희 몸을 하나님이 기뻐하시는 거룩한 산 제물로 드리라 이는 너희가 드릴 영적 예배니라

성경 말씀에서 찾은 변화된 사람들의 10가지 모습입니다.
01. 다른 사람을 겸손한 마음으로 섬기게 됩니다(창50:17).
02. 하나님이 기뻐하시지 않는 일을 하지 않습니다(민22:34).
03. 죄로 물든 과거에서 완전히 떠납니다(스6:21).
04. 하나님의 뜻에 자신을 온전히 맡깁니다(삼하24:17).
05. 구제를 위해 돈을 씁니다(눅3:11).
06. 지금 하고 있는 일에 성실하게 됩니다(눅3:13).
07. 현재 상황에 감사하게 됩니다(눅3:14).
08. 과거에 저지른 모든 잘못을 진심으로 뉘우치게 됩니다(눅19:8).
09. 사람들과 좋은 관계를 유지하고 원수도 품으려고 노력합니다(롬12:18).
10. 불평의 삶에서 감사의 삶으로 전환됩니다(살전5:16-18).

진리의 말씀은 모든 삶을 송두리째 변화시킬 힘이 있기에 하나님을 믿는 구원의 삶은 말이 아닌 삶으로 나타납니다. 예수님을 믿기 이전의 삶과 지금 나의 모습은 얼마나 달라져 있습니까? 예수님을 믿은 뒤에 더 나은 삶을 살게 됐다고 자신하십니까? 말씀에 기록된 변화된 삶의 모습이 나의 삶이 되도록 구원의 감동을 회복하십시오. 아멘!!

♡ 주님, 입으로만 고백하는 변화가 아닌 삶으로 고백하는 변화가 되게 하소서.
✤ 위의 성경구절들을 찾아보고 나의 모습은 어떠한지 비교해봅시다.

나의 영적 일지

낙심의 원인과 극복

읽을 말씀 : 시편 43:1-5

● 시 43:5 내 영혼아 네가 어찌하여 낙심하며 어찌하여 내 속에서 불안해 하는가 너는 하나님께 소망을 두라 그가 나타나 도우심으로 말미암아 내 하나님을 여전히 찬송하리로다

'목적이 이끄는 삶'의 릭 워렉 목사님은 낙심의 특징을 세 가지로 정의했습니다.
- 낙심은 보편적인 것이라 누구도 피할 수 없다.
- 한 번 낙심한 사람은 또 낙심한다.
- 낙심은 전염성이 강하다.

그리고 이 낙심의 원인을 다음의 네 가지로 지목했습니다.
1. 피로, 2.좌절, 3.실패, 4.두려움

그리고 마지막으로 느헤미야 4장을 기반으로 낙심을 이기는 4가지 방법을 제시했습니다.
1. 아무리 바빠도 충분한 휴식을 취하십시오.
2. 옳은 일을 옳은 방법으로 하고 있는지 확인해보십시오.
3. 하나님의 도우심을 기억하고 도우심을 구하십시오.
4. 낙심에 지지 말고 맞서기를 선택하십시오.

하나님을 섬기는 사람들도 때때로 낙망하고 넘어질 때가 있습니다. 그러나 이런 낙심은 감정의 문제이며 일시적인 현상입니다. 이겨내기 힘든 감정의 소용돌이가 생기더라도 잠잠히 하나님을 바라십시오. 곧 사라질 감정에 빠져 선한 일을 지체하지 말고 영원한 하나님의 말씀을 기억하고, 항상 천군천사를 보내사 돕고 계시는 주님의 손길에 힘을 얻으십시오. 아멘!!

♥ 주님, 날마다 주시는 은혜로 매일 영육이 충전되게 하소서!
낙심에 쓰러지지 말고 하나님의 도우심을 인해 승리합시다.

나의 영적 일지

7월 9일
전쟁 중의 기도

읽을 말씀 : 열왕기상 8:29-32

● 왕상 8:30 주의 종과 주의 백성 이스라엘이 이 곳을 향하여 기도할 때에 주는 그 간구함을 들으시되 주께서 계신 곳 하늘에서 들으시고 들으시사 사하여 주옵소서

미국 남북전쟁 중에 전사한 한 무명병사의 수첩에서 다음과 같은 기도문이 발견되었습니다.

'무엇이든 성취할 수 있는 힘을 달라고 하나님께 구했으나,
약한 몸으로 태어나 겸손히 복종하는 것을 배웠노라

행복하기 위해 많은 돈을 간구했으나,
도리어 가난한 자가 됨으로 지혜를 얻었노라

권력을 얻어 만인의 존경을 얻기 원했으나,
소외된 자가 되어 하나님만 의지하게 되었노라

내가 간구한 것은 하나도 받지 못하였으나,
은연 중 바란 것을 모두 얻었으니
주님은 나의 구하지 않은 것까지 응답해 주셨도다'

최초의 발견자에게 큰 은혜를 줬던 이 기도문은 점점 퍼져서 '무명용사의 기도'로 지금도 많은 은혜를 주고 있습니다. 최악의 상황에서도 변함없는 사랑을 고백하는 신앙인이 되십시오. 아멘!!

♡ 주님, 가장 힘들 때 가장 주님을 높여드리는 성도가 되게 하소서.
✍ 지금까지의 신앙의 여정을 담은 기도문을 작성합시다.

나의 영적 일지

사랑을 파는 곳

읽을 말씀 : 에베소서 4:1-4

● 엡 4:2 모든 겸손과 온유로 하고 오래 참음으로 사랑 가운데서 서로 용납하고

　미국 몬태나 주에 있는 편의점 '세븐 일레븐'에 한 매장에 본사의 매니저가 점검 차 늦은 저녁에 들렀습니다.
　추운 겨울에 늦은 시간이라 이곳에 오기 전에 들렀던 매장들에는 사람이 거의 없다시피 했었습니다. 그러나 이상하게 이 매장은 사람들이 많았습니다. 매니저는 이 늦은 시간에 사람들이 붐비는 것은 직원인 로베르토 때문인 것을 몇 분 뒤에 알게 됐습니다.
　로베르토는 들어오는 손님에게 밝게 인사를 했고, 조금이라도 도움이 필요해보이면 주저 없이 달려갔습니다. 특히 거의 문을 닫기 직전에 찾아온 한 노인은 고작 포장된 바나나 하나를 사려고 들어왔습니다. 로베르토는 마감시간이 다 됐음에도 노인과 한참 이야기를 나누고 배웅까지 해주었습니다.
　이 모습을 보고 깨달음을 얻은 매니저는 몇 달 뒤 승진을 해 미국 전 지점의 매니저들을 교육을 시키는 책임자가 됐는데 그 때마다 이 이야기를 하며 한 마디를 덧붙였습니다.
　"우리는 단순히 물건만을 팔아서는 안 됩니다. 물건을 통해 사랑을 주는 것이 더 중요합니다."
　마음만 충분하다면 어디서 무슨 일을 하던 사랑을 전할 수 있습니다. 하나님이 지금 나에게 맡기신 일에 충성함으로 복음과 사랑을 전하십시오. 아멘!!

♥ 주님, 전하지 않고는 견딜 수 없는 사랑이 충만한 삶을 살아가게 하소서.
🖼 주님이 주신 일터나 장소에서 최선을 다해 사랑을 전합시다.

나의 영적 일지

7월 11일
약할 때 강함 되시는 분

읽을 말씀 : 로마서 8:18-30

● 롬 8:26 이와 같이 성령도 우리의 연약함을 도우시나니 우리는 마땅히 기도할 바를 알지 못하나 오직 성령이 말할 수 없는 탄식으로 우리를 위하여 친히 간구하시느니라

교회에 다니면서도 동성애에서 벗어나지 못하는 남자가 있었습니다.
매일 같이 죄에서 벗어나고자 몸부림을 쳤으나 결국 도돌이표처럼 다시 죄의 자리를 벗어나지 못했습니다. 죄의 굴레에 빠져 지옥 같은 나날을 보내고 있던 남자는 우연히 예배를 드리다 찬양인도자의 말을 듣고는 큰 위로를 얻었습니다.
"이루 말할 수 없는 짐을 지고 계신 분이 있습니까? 그 상처를 온전히 주님께 드리세요. 이제 손을 들며 찬양함으로 그 상처를 맡깁시다."
남자는 그 말을 듣고 손을 들며 간절히 주님을 찾았는데 그때 자신을 위해 희생하신 예수님의 십자가 사랑을 온전히 깨닫게 되었습니다. 그는 그날로부터 동성애에서 벗어났고, 사랑하는 아내를 만나 자녀를 낳고 30년 동안이나 행복한 가정을 꾸리고 있습니다. 그리고 이 남자는 찬양 사역자가 되어 다음과 같은 찬양을 만들었습니다.
"약할 때 강함 되시네 나의 보배가 되신 주 주 나의 모든 것
　주 안에 있는 보물을 나는 포기할 수 없네 주 나의 모든 것"
'약할 때 강함 되시네'라는 찬양을 지은 데니스 저니건의 간증입니다.
때로는 하나님께 도저히 나아갈 수 없을 것 같은 죄를 지을 때도 있습니다. 그러나 오히려 그렇기에 하나님께 더욱 나아가야 합니다. 죄에 무력한 나의 모습을 솔직히 고백하고 간절히 십자가의 은혜를 구하십시오. 아멘!!

♡ 주님, 넘어지고 또 넘어질지라도 포기하지 않고 주님께 나아가게 하소서.
🔥 나를 괴롭게 하는 깊은 죄악까지도 주님께 고백합시다.

나의 영적 일지

깨어있으십시오

읽을 말씀 : 누가복음 21:34-38

● 눅 21:36 이러므로 너희는 장차 올 이 모든 일을 능히 피하고 인자 앞에 서도록 항상 기도하며 깨어 있으라 하시니라

남극 세종기지에서 보트를 타고 정밀탐사를 하던 중이었습니다.

임무를 마치고 기지로 돌아가는 도중 갑자기 엄청난 강풍이 불었고, 정신을 차려보니 눈앞이 아무 것도 보이지 않았습니다. 눈이 보이지 않아 대처를 못하는 사이 보트는 뒤집어졌고 영하 수십 도의 차가운 남극바다에 대원들이 빠졌습니다.

잠시 뒤 정신을 차리고 뭍으로 올라왔지만 온몸이 얼어붙어 있었습니다. 7명의 대원들은 눈보라를 피해 안전한 곳으로 대피를 했지만 이미 동상과 타박상으로 온몸이 만신창이가 됐습니다. 비상식량도 없었기에 극심한 허기와 탈수증상까지 곧 시작됐습니다. 대원들은 서로의 체온을 유지하며 몸을 비벼 조금이라도 몸의 온도를 높였습니다.

그리고 무엇보다도 가장 신경 쓴 것은 바로 졸음이었습니다. 서로를 감시하는 대원들은 누가 잠이 들려고 하면 서둘러 깨웠고 심지어 뺨을 때리기도 했습니다. 목이 마르고, 배가 고프고, 몸이 추운 것은 정신이 멀쩡하면 견딜 수가 있었지만 잠이 드는 순간 죽은 거나 마찬가지였기 때문입니다. 이렇게 서로를 보듬어가며 견디던 대원들은 며칠 뒤 수색대에 발견되어 대부분 무사히 구조되었습니다.

신앙생활을 하면서 가장 조심해야 할 것은 세파에 젖어 죄에 대한 감각이 사라지는 것입니다. 점점 악해져가는 세상의 가치관과 문화에 물들지 말고 말씀을 어기는 일에 경각심을 가지십시오. 아멘!!

♡ 주님, 죄를 미워하고 악을 멀리하게 하소서.
🙏 양심을 찔리게 하는 죄악들에 익숙해지지 말고 더욱 경계합시다.

나의 영적 일지

7월 13일

나 역시 죄인이다

읽을 말씀 : 디모데전서 1:12-20

● 딤전 1:15 미쁘다 모든 사람이 받을 만한 이 말이여 그리스도 예수께서 죄인을 구원하시려고 세상에 임하셨다 하였도다 죄인 중에 내가 괴수니라

범브란트 목사님은 공산혁명이 일어난 루마니아에서 복음을 전하다 지하 감옥에서 14년 동안 고문을 받으면서도 끝까지 복음을 전하길 포기하지 않았던 분입니다.

목사님은 출소된 뒤에 한국에 오신 적이 있는데 하루는 레스토랑에서 식사를 하다가 옆에 앉은 외국인 남자와 동석을 하게 됐습니다. 목사님은 자신의 직업을 밝히며 혹시 교회를 다니시냐고 물었습니다.

"저는 범브란트 목사입니다. 혹시 교회를 다니시나요?"

"제 아내는 영국 성공회 교인이고, 저 역시 천주교 집안에서 자랐지만 지금은 교회를 다니지 않고 있습니다."

"실례지만 혹시 이유를 물어도 괜찮을까요?"

"목사님에게 말씀드리긴 좀 그렇지만 교회에는 위선자들이 너무 많습니다. 어려서부터 정말 많이 봤어요. 그래서 저와 아내는 차라리 교회를 다니지 않는 것이 낫겠다고 생각했습니다."

이 말을 들은 목사님은 환한 미소를 지으며 대답했습니다.

"저런 그렇군요. 하지만 저는 그 이유 때문에 교회에 나갑니다. 저 같은 죄인들이 많아서 마음이 편하고 좋거든요. 죄가 없는 사람들만 있다면 저는 교회에 나가지 못할 것 같습니다."

내가 죄인이라는 사실을 잊지 않을 때 진정한 자유를 얻을 수 있고 참된 신앙생활을 할 수 있습니다. 나는 죄인이며 그 죄를 사해주신 분이 예수님이라는 사실을 잊지 마십시오. 아멘!!

♥ 주님, 주님의 사랑이 필요한 사람들이 모이는 곳이 교회임을 알게 하소서.
📖 다른 사람을 정죄하는 죄를 짓지 맙시다.

나의 영적 일지

최고의 말씀

읽을 말씀 : 디모데후서 3:12-17

7월 14일

● 딤후 3:16,17 모든 성경은 하나님의 감동으로 된 것으로 교훈과 책망과 바르게 함과 의로 교육하기에 유익하니 이는 하나님의 사람으로 온전하게 하며 모든 선한 일을 행할 능력을 갖추게 하려 함이라

　사람들이 가장 좋아하는 말씀을 등록하는 인터넷 사이트 '탑벌스즈닷컴(TopVerses)'의 5위까지 순위입니다.
　1위 – 요한복음 3장 16절, "하나님이 세상을 이처럼 사랑하사 독생자를 주셨으니 이는 저를 믿는 자마다 영생을 얻게 하려 하심이니라"
　2위 – 요한복음 1장 1절, "태초에 말씀이 계시니라 이 말씀이 하나님과 함께 계셨으니 이 말씀은 곧 하나님이시라"
　3위 – 요한복음 14장 6절, "예수께서 가라사대 내가 곧 길이요 진리요 생명이니 나로 말미암지 않고는 아버지께로 올 자가 없느니라"
　4위 – 마태복음 28장 19절, "그러므로 너희는 가서 모든 족속으로 제자를 삼아 아버지와 아들과 성령의 이름으로 세례(침례)를 주고 내가 너희에게 분부한 모든 것을 가르쳐 지키게 하라 볼찌어다 내가 세상 끝날까지 너희와 항상 함께 있으리라"
　5위 – 로마서 3장 23절, "모든 사람이 죄를 범하였으매 하나님의 영광에 이르지 못하더니 그리스도 예수 안에 있는 구속으로 말미암아 하나님의 은혜로 값없이 의롭다 하심을 얻은 자 되었느니라"
　모든 말씀은 하나님의 감동으로 된 소중한 진리이지만 특별히 내 삶에 더 와 닿는 말씀들이 있기도 합니다. 그런 말씀들이 있을 때마다 노트에 잘 정리해 느낌과 함께 적는다면 이후 어려움이 생길 때 극복할 큰 힘이 됩니다. 하나님을 알게 해준 소중한 말씀들을 골라보고 암송하십시오. 아멘!!

♥ 주님, 힘이 되는 말씀을 더욱 가까이 두고 묵상하게 하소서.
　 내 삶을 변화시킨 말씀을 찾은 뒤 암송합시다.

나의 영적 일지

7월 15일
정직함이 만든 1억

읽을 말씀 : 잠언 13:1-6

● 잠 13:6 공의는 행실이 정직한 자를 보호하고 악은 죄인을 패망하게 하느니라

보스턴에서 노숙을 하는 글렌 제임스는 사우스베이 몰을 지나다 우연히 가방을 주웠습니다. 가방 안을 살펴 본 그는 깜짝 놀랐습니다. 무려 6천만 원 상당의 현금이 들어있었고, 중국 여권과 중요해 보이는 각종 서류들이 들어있었습니다.

그러나 글렌은 지폐 한 장 건들지 않고 사우스베이몰로 들어가 일하는 사람들에게 사정을 설명해가며 가방을 주인에게 찾아주었습니다. 경찰은 글렌의 선행에 감사하는 상패를 전달했으나 가방 주인은 조금의 보상금도 주지 않았습니다. 이 소식을 뉴스를 통해 듣게 된 이든 휘팅턴은 안타까운 마음에 선한 마음을 가진 노숙자를 돕자며 크라우드 펀딩 사이트에 글을 올렸습니다.

당초 큰 기대를 하진 않았지만 최악의 상황에서도 선한 마음을 지킨 글렌의 이야기에 많은 사람이 감동했고, 이틀 만에 성금은 무려 1억 원이 모였습니다. 이든은 모인 금액을 고스란히 글렌에게 전달하며 선한 일을 하는 사람이 보답을 받는다는 사실을 사람들이 알았으면 좋겠다고 말했습니다.

선한 마음은 때론 생각지도 못한 행운을 불러옵니다. 그러나 진정한 선행은 아무런 보답을 받지 못하더라도 순수한 동기로 이루어져야 합니다. 하나님의 말씀을 지키고자 하는 선한 의지로 보답을 바라지 않는 선행을 실천하십시오. 아멘!!

♡ 주님, 어떤 상황에서도 선을 행할 수 있는 정직한 마음을 주소서.
📖 선을 행할 수 있는 유혹을 이겨내는 마음을 달라고 기도합시다.

나의 영적 일지

꿈과 망상의 차이

읽을 말씀 : 여호수아 14:6-15

● 수 14:11,12 모세가 나를 보내던 날과 같이 오늘도 내가 여전히 강건하니 내 힘이 그 때나 지금이나 같아서 싸움에나 출입에 감당할 수 있으니 그 날에 여호와께서 말씀하신 이 산지를 지금 내게 주소서...

'두근두근: 변화의 시작'이란 책에 나오는 꿈과 망상의 차이점입니다.
꿈에는 계획이 있지만 / 망상은 운을 바랍니다.
꿈은 고난을 인내하게 하지만 / 망상은 현실에서 도망치게 만듭니다.
꿈은 결단의 기준이 되지만 / 망상은 핑계의 기준이 됩니다.
꿈은 잠자는 시간도 아깝게 만들지만 /
망상은 꿈속에서 이루어집니다.
꿈은 뜻이 같은 사람과 함께 하게 하지만 /
망상은 남에게 뺏길까봐 두려워합니다.
꿈은 행동하고 / 망상은 말만 합니다.
꿈은 시간을 쪼개어 완성하지만 / 망상은 시간이 없다고 포기합니다.
꿈은 문제가 생기면 자신을 바라보고 /
망상은 문제가 생기면 주변을 바라봅니다.
꿈은 누가 알아주지 않아도 행복하고 /
망상은 누군가 알아주지 않으며 불행합니다.
꿈은 주변에 사람이 모이게 하고 / 망상은 사람이 멀어지게 합니다.
　꿈과 망상에는 많은 차이점이 있습니다. 그러나 그리스도인들에게 무엇보다 중요한 차이점은 하나님의 말씀입니다. 나의 꿈을 이뤄 억만금을 얻기보다 하나님의 명령을 쫓아 광야에 나가는 것을 선택하는 것이 진정한 그리스도인의 자세입니다. 나의 삶을 향해 명하시는 하나님의 말씀을 따라 온전히 순종하십시오. 아멘!!

♡ 주님, 주님이 주시는 비전의 말씀을 분별할 지혜와 순종할 결단력을 주소서.
　나의 목표가 아닌 하나님이 주신 꿈을 위해 살아갑시다.

나의 영적 일지

7월 17일
법이 세워진 의미

읽을 말씀 : 마태복음 23:23-36

● 마 23:23 …너희가 박하와 회향과 근채의 십일조는 드리되 율법의 더 중한 바 정의와 긍휼과 믿음은 버렸도다 그러나 이것도 행하고 저것도 버리지 말아야 할지니라

노르웨이에서는 5월 7일만 되면 모든 사람들이 거리로 나와 축제를 엽니다. 노르웨이 전통에 대한 자부심으로 가득한 이 축제는 아이부터 어른까지 모두 참여하는데 수만 명의 어린이들이 학교를 상징하는 깃발을 들고 퍼레이드를 하며, 모든 사람들이 전통 국기를 들고 밤새도록 노래를 부르며 축제를 즐깁니다.

항구쪽 에서는 바이킹 복장을 입고 그 시대의 거리를 재현하는 바이킹 축제가 열리고, 거리 곳곳에서는 이날을 기념하는 다양한 행사가 쉬지 않고 열립니다. 이 날은 노르웨이의 건국기념일이기 때문입니다.

그러나 100년 전만 해도 이 날은 국경일조차 아니었습니다. 그냥 법이 세워진 날로 몇몇 역사학자들만 알고 있는 날이었습니다. 그러나 노르웨이의 유명한 시인인 베르겔란은 이렇게 생각했습니다.

'법이 세워진 날이 곧 나라가 세워진 날이다.'

그리고 혼자서 전국을 돌아다니며 평생을 노력한 끝에 제헌절인 이 날이 국경일로 지정되고 나라에서 가장 큰 축제를 벌이는 기쁨의 날이 됐습니다.

신앙에 반대되지 않는다면 그리스도인들은 나라의 법에 순종하고 지키려고 노력해야 합니다. 독립이 되고 새로운 날이 찾아왔기에 법이 세워질 수 있습니다. 예수님이 말씀으로 주신 하나님의 성경이란 법을 힘써 지키십시오. 아멘!!

♡ 주님, 땅의 법과 하늘의 법을 정직하게 지키게 하소서.
📖 말씀을 반드시 지켜야 할 삶의 지침으로 삼읍시다.

나의 영적 일지

인생을 바꾸는 질문

읽을 말씀 : 요한복음 3:1-8

7월 18일

● 요 3:3 예수께서 대답하여 이르시되 진실로 진실로 네게 이르노니 사람이 거듭나지 아니하면 하나님의 나라를 볼 수 없느니라

하버드대 교육대학원장 라이언 교수는 하버드 졸업생들의 축사에서 인생에 꼭 필요한 5가지 질문에 대해 말했습니다.

1. 잠깐, 뭐라고?(Wait, what?)
어떤 일에 결정을 내리기 전에는 반드시 문제를 제대로 이해하고 있는지 물어야 합니다.

2. 왜 안 되는 거지?(I wonder)
문제를 발견했을 때 왜 그런 문제가 생겼는지에 대해서 묻는 것입니다.

3. 이런 방법은 안 될까?(Couldn't we at least)
의견이 다른 상대나 문제가 있는 경우에는 먼저 최소한의 발걸음을 떼는 것이 중요합니다.

4. 도와드릴까요?(How can I help?)
남을 돕는 것은 중요하지만 어떤 방법으로 도와줄지 먼저 물으십시오.

5. 진짜 중요한 게 뭐지?(What truly matters?)
새로운 결심을 하고, 새로운 시작을 할 때마다 물어보십시오.

라이언 교수는 그러나 이 질문을 통해 얻고자 하는 것을 얻지 못했다면 처음으로 돌아가야 한다고 말했습니다.

말씀대로 살아가며 주님을 닮아가는 삶을 통해 원하는 것을 얻었다고 고백할 수 있습니까? 그렇지 않다면 나의 신앙과 삶을 돌아보고 내가 무엇을 위한 신앙생활을 하고 있는지, 무엇을 위해 기도하고 간구하는지 질문을 통해 돌아보십시오. 아멘!!

♡ 주님, 예수님의 사랑으로 만족하는 삶이 되게 하소서.
✍ 무엇을 원하고 무엇을 구하려고 하는 삶인지 생각해봅시다.

나의 영적 일지

7월 19일

불평불만의 과학

읽을 말씀 : 시편 37:1-11

● 시 37:8 분을 그치고 노를 버리며 불평하지 말라 오히려 악을 만들 뿐이라

사람의 심리를 연구하는 과학자들은 불평과 불만을 멈춰야 하는 이유에 대해서 크게 3가지 이유를 주장합니다.

1. 불평을 할수록 불평을 잘하는 뇌가 됩니다.

한 가지 일을 반복하다보면 뇌의 시냅스가 발달해서 점점 숙련이 되는데 이 원리는 감정이나 생각에도 똑같이 적용됩니다.

2. 안 좋은 감정은 주변으로 전파됩니다.

매사추세츠의 프래밍험이라는 마을에서 60여 년간 진행되고 있는 연구에 따르면 우울증이나 외로움 같은 감정은 빠르게 마을 전체로 번져갔습니다. 그러나 긍정적인 감정은 쉽게 전달되지 않았습니다.

3. 건강을 망칩니다.

스스로 부정적인 생각을 자주한다고 말하는 사람들은 보통 사람에 비해서 스트레스 호르몬인 코르티솔이 2배 이상 높았습니다.

화를 내는 것이 아무리 안 좋다 하더라도 아예 내지 않을 수는 없습니다. 결국 하나님의 말씀처럼 화를 잘 다스리고 제어하며, 올바른 방법으로 내는 것이 좋지 않은 감정을 다스리는 옳은 방법입니다. 분노의 감정은 잘 다스리고 해소해야만 나에게도 도움이 되며 주변 사람들에게도 상처를 주지 않습니다. 필요 이상의 화를 내지 않고 분을 잘 제어할 수 있는 마음을 위해 기도하십시오. 아멘!!

♥ 주님, 감정을 다스리는 지혜와 인내를 허락하소서.
✘ 모든 불평과 불만을 그 자리에서 표현하지 맙시다.

나의 영적 일지

설득의 3요소

7월 20일

읽을 말씀 : 베드로전서 3:13-17

● 벧전 3:15 너희 마음에 그리스도를 주로 삼아 거룩하게 하고 너희 속에 있는 소망에 관한 이유를 묻는 자에게는 대답할 것을 항상 준비하되 온유와 두려움으로 하고

고대 그리스 시대에는 사람들 간의 다툼이 생기면 토론으로 모든 걸 해결했습니다. 그래서 당시 수사학을 공부하던 소피스트들은 돈을 받고 대신 토론에 나섰는데, 더 많은 돈을 벌기 위해 어떻게든 자기주장이 옳게 만드는 수사학을 연구했고 궤변일지라도 사람들의 호응을 더 많이 받기만 하면 된다는 생각을 갖고 있었습니다.

그러나 플라톤의 제자인 아리스토텔레스는 이런 방식이 옳지 않다고 생각해 제자들에게 사람들을 설득할 때는 꼭 다음의 3가지 원칙을 지키라고 가르쳤습니다.

- 첫째로 로고스, 즉 이성을 지키라고 했습니다.

논리와 명확한 증거를 제시하지 못하면 설득은 시작조차 할 수 없기 때문입니다.

- 둘째로 파토스, 듣는 사람의 감정을 생각하라고 했습니다.

듣는 사람의 기분에 따라 같은 말이라도 달라지기 때문입니다.

- 셋째로 에토스, 말하는 자신이 진실된 사람이 되라고 했습니다.

거짓말쟁이가 아무리 진실을 얘기해도 사람들은 받아들이지 않습니다. 그래서 아리스토텔레스는 이 세 가지 중에서도 마지막 에토스가 가장 중요한 것이라고 말했습니다.

진리이신 주님을 전하는 가장 좋은 방법은 신뢰할 수 있는 그리스도인들이 많아지는 것입니다. 세상이 신뢰할 수 있는 참된 주님의 제자로 살아가십시오. 아멘!!

♡ 주님, 그리스도의 향기를 세상에 전하는 아름다운 삶을 살게 하소서.
❀ 말과 논리보다는 삶으로 인정받는 그리스도인이 됩시다.

나의 영적 일지

7월 21일

부족해도 전해야 할 이유

읽을 말씀 : 디모데후서 4:9-18

● 딤후 4:17 주께서 내 곁에 서서 나에게 힘을 주심은 나로 말미암아 선포된 말씀이 온전히 전파되어 모든 이방인이 듣게 하려 하심이니 내가 사자의 입에서 건짐을 받았느니라

　이탈리아에 학교에 적응을 못해 문제를 일으키는 학생들이 위한 대안학교가 있었습니다.
　처음에는 아이들이 잘 적응할 수 있도록 기존 학교와는 전혀 다른 방식으로 수업을 진행했는데 아이들의 반응은 좋았지만 문제는 졸업을 해도 사회에서 하고 싶은 일을 할 수 있는 경쟁력이 없었습니다. 결국 학교를 졸업하는 것도 중요하지만 미래를 위한 실력을 키우는 것도 중요하다고 생각해 일반학교와 같은 교과가목을 가르치도록 방침을 바꿨는데 그때부터 학생들이 결석을 하는 날이 많았습니다.
　일반 학교와 똑같이 가르치자니 아이들이 엇나가고, 아이들의 입맛에 맞추자니 졸업을 한다한들 아무런 실력이 없어 딜레마에 빠진 상황에서 한 선생님이 기발한 아이디어를 냈습니다. 학생들을 가르쳐 각자 가장 잘하는 과목을 다른 학생들에게 가르치게 하자는 것이었습니다.
　처음에는 선생님과 학생들, 그리고 학부모들까지 우려를 했으나 결과적으로 아이들의 평균성적은 공립학교를 훨씬 웃돌 정도로 향상됐습니다. 매번 못한다고 혼만 나던 아이들이 자기들이 남보다 잘하는 것이 있다는 것을 느끼고는 더 열심히 공부하고 열심히 가르쳤기 때문입니다.
　복음을 전하기에 충분한 사람은 없습니다. 다만 부족한 가운데 전하면서 나를 통해 일하시는 하나님을 느끼는 것이 그리스도인이 누릴 수 있는 최고의 행복입니다. 부족함 가운데도 하나님께 순종하십시오. 아멘!!

♡ 주님, 나의 부족함을 기억하고 하나님의 전능하심에 순종하게 하소서.
🖼 복음 전파를 향한 성령님의 감동에 즉각 순종합시다.

나의 영적 일지

양심의 고동

읽을 말씀 : 시편 16:1-11

● 시 16:7 나를 훈계하신 여호와를 송축할지라 밤마다 내 양심이 나를 교훈하도다

    하숙집을 운영하는 한 남자가 있었습니다. 그의 집에는 친절한 노인이 살고 있었는데 갑자기 그 노인의 눈이 영 거슬렸던 남자는 단지 눈이 마음에 들지 않는다는 이유로 한밤중에 몰래 살인을 저질렀습니다. 그리고는 거실 바닥을 뜯어 시체를 숨겨놓았는데 다음 날 비명소리가 들렸다는 이웃의 신고를 받고 경찰이 남자의 집을 찾아왔습니다.

    시체를 절대로 들키지 않을 것이라는 확신이 있던 남자는 경찰들을 친절히 대했고, 경찰은 집안에 살인의 흔적이 없고 워낙 여유가 있는 남자의 모습을 보고는 의심하지 않고 돌아갔습니다.

    그런데 그날 저녁부터 남자의 귀에는 마루에서 울리는 커다란 심장 소리가 들렸습니다. 잘못 들었을 거라 생각하기에는 잠을 잘 때도, 밥을 먹을 때도, 심지어 외출을 할 때도 소리가 들렸습니다. 결국 귀를 떠나지 않는 심장소리 때문에 신경쇠약에 걸린 남자는 경찰을 찾아가 자기가 죽인 사람의 심장이 아직도 뛰고 있다며 자수를 했습니다. 그리고 감옥에서 그 심장소리가 죽은 노인의 것이 아니라 자신의 심장고동이었다는 것을 깨달았습니다.

    에드가 엘런 포의 '고자질하는 심장'이라는 단편의 내용입니다. 양심이란 뜻의 헬라어 '쉬네이데시스'는 '다른 이와 함께 아는 것'이라는 뜻입니다. 이 말은 사람을 속여도 하나님은 속일 수 없다는 뜻입니다. 작은 일에도 거짓 없이 하나님이 주신 양심을 지키십시오. 아멘!!

💚 주님, 양심을 어기지 않는 떳떳한 신앙이 되게 도우소서.
🙏 양심을 불편하게 하는 일들은 절대로 하지 맙시다.

나의 영적 일지

7월 23일
저글링 인생

읽을 말씀 : 전도서 11:1-10

● 전 11:9 청년이여 네 어린 때를 즐거워하며 네 청년의 날들을 마음에 기뻐하여 마음에 원하는 길들과 네 눈이 보는 대로 행하라 그러나 하나님이 이 모든 일로 말미암아 너를 심판하실 줄 알라

'니콜라스를 위한 수잔의 일기'라는 베스트셀러의 저자인 제임스 패터슨은 삶과 일의 균형을 잡기 힘들어하는 사람들에게 다음과 같은 조언을 한 적이 있습니다.

"인생을 먼저 5개의 공이라고 생각해봅시다. 그 공에는 각각 '일, 가족, 건강, 친구, 정직'이라는 이름이 붙어있습니다. 그리고 우리가 살아간다는 것은 결국 이 5가지의 공으로 저글링을 하는 것과 같습니다. 이 말 뜻은 5가지 모두 손에서 놓을 수는 없다는 말입니다. 하지만 이렇게 생각하면 어떨까요? 일이라고 써 있는 공은 사실 고무로 된 공입니다.

5개의 공을 굴리기 힘들다면 잠시 이 공을 땅바닥에 던져놔도 괜찮습니다. 고무로 되어 있어서 떨어져도 깨지지 않고 언제든 튀어 오릅니다. 그러나 가족이라는 공은 유리로 되어 있습니다. 그래서 실수로 떨어트리면 절대로 다시 되돌릴 수가 없습니다. 물론 이 공들은 저글링을 하는 사람들에 따라 가치가 다를 것입니다.

그러나 제가 하고 싶은 말은 지금 돌리고 있는 공들이 어떻게 이루어져 있는지 확인을 해야 위기의 순간에 어떤 공을 잠시 땅에 던져놓을지 결정을 할 수 있다는 말입니다. 공의 재질을 확인하지 않으면 결국은 반드시 후회하게 됩니다."

'믿음'이나 '가정', '친구'라는 공을 우리는 너무 쉽게 생각하고 있지는 않을까요? 내가 어떤 공을 돌리고 있으며 어떤 공을 가장 소중히 여기는지 생각해보고, 말씀의 기준대로 바른 순서로 정렬시키십시오. 아멘!!

♡ 주님, 소중한 가치를 소중하게 여길 수 있도록 명철을 주소서.
🖼 인생의 우선순위를 말씀을 기반으로 재정립합시다.

나의 영적 일지

억만장자의 조언

읽을 말씀 : 에스겔 36:24-31

● 겔 36:27 또 내 영을 너희 속에 두어 너희로 내 율례를 행하게 하리니 너희가 내 규례를 지켜 행할지라

7월 24일

    도메인 등록 업체인 '고대디(GoDaddy)'를 창업해 억만장자가 된 밥 파슨스는 사이트 매각으로 큰돈을 벌고 난 뒤에 '나를 성공하게 한 법칙'이라는 글을 인터넷에 올렸습니다. 그 중 10가지입니다.
  01. 편안한 상황에서 벗어나라.
  02. 절대로 포기하지 말라.
  03. 성공하기 직전이 가장 포기하고 싶을 때임을 알라.
  04. 개선을 목표로 부단히 전진하라.
  05. 결정은 신속하게 내려라.
  06. 중요한 것들은 수치로 측정하라.
  07. 문제점이 무엇인지 찾아내 관리하라.
  08. 공평한 상황에 집착하지 말고 할 수 있는 일을 찾으라.
  09. 성공의 절반은 운이다. 너무 자책하거나, 너무 진지해지지 말라.
  10. 최악의 상황에서도 웃을 여유가 있음을 기억하라.
    모두가 같은 노력을 한다고 같은 성과를 얻는 것은 아닙니다. 그러나 성공을 맛본 사람만이 성공의 법칙을 알 수 있습니다. 지금 나는 무엇을 위해 노력하는 삶을 살고 있습니까? 하나님이 주신 비전을 위해, 이 땅의 복음을 위해, 소중한 사람들의 구원을 위해 최선을 다해 노력하고 있습니까? 신앙의 성공을 위해 노력하고, 신앙의 조언을 해줄 수 있는 사람으로 성장하십시오. 아멘!!

♥ 주님, 세상의 가장 중요한 가치가 믿음이라는 것을 알게 하소서.
✿ 신앙의 후배들에게 전하고 싶은 조언을 이 책에서 뽑아 적어봅시다.

나의 영적 일지

7월 25일
마음에 모양이 있다면

읽을 말씀 : 시편 84:1-12

● 시 84:5 주께 힘을 얻고 그 마음에 시온의 대로가 있는 자는 복이 있나이다

인디언들이 남긴 상형문제 중에는 사람의 가슴 부분에 동그라미와 네모가 그려진 것들이 있습니다.

이 도형들은 사람들의 마음을 나타낸 것인데 하나같이 어린 아이들의 마음은 네모로, 어른들은 동그라미로 그려져 있습니다. 인디언들은 이 이유를 이렇게 설명합니다.

어린 아이들은 작은 잘못을 저질러도 금방 뉘우칩니다. 양심에 가책을 받아 거짓말을 잘 못하고 금방 드러나기 때문입니다. 인디언들은 그 이유를 아이들의 마음은 네모로 되어 있어서 잘못을 하면 모서리에 찔려 참을 수가 없어서라고 생각했습니다.

반면에 그렇게 반복해서 죄를 짓고 잘못을 하다보면 뾰족한 모서리가 닳아서 점점 동그래지는데 그래서 어른이 되면 더 이상 어린 시절과는 달리 거짓말을 해도 양심의 가책을 못 느끼고 잘못을 하고도 덮어두려는 경우가 많다고 생각했습니다.

우리의 어린 시절을 생각해도 비슷합니다. 작은 실수 하나에 금방 울며 죄를 뉘우치고, 거짓말도 잘 하지 못해 가슴이 콩닥거리던 때가 있었지만 이제는 잘못을 저지르고도 정당화를 시키거나 오히려 남을 비난할 때도 많습니다. 지금 내 마음의 모양이 보인다면 어떤 모양일까요? 죄의 타성에서 벗어나 진리를 향한 통렬한 뉘우침이 있는 마음과 신앙을 가지십시오. 아멘!!

♡ 주님, 조금씩이라도 죄에 빠지는 일들로부터 멀어지게 하소서.
※ 양심의 가책을 어려워 말고 하나님 말씀으로 더욱 지킵시다.

나의 영적 일지

기도의 ABC

읽을 말씀 : 잠언 15:27-33

●잠 15:29 여호와는 악인을 멀리 하시고 의인의 기도를 들으시느니라

   조니 램과 마커스는 20대에 결혼을 해 함께 복음을 전하기 위해 미국 전역을 여행하는 독실한 크리스천부부입니다.
   이들 부부는 사역을 하며 '기독교 방송국'을 세우라는 감동을 받았지만 도저히 그 일을 실천할 수 있는 능력이 없었습니다. 그러나 가진 것이 없음에도 하나님의 말씀에 순종하는 것이 진정한 순종이라는 확신이 든 부부는 방송국을 세우겠다는 목표를 가지고 할 수 있는 모든 일을 시작했습니다. 신문을 배달하고, 거리에서 음료를 팔고, 사람들에게 후원을 부탁하고, 빚을 져가며 파산의 위기를 수도 없이 맞으며 한걸음씩 걸어 나갔습니다.
   그렇게 세운 '데이스타 텔레비전'은 이제 미국에서 2번째로 큰 기독교 방송국이 되었고, 아내인 조니 램은 기독교의 오프라 윈프리로 불릴 정도로 선한 영향력을 끼치는 유명한 신앙인이 됐습니다.
   이들 부부는 하나님의 감동에 순종하기가 망설여진다면 '기도의 ABC'를 점검해 간절히 드려보라고 권합니다.
   나의 모든 죄를 용서해달라고 하나님께 구하고(Ask), 나를 위해 예수님이 십자가에 돌아가셨다는 것을 믿고(Believe), 하나님의 뜻에 나의 삶을 내려놓겠다고 약속하는 것(Commit)입니다.
   기도는 하나님의 뜻에 나를 맞추는 것입니다. 나의 필요한 것을 구하기만 하는 기도를 내려놓고 나를 향한 하나님의 뜻을 묻고 따르는 기도를 드리십시오. 아멘!!

♡ 주님, 참된 기도로 오직 주님께 영광이 되게 살아가게 하소서.
🙏 하나님의 뜻을 먼저 간구하는 기도를 드립시다.

나의 영적 일지

7월 27일 하루에 한 시간

읽을 말씀 : 빌립보서 2:19-30

● 빌 2:22 디모데의 연단을 너희가 아나니 자식이 아버지에게 함같이 나와 함께 복음을 위하여 수고하였느니라

　세계체스챔피언인 조슈아 와츠킨은 최고의 자리를 지키기 위해서 하루 종일 체스에만 몰두했습니다.
　그러나 그럼에도 대충 흘려보내는 시간이 너무 많다는 것을 깨닫고는 몸을 단련하기 위해 하루에 1시간씩 태극권을 수련했습니다. 그리고 그로부터 10년 후에는 태극권으로 세계챔피언의 자리에 올랐습니다.
　페이스북의 창업자 마크 저커버그는 매년 다른 목표를 세워 1주일에 5시간을 투자합니다. 지난 1년 동안은 하루 1시간 중국어를 공부했으며, 또 어떤 해에는 1시간 동안 조깅을 했습니다. 그러나 어떤 일을 하든지 하루 1시간은 반드시 목표로 정한 일을 했습니다.
　이런 생활 패턴은 '5시간의 법칙'이라고 불리는데 벤자민 프랭클린이 평생 점심시간을 쪼개 독서를 했던 것에서 나온 습관입니다. 벤자민 프랭클린은 자신의 성공의 이유를 '5시간의 법칙'이라고 자서전에 기록했고, 이 지침을 따라 빌 게이츠와 엘론 머스크도 하루에 1시간씩은 반드시 독서를 합니다. 뿐만 아니라 그 밖의 수많은 명사들이 아무리 바빠도 이 '5시간의 법칙'을 다양한 방법으로 활용하고 있습니다.
　더 나은 미래를 위해서 투자할 수 있는 시간은 바로 오늘뿐입니다. 오늘 실패하는 사람은 성공할 수 없고, 오늘을 예배하지 않는 사람은 신앙을 성공할 수 없습니다. 나의 실력과 영성을 위해서 필요한 일들로 하루에 1시간은 반드시 채우십시오. 아멘!!

♡ 주님, 정말 중요한 일을 위해서 반드시 시간을 내는 결단과 여유를 허락하소서.
✤ 신앙과 실력을 위한 하루 1시간 계획을 세웁시다.

나의 영적 일지

가장 큰 한계

읽을 말씀 : 빌립보서 4:10-20

● 빌 4:13 내게 능력 주시는 자 안에서 내가 모든 것을 할 수 있느니라

7월 28일

    1970년에 열린 역도세계선수권 대회에는 전 세계의 이목이 집중되어 있었습니다. 세계기록을 80번이나 갈아치우던 러시아의 바실리 알렉세예프가 인간의 한계를 넘을 수 있을지 궁금했기 때문입니다. 당시 역도계에선 227kg인 500파운드를 절대로 넘을 수 없다는 것이 정설이었습니다. 그러나 바실리였기에 어쩌면 가능성이 있다고 사람들은 생각했습니다.

    대회 당일 1차 시도만으로 우승을 확정지은 바실리는 마지막 도전에서 500파운드가 아닌 499파운드로 도전했습니다. 연습할 때 한 번도 성공한 적이 없었기에 그나마 최대한 근접한 무게를 성공시켜 다음 세대에 희망을 주려고 한 것입니다.

    다행히 499파운드는 성공했지만 장내에는 탄식이 흘렀습니다. 그런데 바실리가 퇴장하기 직전에 안내방송이 나왔습니다.

    '정정합니다. 바실리 선수가 들어 올린 무게는 499파운드가 아닌 501.5파운드였습니다. 주최 측의 실수로 이런 문제가 발생한 것에 사과드립니다.'

    그리고 우연한 실수로 바실리가 기록을 세운 1970년도에는 한계인 500파운드를 돌파한 선수가 6명이나 등장했습니다.

    가장 큰 장애물은 우리의 생각입니다. 하나님이 하시는 일을 나의 생각으로 막지 말고 여호수아와 같이 말씀을 신뢰하십시오. 아멘!!

♡ 주님, 하나님의 능력으로 하나님의 일을 하는 성도가 되게 하소서.
📖 빌립보서 4장 13절 말씀을 외우고 묵상합시다.

나의 영적 일지

7월 29일

적는 사람이 행동한다

읽을 말씀 : 잠언 3:1-8

● 잠 3:3 인자와 진리가 네게서 떠나지 말게 하고 그것을 네 목에 매며 네 마음판에 새기라

그리스의 선박 왕 오나시스가 자기를 취재하던 기자에게 백만 달러를 벌 수 있는 습관을 알려주겠다고 말한 적이 있습니다.
"메모지를 들고 다니면서 뭐든 적으세요. 그게 나의 성공비법입니다."
버진 그룹의 리처드 브랜슨도 자신의 메모습관을 설명하며 다음과 같은 10가지 조언을 회사의 홈페이지에 올린 적이 있습니다.

01. 떠오른 모든 아이디어들을 적으세요.
02. 스마트폰도 좋지만 노트에 적는 것이 더 좋습니다.
03. 내가 기억하기 편한 방식으로 자유롭게 적으세요.
04. 리스트에 적은 일들 중 할 수 있는 일들을 찾으세요.
05. 이미 끝난 일은 줄을 그어 표시하세요.
06. 측정할 수 있는 목표들은 정확하게 표시하세요.
07. 먼 미래의 목표라 할지라도 적으세요.
08. 개인적인 목표도 망설임 없이 적으세요.
09. 다른 사람과 나눌 수 있는 목표는 공유하세요.
10. 사용한 노트는 상자를 만들어 보관하고, 계속 새로운 리스트를 만드세요.

일상 가운데 느끼고 변하고 실천하는 것들이 나의 정체성을 나타내는 것들입니다. 하나님을 위한 생각으로 선한 메모를 적고 곧 실천하십시오. 아멘!!

♡ 주님, 일상 가운데서도 주님이 기뻐하실 생각과 일을 하게 하소서.
✿ 선을 실천하고 신앙적인 아이디어를 적을 노트를 만듭시다.

나의 영적 일지

행복을 고백하는 사람들

읽을 말씀 : 시편 1:1-6

7월 30일

● 시 1:1,2 복 있는 사람은 악인들의 꾀를 따르지 아니하며 죄인들의 길에 서지 아니하며 오만한 자들의 자리에 앉지 아니하고 오직 여호와의 율법을 즐거워하여 그의 율법을 주야로 묵상하는도다

영국 옥스퍼드대학에는 행복지수를 개발하는 연구팀이 있습니다.

이들은 오랜 세월동안 자신이 행복하다고 고백하는 사람들을 연구했는데 그 결과 다음의 네 가지 특징이 있었습니다.

- 첫째, 삶의 방향을 정하려고 하고 정했다면 유지하는 것.

이들은 인생에서 중요한 것이 무엇인지 끊임없이 찾으려 하고, 생애주기에 따라 필요하다고 생각되는 과업을 이루기 위해 집중했습니다. 그리고 일단 해답을 찾은 경우에는 그 답이 바뀌기 전까진 삶의 방향을 유지했습니다.

- 둘째, 더 나은 모습을 위한 성장의 자세.

취미든 직업이든, 무엇을 하든 이 사람들은 최선을 다하며 성장을 도모했습니다.

- 셋째, 정서적 안정과 성숙한 사회성.

감정의 변화가 요동치지 않았고 남을 먼저 배려하는 여유있는 생활의 모습이 있었습니다.

- 넷째, 남의 어려움에 귀를 기울일 줄 아는 이타주의자.

자신을 중요하게 여기지만 맹목적 사익이 아니라 다른 사람의 아픔에 공감하고 기꺼이 도울줄 아는 이타심이 있었습니다.

자신이 행복하다 고백하는 사람들은 삶의 자세가 다릅니다. 나의 행복은 어떻습니까? 주님으로 인해 행복한 삶을 살고 있다고 주위 사람들에게 고백하는 삶을 사십시오. 아멘!!

♥ 주님, 모든 기쁨과 찬양의 이유가 주님이 되게 하소서.
📷 내 행복의 이유가 무엇인지 목록을 적어봅시다.

나의 영적 일지

7월 31일
흉내를 멈춰라

읽을 말씀 : 시편 31:17-24

● 시 31:23 너희 모든 성도들아 여호와를 사랑하라 여호와께서 진실한 자를 보호하시고 교만하게 행하는 자에게 엄중히 갚으시느니라

    농장을 운영하는 한 남자가 있었습니다.
    농장에는 소와 말, 나귀를 비롯한 각종 동물들이 있었는데 이 남자는 특히 강아지를 아꼈습니다. 하루는 나귀가 강아지를 데리고 산책을 나가는 주인의 모습을 보고는 '나도 강아지처럼 행동하면 주인에게 사랑을 받을 수 있겠지?'라는 생각을 했습니다.
    그리고 그날부터 강아지가 주인에게 하는 행동을 유심히 지켜봤습니다. 다음 날 주인을 만나자 나귀는 어제 강아지가 한 것처럼 열심히 꼬리를 흔들었습니다. 그러나 주인은 조금의 관심도 보이지 않았습니다. 나귀는 포기하지 않고 다음엔 강아지처럼 안기려고 주인 앞으로 달려가 앞발을 높이 쳐들었습니다. 깜짝 놀란 주인은 황급히 옆으로 굴러 피했습니다.
    이 모습을 보고 효과가 있다고 느낀 나귀는 쓰러진 주인 곁으로 나가가 혀로 얼굴을 핥았습니다. 그러나 나귀를 밀치고 일어난 주인은 화가 머리 끝까지 나서 주위에 있는 막대기로 나귀를 마구 때리고는 우리에 가둬버렸습니다.
    이솝 우화에 나온 이야기입니다. 나귀가 강아지처럼 굴어도 강아지가 될 수 없고, 주인에게 사랑을 받을 수도 없습니다. 또 짐승의 종류에 따라 해야 하는 일이 있듯이 각자의 달란트에 따라 하나님이 주신 사명도 다릅니다. 다른 사람들의 사역을 부러워하거나 따라하려 하지 말고 오직 하나님이 맡기신 일에 충성을 다하는 일꾼이 되십시오. 아멘!!

♥ 주님, 다른 사람을 향한 열등감으로 사역을 그르치지 않게 하소서.
🙏 지금 주님이 맡기신 일을 하며 참된 행복을 느낍시다.

나의 영적 일지

8월

"너희 성도들아 여호와를 경외하라
그를 경외하는 자에게는 부족함이 없도다"

(시편 34편 9절)

8월 1일
바보가 되는 7가지 방법

읽을 말씀 : 고린도전서 3:16-23

● 고전 3:18 아무도 자신을 속이지 말라 너희 중에 누구든지 이 세상에서 지혜 있는 줄로 생각하거든 어리석은 자가 되라 그리하여야 지혜로운 자가 되리라

    영국 고전주의의 대표 시인으로 많은 명작을 남긴 알렉산더 포프는 말년에 '비평'이라는 수필을 썼습니다.
    알렉산더는 그 책에서 '인생을 바보 같이 사는 사람의 유형'에 대해 다음과 같이 적었습니다.
    1. 어제의 실수를 오늘 반복하는 사람.
    2. 성공한 모든 사람에게는 배경이 있다고 믿는 사람.
    3. 생각을 바꿀 용기가 없는 사람.
    4. 행운을 기다리며 변화를 포기한 사람.
    5. "저건 될 리가 없어"라는 말을 자주하는 사람.
    6. 쓸모없는 물건에 돈을 낭비하는 사람.
    7. 하나님 없이 잘 지낼 수 있다고 믿는 사람.
    그리고 이 사람들은 천사들도 걷기를 두려워하는 방향으로 인생을 끌고 가고 있다며 부디 이런 사람들과 같은 발자취를 남기지 말라고 조언했습니다.
    러시아의 문학가 도스토예프스키도 "하나님이 없다면 무슨 일이라도 허용될 수 있기에 가장 큰 절망은 하나님이 없다고 생각하는 것이다"라고 말했습니다. 하나님이 없다면 세상에는 절망밖에 존재할 수 없습니다. 절망만이 느껴진다면 하나님을 찾아와야 하고, 하나님이 주신 소망을 품을 때 세상의 모든 절망이 해결됩니다. 하나님의 실재를 믿고 느끼는 지혜롭고 현명한 사람이 되십시오. 아멘!!

♥ 주님, 하나님을 경외하는 참된 지혜를 갖게 하소서.
🙏 위 목록에 해당되는 내용이 있다면 서둘러 행동과 생각을 바꿉시다.

나의 영적 일지

열심의 무게

읽을 말씀 : 로마서 12:1-13

●롬 12:11 부지런하여 게으르지 말고 열심을 품고 주를 섬기라

8월 2일

　보너 박사가 복음전도자 무디를 모시고 영국에서 집회를 주도한 적이 있었습니다. 에든버러에서만 무려 3개월 동안 계속됐던 집회는 지역 주민 중에 참가하지 않은 사람이 없었을 정도로 은혜가 넘치고 뜨거웠습니다. 사람들은 무디와 더불어 이 집회의 총 책임자였던 보너 박사에게도 큰 찬사를 보냈습니다.
　그런데 집회가 끝나고 며칠 뒤에 보너 박사의 꿈에 천사가 찾아왔습니다. 그리고 자기 마음속에서 하나님을 향한 열심을 꺼내더니 저울에 재며 말했습니다.
　"당신의 마음의 하나님을 향한 열정은 100킬로그램이나 되는군요. 그런데 자세히 살펴보니 다른 사람보다 잘하고 싶은 마음으로 한 것이 15킬로, 명예를 위해 한 것이 20킬로, 자기 지역에 세를 얻으려는 마음이 15킬로, 사람에게 믿음을 과시하기 위한 것이 30킬로입니다. 하나님을 향한 순수한 열정은 20킬로밖에 되질 않네요."
　비록 꿈이지만 이 말을 들은 보너 박사는 단 한 마디도 변명을 할 수 없었습니다. 이윽고 꿈에서 깬 뒤 깊은 회개의 기도를 드린 박사는 이후로는 무슨 일을 하든 교만하지 않고 오로지 하나님의 영광만을 드러내기 위한 사역을 위해 끝까지 노력했습니다.
　내 안의 모든 마음이 오로지 하나님을 향해 있지 않으면 교만과 자기 자랑입니다. 하나님을 향한 순수한 열정을 모든 일의 동기로 삼으십시오. 아멘!!

♡ 주님, 사람이 아닌 하나님을 바라보고 헌신하게 하소서.
📖 모든 사역을 하나님을 향한 순수한 열정으로 하도록 노력합시다.

나의 영적 일지

8월 3일

사람의 4가지 속성

읽을 말씀 : 잠언 3:21-35

● 잠 3:21 내 아들아 완전한 지혜와 근신을 지키고 이것들이 네 눈 앞에서 떠나지 말게 하라

    독일 육군의 원수였던 롬멜 장군은 뛰어난 용병술로 적군에게까지 인정을 받았습니다.
    그는 수하의 장수를 항상 다음의 네 가지 사람으로 분류했습니다.
    A - 영리하고 현명한 사람
    B - 부지런하고 열정 있는 사람
    C - 어리석고 이해력이 낮은 사람
    D - 느리고 게으른 사람
    그리고 이 사람들에게 2가지 속성을 부여해 다시 4개의 분류로 나눴습니다.
    AB - 영리하고 부지런한 열정 있는 사람
    AD - 현명하지만 게으른 사람
    CB - 부지런하지만 어리석은 사람
    CD - 게으르고 어리석은 사람
    그는 이렇게 분류한 사람들을 지휘관과 장교, 그리고 사병으로 분류해 사용했습니다. 능력 있는 사람을 적재적소에 사용한 롬멜을 보고 처칠은 전쟁의 참상과는 별개로 위대한 장군이라고 평가했습니다.
    하나님이 나를 사용하지 않으시는 것이 아니라 사용하지 못하시는 것일 수도 있습니다. 하나님께 쓰임 받기를 기대하지 말고, 하나님께 쓰임 받기를 준비하는 사람이 되십시오. 아멘!!

♡ 주님, 말씀을 아는 지혜와 그대로 행동하는 열정을 주소서.
📖 하나님이 보시기에 나는 어떤 유형일지 판단해봅시다.

나의 영적 일지

예배의 중심

읽을 말씀 : 시편 29:1-11

8월 4일

● 시 29:2 여호와께 그의 이름에 합당한 영광을 돌리며 거룩한 옷을 입고 여호와께 예배할지어다

   '갓피플닷컴'이 크리스천 약 2천명을 대상으로 한 설문조사에 따르면 예배시간의 지각하는 이유는 다음과 같았습니다.
1. 옷과 머리 등 교회 갈 준비를 하며 단장을 하느라(20.1%)
2. 잠자리에서 일어나지 못해 미적대다가(15.4%)
3. 습관적인 지각(12.6%)
4. 가족들 준비를 기다리다가(12.2%)
4. 토요일에 다른 일을 하느라 늦게 자서(11%)
5. 기타(14.2%)

반면 절대로 지각하지 않는다는 14.5%에 그쳤습니다.
   미국의 크리스천커뮤니티 '처치리더스닷컴'의 연구에 따르면 성도들의 출석률의 변동이 심하고 지각률이 높은 교회는 점점 퇴화되고, 반면에 인원에 상관없이 꾸준히 출석하는 성도들이 많은 교회는 성장지표가 점점 높아지고 있다고 합니다.
   우리의 예배를 드리는 모습, 그리고 예배 시간을 대하는 모습은 어떻습니까? 예배를 하나님께 신령과 진정으로 드리고 있을까요? 아니면 최소한 그러려고 노력을 하고 있을까요? 교회와 하나님의 사역에 도움이 되는 예배생활 중이십니까? 그렇지 않다면 다시 처음으로 돌아와야 합니다. 하나님이 기뻐하시는 예배가 되도록 마음을 새롭게 해야 합니다. 시간부터 철저히 지켜 예배의 회복을 위한 첫걸음을 시작하십시오. 아멘!!

♡ 주님, 하나님을 높여 드리는 예배를 위해 희생하고 노력하게 하소서.
※ 지각을 쉽게 생각하지 말고 예배 시간부터 철저히 지킵시다.

나의 영적 일지

8월 5일

우상의 종류

읽을 말씀 : 신명기 5:6-11

● 신 5:8 너는 자기를 위하여 새긴 우상을 만들지 말고 위로 하늘에 있는 것이나 아래로 땅에 있는 것이나 땅밑 물 속에 있는 것의 어떤 형상도 만들지 말며

철학자이자 과학자인 프랜시스 베이컨은 사람들이 잘못된 선택을 하는 것을 우상 때문이라고 주장했습니다. 그는 우상을 다음의 4가지로 분류했습니다.
 1.종족의 우상
 모든 사고방식과 시선을 인간 중심으로 바라보는 사람은 편견이 생기는데 그 편견으로부터 생기는 우상입니다.
 2.동굴의 우상
 깊은 동굴에서는 제대로 볼 수가 없기에 오판을 내리기가 쉽습니다. 개인이 지닌 교육이나 성격, 사회적 역할이 이런 우상을 만듭니다.
 3.시장의 우상
 시장처럼 사람들이 오가는 곳에서 나오는 말은 진리라고 믿어버리는 우상입니다.
 4.극장의 우상
 스크린 속 모습이 사실이라고 믿는 것처럼 스스로의 판단이 아니라 내려오는 학설과 구전이 진리라고 생각하는 우상입니다.
 베이컨은 사람뿐 아니라 철학과 과학까지도 이 우상 때문에 타락하고 있다고 말했습니다. 그리고 성경은 하나님보다 더 사랑하는 모든 것이 우상이라고 말합니다. 하나님으로부터 멀어지게 하는 모든 일들은 철저히 멀리하십시오. 아멘!!

♡ 주님, 하나님으로부터 멀어지는 것이 타락임을 알게 하소서.
📖 하나님보다 더 가깝게 여기는 것이 있다면 회개하고 돌아갑시다.

나의 영적 일지

교회에 모인 이유

읽을 말씀 : 고린도전서 1:1-9

● 고전 1:9 너희를 불러 그의 아들 예수 그리스도 우리 주와 더불어 교제하게 하시는 하나님은 미쁘시도다

　미국의 사우스이스턴 신학대학의 대학원장인 척 로리스 목사님은 '가끔씩 교회에 나쁜 사람들이 존재하는 8가지 이유'라는 글을 남겼습니다.
　01. 그리스도인이라 할지라도 결국 사람이다.
　02. 교회에 다닌다고 다 예수님을 믿는 것은 아니다.
　03. 구원의 확신이 있어도 충분한 훈련이 필요하다.
　04. 큰 문제에 시달리고 있는 성도일 수도 있다.
　05. 성숙하지 못한 채 힘과 영향력이 주어진 사람도 있다.
　06. 반복되는 죄에서 벗어나지 못하고 있기 때문이다.
　07. 감정의 조절 문제로 제어가 안 되기 때문이다.
　08. 교회가 그들을 방치하기도 한다.
　이 8가지 항목은 목사님이 그냥 생각해서 쓴 것이 아니라 교회에서 다른 사람에게 미움을 받거나 따돌림을 당하는 사람들을 수년 간 인터뷰해서 직접 얻은 결론입니다.
　결국 교회란 완벽한 사람들이 모이는 곳이 아니라 주님이 필요한 사람들이 모이는 곳입니다. 나에게 주님이 반드시 필요하듯이 때때로 나의 마음을 힘들게 하는 그 사람에게 주님이 필요합니다. 이 사실을 기억할 때 서로의 약점을 용납하고 동일한 비전을 위해 기도하며 동역할 수 있습니다. 교회 내의 대립에 대해 각을 세우지 말고 주님이 가르쳐주신 말씀의 원리에 따라 실행하고 기도하십시오. 아멘!!

♡ 주님, 주님의 사랑 안에서 함께 세워나가는 사랑의 공동체가 되게 하소서.
✍ 연약한 지체들을 어려워하지 말고 기도와 격려로 감싸줍시다.

나의 영적 일지

8월 7일
찬송의 은혜

읽을 말씀 : 욥 35:24-33

● 욥 36:24 그대는 하나님께서 하신 일을 기억하고 높이라 잊지 말지니라 인생이 그의 일을 찬송하였느니라

    기독교 변증가인 C. S. 루이스는 '새로운 찬양 세 곡을 부를 때마다 찬송가를 한 곡 정도는 반드시 부르자'라고 말했습니다.
    C. S. 루이스가 살았던 때는 지금보다 교회 음악이 훨씬 덜 발달되던 시기였지만 사람들이 찬송가를 오래됐단 이유로 자주 부르지 않는 경향이 있었기 때문입니다. 지금도 회중 예배를 제외하면 점점 찬송가를 부르지 않는 예배가 많아지고 있습니다. 그러나 리뎀셜 처치의 맷 보스웰 목사님은 다음의 이유 때문에 찬송가를 모든 예배에서 불러야 한다고 주장합니다.
    1.새롭다고 다 좋은 것은 아닙니다.
    2.찬송가는 성경 말씀을 가르칩니다.
    3.찬송은 우리를 권면합니다.
    4.찬송은 예배에 대한 마음을 모아줍니다.
    5.오래된 찬양 안에 새로운 찬양이 있습니다.
    역사적으로 내려온 찬양을 계속해서 부르는 것은 그동안 지켜 내려온 믿음과 소망의 중요성을 잊지 않고 모든 시간 가운데 역사하시는 하나님을 느끼게 도와줍니다. 또한 찬송은 말씀에 기반을 두고 성도의 마음을 하나로 모을 수 있는 진실한 고백입니다.
    예배 시간에 드리는 찬송들을 하나님을 향한 감사와 기쁨을 가득 담아 하나님께 올려드리십시오. 아멘!!

♥ 주님, 찬송을 통해 말씀을 노래하고 주님의 뜻을 더 알게 하소서.
📖 교회에서 드리는 예배에 더 많은 보혈찬송을 부르도록 건의합시다.

나의 영적 일지

더 큰 목소리

읽을 말씀 : 히브리서 2:1-4

● 히 2:1 그러므로 우리는 들은 것에 더욱 유념함으로 우리가 흘러 떠내려가지 않도록 함이 마땅하니라

    그리스 신화에는 바다에서 선원들을 유혹하는 세이렌이라는 전설의 동물이 나옵니다.
    얼굴은 아름다운 여자이지만 몸은 독수리인 세이렌은 폭풍우가 치는 바다에서 감미로운 노래를 불러 선원들을 유혹에 바다에 빠져 죽게 만듭니다. 경보음을 알리는 '사이렌'의 유래도 이 세이렌에서 나왔습니다.
    세이렌은 카프리 섬과 세이레스 섬을 지나는 해협에서 항상 출몰했는데 이곳을 지나는 선원들은 귀도 막아보고, 의지로 이겨내려고 힘도 내봤지만 버틸 수 있던 사람은 한 명도 없었습니다. 그러나 유일하게 음악가인 오르페우스가 탄 배의 선원들은 유혹에 넘어가지 않고 무사히 해협을 건넜습니다. 타고난 성량이 좋았던 오르페우스는 세이렌의 노래가 들리자 곧 뱃전으로 나왔습니다. 그리고 있는 힘을 다해 목청을 높여 노래를 불렀습니다.
    오르페우스의 우렁찬 성량이 세이렌의 유혹의 소리를 뒤덮었고 그 결과 배에 탄 선원들까지 무사히 해협을 건널 수 있었습니다.
    세상을 살아가는 그리스도인들에게도 유혹의 소리가 계속해서 들려옵니다. 때로는 그 소리에 귀를 막고, 또 이기려고 노력도 해보지만 그럼에도 버티기 힘들 때가 많습니다. 그러나 우리에겐 하나님이 주신 진리의 말씀이 있습니다. 세상의 유혹이 찾아올 때면 진리의 말씀을 더 크게 선포하십시오. 아멘!!

♡ 주님, 죄에 도망치지 않고 당당히 맞서 싸워 이길 능력을 주소서.
📖 말씀을 선포하는 삶으로 세상의 유혹을 이깁시다.

나의 영적 일지

말씀을 들으십시오

8월 9일

읽을 말씀 : 요한계시록 1:1-8

● 계 1:3 이 예언의 말씀을 읽는 자와 듣는 자와 그 가운데에 기록한 것을 지키는 자는 복이 있나니 때가 가까움이라

세계적인 정신분석학자인 미국의 칼 메닝거 박사는 '듣는 일'에 대해 이렇게 말했습니다.

"듣는 일은 사람을 끌어당기는 창조적인 힘입니다. 누군가 내 말에 귀를 기울여줄 때, 우리의 존재는 만들어지고 열리고 확장됩니다. 나는 이 진리를 깨달은 뒤부터 모든 사람에게 애정을 갖고 그들의 말에 귀를 기울입니다. 처음에는 건조하고 하찮고 지루한 이야기뿐일지 모르지만 곧 그 대화를 통해 곧 마음이 담겨지기 시작합니다. 그리고 그때부터 놀랍고 생생한 서로의 진정한 모습이 드러납니다."

베스트셀러 작가인 스캇 펙은 '아직도 가야할 길'이라는 자신의 책에서 이런 말을 했습니다.

"우리는 막대한 시간을 듣는 일에 쓰면서도 대부분의 사람은 그 시간들을 낭비합니다. 왜냐하면 대체로 듣는 방법을 잘 모르기 때문입니다."

신학자 칼 바르트는 하나님의 말씀은 3가지 양식으로 존재하는데 '그리스도, 성경, 설교'라고 말했습니다. 또 그렇기에 믿음은 들음에서 생길 수밖에 없고, 그리스도에 대해서 듣는 것이 믿음, 듣게 하는 것이 전도라고 했습니다.

믿음은 하나님의 말씀을 듣는 것이며, 전도하는 하나님의 말씀을 전하는 것입니다. 하나님을 더 알기를 간절한 마음으로 바르게 하나님의 말씀을 듣고, 또 전하십시오. 아멘!!

♡ 주님, 말씀을 듣는 일을 생명과 같이 여기게 하소서.
📖 성경 말씀과 설교 말씀을 진심을 다해 경청합시다.

나의 영적 일지

바른 길을 가게 하는 질문

읽을 말씀 : 여호수아 1:1-9

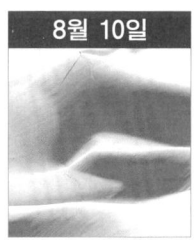

8월 10일

● 수 1:7 오직 강하고 극히 담대하여 나의 종 모세가 네게 명령한 그 율법을 다 지켜 행하고 우로나 좌로나 치우치지 말라 그리하면 어디로 가든지 형통하리니

유명한 가수인 에디 칸토는 오로지 성공만을 바라며 사는 사람이었습니다. 그는 많은 공연을 뛰면서도 방송인이 됐고, 또 사업까지 시작하며 만족할 줄 모르는 성공에 대한 열망을 펼쳤습니다. 이런 아들의 삶이 걱정됐던 어머니는 편지를 한 통 보냈는데 그 편지에는 이렇게 적혀 있었습니다.

'사랑하는 아들 에디에게,
너무 빨리만 달리는 사람은 주변의 좋은 경치를 놓치게 된단다.
그리고 인생에서 지나간 경치는 다시 돌아오지 않지.'

이 편지를 본 에디는 큰 깨달음을 얻었습니다. 그리고 빠른 인생이 아닌 제대로 된 인생을 위해 고민을 했고 다음의 4가지 질문을 만들었습니다.

1. 내가 하는 일이 과연 가치 있는 일인가?
2. 누구를 위해 일하고 있는가?
3. 인생의 참다운 보물을 추구하고 있는가?
4. 이웃에게 어떤 공헌을 할 것인가?

그는 이 질문을 수첩에 적어 매일 아침 보면서 하루를 시작했고, 이후에는 훨씬 후회가 적은 삶을 살아갈 수 있었습니다.

바른 질문을 통해 바른 생각을 하며 살아갈 수 있습니다. 하나님이 내 맘에 주시는 질문을 매일 생각하며 삶을 바르게 펼쳐나가십시오. 아멘!!

♥ 주님, 조금 느릴지라도 주님의 발자취를 따라가게 하소서.
🙇 하나님을 위한 삶을 살고 있는지 위의 네 가지 질문에 답을 내려봅시다.

나의 영적 일지

8월 11일 — 잘못된 가르침

읽을 말씀 : 누가복음 21:1-9

● 눅 21:8 이르시되 미혹을 받지 않도록 주의하라 많은 사람이 내 이름으로 와서 이르되 내가 그라 하며 때가 가까이 왔다 하겠으나 그들을 따르지 말라

중국 남송시대 성리학자 주자는 백록동서원이라는 곳을 세웠습니다.

전국에 흩어져 있던 학문을 집대성해 새롭게 정립하기 위한 서원이었는데 성대한 개원식에 당시 맞수였던 육상산을 불렀습니다. 육상한은 개원식에서 이런 연설을 했습니다.

"저는 이 서원이 갖고 있는 학문의 목적이 위인지학(爲人之學)이 아니라 위기지학(爲己之學)이 됐으면 합니다. 다른 사람을 가르치기 위해서는 자기 자신을 먼저 가르쳐야하기 때문입니다."

주자는 육상산의 말을 듣고 '위기지학'을 기치로 서원을 운영했습니다. 그리고 그는 남송 시대의 모든 유학을 집대성하고 체계화한 성리학의 완성자로 역사의 이름을 남겼습니다.

그런데 성경의 바울도 이와 비슷한 내용을 말했습니다. 바울은 말씀을 가르치는 바리새인들과 사두개인들에게 "다른 사람을 가르치는 네가 네 자신은 가르치지 아니 하느냐. 도둑질하지 말라 선포하는 네가 도둑질하느냐"라고 책망을 했습니다. 당시 이들만큼 말씀을 잘 아는 사람들은 없었으나 실천을 하지 않았기에 바울은 이들이 스스로를 가르치지 않았다고 말한 것입니다.

말씀을 배운 사람은 남을 가르치기보다는 스스로 배우려고 하고, 머리에만 담아두지 않고 실천합니다. 그렇기에 복음은 가르치는 것이 아니라 전하는 것입니다. 하나님의 넘치는 은혜를 제대로 알지 못하고 남을 책망하고 가르치기만 하는 실수를 저지르지 마십시오. 아멘!!

♡ 주님, 가르치는 사람이 아니라 순종하는 사람이 되게 하소서.
🙏 비판과 비난보다는 행동으로 본을 보이는 성도가 됩시다.

나의 영적 일지

무엇이 성공인가?

읽을 말씀 : 데살로니가후서 1:3-12

● 살후 1:5 이는 하나님의 공의로운 심판의 표요 너희로 하여금 하나님의 나라에 합당한 자로 여김을 받게 하려 함이니 그 나라를 위하여 너희가 또한 고난을 받느니라

연령대에 따른 성공의 기준이라는 유머입니다.
10대- 부모님이 부자면 성공
20대- 좋은 대학 갔으면 성공
30대- 역대 연봉 받는 직장인이면 성공
40대- 회식자리에서 2차 쏠 수 있으면 성공
50대- 공부 잘하는 자녀 있으면 성공
60대- 아직 돈 벌고 있으면 성공
70대- 건강하면 성공
80대- 친구한테 전화 오는 사람 있으면 성공
90대- 아침에 눈 뜨면 성공

　세상 사람들은 저마다 성공에 목을 매고 세상이 요구하는 조건을 충족시키려 달려가고 있습니다. 그러나 그리스도인의 성공은 달라야 합니다. 성경에는 성공이란 단어가 나오지 않고 오로지 하나님의 말씀을 따르는 사람과 그렇지 않은 사람이 나옵니다. 결국 하나님이 주신 모든 것들을 하나님을 위해 살아가는 사람이 성공이고 아무리 많은 축복을 받았다 할지라도 하나님 위해 사용하고 살아가지 않는다면 실패한 삶을 살고 있는 것입니다. 세상의 기준이 아닌 다니엘처럼, 에스더처럼, 요셉처럼, 바울처럼 오로지 하나님의 뜻을 좇으려고 노력하는 성공한 그리스도인이 되십시오. 아멘!!

♡ 주님, 나이, 때와 관계없이 오로지 주님의 말씀을 이루는 삶 살게 하소서.
　세상의 업적이 아닌 말씀의 순종이 성공임을 기억합시다.

나의 영적 일지

8월 13일 — 배움의 4단계

읽을 말씀 : 빌립보서 4:2-9

● 빌 4:9 너희는 내게 배우고 받고 듣고 본 바를 행하라 그리하면 평강의 하나님이 너희와 함께 계시리라

중국 고전인 예기(禮記)에는 다음과 같은 '학문의 4단계'가 나와있습니다.

1단계 - 장언(藏焉), 학문의 기본인 틀을 배우는 단계
2단계 - 수언(修焉), 연습하고 연마하여 익숙해지는 단계
3단계 - 식언(息焉), 배운 것이 몸에 익어 숨 쉬듯 자유로운 단계
4단계 - 유언(遊焉), 배운 것을 자연스럽게 활용하며 노는 단계

그리고 시대는 다르지만 현대의 대표 심리학자 중의 한 명인 매슬로우도 오랜 연구 끝에 인간의 학습발달은 4단계로 설명했습니다.

1단계 - 무능력의 무의식, 배우고 싶은 의식도 없고 능력도 없는 단계
2단계 - 무능력의 의식, 배우려는 의식은 생겼으나 실력이 초보인 단계
3단계 - 능력의 의식, 능력이 생겨 익숙한 상태
4단계 - 능력의 무의식, 무의식 상태에서도 능력이 발휘되는 단계

결국 제대로 배운 사람은 의식적으로 배운 대로 살고, 또 무의식적으로 배운 것이 나와야 합니다. 주님은 우리에게 적당한 신앙 생활이 아니라 끝까지 도전하고 노력하는 신앙을 명령하셨습니다. 그래서 때로는 고되고, 힘들고, 또 많은 노력이 필요할지라도 포기하지 않고 한 걸음씩 주님의 발자취를 따라 걸어나가야 합니다. 매주 말씀을 듣고, 매일 경건생활을 하며 배움의 단계를 높이십시오. 아멘!!

♡ 주님, 말씀을 듣고 익힘으로써 삶과 생각이 변화되게 하소서.
📖 배움을 통해 성장하고 있는지, 나의 신앙은 몇 단계인지 확인해봅시다.

나의 영적 일지

하나님의 그림

읽을 말씀 : 고린도후서 5:11-17

● 고후 5:17 누구든지 그리스도 안에 있으면 새로운 피조물이라 이전 것은 지나갔으니 보라 새 것이 되었도다

   남아프리카공화국 웰링턴에 자국 최초의 선교기관이 세워졌던 때의 일입니다. 선교기관이 세워지려던 부지 근처는 거의 폐허와 같아서 아무래도 경관이 좋지 않았습니다. 많은 사람들이 선교기관이 세워지더라도 과연 사람들이 제대로 찾아올지, 또한 제대로 역할을 할 수 있을지 의구심을 가졌습니다. 그러나 우려와 달리 선교기관은 멋진 고층빌딩 양식으로 현지인들의 입에 오르내릴 정도로 훌륭하게 지어졌습니다.
   그러자 이번에는 훌륭하게 지어진 건물을 보고 사람들이 분명히 부흥의 전진기지로 사용될 것이라는 기대감을 가졌습니다. 이런 사람들의 우려와 생각을 염두에 둔 의장은 설립 예배 때 이런 말을 했습니다.
   "몇 년 전 이곳에 초석을 놓기 위해 이 자리에 모였을 때 많은 사람들이 우려를 했습니다. 우리 눈에 쓰레기, 돌멩이, 부서진 벽돌, 무너진 옛 건물들이 보였기 때문입니다. 그러나 건축가의 눈에는 이 건물이 보였습니다. 마찬가지로 지금 이 훌륭한 건물도 단지 초석에 불과합니다. 건물이 아무리 훌륭하고 사람들이 기대를 한다 해도 사역이 어떻게 전개될 지는 오로지 하나님만 아십니다."
   하나님의 그림은 오로지 하나님만 아십니다. 내가 할 일은 그저 완벽한 건축가이신 하나님을 믿고 주신 오늘에 맡겨진 일들을 묵묵히 감당하는 것입니다. 현장의 부족함에 눈을 돌리는 이스라엘 백성이 되지 말고 약속의 가나안을 바라보는 여호수아와 갈렙의 믿음을 가지십시오. 아멘!!

♡ 주님, 하나님의 일하심을 믿고 묵묵히 순종하게 하소서.
🏃 아무리 작은 일이라도 하나님이 주신 일이라면 즐겁게 헌신합시다.

나의 영적 일지

8월 15일

독립을 위한 희생

읽을 말씀 : 디모데전서 2:1-15

● 딤전 2:1-2 ...모든 사람을 위하여 간구와 기도와 도고와 감사를 하되 임금들과 높은 지위에 있는 모든 사람을 위하여 하라 이는 우리가 모든 경건과 단정함으로 고요하고 평안한 생활을 하려 함이라

우리나라가 일본에게 경술국치의 수모를 당하고 있던 당시 우당 이회영 선생의 집에 6형제가 모여 회의를 하고 있었습니다.

백사 이항복의 후손으로 6명의 정승과 2명의 대제학을 배출한 명문가인 이들은 당시 지금의 돈으로 2조원에 달하는 어마어마한 재산을 가지고 있었습니다. 그러나 우당과 형제들은 나라가 없으면 미래가 없다는 생각으로 모든 재산을 처분해 만주로 망명해 독립운동을 하기로 결단을 내렸습니다. 단 한 명의 반대도 없었고 조금의 실랑이도 없이 신속하게 뜻을 정한 이들 가문은 재산을 급히 처분해 서둘러 만주로 떠났습니다.

더 많은 돈과 귀족의 지위를 주겠다는 일본의 유혹에도 굴하지 않은 우당의 일가는 만주로 가서 모든 돈을 투자해 독립군을 양성하는 신흥무관학교를 세웠습니다. 가져간 돈이 떨어져 하루에 한 끼를 죽으로 때워야 하는 상황에서도 신흥무관학교는 무료로 운영이 됐고, 4형제가 죽으면서도 독립운동은 계속됐습니다. 결국 밀고자에 의해 우당 선생은 잡혀 들어가 고문 끝에 숨을 거두었지만 결국 한 가문의 귀한 희생으로 광복의 기쁨이 찾아올 수 있었습니다.

자신의 모든 것을 아낌없이 희생한 수많은 위대한 인물들이 있었기에 지금의 대한민국이 있을 수 있었습니다. 나라를 위해, 또 신앙을 위해 헌신한 귀한 분들의 희생을 잊지 말고 하나님의 뜻을 따라 귀하게 쓰임 받는 나라가 되게 해달라고 간구하십시오. 아멘!!

♥ 주님, 하나님의 뜻을 따라 쓰임 받는 나라와 민족이 되게 하소서.
📖 지금의 나라와 민족이 있기까지 희생하신 독립운동가들의 후손을 위해 기도하십시오.

나의 영적 일지

고요한 평안

읽을 말씀 : 요한복음 14:25-31

● 요 14:27 평안을 너희에게 끼치노니 곧 나의 평안을 너희에게 주노라 내가 너희에게 주는 것은 세상이 주는 것과 같지 아니하니라 너희는 마음에 근심하지도 말고 두려워하지도 말라

중국 주나라 시대의 선왕은 닭싸움에 큰 관심이 있었습니다.
왕은 직접 닭을 길러 싸움에 내보내기도 했는데 그래서 전국을 수소문해 닭을 가장 잘 훈련시키는 기성자라는 사람을 불러다 맡겼습니다.
"어떤 닭을 써도 좋고, 어떤 방법을 써도 좋다. 필요한 돈은 얼마든지 고하라. 잘 싸우는 닭만 만들어준다면 더 큰 상을 내릴 것이다."
그리고 한 달이 지나 왕이 기성자를 불러 닭이 어떤지 물었습니다.
"힘이 붙고 기세가 있으나 아직 기다려야 합니다."
다시 한 달이 지나 왕이 또 묻자 기성자가 대답했습니다.
"싸움에 자신이 붙어 다른 닭만 봐도 섣불리 달려들어 시비를 걸지만 아직도 멀었습니다."
다시 한 달이 지나 왕이 묻자 완성이 되었다며 닭을 데려왔습니다.
"드디어 나무 모형과 같은 닭이 되었으니 이제는 질 일이 없을 것입니다."
기성자가 데려온 닭은 상대방이 아무리 위협을 하고 소리를 질러도 조금도 동요하지 않았습니다. 그리고 그 위세에 겁을 먹은 닭들은 이내 꼬리를 보이며 도망쳤는데 이 일화로부터 '목계'라는 말이 나왔습니다.
성을 내고 분을 내는 사람들을 이기는 것은 더 큰 힘이나 분이 아닌 진리를 믿고 묵묵히 행하는 평안함입니다. 교회를 향한 세상 사람들의 비난이 커질지라도 잠잠히 진리를 붙들고 말씀대로 살아가십시오. 아멘!!

♡ 주님, 묵묵히 선행으로 진리를 세상에 선포하게 하소서.
🙏 주변인들의 비난에도 미소로 사과합시다.

나의 영적 일지

8월 17일
마음을 위한 행동

읽을 말씀 : 데살로니가전서 5:1-11

● 살전 5:8 우리는 낮에 속하였으니 정신을 차리고 믿음과 사랑의 호심경을 붙이고 구원의 소망의 투구를 쓰자

    미국의 건강정보 전문 사이트 헬스닷컴이 소개한 '정신건강을 안 좋게 만드는 행동들'입니다.
1. 자신감 없는 걸음걸이
팔을 움직이지 않고 어깨를 구부정하게 걷는 사람일수록 생각이 부정적이고 자신감이 없습니다.
2. SNS에 과도하게 투자를 하는 사람
모든 일상을 기록하려고 사진에만 집중하는 사람들은 정작 그 순간을 즐기지 못했습니다.
3. 도움이 되지 않는 관계를 유지하는 것
나의 자존감을 낮게 만들고 힘이 빠지게 하는 사람들은 굳이 만날 필요가 없습니다.
4. TV를 보며 스마트폰을 하고, 식사를 하면서 친구와 채팅을 하는 것.
여러 가지를 동시에 하는 것은 한 가지도 하지 못하는 것입니다.
5. 혼자 있는 시간이 없는 것
늘 일과 사람에 치여 있는 사람은 인생을 성찰할 여유와 능력을 상실합니다.
    최근 연구들에 따르면 사람의 행동이 오히려 정신과 감정을 이끌어간다고 합니다. 무력감을 키우고 신앙에서 멀어지게 만드는 습관들을 과감하게 끊고 데살로니가전서 5장의 말씀을 내 삶에 심으십시오. 아멘!!

🖤 주님, 말씀의 수칙을 따라 행동하는 하루하루가 되게 하소서.
🖤 경건을 위한 행동들을 철저히 지킵시다.

> 나의 영적 일지

여전히 그대로인 것

읽을 말씀 : 야고보서 1:12-18

● 약 1:17 온갖 좋은 은사와 온전한 선물이 다 위로부터 빛들의 아버지께로부터 내려오나니 그는 변함도 없으시고 회전하는 그림자도 없으시니라

주사기는 19세기 중반 프랑스에서 발명됐습니다.
 현대의학 기술 발전에 혁명을 일으킨 것으로 평가받는 주사기는 몸통과, 피스톤, 그리고 바늘로 이루어져 있습니다. 주사기가 개발된 뒤로부터 약 160년이 지나고 많은 기술들이 발전했지만 지금도 주사기는 그때와 거의 비슷한 형태와 구조로 이루어져 있습니다. 그 이유는 아무리 기술이 개발되고, 새로운 이론들이 나와도 주사기는 초창기 그대로의 모습이 가장 효과적이기 때문입니다.
 스피커 역시 마찬가지입니다. 과학기술은 눈부시게 발전하고 있고 스피커에 사용되는 부품들도 계속해서 달라지지만 소리의 음역대를 나눠서 출력하는 방식만큼은 아직도 몇 백 년 전의 방식인 2웨이 혹은 3웨이 방식입니다. 음의 영역을 4,5개로 나눌 수도 있지만 몇 배의 돈을 들여 그렇게 한다 해도 기존의 방식과 큰 차이가 나지 않기 때문에 지금도 아무리 비싼 스피커라 하더라도 이 방식을 벗어나는 것들은 사실상 없습니다. 이 역시도 수백 년의 역사 동안 이 방식이 가장 효율적이라는 것이 증명됐기 때문입니다.
 세상이 달라지고 시대가 변해도 여전히 그대로인 것들이 있습니다. 시대를 초월한 진리는 변해서도 안 되며, 바꾸려고 해서도 안 됩니다. 예수님의 십자가로 완성된 복음이 바로 모든 인간들이 믿어야 할 만고불변의 진리임을 항상 기억하십시오. 아멘!!

♡ 주님, 어떤 시대에도 진리의 말씀을 향한 믿음만큼은 지켜나가게 하소서.
 인류의 죄에는 복음이 유일한 정답임을 믿고 또 전합시다.

나의 영적 일지

8월 19일

세상과 구별되라

읽을 말씀 : 베드로전서 1:13-25

● 벧전 1:15 오직 너희를 부르신 거룩한 이처럼 너희도 모든 행실에 거룩한 자가 되라

    미국의 장거리 통신회사 월드컴은 뛰어난 실적으로 창업한지 10년 만에 미국 내 5위 안에 드는 대기업이 되었습니다.
    그리고 공격적인 인수 전략으로 몇 년 뒤에는 미국 2위의 대형 통신사가 됐습니다. 이 회사의 창업자인 버나드 에버 회장은 독실한 크리스천이었는데 그는 어디서 연설을 하던 '하나님'이라는 단어를 반드시 사용했습니다.
    또 직원회의가 있을 때마다 반드시 기도로 시작했고, 작은 지역 교회의 집사님이었으며 성경공부 그룹의 리더였습니다. 엄청난 대기업의 회장이었음에도 교회에 누가 빠지거나 문제가 생기면 시간을 내서 찾아가 위로할 정도로 그는 신실했습니다. 그래서 많은 미국의 크리스천들이 월드컴의 성공이 버나드의 신앙이 원인이라고 생각까지 했습니다.
    그러나 찬란했던 월드컴은 엔론과 함께 분식회계로 미국 역사상 최대의 경제사기를 일으킨 기업으로 지목되어 하루아침에 망했습니다.
    사회문제를 연구해 책으로 내는 작가 데이빗 칼라한은 미국 내의 '성공을 위한 속임수'가 이미 문화적 현상이 되어 있기 때문에 계속해서 이런 일들이 일어난다고 지적했습니다.
    세상과 구분되어 확실한 정체성을 지키지 못한다면 교회 내의 모습과 세상에서의 모습이 180도 다른 모습일 수밖에 없습니다. 교회 안에서도, 세상 밖에서도 그리스도인의 모습을 잃지 마십시오. 아멘!!

♥ 주님, 순전한 믿음을 지켜가는 신앙인이 되게 하소서.
📖 세상 밖과 안의 모습이 언제나 그리스도인의 모습이 되게 합시다.

나의 영적 일지

생존의 비결

읽을 말씀 : 이사야 60:14-22

● 사 60:21 네 백성이 다 의롭게 되어 영원히 땅을 차지하리니 그들은 내가 심은 가지요 내가 손으로 만든 것으로서 나의 영광을 나타낼 것인즉

　오래된 세월에도 생존해 있는 나무들을 연구하던 건축가가 있었습니다. 틈이 날 때마다 국립공원을 찾아다닌 그는 특별히 2천년이 넘게 살아 있는 나무들에서 세 가지 특징을 발견했습니다.
　- 첫 번째 특징은 뿌리가 다른 나무들보다 훨씬 깊이 뻗어 있었습니다.
　- 두 번째 특징은 잔뿌리가 많았습니다. 그리고 수분이 부족하지 않게 습한 곳으로 밀집되어 자라나 있었습니다.
　- 마지막으로 이 길고 굵게 뻗은 뿌리들은 근처의 바위를 칭칭 감고 있었습니다.
　이후에 이 건축가는 거의 불가능에 가까운 난이도의 다리 건설을 맡게 됐습니다. 건축가는 나무를 관찰하며 깨달은 노하우를 바탕으로 반석이 나올 때까지 땅을 파고 교각을 세우고, 다리를 세우는 기둥은 수만 줄의 철선을 연결해 강하면서도 유연할 수 있게 조치를 취했습니다. 그렇게 모든 사람이 불가능하다고 말해 사업자금도 기부를 받아가며 만든 이 금문교라는 다리는 샌프란시스코의 명물이 되었고 지금도 건재하게 다리의 역할을 감당하고 있습니다.
　반석에 터를 잡고 서로 연합하는 것이 생존의 비결입니다. 예수님께 뿌리내린 신앙으로 서로 연합하는 성도들이 되어 세상의 변화에 큰일을 감당하십시오. 아멘!!

♡ 주님, 믿음으로 강력히 연합하여 주님께 접붙인 성도들이 되게 하소서.
　가까운 성도들로부터 연합하여 서로를 위해 기도하고 간증을 나눕시다.

나의 영적 일지

8월 21일 한 가지 걱정

읽을 말씀 : 마태복음 7:6-11

● 마 7:7 구하라 그리하면 너희에게 주실 것이요 찾으라 그리하면 찾아낼 것이요 문을 두드리라 그리하면 너희에게 열릴 것이니

    한 교회의 목사님에게 성도가 근심이 가득한 얼굴로 찾아와 상담을 요청했습니다. 문제가 무엇인지 묻자 성도님을 한숨을 푹푹 쉬면서 걱정거리를 쏟아냈습니다.
    "저번 달 월급을 빌려준 친구가 연락이 되지 않습니다. 그런데 하필 이번 달에 돈 쓸일이 너무나도 많지 뭡니까. 조금 있으면 아내의 생일입니다. 그런데 아무것도 살 돈이 없습니다. 자녀들은 이제 학교를 들어가는데 학용품 살 돈도 없고, 혹시라도 입학식 때까지 준비를 못하면 학교에서 놀림이라도 당할까 걱정입니다. 생각해보니 생일선물은 고사하고 당장 외식할 비용도 없습니다. 월급날은 아직 3주나 남았는데 도대체 어떡해야 할지를 모르겠습니다. 걱정거리가 너무 많습니다."
    이 말을 들은 목사님은 외식비용이 얼마냐고 물었습니다.
    "온 가족이 먹는다 해도 15만 원 정도 하겠죠?"
    "자녀들 학용품과 아내 생일선물은요?"
    "못해도 50만 원 정도는 들 것 같습니다."
    "그러면 오늘부터 65만원 하나만 놓고 하나님께 기도를 드리세요. 65만원 하나의 걱정을 왜 수십 개로 나눠서 하십니까?"
    전지전능하신 하나님을 믿는다면 구원자이신 예수님을 정말로 믿는다면 주님께 기도함으로 모든 걱정을 마음에서 내려놓으십시오. 그리고 주님이 주신 충만한 기쁨과 평안을 누리게 해달라고 기도하십시오. 아멘!!

♡ 주님, 모든 문제를 해결해주실 주님을 믿고 오로지 기도에 힘쓰게 하소서.
※ 눈에 보이는 것 이상의 과도한 걱정을 하고 있지 않은지 생각해봅시다.

나의 영적 일지

천국 핫라인

읽을 말씀 : 고린도전서 12:12-25

- 고전 12:12 몸은 하나인데 많은 지체가 있고 몸의 지체가 많으나 한 몸임과 같이 그리스도도 그러하니라

8월 22일

    곤충학자인 바스티안은 집 근처에 살고 있는 거미들을 관찰하고 있었습니다. 하루는 작은 덤불 사이에 비어있는 거미줄을 살피고 있었는데 가만히 보니 작은 새끼들이 있었습니다. 그런데 줄이 흔들려 새끼들이 떨어지려고 하거나 다른 곤충이 접근해 위험한 상황이 닥쳐오면 갑자기 어디선가 어미 거미가 나타나 새끼들을 챙겼습니다.

    호기심이 생긴 바스티안은 근처의 다른 거미들에게도 비슷한 현상이 있는지 살폈는데 어딜가나 비슷한 모습으로 새끼 거미들은 보호를 받았습니다. 그러나 도대체 멀리 떨어져 있는 엄마 거미가 어떻게 새끼들의 위험을 눈치 채는지가 이해할 수 없었습니다.

    결국 그는 훨씬 더 정밀하게 거미들을 관찰했는데 그 결과 새끼들의 몸으로부터 정말 얇은 실이 나와 있고 그 줄이 엄마 거미와 이어져 있음을 발견했습니다. 새끼들이 안정망 밖으로 나가거나 위협을 당해 그 줄이 팽팽해지면 그때를 놓치지 않고 재빨리 엄마 거미가 달려오는 것이었습니다.

    새끼 거미의 몸에 나와 있는 줄은 생명줄이나 마찬가지입니다. 모든 그리스도인 역시 기도로 하나님과 연결되어 있고 하나님은 우리의 작은 신음도 외면하지 않고 즉각 응답하십니다. 하나님과의 핫라인만 잘 관리하면 모든 문제는 해결됩니다. 매일 기도함으로 하나님께 마음을 고하고 또 하나님의 응답을 들으십시오. 아멘!!

♥ 주님, 기도로 이어주신 천국의 핫라인을 활용하게 하소서.
🙏 기도할 수 있다는 사실로 낙담하지 말고 다시 일어설 힘을 얻읍시다.

나의 영적 일지

8월 23일 — 전도하지 않는 이유

읽을 말씀 : 디모데전서 2:1-8

●딤전 2:4 하나님은 모든 사람이 구원을 받으며 진리를 아는 데에 이르기를 원하시느니라

　미국의 복음전도 전문가인 척 롤리스 박사는 20년 동안 선교학을 가르치면서 느꼈던 '사람들이 전도하지 않는 9가지 이유'에 대해서 다음과 같이 말했습니다.
　1. 복음을 전파해야 전도가 되는 것을 모른다.
　2. 복음전도의 롤 모델을 찾기 힘들다.
　3. 일부 교인들은 전도를 필수라고 생각하지 않는다.
　4. 교회에서 전도 훈련을 제공하지 않는다.
　5. 예상치 못한 상황에 대한 두려움이 있다.
　6. 구원 받았다는 사실에 안도해 전도의 열정이 시들었다.
　7. 목회자들이 전도의 본을 보이지 않는다.
　8. 교회 안에서만 인간관계를 맺는다.
　9. 불신자들이 어떻게 되든 관심이 없다.
　하나님이 주신 사명 앞에서는 어떤 사람도 핑계를 댈 수 없습니다. 지금보다 훨씬 더 위험하고 열악한 상황 속에서도 많은 크리스천들은 두려워 않고 담대히 복음을 전했고, 그래서 지금 우리들도 복음을 들을 수 있게 됐습니다. 그럼에도 내가 전도를 하지 못하는 이유는 무엇입니까? 너무나 당연한 이유가 있을 지라도 하나님은 나의 약함을 강함으로 쓰시는 분들임을 믿으십시오. 그 이유들을 솔직하게 꺼내놓고 이겨낼 힘을 달라고 주님께 기도하십시오. 아멘!!

　♡ 주님, 전하지 않고는 견딜 수 없는 구원의 기쁨을 마음에 허락하소서.
　🕮 전도가 사역의 중심이 될 수 있게 동역자들과 전도그룹을 만듭시다.

나의 영적 일지

행복의 가능성

읽을 말씀 : 요한복음 15:1-12

● 요 15:11 내가 이것을 너희에게 이름은 내 기쁨이 너희 안에 있어 너희 기쁨을 충만하게 하려 함이라

모든 사회는 사람과의 네트워크 관계로 이루어져 있습니다.

사회학자인 니콜라스 하버드대 교수와 정치학자인 제임스 캘리포니아대 교수는 이런 네트워크가 어느 정도의 규모로 얼마나 영향을 미치는지 함께 연구를 해보기로 했습니다. 그래서 이들은 1971년 동안 무려 40년 동안이나 1만 명이 넘는 사람들을 조사했습니다. 그리고 그 결과 실제 수치적으로 사람들은 서로에게 영향을 줬는데, 감정과 건강, 심지어 정치성향과 종교까지도 영향을 미쳤습니다.

이 연구에 따르면 모든 사회적 관계망은 다음의 3단계로 이루어져 있습니다.

'친구(1단계), 친구의 친구(2단계), 친구의 친구의 친구(3단계)'

4단계부터는 아무런 영향을 미치지 못했지만 3단계까지는 확실하게 영향을 미쳤습니다.

행복을 예를 들면 만약 내가 행복하다면 내 친구가 행복할 확률은 15% 증가합니다. 동시에 친구의 친구가 행복할 확률은 10% 증가하며, 마지막 3단계인 친구의 친구의 친구가 행복할 확률은 6%가 높아집니다. 부정적인 감정 역시 마찬가지며, 심지어 건강이나 생각도 이와 비슷한 확률로 영향을 미칩니다.

세상을 변화시키고 내 주변의 사람들을 행복하게 만들기 위해서는 내가 먼저 말씀대로 살아야 합니다. 하나님이 주시는 참된 행복을 만나 세상을 더 행복하게 만드십시오. 아멘!!

♥ 주님, 은혜와 사랑으로 주변을 더욱 행복하게 만드는 기쁨의 삶이 되게 하소서.
주님이 주신 사랑으로 인해 먼저 행복한 삶을 살아갑시다.

나의 영적 일지

8월 25일 자신의 문제

읽을 말씀 : 잠언 29:22-27

● 잠 29:25 사람을 두려워하면 올무에 걸리게 되거니와 여호와를 의지하는 자는 안전하리라

　정신분석의 창시자 지그문트 프로이트 박사는 사람의 모든 심리적 행동에는 깊은 내면에 이유가 있다고 생각을 했습니다.
　사람의 꿈과 작은 행동까지 놓치지 않고 수많은 환자들을 연구한 그는 다양한 사람들의 심리를 분석해 인정을 받으면서 순식간에 세계에서 가장 유명한 정신병리학자가 됐습니다. 한 번은 어떤 환자의 꿈 이야기와 사소한 행동으로 그가 태어났을 때 겪었던 일까지 정확하게 맞추기도 했습니다.
　그러나 프로이트는 자신의 사소한 문제는 평생 해결하질 못했습니다. 그는 담배를 너무 많이 피워서 심장에 문제가 생길 정도였는데, 의사의 권고에도 담배를 줄이지 조차 못했습니다. 결국 턱에 암이 생겨 35번이나 수술을 했는데 그 사이마다 며칠간 담배를 끊은 적은 있어도 이내 다시 피우기 시작했습니다. 결국 나중에는 아래턱을 들어내는 수술을 해야 했고, 그로 인한 건강악화로 세상을 떠났습니다.
　많은 사람들이 고통 받는 문제를 파악하고 또 분석하던 세계 최고의 학자였지만 그는 정작 흡연이라는 문제 하나를 해결하지 못했습니다. 인간은 결국 자신의 문제를 제대로 해결할 수 없고 죄의 문제에 대해서는 더욱 그렇습니다. 죄의 문제는 오직 날 위해 이 땅에 오시고, 날 위해 십자가에서 돌아가시고, 날 위해 다시 부활하신 주님만이 해결하실 수 있습니다. 나를 믿지 말고, 사람을 믿지 말고, 오직 살아계신 하나님만을 믿으십시오. 아멘!!

　♡ 주님, 실수하지 않으시는 주님만을 믿고 따르게 하소서.
　🖼 내가 극복할 수 없는 문제들을 하나님께 맡겨 버립시다.

나의 영적 일지

1분의 투자

읽을 말씀 : 디모데전서 4:7-11

● 딤전 4:8 육체의 연단은 약간의 유익이 있으나 경건은 범사에 유익하니 금생과 내생에 약속이 있느니라

8월 26일

　미국 MIT 의대의 셰리 파고토 교수가 말한 '하루에 1분을 투자해 건강을 지킬 수 있는 4가지 비결'입니다.
　1. 귀에도 선크림을 바를 것.
　자외선은 1급 발암물질로 피부를 보호하는 가장 중요한 방법은 선크림을 챙겨 바르는 것입니다.
　2. 식단에 건강음식 한 가지 추가하기.
　매일 먹는 음식에도 강황이나 샐러리, 아몬드 같은 건강에 좋다고 알려진 재료들을 넣어서 먹는 것입니다.
　3. 치실 쓰기.
　미국치과협회에 따르면 치실을 쓰는 것은 조기 사망 위험률까지 낮춘다고 합니다.
　4. 1분 운동과 1분 기다리기.
　습관적으로 먹는 탄산음료, 사탕, 쿠키에 손이 갈 때는 잠시만 기다리면 참을 수 있는 확률이 훨씬 늘어납니다. 반대로 플랭크나 싯업 같은 척추를 세우는 운동을 하루에 1분만 해도 몸의 전반적인 균형을 지키고 척추의 안정감을 높일 수 있습니다.
　때로는 1분을 투자하지 못해 건강을 잃고, 믿음을 잃고, 영혼을 잃기도 합니다. 나의 몸과 믿음을 지키는 일들에 투자하는 시간을 아까워하지 마십시오. 아멘!!

　♡ 주님, 한정된 시간을 꼭 필요한 일에만 사용하게 하소서.
　🙏 위의 지침들과 더불어 하루도 빠짐없이 경건생활을 합시다.

　나의 영적 일지

8월 27일

사소한 다툼의 결과

읽을 말씀 : 잠언 20:1-10

● 잠 20:3 다툼을 멀리 하는 것이 사람에게 영광이거늘 미련한 자마다 다툼을 일으키느니라

보스턴의 야구경기장에서 시즌 전의 연습시합이 벌어지던 때였습니다. 상대팀인 볼티모어 오리올스의 투수 존 맥그로우는 호투를 이어가다 공이 미끄러져 상대의 머리쪽을 향해 공을 던지고 말았습니다. 야구 경기 중에 때때로 일어날 수도 일이었기에 존은 대수롭지 않게 다시 투구 준비를 했으나 갑자기 타자인 선수가 방망이를 던져놓고 마운드로 달려갔습니다.

이 모습을 본 덕아웃의 모든 선수들과 코치들까지 나와 갑자기 패싸움이 시작됐는데 이 모습을 보던 관중들도 서로 갑론을박을 벌이다 싸우기 시작했습니다. 순식간에 엉망진창이 된 경기장은 이런 난투 끝에 누군가가 불을 냈고, 야구장에 일어난 화재로 보스턴 지역의 100개에 가까운 건물까지 소실되고 말았습니다.

아무리 메이저리그라 하더라도 시범경기는 승패에 영향을 미치지 않는 그야말로 시범경기였고, 투수가 던진 빈볼도 시합 중에 늘 일어날 수 있는 일이었습니다. 그러나 순간의 감정을 참지 못한 사람들 때문에 평범한 위기가 큰 싸움으로 번졌고, 화재가 일어나 결국 재난이 되고 말았습니다.

아무리 사소한 죄라도, 사소한 분이라도 일단 참고 잘 다스려야 하는 것은 그 결과가 어떻게 될지는 아무도 알 수 없기 때문입니다. 죄와 분은 작은 불씨와 같다는 사실을 기억하고 불이 번지지 않도록 믿음의 숨결로 속히 꺼버리십시오. 아멘!!

♥ 주님, 작은 불씨와 바람에 흔들리지 않는 평안한 마음을 허락하소서.
📖 사소한 시비와 다툼을 이겨내는 방법을 익힙시다.

나의 영적 일지

하나님의 시선이 닿는 곳

읽을 말씀 : 역대상 28:1-18

● 대상 28:9 ...여호와께서는 모든 마음을 감찰하사 모든 의도를 아시나니 네가 만일 그를 찾으면 만날 것이요 만일 네가 그를 버리면 그가 너를 영원히 버리시리라

급식을 자율배식으로 하는 한 초등학교가 있었습니다.
하루는 후식으로 사과와 요구르트가 나왔는데 평소 사과가 나오는 날은 여러 개를 집어가는 아이들 때문에 뒤에 받는 학생들이 먹지 못하는 일이 종종 있었습니다. 방법을 고민하던 선생님은 아이들의 양심을 일깨우기 위해서 사과 상자 위에 이렇게 적어놓았습니다.
'하나님이 보고 계십니다.'
그리고 점심시간에 배식이 잘 되나 보러왔습니다. 다행히 사과는 넉넉해 보였습니다. 그런데 이상하게 사과를 집은 아이들이 마구 웃더니 요구르트를 왕창 집어가기 시작했습니다.
'사과는 한 개씩 집어가는 아이들이 왜 요구르트는 많이 집어가지?'
이상한 생각이 들어 선생님이 요구르트 상자를 살피러 왔는데 그 상자 위에는 어떤 장난꾸러기가 이렇게 글을 적어놓았습니다.
'하나님은 사과 상자만 보고 계시니 요구르트는 안심하고 가져가세요.'
아이들의 귀여운 장난이지만 때로는 우리 인생이 이런 모습이기도 합니다. 나의 욕심이 있는 부분은 하나님이 보지 않으시는 것처럼 마음대로 하고, 조금 양보한 부분은 마치 하나님을 위해 한 것처럼 부풀리는 것은 하나님을 기만하기만 하는 신앙입니다. 심령을 감찰하시고 공의로 심판하시는 하나님을 기만하지 말고 경외함으로 모든 일을 두루 살피십시오. 아멘!!

♡ 주님, 나의 욕심과 안위를 위해 주님을 속이는 삶을 살지 않게 하소서.
❈ 작은 일부터 큰일까지 주님을 위하는 마음으로 합시다.

나의 영적 일지

싸워 승리하신 분

8월 29일

읽을 말씀 : 요한1서 5:1-12

● 요1 5:4 무릇 하나님께로부터 난 자마다 세상을 이기느니라 세상을 이기는 승리는 이것이니 우리의 믿음이니라

  어거스틴의 묵상록에는 마귀의 시험에 관한 글이 나와 있습니다.
  "마귀가 때때로 나에게 찾아와 주는 시험을 나는 환영한다. 이 시험으로 인해 나는 나의 믿음을 확인할 수 있다. 그러나 그렇다고 이 마귀와 직접 마주쳐서는 안 된다. 아무리 훌륭한 사람도 이 마귀는 이길 수 없다. 나는 다만 마귀들이 나의 마음에 찾아올 때마다 내 안에 계시는 그리스도를 소개한다. 그러면 그럴 때마다 예수님이 말씀하신다. '마귀야, 네가 싸울 상대는 어거스틴이 아니라 바로 나 예수 그리스도다' 그리고 십자가에 못 박히신 손의 자국을 보여주면 마귀는 곧 달아난다. 예수님의 몸에 나 있는 십자가의 증표는 곧 이미 승리한 징표이기 때문이다."
  결국 내 마음에 예수님이 언제나 계신다면 그 어떤 시험이 찾아와도 두렵지 않다는 말입니다. 이에 대해 마틴 루터도 이런 말을 했습니다.
  "매일 자라나는 수염을 깎아야 하듯이 우리의 마음도 매일 다듬지 않으면 안 된다. 한 번 청소를 했다고 언제나 방안이 깨끗한 것은 아니듯이 우리의 마음도 한번 반성하고 좋은 뜻을 가졌다고 해서 그것이 늘 우리 맘에 있는 것은 아니다. 결국 신앙도 마찬가지여서 어제 드린 믿음의 고백을 오늘 다시 새롭게 하지 않으면 그 어떤 좋은 믿음과 결심도 곧 우리 마음을 떠나가고 만다."
  마귀의 유혹을 이기는 방법은 언제나 내 마음에 예수님을 모시는 것입니다. 매일 같이 내 마음에 예수님이 머물고 계신지 확인하십시오. 아멘!!

♡ 주님, 나의 힘과 무력함을 깨닫고 주님의 능력과 은혜를 의지하게 하소서.
※ 주님을 내 안에 모심으로 모든 시험을 이겨냅시다.

나의 영적 일지

하나님의 일을 하는 조건

읽을 말씀 : 누가복음 1:46-53

● 눅 1:49 능하신 이가 큰 일을 내게 행하셨으니 그 이름이 거룩하시며

　유명한 작곡가이자 뛰어난 바이올리니스트인 비발디가 빈에서 연주회를 하기로 한 날이었습니다. 이 날은 특별히 세계 최고의 바이올린인 스트라디바리우스로 연주를 한다고 소문이 나 있어서 빈자리가 없을 정도로 관객들이 몰려왔습니다. 이윽고 비발디의 멋진 연주가 시작됐고, 관객들은 황홀한 표정으로 연주를 감상했습니다. 그러나 연주를 듣는 관객들은 모두 같은 생각을 하곤 했습니다.
　'비발디도 비발디지만 역시 스트라디바리우스야. 너무나 멋진 선율이군.'
　그런데 그날의 연주를 모두 마친 비발디가 갑자기 바이올린을 바닥에 내리쳤습니다. 사람들은 산산조각난 스트라디바리우스를 보고 놀라서 어쩔 줄 몰랐는데 비발디가 큰 소리로 무대에서 외쳤습니다.
　"사실 오늘 제가 쓴 바이올린은 싸구려 연습용이었습니다. 좋은 연주에는 비싼 악기가 필요하다는 여러분의 선입견을 깨트리기 위해서 오늘 공연에 앞서 거짓말로 소문을 냈습니다. 여러분을 속인 것은 죄송하지만 그래도 꼭 이 사실을 알아주셨으면 합니다."
　훌륭한 연주자의 손에 들린 악기는 싸구려 연습용이라도 아름다운 선율을 연주합니다. 하나님이 사용하시는 사람도 마찬가지입니다. 자신의 능력으로 쓰임 받으려 하지 말고 하나님의 손에 붙들려 주님의 음성을 따라 행동하는 귀한 도구가 되십시오. 아멘!!

　♡ 주님, 말씀을 삶으로 연주하는 아름다운 도구가 되게 하소서.
　🙏 하나님의 손에 들리는 삶을 살도록 마음을 정결히 합시다.

나의 영적 일지

8월 31일

정성이 담긴 파슬리

읽을 말씀 : 예레미야 32:36-44

● 렘 32:41 내가 기쁨으로 그들에게 복을 주되 분명히 나의 마음과 정성을 다하여 그들을 이 땅에 심으리라

각 지역의 특산물을 생산하는 농장을 찾아다니며 취재를 하는 일본의 한 방송 프로그램이 있었습니다.

하루는 파슬리를 재배하는 농장을 찾았는데 리포터는 머리가 희끗한 농부를 인터뷰하며 먼저 파슬리에 대해서 소개를 했습니다.

"파슬리는 요리의 장식용으로 많이 쓰입니다. 그런데 사실 중요한 식재료이기도 하죠. 그런데 대부분 맛도 보지 않고 나오자마자 사진을 찍고 버리는 경우가 많습니다. 이런 부분에 대해서 어떻게 생각하시나요?"

그런데 이 말을 들은 농부 할아버지는 큰 충격을 받은 듯 했습니다.

"파슬리를... 대부분 먹지 않고 버리나요? 사람들이? 정말 최선을 다해서 신선하고 맛있게 기르려고 노력을 하고 있는데... 그렇군요..."

목소리는 점점 작아졌고 끝내 농부 할아버지는 말을 잇지 못했습니다. 그러나 귀를 기울여야 할 이 작은 목소리를 들은 많은 사람들은 파슬리를 향한 농부 할아버지의 열정과 진심을 느꼈고, 이 인터뷰 하나로 파슬리를 먹어보자는 운동까지 한 때 생기기도 했습니다.

우리가 믿고 있는 복음과 신앙, 그리고 예배의 자유와 같은 것들은 예수님의 십자가로부터, 초대교회로부터, 많은 순교자와 믿음의 선배들의 희생과 열정으로 내려온 것입니다. 이 귀한 신앙을 소중히 여기고 바르게 전할 의무가 나에게는 있습니다. 지금 누리는 신앙에 대한 자유를 감사한 마음을 담아 항상 최선을 다해 보답하십시오. 아멘!!

♥ 주님, 신앙과 믿음의 전승에 대해 깊이 깨닫고 감사하게 하소서.
📖 한국 선교의 역사와 양화진에 대해서 알아봅시다.

나의 영적 일지

9월

"진실로 악을 행하는 자들은 끊어질 것이나
여호와를 소망하는 자들은 땅을 차지하리로다"

(시편 37편 4절)

9월 1일
외모 콤플렉스

읽을 말씀 : 사무엘상 16:1-13

● 삼상 16:7 여호와께서 사무엘에게 이르시되 그의 용모와 키를 보지 말라 내가 이미 그를 버렸노라 내가 보는 것은 사람과 같지 아니하니 사람은 외모를 보거니와 나 여호와는 중심을 보느니라 하시더라

러시아의 대문호 톨스토이의 작품에는 한 가지 이상한 특징이 있습니다. 그것은 작품에 등장하는 미남, 미녀들은 모두 비참한 최후를 맞는다는 것입니다. 심지어 톨스토이의 대표작 중 하나인 안나 카레리나에 나오는 인물 중에는 외모가 뛰어나단 이유로 갑자기 의문사를 당해 사라지는 등장인물도 있습니다.

이것은 외모 콤플렉스가 심각했던 톨스토이가 자신의 심리상태를 작품에 투영했기 때문이기도 합니다. 그래서 톨스토이의 작품에 등장하는 미남과 미녀들은 하나 같이 비참한 최후를 맞습니다.

'끝날 때까지 끝난 게 아니다'라는 명언을 남긴 뉴욕 양키스의 전설적인 포수 요기 베라도 얼굴이 못 생긴 걸로 유명했습니다. 그러나 요기 베라는 자신의 외모를 가지고 수군거리는 사람을 볼 때마다 이렇게 말했습니다.

"맞습니다. 저는 못생겼습니다. 그런데 야구선수에게 그게 뭐 어쨌다는 말입니까? 나는 지금까지 얼굴로 안타를 치는 선수를 본적이 없습니다."

사람들의 보이는 것에 대한 잘못된 평가와 집착은 점점 더 심해질 것입니다. 그러나 그리스도인들은 이런 시류에서 벗어나야 합니다. 하나님은 외모로 사람을 취하시지 않으시기 때문입니다. 그런 잘못된 세상의 흐름에 휩싸이지 말고, 외면보다 내면, 겉모습보다 실력과 성품으로 인정받는 사람이 되십시오. 아멘!!

♡ 주님, 세상의 잘못된 기준들에 얽매여 콤플렉스가 생기지 않게 도우소서.
✿ 하나님이 만드신 작품이 나라는 사실을 기억합시다.

사랑을 위한 10초

9월 2일

읽을 말씀 : 로마서 15:1-4

● 롬 15:2 우리 각 사람이 이웃을 기쁘게 하되 선을 이루고 덕을 세우도록 할지니라

한 회사에 점심 식사를 할 때마다 여자 친구에게 전화를 하는 남자가 있었습니다.
하루는 그 모습을 보고 다른 직원이 말했습니다.
"너무 잘해주면 안 돼. 그러다가 나중에 한 번 빼먹으면 엄청 서운해 한다니까?"
그 말을 듣고 다른 직원도 물었습니다.
"그러게요, 가끔 연락을 빼 먹으면 여자친구가 뭐라고 해요?"
"아직 한 번도 빼먹은 적이 없어서 잘 모르겠네요."
거의 2년 동안 한 번도 빼먹지 않았다는 말에 비결이 뭐냐고 동료들이 물었고 남자는 이렇게 대답했습니다.
"제가 점심을 거른 적이 없어서요. 1시간 점심시간 중에 딱 1분만 투자를 하면 여자친구가 행복해 하는데 오히려 빼먹는 게 이상하지 않나요?"
어떤 사람이 인터넷 게시판에 회사에서 있었던 일로 가볍게 올린 이 글은 많은 사람들에게 감동을 주어 지금도 계속 퍼지고 있습니다.
사랑은 상대방을 위해서 작은 희생을 기쁘게 하는 것입니다. 그러나 우리는 하나님을 위한 작은 시간을 내지도 못하고 이런저런 핑계만 대고 있지 않습니까? 그렇다면 이제 작은 시작이라도 결심을 해야 할 순간입니다. 하나님을 기쁘시게 하는 일을 위해 먼저 작은 시간이라도 내어 꾸준히 실천하십시오. 아멘!!

♡ 주님, 하나님을 기쁘시게 하는 일을 소홀히 하지 않게 하소서.
사랑하는 사람들과 주님을 위해 매일 해야 할 목록을 만듭시다.

나의 영적 일지

9월 3일

경건의 연습

읽을 말씀 : 디모데전서 4:6-16

● 딤전 4:7 망령되고 허탄한 신화를 버리고 경건에 이르도록 네 자신을 연단하라

시인 하만 스타인은 이런 말을 남겼습니다.
'종은 울릴 때까지 종이 아니고
노래는 부르기 전까지 노래가 아니며
사랑은 고백할 때까지 사랑이 아니며
믿음은 행할 때까지 믿음이 아니다'

무엇이든 행동으로 표현하지 않으면 알 수 없다는 말입니다. 그러나 노래를 잘 하지 못하면 남들 앞에서 하기가 꺼려지듯이 사랑도, 믿음도 선뜻 표현하기가 쉽지 않습니다. 그래서 뭐든지 연습이 필요합니다. 철학자 해리 포스딕은 이런 상황을 두고 이렇게 말했습니다.

"채찍질을 하지 않고 말을 원하는 곳으로 보낼 수는 없습니다. 압력을 가하지 않고 기체를 원하는 곳으로 옮길 수 없습니다. 마찬가지로 우리 인생도 어떤 일에 집중하고 헌신함으로 훈련하지 않으면 아무 것도 이룰 수가 없습니다."

가족을 사랑하지만 표현하지 못한다면 그 표현을 연습해야 합니다. 하나님을 정말 신뢰하지만 말씀을 따라 실천하기가 어렵다면 마찬가지로 연습해야 합니다. 그래서 사도 바울은 디모데에게 '경건을 연습하라'고 조언했습니다. 마음에는 있지만 표현하지 못하는 일들이 있다면 더 이상 미루지 말고 도전하십시오. 아멘!!

♡ 주님, 어려운 마음을 이겨내고 진심을 표현할 수 있는 용기를 허락하소서.
🧷 사랑을 표현하고 믿음을 표현하는 일들을 오늘부터 시작합시다.

나의 영적 일지

응답받지 못하는 이유

읽을 말씀 : 잠언 16:1-9

● 잠 16:1 마음의 경영은 사람에게 있어도 말의 응답은 여호와께로부터 나오느니라

한 성도가 성경을 묵상하며 깨달은 '성경에 나와 있는 기도의 응답을 받지 못하는 14가지 이유'입니다.
01. 가난한 사람들의 고통을 외면하기 때문에(잠언 21:3)
02. 기도하지 않아서(야고보서 4:2)
03. 말씀을 듣지 않고 기도해서(잠언 28:9)
04. 회개하지 않고 악한 길에 머물러서(역대하 7:14)
05. 감사하지 않고 염려하기 때문에(빌립보서 4:6)
06. 자랑하려고 기도하기 때문에(마태복음 6:5, 누가복음 18:11)
07. 우상을 섬기고 있어서(에스겔 20:32)
08. 이미 받은 은혜가 충분하기 때문에(고린도후서 12:7-9)
09. 의심하기 때문에(야고보서 1:6)
10. 정욕으로 잘못 구해서(야고보서 4:3)
11. 마음속에 죄악이 있기 때문에(시편 66:18)
12. 중언부언하는 기도를 해서(마태복음 6:5)
13. 다른 사람의 죄를 용서하지 않아서(마태복음 6:15, 마가복음 11:25)
14. 하나님의 말씀을 듣지 않아서(스가랴 7:13, 예레미야 7:16)

옳은 방법과 마음으로 드리는 기도는 하나님께서 반드시 응답해주십니다. 말씀의 안내를 따라 주님이 가르쳐주신 대로 바르게 기도하십시오. 아멘!!

♡ 주님, 하나님의 나라와 일을 위한 기도로 응답받게 하소서.
❀ 나의 기도가 하나님의 뜻에 합한 바른 기도인지 돌아봅시다.

나의 영적 일지

9월 5일 나를 아시는 분

읽을 말씀 : 시편 139:1-12

● 시 139:2 주께서 내가 앉고 일어섬을 아시고 멀리서도 나의 생각을 밝히 아시오며

춘추전국 시대에 백아라는 거문고의 달인이 있었습니다.

백아가 하루는 산 중턱에 있는 별장에서 홀로 거문고를 연주하고 있었는데 갑자기 지게를 멘 나무꾼이 연주를 듣다 탄복하며 말했습니다.

"당신의 연주에서 우뚝 솟은 태산과 고고히 흐르는 강물을 느꼈습니다."

이 말을 들은 백아는 깜짝 놀랐습니다. 자신이 연주에 담은 감정을 그 나무꾼이 그대로 읊었기 때문입니다.

"내 연주를 당신만큼 이해하는 사람은 태어나서 처음 봅니다. 이것도 인연이니 우리 의형제를 맺는 것이 어떻겠소?"

이 우연한 만남으로 백아와 나무꾼 종자기는 의형제를 맺게 됩니다. 그렇게 몇 년이 흘러 다시 백아는 종자기를 만나기로 약속했는데 아무리 시간이 지나도 종자기가 나타나지 않았습니다. 수소문을 해보니 며칠 전 종자기가 큰 병에 걸려 급사를 했다는 소식이었습니다. 백아는 이 말을 듣고 '내 음악을 알아주던 유일한 사람이 세상을 떠났구나'라고 탄식하며 그 어떤 제안이 들어와도 다시는 거문고를 켜지 않았습니다.

나를 알아주는 사람을 만나는 것처럼 행복한 일은 없습니다. 그러나 말씀은 하나님께서 나를 나보다도 더 잘 알고 계신다고 말하고 있습니다. 그렇기에 내가 나에 대해 생각하는 것이 정답이 아니라 하나님이 나에게 말씀하시는 것이 정답입니다. 변함없이 날 사랑하시는 주님의 품에 안겨 충만한 위로와 사랑을 느끼십시오. 아멘!!

♥ 주님, 나의 감정과 상황에 상관없이 동일한 주님의 사랑을 느끼게 하소서.
🙏 누구도 이해할 수 없는 어려움도 주님께 기도로 아룁시다.

나의 영적 일지

지혜의 조건

읽을 말씀 : 로마서 12:1-13

● 롬 12:3 내게 주신 은혜로 말미암아 너희 각 사람에게 말하노니 마땅히 생각할 그 이상의 생각을 품지 말고 오직 하나님께서 각 사람에게 나누어 주신 믿음의 분량대로 지혜롭게 생각하라

베를린의 막스 플랑크 교육연구소가 15년 동안 수천 명의 사람을 대상으로 '지혜와 나이의 상관성'에 대해서 조사를 했습니다.

그리고 그 결과 5가지의 공통점이 모든 연령대의 지혜로운 사람에게 있었습니다.

1. 역경과 고난을 체험하고 극복한 적이 있다.
2. 어려서 고생을 한 사람이다.
3. 생각이 개방적인 사람이다.
4. 창조적인 일을 즐기는 사람이다.
5. 인생의 어두운 단면을 어떤 식으로도 경험한 사람이다.

연구에 따르면 이런 사람들은 시간이 흐를수록 생각이 굳지 않고 점점 더 지혜로워진다고 합니다. 그리고 반대로 '고집이 센 사람, 성격이 괴팍한 사람'은 나이가 들수록 편협해져 생각의 폭이 짧아지고 주변으로부터 신용을 잃는 현상이 높다는 결과가 나왔습니다.

잠언은 지혜를 얻는 것이 금보다 낫고, 명철을 얻는 것이 은보다 낫다고 말합니다. 만약 하나님을 아는 지혜가 있고, 그분의 사랑을 깨달은 명철이 있다면 세상에서 가장 가난한 사람일지라도, 지금 큰 고통 가운데 있다 할지라도 모두 그럴만한 가치가 있는 보석과도 같은 경험이 될 것입니다. 고난이 찾아올 때마다 이겨내게 하시고 넘치는 지혜를 주실 주님을 기대하십시오. 아멘!!

♡ 주님, 말씀을 통해 성장하는 축복을 허락하소서.
🙏 고난과 역경을 회피하지 말고 깊이 묵상함으로 지혜를 구합시다.

나의 영적 일지

아리스토텔레스와 렘브란트

9월 7일

읽을 말씀 : 빌립보서 4:10-20

● 빌 4:12 나는 비천에 처할 줄도 알고 풍부에 처할 줄도 알아 모든 일 곧 배부름과 배고픔과 풍부와 궁핍에도 처할 줄 아는 일체의 비결을 배웠노라

렘브란트가 그린 명화 중에 '호메로스의 흉상을 만지는 아리스토텔레스'라는 작품이 있습니다.

그림에는 멋진 옷을 차려입고 알렉산더 대왕의 초상이 그려진 목걸이를 걸고 있는 아리스토텔레스는 호메로스의 초라해 보이는 흉상을 부러운 듯한 눈빛으로 쳐다보고 있습니다. 일반적으로 철학자들은 대게 가난하지만 당대 최고의 지성이었던 아리스토텔레스는 알렉산더 대왕의 스승이 되어 엄청난 부를 누렸습니다. 알렉산더 대왕의 초상이 그려져 있는 금으로 된 장신구는 그 사실을 대변하는 것이기도 합니다.

반면에 최대의 서사시 '일리아스'와 '오디세이아'를 쓴 호메로스는 평생을 가난하게 고생하며 살았습니다. 그러나 아리스토텔레스는 그런 호메로스의 업적이 자신보다 더 낫다고 생각했기에 호메로스의 흉상을 부럽게 쳐다보며 존경의 눈빛을 보내고 있습니다.

그런데 사실 이 그림은 렘브란트 자신의 이야기이기도 합니다. 가난했던 시절에 예술에 빠져있던 자신의 모습과 그림이 인정받아 큰돈을 벌게 된 그림을 그리던 당시의 모습의 차이를 작품으로 표현한 것입니다.

때로는 세상의 성공보다 더 중요한 것이 있습니다. 나를 지으시고, 구원하신 창조주 하나님의 사랑을 깨닫는 것은 세상의 무엇보다 중요한 일입니다. 세상에서 더 인정받지 못하더라도, 더 많은 돈을 벌지 못하더라도 더욱 주님을 알아가고 그 사랑이 충만한 삶을 살고 있다면 성공한 삶임을 믿으십시오. 아멘!!

♥ 주님, 믿음의 성공이 진정한 성공임을 알게 하소서.
🖼 신앙을 성공의 척도로 놨을 때 나의 인생은 어떤 상황인지 평가해봅시다.

나의 영적 일지

죽음을 부른 걱정

읽을 말씀 : 이사야 12:1-5

9월 8일

● 사 12:2 하나님은 나의 구원이시라 내가 신뢰하고 두려움이 없으리니 주 여호와는 나의 힘이시며 나의 노래시며 나의 구원이심이라

짐 길버트라는 다섯 살짜리 아이가 엄마와 함께 치과에 갔습니다.

짐은 엄마의 곁에서 그저 치료과정을 지켜보기만 했는데 그만 엄마가 치료를 받다가 쇼크가 일어나 죽고 말았습니다. 불의의 사고를 경험한 짐은 이후로 치과에 대한 극심한 공포가 생겨 치과에 절대로 가지 않았습니다. 그리고 심지어 치아에 무언가를 대는 것도 싫어해 제대로 이를 닦지도 않았습니다.

이후 테니스에 훌륭한 재능을 보여 영국이 자랑하는 테니스 선수가 됐으나 여전히 치과에 대한 공포는 극복을 할 수가 없었습니다. 그러나 그의 치아 상태는 너무나 좋지 않아 더 이상 방치를 할 수 없을 정도였습니다. 결국 그의 매니저는 그를 설득해 치과에는 가지 않되 최고의 주치의를 불러 집에서 편안한 자세로 치료를 받기로 했습니다.

짐은 치과에 대한 공포를 극복한 것 같았으나 의사가 치료를 시작하는 순간 갑자기 외마디 비명을 지르더니 그만 심장바미로 죽고 말았습니다. 과도한 걱정으로 어린 시절의 트라우마를 극복하지 못한 짐은 결국 안타까운 사고로 생을 마감했습니다.

세계대전 당시 전쟁에 대한 걱정으로 병이 악화되어 죽은 사람은 실제 전사자의 3배가 넘었다고 합니다. 걱정과 근심은 이처럼 우리의 삶에 하나도 이로울 것이 없습니다. 나를 괴롭히는 모든 걱정과 근심은 남김없이 주님께 아뢰십시오. 아멘!!

♡ 주님, 주님과 함께 하기에 세상에서 아무 걱정할 일이 없음을 알게 하소서.
🙏 나의 신앙과 행복을 좀 먹는 걱정을 이제는 놓아줍시다.

나의 영적 일지

9월 9일
아버지를 기억하라

읽을 말씀 : 예레미야 1:11-17

● 렘 1:17 그러므로 너는 네 허리를 동이고 일어나 내가 네게 명령한 바를 다 그들에게 말하라 그들 때문에 두려워하지 말라 네가 그들 앞에서 두려움을 당하지 않게 하리라

작가 릭 이젤의 '위기'라는 책에 나오는 이야기입니다.

제리스 브라간이라는 청년이 죄를 지어 테네시 주의 교도소에 수감됐습니다. 교도소는 간수들의 관리 하에 있음에도 약육강식의 방식으로 운영되고 있는 정글과도 같은 곳이었습니다. 그런데 그곳에 유독 왜소해 보이는 두 남자가 있었는데 이상하게도 아무도 그들은 건들지 않았습니다. 이 사실이 궁금했던 제리스가 다른 죄수에게 물었습니다.

"저기 두 사람은 누군데 왜 아무도 건들지를 못합니까?"

그러자 그 죄수가 두 남자의 근처에 있는 거구를 가리키며 말했습니다.

"저기 저 사람 보이죠? 저 사람이 저 두 사람의 아버지입니다. 아들들을 보호하기 위해서 일부러 죄를 저질러 3년 형을 받고 이곳에 와 있어요."

두 사람의 아버지는 테네시 주에서 싸움을 잘하기로 유명한 사람이었습니다. 아버지는 두 아들보다 몇 년 앞서 교도소를 나갔습니다. 그러나 여전히 그 두 형제를 건드는 사람은 없었습니다. 이미 교도소의 모든 사람들이 그 형제의 아버지가 누군지를 알았기 때문입니다.

나를 구원하려 독생자를 보내주시고, 지금도 나의 모든 것을 살펴보시며, 모든 것을 이길 힘을 주시는 분이 있습니다. 나를 누구보다 사랑하고 지켜주시는 아버지 하나님을 늘 기억하십시오. 아멘!!

♥ 주님, 만국의 여호와가 나를 지켜주심을 알게 하소서.
🌀 사람들의 위협과 위기를 두려워하지 마십시오.

나의 영적 일지

쓰레기를 뒤진 부자

읽을 말씀 : 이사야 33:1-6

● 사 33:6 네 시대에 평안함이 있으며 구원과 지혜와 지식이 풍성할 것이니 여호와를 경외함이 네 보배니라

　로스앤젤레스에서 가장 부자인 사람 중에 한 명인 마이크 골드버그라는 사람이 있었습니다. 유태인이었던 그에게는 집안 대대로 400년 동안 전해 내려오던 가보가 있었는데 집안을 청소하는 사람들의 실수로 그 가보가 쓰레기통에 버려졌습니다.
　이 사실을 늦게 알았던 마이크는 곧바로 쓰레기를 내버리는 곳으로 가 샅샅이 뒤졌지만 이미 저택의 쓰레기는 쓰레기차가 싣고 가고 말았습니다. 마이크는 곧 시청에 전화를 해 쓰레기차를 수소문해 찾았고, 다행히 소각이 되기 전에 가보가 묻혀 있는 커다란 쓰레기장을 찾게 됐습니다.
　쓰레기장에 도착한 그는 조금의 망설임도 없이 가족들과 함께 열심히 쓰레기들을 뒤지기 시작했습니다. 무려 6시간이 지난 뒤에 겨우 가보를 다시 찾았는데 낡은 종이책을 발견한 마이크는 가보를 다시 찾은 것이 얼마나 기뻤는지 유대교 명절에 부르는 민요를 부르며 한동안이나 덩실덩실 춤을 추다 집으로 돌아갔습니다.
　진정한 가치가 있는 보물이라면 몸을 망치는 것을 두려워 않고, 시간을 투자하는 것을 아까워 않습니다. 바로 내가, 우리가 그런 가치가 있기에 완전하신 창조주가 직접 이 땅에 오셨고, 구원의 길을 예비하셨고, 지금 우리에게도 전해질 수 있었던 것입니다. 하나님이 인정하신 나의 가치를 귀하게 여기고 다른 사람 역시 동일한 가치가 있는 소중한 영혼임을 복음을 통해 알리십시오. 아멘!!

💗 주님, 나를 구원하기 위해 예수님을 이 땅에 보내주심을 감사하게 하소서.
🧎 영혼구원을 위한 수고와 열심을 마다하지 맙시다.

나의 영적 일지

세상의 쾌락

9월 11일

읽을 말씀 : 골로새서 3:1-17

● 골 3:5 그러므로 땅에 있는 지체를 죽이라 곧 음란과 부정과 사욕과 악한 정욕과 탐심이니 탐심은 우상 숭배니라

과학자이자 철학자이면서 독실한 신앙인이었던 파스칼에게 누군가 편지를 보내 질문을 했습니다.

"세상의 쾌락에 빠지면 왜 하나님을 알지 못합니까? 우리에게 즐거움을 주는 일들이 나쁜 일들입니까?"

파스칼은 이렇게 답변했습니다.

"세상의 쾌락에 진정한 것이 어디 있습니까? 트럼프로 도박을 해 큰돈을 탕진한 사람을 생각해봅시다. 그 사람에게 매일 필요한 만큼의 돈을 주면 과연 그 사람이 트럼프를 끊고 생활에 만족할까요? 반대로 돈을 걸지 않고 트럼프를 하라고 하면 즐겁게 몰두할 수 있을까요? 그 사람이 원하는 것은 큰돈을 건 아슬아슬한 상황에서 즐기는 도박입니다. 설마 내기에 져서 파멸에 이른다 해도 사람들은 그 일을 할 겁니다. 결국 무언가에 몰두할 수 있는 환경을 찾아 헤맬 뿐입니다. 우리 인간 모두는 공허함과 불완전함을 달래기 위해 이런 저런 일들에 빠집니다. 그러나 모든 것을 창조한 하나님을 만나기 전에는 절대로 만족할 수 없습니다. 제가 세상의 쾌락을 나쁘게 이야기 하는 이유는 그 쾌락에 정신을 팔려 진짜 중요한 것을 놓치게 되기 때문입니다."

성령으로 마음이 충만한 사람은 세상의 잘못된 쾌락에 빠지지 않습니다. 하나님의 말씀을 무엇보다 사모함으로 하나님과 멀어지게 하는 세상의 유혹들을 이겨내십시오. 아멘!!

♡ 주님, 오직 성령의 충만함으로 기뻐하고 즐거워하게 하소서.
✦ 나를 좀 먹는 잘못된 쾌락들을 과감히 끊고 주님을 섬깁시다.

나의 영적 일지

3분, 2분, 1분

읽을 말씀 : 잠언 10:19-32

● 잠 10:19 말이 많으면 허물을 면하기 어려우나 그 입술을 제어하는 자는 지혜가 있느니라

9월 12일

    미국의 종합 경제전문지 '포춘'에 확실한 성공의 법칙들이 소개된 적이 있었습니다. 그 중 하나가 유일하게 듣기에 관련된 것이었는데 다음과 같은 내용이었습니다.
    "먼저 내 속내를 드러내지 말고 조용히 상대방의 이야기를 경청하라."
    같은 내용을 말하더라도 내 주장을 하기보다는 상대방의 주장을 듣고 맞춰서 이야기를 정리하면 설득과 협상에 훨씬 유리하다는 것이 그 이유였습니다. 마찬가지로 많이 듣는 사람들이 주로 사용하는 '3,2,1의 3단계 법칙'이라는 것도 있습니다.
    1. 3분은 무조건 들어라.
    2. 2분은 공감을 해줘라.
    3. 1분 동안 내 주장을 말해라.
    5분을 듣고 1분을 말하는 것이 이 법칙의 중요한 점인데 실제로 해보면 사람의 말을 단 5분만 들어주는 것도 엄청난 인내심이 필요합니다. 그러나 이렇게 들을 줄 알아야만 사람의 마음이 열리고 깊이 숨겨진 진짜 뜻을 알 수 있고, 또 내 이야기가 제대로 전달 될 수 있습니다. 그래서 많은 정신과 전문의들은 사람의 화를 풀어주는 가장 확실한 방법은 경청이고, 내 이야기를 전달하는 가장 훌륭한 방법도 경청이라고 말을 합니다.
    믿음은 들음에서 나는 것이지만 우리는 듣기보다 말하기에 너무 익숙해져 있습니다. 내 마음과 말이 앞서기보다 먼저 듣고, 먼저 생각하십시오. 아멘!!

♥ 주님, 먼저 듣는 귀와 인내심을 주소서.
🙏 사람들과 대화할 땐 항상 위의 법칙을 지킵시다.

나의 영적 일지

9월 13일

내 삶을 변화시킨 기도

읽을 말씀 : 고린도후서 1:1-11

● 고후 1:11 너희도 우리를 위하여 간구함으로 도우라 이는 우리가 많은 사람의 기도로 얻은 은사로 말미암아 많은 사람이 우리를 위하여 감사하게 하려 함이라

'라이프 처치'의 제이미 모건 목사님은 한 지역잡지에 25년 간의 기도생활 중 '자신의 삶을 변화시킨 6가지 기도'를 소개했습니다.

1. 내 삶의 목적을 알게 하소서.
단순히 직업을 넘어 목회와 삶의 방향을 구하는 기도입니다.
2. 내게 주신 사명을 감당할 수 있도록 능력을 주소서.
바른 목적을 따라 살고 있을 때 하나님이 책임져 주시기 때문입니다.
3. 지혜와 분별력을 주소서.
소명을 감당하기 위해 꼭 필요하기에 매일 하루를 시작할 때마다 이 기도를 드립니다.
4. 이기심과 교만을 뿌리 뽑아주소서.
하나님 나라에 반대되는 내 나라와 내 왕국을 세우지 않기 위한 기도입니다.
5. 주님을 위해 고통을 견디게 하소서.
고통의 크기에 비례해 더 나은 그리스도인이 된다는 것을 알기 때문입니다.
6. 하루에 최소 한 영혼에게 복음을 전하게 하소서.
더 많은 영혼이 주님께 돌아오는 것이 우리의 궁극적인 목표입니다.

나는 매일 어떤 제목으로 기도를 드리고 있습니까? 그 기도를 통해 신앙이 더욱 성장하고 있습니까? 하나님의 말씀과 성령님의 인도하심을 따라 진실한 기도를 드리십시오. 아멘!!

♡ 주님, 하나님의 지혜와 능력을 구하는 진정한 기도를 드리게 하소서.
❀ 하나님의 마음에 합당한 기도가 무엇일지 고민해봅시다.

나의 영적 일지

목숨을 건 플라톤

읽을 말씀 : 데살로니가전서 2:1-8

● 살전 2:8 우리가 이같이 너희를 사모하여 하나님의 복음뿐 아니라 우리의 목숨까지도 너희에게 주기를 기뻐함은 너희가 우리의 사랑하는 자 됨이라

　플라톤의 제자 중 한 명이 시칠리아 섬의 유명한 영주 밑에 신하로 들어갔습니다. 그 영주는 농장의 노예들을 짐승처럼 악독하게 다루는 것으로 악명이 높았는데 제자는 이런 영주의 악행을 막기 위해 스승인 플라톤을 초청했습니다. 하지만 플라톤의 신변이 걱정되던 주변 사람들은 하나같이 만류했습니다.

　그러나 플라톤은 제자의 청을 받아들여 무려 3번이나 시칠리아를 찾았고 많은 노예를 해방시키고 영주에게 올바른 삶을 조언했습니다. 2번째 방문에는 영주의 심기를 거슬려 노예로 팔릴 뻔 했지만 그럼에도 시칠리아 주민들을 위해서 3번째 방문을 마다하지 않았습니다. 플라톤은 이런 위험을 만류하는 이유에 대해서 다음과 같이 말했습니다.

　"동굴에 갇혀 있다 밖으로 나가 햇빛을 본 사람들은 다시 동굴로 들어가 묶여 있는 사람들을 햇빛 밖으로 인도해야 한다. 그것이 의무이다."

　지금 사람들은 플라톤의 철학인 '이데아'를 관념적인 것으로만 이해하지만 플라톤의 이데아는 깨달음을 얻은 사람들이 당연하게 다른 사람들을 깨닫게 하는 행동의 철학이며 플라톤 자신도 그렇게 살았습니다.

　플라톤을 '예수님'으로, '이데아'를 '복음'으로 바꿔보십시오. 성도인 우리는 누구를 위해 어떻게 살아야 할까요? 날 구원한 귀한 복음을 믿고 최선을 다해 전하십시오. 아멘!!

♡ 주님, 변화된 삶이 행동으로 나타나게 하소서.
🙏 복음을 위해 어려움을 감수할 믿음을 가집시다.

나의 영적 일지

9월 15일
말씀에서 얻은 아이디어

읽을 말씀 : 잠언 13:1-12

● 잠 13:12 소망이 더디 이루어지면 그것이 마음을 상하게 하거니와 소원이 이루어지는 것은 곧 생명 나무니라

    어린이를 위한 장난감 회사에서 일을 하는 밀턴 레빈은 가족들과 야외에서 바비큐 파티를 즐기고 있었습니다.
    그러나 가족들과 시간을 보내면서도 밀턴의 마음은 여러 가지 생각으로 바빴습니다. 최근 회사의 매출이 급감하고 있었고 아이들이 장난감을 가지고 노는 기간도 점점 짧아져 많은 부모들이 장난감을 사주는 것을 사치로 여겼기 때문입니다.
    그런데 바비큐 파티 도중 떨어진 빵 조각에 달라붙은 개미들을 보고 갑자기 개미를 보고 지혜를 얻으라는 잠언 6장 6-8절 말씀이 떠올랐습니다. 그는 그 말씀에 순종해 하던 일을 멈추고 계속 개미들을 살펴봤습니다. 그리고는 문득 모두가 아는 개미의 성실함과 영리함을 집에서 사람들이 자녀들에게 가르칠 수 있는 장난감을 떠올리게 됩니다.
    그는 곧바로 투명한 상자로 개미들의 활동을 살펴볼 수 있는 장난감을 개발했고 그 장난감은 '엉클 밀턴의 장난감'이라는 시리즈로 판매됐습니다. 잠언 말씀에서 아이디어를 얻은 이 장난감은 미국에서만 수천만 개가 팔리며 아이를 둔 가정은 반드시 구매하는 필수 품목이 됐습니다.
    말씀에는 우리에게 필요한 모든 것들이 들어 있습니다. 이 진리는 만고불변의 진리이며, 모든 사람들에게 필요한 지혜와 진리의 말씀입니다. 현시대와 동떨어진 과거의 지혜로 말씀을 받아들이지 말고 내 삶에 필요한 모든 것이 들어 있는 지혜의 말씀으로 받으십시오. 아멘!!

♡ 주님, 성경이 세상의 모든 지혜보다 값진 것임을 알게 하소서.
🧩 말씀에서 삶에 필요한 모든 지혜를 얻읍시다.

나의 영적 일지

외관보다 중요한 목적

읽을 말씀 : 에베소서 2:1-10

● 엡 2:10 우리는 그가 만드신 바라 그리스도 예수 안에서 선한 일을 위하여 지으심을 받은 자니 이 일은 하나님이 전에 예비하사 우리로 그 가운데서 행하게 하려 하심이라

　17세기 전까지 스웨덴은 변방의 약소국이었지만 구스타프 2세가 왕위에 올라서면서 엄청난 군사강국이 됐습니다. 강대한 해군을 꾸려 연전연승을 한 스웨덴 해군은 나중에는 발트 해의 패권을 차지하고 당시 최강이던 독일과 어깨를 나란히 하며 서로 군비 경쟁을 했습니다. 강력한 리더십으로 '북방의 사자왕'이라고 불리던 구스타프 2세는 독일에게 뒤지지 않기 위해서 자신이 타고 다닐 특별한 군함을 만들었습니다.

　구스타프 2세는 당시 최고의 조선 전문가인 헨드릭과 헨릭에게 큰 돈을 주고 주조를 맡겼는데 그들은 최고의 기술로 전함을 만들었지만 왕은 만족하지 못했습니다. 그리고 어떻게든 갑판 한 층을 더 만들어 높이고 기존 32개의 함포를 64개로 늘리라고 막무가내로 명령했습니다.

　그렇게 완성된 '로얄 바사호'는 70미터의 길이와 20미터의 높이, 1200톤의 배수량과 64개의 함포를 탑재한 세계에서 가장 커다란 군함으로 완성됐습니다. 그러나 성대하게 열린 출항식에서 단 100미터도 가지 못한 채 가라앉았습니다. 기술력의 부족으로 300년 동안 바다에 가라앉아 있다가 최근에야 인양된 바사 호는 과거의 교훈을 잊지 말자는 명목으로 스톡홀름의 박물관에 전시되어 있습니다.

　사람이든 물건이든 외관보다 중요한 것은 내실입니다. 남들에게 보여주는 인생이 아니라 하나님이 나를 창조하신 목적이 무엇인기 깨닫고 그 목적을 따라 사십시오. 아멘!!

♡ 주님, 허례와 외식보다 진실된 말씀을 따라 사는 교회와 성도들 되게 하소서.
✍ 보여주기 위한 삶과 신앙이 아니라 믿음대로 사는 삶과 신앙이 됩시다.

나의 영적 일지

9월 17일
복음의 씨앗

읽을 말씀 : 베드로전서 1:13-25

● 벧전 1:23 너희가 거듭난 것은 썩어질 씨로 된 것이 아니요 썩지 아니할 씨로 된 것이니 살아 있고 항상 있는 하나님의 말씀으로 되었느니라

로지 그리어는 미국에서 가장 많은 분야에서 성공을 한 사람입니다.

역대 5명 중에 꼽힐 정도로 훌륭한 미식축구 수비수인 그는 또한 연기자로도 성공했고, 영화배우로도 활동했습니다. 그리고 글을 잘 써서 작가로 몇 개의 책을 내기도 했습니다.

게다가 케네디 대통령의 암살범인 시르한과 격전 끝에 총을 뺏고 경찰에 넘긴 사람도 바로 로지 그리어였습니다. 그렇기에 모든 미국인이 그를 존경했습니다. 겉으로만 보면 부족할 것이 전혀 없는 행복한 삶이었습니다.

그러나 그는 은퇴를 한 뒤에 인생의 목적을 잃어버렸습니다. 기나긴 방황 끝에 아내와 이혼을 하면서 삶은 더 허무하게 느껴졌고 도저히 삶을 이어나갈 수 없다고 느껴져 혼자 집에서 울고 있을 때 누군가 문을 두드렸습니다. 문 앞에 서 있던 옛 친구는 로지를 보고 말했습니다.

"로지, 오랜만이야. 하나님이 보내셔서 자네에게 왔네."

사실 신앙에 관심이 있었지만 로지는 놀라서 친구를 쫓아냈습니다. 그리고 기분전환을 하러 여행을 떠났는데 비행기 옆자리에 앉은 여자가 주일날 들은 설교 내용을 말하고 있었고, 호텔에서 TV를 켜자 비행기에서 들었던 설교가 나왔습니다. 결국 그 설교로 로지는 예수님을 영접했고 평생을 고민하던 인생의 문제를 해결할 수 있었습니다.

수많은 사람의 노력과 헌신이 있어야 때로는 한 영혼이 돌아옵니다. 거절을 당하고 때론 수모를 당한다 해도 실망하지 말고 복음의 씨앗을 뿌리십시오. 아멘!!

♡ 주님, 하나님의 때가 이를 때까지 복음의 씨앗을 뿌리게 하소서.
📖 전도하다 당한 수모와 고난을 오히려 자랑스럽게 여깁시다.

나의 영적 일지

사명의 행복

읽을 말씀 : 사도행전 20:17-24

9월 18일

● 행 20:24 내가 달려갈 길과 주 예수께 받은 사명 곧 하나님의 은혜의 복음을 증언하는 일을 마치려 함에는 나의 생명조차 조금도 귀한 것으로 여기지 아니하노라

    케냐 투루카나의 참담한 사정을 보고 헌신하기로 결심한 한 여성이 있었습니다. 한국에서의 모든 것을 포기하고 케냐에서 선교훈련을 받은 그녀는 접경지대인 투루카나로 곧바로 떠났습니다. 그곳은 마을과 우물이 가장 가까운 곳이 4킬로미터나 떨어져 있었고, 에이즈로 부모를 잃은 고아들이 거리에 나앉아 있는 곳이었습니다. 10명 중 1명 정도만 글씨를 읽을 줄 알았고 그나마도 공부는 꿈도 꿀 수 없는 환경이었습니다.
    이런 아이들을 품기 원했던 여성은 40도가 넘는 무더위에도 집집마다 고아들을 찾아다니며 음식을 주고 공부를 가르쳤습니다. 그리고 교회를 세워 지역마다 복음을 전파했는데 그녀가 평생 세운 지교회만 해도 25개였고 지원하는 교회는 50개가 넘었습니다. 그리고 글을 모르는 아이들에게 글을 가르치며 성경을 읽을 수 있게 번역까지 했습니다. 이런 그녀의 노력으로 많은 아이들이 꿈도 희망도 없는 고아로 거리에서 살아가다가 고등학교와 대학교를 졸업했고, 이제는 케냐 교육청의 공무원으로, 또 의사로, 회계사로, 목사님으로 살아가고 있었습니다.
    그리고 이 모든 일을 하나님의 뜻에 따라 섬기던 '투루카나의 엄마' 임연심 선교사님은 수십년간 열매 맺는 삶을 사시다 풍토병에 걸려 돌아가셨는데 마지막 남긴 유언은 '사명을 다 했기에 나는 행복하다'였습니다.
    사명을 다 할 수만 있다면 어떤 고난도 행복이며 즐거움입니다. 주님이 맡겨주신 사명을 감당하다 찾아오는 고난에 오히려 감사하며 기뻐하십시오. 아멘!!

♡ 주님, 하나님의 사명을 감당하는 성도들을 위해 기도하게 하소서.
📖 내게 주신 하나님의 사명이 무엇인지 같이 생각해봅시다.

나의 영적 일지

9월 19일
의인은 없다

읽을 말씀 : 로마서 3:9-18

● 롬 3:10-12 기록된 바 의인은 없나니 하나도 없으며 깨닫는 자도 없고 하나님을 찾는 자도 없고 다 치우쳐 함께 무익하게 되고 선을 행하는 자는 없나니 하나도 없도다

조선시대 과천지역에서 있던 일입니다.

과천 지역을 다스리던 현감이 능력을 인정받아 서울로 떠나게 됐습니다. 모시던 사람들은 현감을 기념하기 위한 송덕비를 세우려고 적을 비문을 현감에게 물었는데 현감은 관심이 없으니 알아서 적으라고만 했습니다.

다음 날 서울로 떠나던 현감은 송덕비가 남태령에 세워졌다는 이야기를 듣고는 잠깐 들러 적힌 비문을 봤는데 거기엔 이렇게 적혀있었습니다.

'오늘 이 도둑놈을 보내노라(今日送此盜, 금일송차도)'

그러나 현감은 오히려 이 비문을 보고 크게 웃고는 사람을 시켜 밑에 한 줄을 더 적게 했습니다.

'내일은 다른 도둑이 올 것이다.(明日來他賊, 명일래타적)'

그런데 새로 온 현감은 정말로 더 착취가 심했습니다. 그래서 이 현감이 떠날 때 비문에는 다시 이런 글이 적혔습니다.

'도둑들만 계속해서 오는구나(此盜來不盡, 차도래부진)'

그리고 몇 년 뒤 어떤 마을 사람이 이 비문의 맨 마지막 줄을 적었습니다.

'이 세상엔 모두 도둑놈뿐이구나(擧世皆爲盜, 거세개위도)'

세상에 의인은 없기에 모든 사람에게는 예수님의 보혈이 필요합니다. 사람이 아닌 예수님만 믿고 따르십시오. 아멘!!

♡ 주님, 하나님을 신뢰함으로 사람의 한계를 알게 하소서.
🙏 세상에서의 삶에서 거짓된 모습을 보이지 않도록 조심합시다.

나의 영적 일지

잘못된 중립의 시대

읽을 말씀 : 요한계시록 3:14-22

● 계 3:16 네가 이같이 미지근하여 뜨겁지도 아니하고 차지도 아니하니 내 입에서 너를 토하여 버리리라

    미국의 한 주의 음식점에서 배달을 하는 직원이 있었습니다.
    그런데 사장이 주는 배달 음식을 받고는 배달을 거부했습니다. 무슬림인 직원은 자신의 종교적 신념 때문에 술은 배달할 수 없다고 했습니다. 사장은 그렇다면 배달을 할 수 없으니 해고를 하겠다고 했고, 직원은 이런 대우가 부당하다고 사장을 고소했습니다. 그리고 법원은 개인의 종교적 신념을 차별해서는 안 된다며 사장의 해고가 부당하다는 판결과 거액의 배상금을 물어낼 것을 명령했습니다.
    이와 같은 현상을 '정치적 올바름' 줄여서 P.C.라고 하는데 소수의 신념이 차별받지 않게 하기 위해서 정치적 중립에 과하게 몰입하는 모든 현상들이 포함됩니다.
    최근에는 유럽에도 비슷한 현상들이 일어나고 있어 영국 지하철은 '신사 숙녀 여러분'이라는 말 대신 '여러분'이라는 말로 안내방송을 변경했습니다. 성전환 수술을 한 사람들이 불쾌하게 여길 수도 있다는 의견 때문이었습니다.
    소수의 의견도 존중 받아야 하고, 차별은 어떤 경우에도 있어서는 안 됩니다. 우리 그리스도인들은 성경이 말씀하는 올바름을 따라 당당히 행동하고 의견을 나타내야 합니다. 말씀대로 살아가며, 하나님의 나라를 이 땅 위에서 경험하는 것이 성도들의 본분이기 때문입니다. 세상의 눈치를 보지말고, 성경의 가르침대로 하십시오. 아멘!!

♡ 주님, 품어야 할 것과 막아야 할 것을 구별하는 지혜를 주소서.
※ 세상의 잘못된 문화에 타협하지 말고 말씀의 기준을 지킵시다.

나의 영적 일지

9월 21일 변화의 10가지 법칙

읽을 말씀 : 골로새서 3:1-11

● 골 3:10 새 사람을 입었으니 이는 자기를 창조하신 이의 형상을 따라 지식에까지 새롭게 하심을 입은 자니라

오카츠 후미히토가 쓴 '나를 변화시키는 정리법'에 나오는 10가지 법칙입니다.
01. 필요 없는 물건은 일단 버리자.
02. 자투리 시간을 생산적인 일에 활용하자.
03. 나에게 가장 필요한 일이 무엇인지 생각하자.
04. 목표 달성을 위한 계획은 50% 여유 있게 잡자.
05. 복잡한 일도 최대한 단순하게 생각하자.
06. 하고 싶은 일을 즉시, 즐겁게 시작하자.
07. 남보다 내가 더 잘할 수 있는 어떤 사소한 일이라도 찾자.
08. 모든 목표는 측정 가능한 수치로 만들자.
09. 일을 인생의 수단으로 삼자.
10. 한 가지 일에만 집착하지 말고 다양한 경험을 추구하자.

인생을 변화시키기 위해선 무수히 많은 작은 결단과 도전이 필요합니다. 그러나 가장 중요한 변화는 예수님을 만날 때 일어납니다. 예수님을 만난 사람은 모든 삶이 은혜로 변화됩니다. 삭개오가 그랬고, 사도 바울이 그랬고, 예수님이 만나신 수많은 연약한 사람들이 그랬습니다.

매번 실패할지라도 포기하지 않으시고 힘 주시고 기다려주시는 주님이 계심을 믿고 예수님을 내 삶의 구주로 모시겠다는 고백으로 변화된 인생을 누리십시오. 아멘!!

♥ 주님, 더 나은 삶과 신앙을 위해 계속 노력하고 다짐하게 하소서.
🧩 나에게 필요한 변화의 법칙을 찾아보고 적용합시다.

나의 영적 일지

그리스도인의 책임

9월 22일

읽을 말씀 : 고린도전서 9:14-18

● 고전 9:16 내가 복음을 전할지라도 자랑할 것이 없음은 내가 부득불 할 일임이라 만일 복음을 전하지 아니하면 내게 화가 있을 것이로다

'나치가 그들을 덮쳤을 때'라는 시로 유명한 마르틴 니뮐러 목사님은 2차 대전이 끝난 뒤 '2차 대전 책임백서'라는 책을 썼습니다.

당시 독일에는 세계대전의 책임을 나치에 전가하고 잔재를 청산하자는 여론이 대부분이었는데 이 책은 세계대전의 책임이 독일 교회와 기독교인들에게 있다는 내용이어서 엄청난 논쟁을 불러일으켰습니다. 책에는 이런 내용이 나옵니다.

"저는 일곱 번이나 이런 꿈을 꿨습니다. 제가 주님의 심판대를 통과하고 있는데 제 뒤에 있던 사람의 목소리가 들렸습니다. 예수님은 그 사람에게 '너는 왜 나를 믿지 않았는가'라고 물으셨는데 그는 당당하게 '아무도 제게 예수 그리스도에 대해 전해 주지 않았습니다'라고 대답했습니다. 어디선가 낯익은 목소리에 뒤를 돌아보니 그 자리에는 히틀러가 있었습니다. 계속 반복되어 꾸던 이 꿈이 제 삶을 바꿔 놓았습니다.

그가 죽기를 바랐던 적은 셀 수 없이 많았지만 정작 그의 영혼을 위해 기도한 적은 없었음을 깨달았기 때문입니다. 독일의 모든 그리스도인들은 그에게 복음을 전하기 위해 진지하게 접근하지 않은 것에 대해 모두 책임을 느껴야 합니다."

복음이 필요한 사람들을 향한 사랑과 관심이 먼저 생겨야 진정한 그리스도인입니다. 예수님이 이 땅의 낮은 사람들을 찾아가시고 위로하셨듯이 나의 삶도 그래야 합니다. 책망과 무시보다 복음이 필요한 사람들을 위해 기도하고 먼저 다가가는 성도가 되십시오. 아멘!!

♥ 주님, 복음을 알지 못하는 사람들을 위한 기도를 쉬지 않게 하소서.
기도와 헌신으로 세상을 향한 성도의 의무를 다합시다.

나의 영적 일지

델피의 격언

9월 23일

읽을 말씀 : 야고보서 4:13-17

● 약 4:14 내일 일을 너희가 알지 못하는도다 너희 생명이 무엇이냐 너희는 잠깐 보이다가 없어지는 안개니라

'너 자신을 알라'라는 말은 소크라테스가 자주 사용했던 명언입니다.

그런데 이 말은 델피의 신전에 적힌 147개의 격언 중 하나로 소크라테스가 지혜를 얻기 위해 델피의 신전에 들렀다가 이 격언을 보고 감동을 받아 돌아갔다는 이야기가 있습니다.

그런데 한층 더 들어가 델피의 신전에 있는 147개의 격언을 살펴보면 가장 유명한 '너 자신을 알라'라는 명언은 8번입니다.

첫 번째는 '신을 따르라', 두 번째는 '법을 지켜라', 세 번째는 '신들을 찬양하라'와 같이 신에 대한 복종과 인간사의 기본 법칙을 지킬 것을 강조하는 격언들이 강조되어 있습니다. 그리고 8번째의 격언 이후로 처세에 대한 지혜들 적혀 있는데 이 의미를 해석하면 결국 너 자신을 알라는 말은 '나의 능력과 성격을 파악하라'라는 뜻이 아니라 '인간은 신이 아님을 깨달아라', '그러므로 먼저 신을 따르고, 인간의 도리를 다하라'는 뜻인 것입니다.

물론 그리스 사람들이 말하던 신은 하나님을 지칭하는 것이 아니었지만 어쨌든 그들은 인간의 한계를 알고 있었습니다. 나의 한계를 먼저 인정하고 예수님의 보혈을 의지할 때 나는 귀한 하나님의 자녀로 세상을 살아가게 됩니다. 그리고 그 삶은 이제 단순한 나의 삶이 아닌 하나님이 함께 하심으로 이루어지는 하나님의 역사가 됩니다. 내가 아무 것도 아님을 깨달음으로 하나님의 자녀가 되는 권세를 누리십시오. 아멘!!

♥ 주님, 나의 모든 것을 주시고 죄에서 구원하신 주님을 잊지 않게 하소서.
🧩 교만의 마음을 품지 말고 오직 주님께 영광을 돌립시다.

나의 영적 일지

'들음'의 의미

읽을 말씀 : 야고보서 1:16-22

9월 24일

● 약 1:19 내 사랑하는 형제들아 너희가 알지니 사람마다 듣기는 속히 하고 말하기는 더디 하며 성내기도 더디 하라

'듣다'라는 영어 단어 'LISTEN'의 스펠링에서 따온 '경청의 6법칙'입니다.
 1. 귀담아 들어주기(Listen)
 2. 상대방의 대화를 중간에 끊지 않기(Ing)
 3. 웃으며 반응하기(Smile)
 4. 마음으로 공감하기(Touch)
 5. 눈을 마주치며 대화하기(Eye contact)
 6. 중간 중간 고개를 끄덕이기(Nodding)

대화하는 상대방의 정보를 얻을 때 말이 전하는 비율은 8% 정도 밖에 되지 않습니다. 나머지 부분인 나의 표정, 제스처, 눈동자와 같은 모습들이 진짜 공감을 하고 있는지, 상대방의 이야기를 진심으로 경청하고 있는지를 진짜 나타내는 신호들입니다.

사랑하기 위해선 관심이 있어야 하고 관심을 가지려면 그 사람의 이야기를 들어야 합니다.

상대방의 말을 듣는 척을 하는 것과, 진심으로 듣는 것은 작은 신호 하나부터가 다릅니다. 다른 어떤 이유에 앞서 순수한 상대방을 향한 관심과 사랑에서 경청을 하는 것이 성도들이 추구해야 할 자세이며 본분입니다. 상대방의 고민을 듣고 위로할 때는 온 맘과 힘을 다해 들어줌으로 위로하십시오. 아멘!!

♥ 주님, 항상 먼저 들으셨던 주님의 삶을 본받게 하소서.
🧩 사람들의 마음을 얻을 수 있는 경청의 습관을 들입시다.

나의 영적 일지

9월 25일

2절의 복음

읽을 말씀 : 히브리서 4:1-13

● 히 4:12 하나님의 말씀은 살아 있고 활력이 있어 좌우에 날선 어떤 검보다도 예리하여 혼과 영과 및 관절과 골수를 찔러 쪼개기까지 하며 또 마음의 생각과 뜻을 판단하나니

독립운동가 서재필 선생이 감옥에 갇혀 모진 고초를 겪고 있을 때입니다. 고문을 당하고 감옥에 쓰러져 누워있던 이상재 선생은 우연히 마룻바닥에 끼워진 작은 종이쪽지를 발견했습니다. 그 쪽지에는 마태복음 5장 38,39절의 말씀이 적혀 있었습니다.

"또 눈은 눈으로, 이는 이로 갚으라 하였다는 것을 너희가 들었으나 나는 너희에게 이르노니 악한 자를 대적하지 말라 누구든지 네 오른편 뺨을 치거든 왼편도 돌려 대며"

일본군에게 모진 고초를 당하던 이상재 선생은 이 말씀을 보고 오히려 속이 부글부글 끓었습니다. 그러나 이상하게 감옥에 갇혀 있는 시간이 길어질수록 그 마음속에 이 말씀이 떠나지 않았고 결국 이 두 절의 말씀을 통해 예수님을 믿고 그리스도인이 되었습니다.

이상재 선생은 그동안 같은 독립운동가인 서재필 선생으로부터 수차례 복음을 들었으나 그때마다 완강히 거절했었습니다. 그러나 가장 힘든 순간에 우연히 만난 단 두절의 말씀으로 마음이 열렸고 복음을 믿게 됐습니다.

단 두 절의 말씀도 한 사람의 마음을 열고 변화시킬 충분한 능력이 있습니다. 말씀이 곧 복음이자 능력이기에 말씀을 전하는 것이 성도들의 의 능력이자 본분입니다. 하나님의 능력을 믿음으로 때를 가리지 않고 언제나 복음을 전할 준비를 하십시오. 아멘!!

♥ 주님, 전하는 것만으로 능력이 나타나는 복음의 힘을 알게 하소서.
🙏 언제든 전도할 수 있는 주보와 전도지를 준비합시다.

나의 영적 일지

인생을 다시 산다면

읽을 말씀 : 시편 116:12-19

●시 116:15 그의 경건한 자들의 죽음은 여호와께서 보시기에 귀중한 것이로다

9월 26일

    85세에 세상을 떠난 켄터키 주에 살던 한 노인이 쓴 '내가 만약 인생을 다시 산다면'이란 시입니다.

  '내가 만약 인생을 다시 산다면
  그때는 더 많은 실수를 저지르고
  더 우둔하게 살리라.
  되도록 심각해지지 않고
  좀 더 즐거운 기회들을 잡으리라.

  여행도 더 자주 다니고
  석양도 더 오래 바라보리라.
  먹고 싶은 것은 참지 않고 먹으리라.

  하루하루를 살아가는 대신
  순간을 맞이하면서 살아가리라.
  간단히 꾸려 더 자주 여행길에 오르리라'

    세상을 떠나기 전 대부분 후회하는 것은 큰 실수나 성공이 아니라 일상의 소중함이었습니다. 하나님이 허락하시는 귀한 하루에 담긴 은혜와 축복을 놓치지 말고 감사히 누리십시오. 아멘!!

  💚 주님, 하나님이 허락하신 귀한 하루가 축복임을 알게 하소서.
  📖 지나 온 인생을 후회하지 않도록 매일 하루를 최선을 다합시다.

나의 영적 일지

9월 27일

노력이 아닌 은혜

읽을 말씀 : 로마서 11:1-12

● 롬 11:6 만일 은혜로 된 것이면 행위로 말미암지 않음이니 그렇지 않으면 은혜가 은혜 되지

    '래디컬'의 저자 데이비드 플랫 목사님은 구원의 원리에 대해서 사람들에게 말할 때마다 애슐리라는 사람의 이야기를 합니다.
    애슐리는 모태신앙으로 교회를 떠나본 적이 없었습니다. 그는 예수님을 믿고 있었고 더 알기 원했습니다. 그래서 열심히 설교를 듣고, 성경공부도 하고, 기도도 했습니다. 그리고 말씀에 나온 대로 살려고 안간힘을 썼지만 그럼에도 믿음에 대한 확신이 생기지 않았습니다.
    마음이 조급해진 애슐리는 더 열심히 교회에 나가고, 경건 서적을 읽고, 기도를 통해 부르짖었으나 여전히 확신이 생기지 않았습니다. 그런데 아이러니하게도 마침내 모든 시도를 그만두고 완전히 포기를 했을 때 예수님의 그의 마음속에 계시다는 것이 느껴지며 구원의 확신이 생겼습니다.
    목사님은 이 이야기를 통해 복음의 가장 아름다운 속성은 우리의 노력이 필요 없다 것이며 우리가 구원을 위해 위험한 곳으로 떠나고, 말씀을 달달 외우고, 하루에 10시간 씩 기도한다 해도 이런 행동으로 구원은 얻을 수 없기에 오로지 철저히 자신을 부인하고 전적으로 하나님께 모든 것을 맡기는 사람만이 구원의 은혜를 누릴 수 있다고 말했습니다.
    나의 공로로 구원 받을 수 있는 것이 아니라 모든 것은 오로지 주님의 은혜로만 가능합니다. 나의 무력함을 인정하고 하나님 앞에 무릎 꿇는 회개의 순종으로 참된 은혜를 누리십시오. 아멘!!

♥ 주님, 오직 주님의 공로로 얻게 된 은혜에 감사하게 하소서.
🕊 유일한 구원의 근거가 되시는 주님의 보혈을 생각하며 겸손합시다.

나의 영적 일지

16일의 끈기

읽을 말씀 : 이사야 40:26-31

● 사 40:31 오직 여호와를 앙망하는 자는 새 힘을 얻으리니 독수리가 날개치며 올라감 같을 것이요 달음박질하여도 곤비하지 아니하겠고 걸어가도 피곤하지 아니하리로다

    클레어 로마스는 말을 타다 실수로 떨어져 하반신이 마비되는 슬픈 사고를 당했습니다. 이후 '로봇 슈트'라는 인체공학 보조기 덕분에 걸음을 걸을 수 있긴 했으나 재활이 너무 힘들었고 특히나 8천만 원이나 하는 보조기의 가격이 더욱 문제였습니다. 클레어는 자신처럼 하반신이 마비가 된 사람들을 위해 더 저렴한 가격의 '로봇 슈트'가 개발되어야 한다고 생각해 마라톤에 참가해 기금을 모으려고 했습니다.
    그러나 훈훈한 의도와는 달리 현실은 만만치가 않았습니다. 재활 첫날 클레어는 고작 30걸음을 걷는데 그쳤고 마라톤 일정까지는 3달 밖에 남지 않았습니다. 그러나 클레어의 남편과 딸은 엄마의 꿈이 지치지 않도록 늘 곁에서 도왔습니다. 마라톤 당일도 클레어와 뒤와 옆을 지키며 가족이 함께 지키며 끝까지 함께 했습니다.
    비록 클레어의 완주는 16일이나 걸렸지만 어쨌든 클레어는 42.195킬로미터를 완주했고 결승선에는 그녀의 소식을 듣고 기다리던 수백 명의 인파가 몰렸습니다. 더불어 클레어는 '로봇 슈트'를 착용하고 마라톤을 완주한 최초의 인간이 되었고 이 소식이 퍼져가며 마라톤을 완주한 당일에만 2억에 가까운 성금이 모였습니다.
    힘들어도 포기하지 않으면 언젠가 이룰 수 있게 됩니다. 하나님이 주신 사명도, 예수님의 말씀을 따라 사는 일도 끝까지 포기하지 말고 마지막 날까지 완주하십시오. 아멘!!

♡ 주님, 창대케 하실 주님의 손을 믿으며 작은 발걸음을 떼게 하소서.
🖼 사명을 위한 아주 작은 결심일지라도 오늘 시작합시다.

나의 영적 일지

친구의 할일

9월 29일

읽을 말씀 : 잠언 18:19-24

● 잠 18:24 많은 친구를 얻는 자는 해를 당하게 되거니와 어떤 친구는 형제보다 친밀하니라

수잔 폴리스가 쓴 산문 '친구란'에 나온 글입니다.

'우리 모두는 친구가 필요하다. 웃고 싶을 때, 울고 싶을 때, 외로울 때, 아플 때, 그리고 서러울 때… 가만히 생각해보니 우리는 언제나 친구가 필요한 존재이다.

따뜻한 말 한마디에 닫혔던 마음이 열리고 상처가 아문다. 친구는 네가 하는 모든 일에 영향을 주는 사람이고, 네가 하는 모든 것에 영향을 주는 사람 또 즐거울 때 찾아오는 사람, 괴로울 때 찾아오는 사람, 친구는 네가 무엇을 하든 그것을 이해하는 사람이다.

그리고 친구는 너에 대한 진실을 너에게 말해주는 사람, 네가 경험하는 것을 항상 알고 있는 사람, 항상 너를 격려해주는 사람, 너와 경쟁하지 않는 사람, 너의 일이 잘 돼 갈 때 진심으로 행복해하는 사람이다.

친구란 너의 일이 뜻대로 안될 때 위로해주는 사람이며, 서로가 아니면 자기 자신이 완전 할 수 없는 또 다른 너 자신이다. 그게 바로 친구다. 그래서 우리 모두는 친구가 필요하다.'

사람은 절대로 혼자서 살아갈 수가 없습니다. 그래서 관계가 필요하며 진심을 나눌 수 있는 친구가 필요합니다. 마음을 나눌 수 있는 친구보다 인생에 더 도움이 되는 것은 없습니다. 그러나 설령 이런 친구를 만나지 못했다 하더라도 나의 모든 것을 아시고, 위로하시고, 힘을 주시는 예수님이 나를 친구 삼아주셨다는 사실을 잊지 말고 기억하십시오. 아멘!!

♥ 주님, 하나님의 사랑 안에서 함께 동역할 귀한 친구를 보내주소서.
📖 서로의 아픔과 고통을 위로하고 함께 해주는 진짜 친구가 되어줍시다.

나의 영적 일지

한 가지 차이점

읽을 말씀 : 디모데후서 2:14-26

● 딤후 2:15 너는 진리의 말씀을 옳게 분별하며 부끄러울 것이 없는 일꾼으로 인정된 자로 자신을 하나님 앞에 드리기를 힘쓰라

영국의 대표적인 작가 고든 바이런과 월터 스콧은 두 가지 공통점이 있었습니다. 먼저 두 사람은 작품 하나로 하루아침에 벼락스타가 됐습니다. 월터 스콧은 '스코틀랜드 민요집'으로 당대 최고의 작가 반열에 올랐고, 바이런은 '헤럴드의 순례'라는 책으로 성공을 한 뒤 '아침에 눈을 떠 보니 유명해져 있었다'라는 말을 남겼습니다.

그리고 두 사람 다 다리에 장애가 있었습니다. 그러나 이 장애에 대한 관점으로 인해 두 사람의 인생은 판이하게 달라졌습니다.

바이런은 다리의 장애를 심각한 콤플렉스로 여겼습니다. '절름발이'라는 말을 어쩌다 했다는 이유로 첫사랑과도 헤어졌고, 그 콤플렉스를 극복하기 위해서 작품으로 얻은 인기와 명예를 적극적으로 즐겼습니다.

그러나 월터 스콧은 장애를 약점으로 생각하지 않았습니다. 그래서 그는 사람들에게 늘 친절했고 자신감이 넘쳤습니다. 그래서 자기 작품에 수여되는 많은 상들을 정중히 거절했고 다만 많은 분들이 읽어주는 것만으로도 충분하다고 말했습니다. 그리고 작가로써의 명성과는 달리 비참한 인생을 살다 간 바이런은 평생 동안 월터 스콧을 자신이 가장 부러워하는 사람이라고 말하며 자신의 모든 재산과 명성을 바쳐서라도 월터의 행복을 사고 싶다는 말까지 했습니다.

환경적인 조건으로는 절대로 행복할 수 없습니다. 나를 만드신 하나님을 알고 그 품에 돌아가는 것이 유일한 행복의 조건임을 깨달으십시오. 아멘!!

♥ 주님, 하나님을 아는 지식과 믿음을 더욱 허락하소서.
🖼 세상 사람들이 뭐라 하던 나는 하나님의 소중한 작품임을 기억합시다.

나의 영적 일지

10월

"날마다 우리 짐을 지시는 주
곧 우리의 구원이신 하나님을 찬송할지로다"

(시편 68편 19절)

10월 1일 — 가진 것을 활용하라

읽을 말씀 : 마태복음 25:14-21

● 마 25:21 그 주인이 이르되 잘하였도다 착하고 충성된 종아 네가 적은 일에 충성하였으매 내가 많은 것을 네게 맡기리니 네 주인의 즐거움에 참여할지어다 하고

1895년 프랑스 파리의 그랑카페에는 엄청난 인파가 모여 있었습니다. 이 사람들은 루미에르 형제가 만든 첫 영화를 보기 위해 모인 사람들이었는데 그들은 단순히 기차가 도착을 했다가 다시 떠나가는 짧은 영상을 보기 위해 돈을 내고 모였습니다. 모인 사람들 중에는 스크린 속의 기차를 보고 놀라서 도망을 치는 사람도 있었습니다. 당시 사람들의 생각으로는 상상도 할 수 없는 기술이었기에 많은 사람들이 루미에르 형제가 영화로 큰 돈을 벌 것이라고 생각했지만 의외로 루미에르 형제는 영화산업에서 곧 손을 뗐습니다.

단순히 어떤 장면을 찍어서 보여주는 것은 곧 다른 사람들도 따라 시작할 수 있기에 시장성이 없다는 것이 이유였습니다. 그리고 루미에르 형제의 말처럼 사람들은 단순한 화면을 보는 것에 슬슬 지루함을 느껴 더 이상 영화를 보러 오지 않았습니다.

그러나 그로부터 20년이 지나고 화면 편집이라는 기술이 개발되고, 짧은 장면들을 이어 이야기를 담기 시작하면서 지금의 영화 산업이 시작됐습니다. 그리고 영화는 이제 전 세계에서 가장 영향력 있는 문화산업으로 성장했습니다.

루미에르 형제는 영화라는 기술은 가지고 있었으나 그 기술의 가진 미래는 20년 뒤밖에 보지 못했습니다. 모든 것을 가능케 할 힘이 있고, 사망의 권세를 이기고 영원의 천국을 보장하는 말씀의 능력을 믿음으로 활용하십시오. 아멘!!

♡ 주님, 말씀과 기도의 능력을 알고, 그 능력대로 구하는 믿음을 주소서.
🖋 불가능한 일도 하나님께 기도하며 말씀을 근거로 구합시다.

나의 영적 일지

무릎을 꿇게 하는 성구

읽을 말씀 : 베드로후서 1:12-21

● 벧후 1:19 또 우리에게는 더 확실한 예언이 있어 어두운 데를 비추는 등불과 같으니 날이 새어 샛별이 너희 마음에 떠오르기까지 너희가 이것을 주의하는 것이 옳으니라

독실한 크리스천이자 영국에서 기자로 일하고 있는 카칠라는 처음 예수님을 믿게 됐을 때 기도하는 법을 몰라 많은 어려움을 겪었습니다.

이후 신앙생활이 계속되면서 기도의 방법은 알게 됐지만 정작 기도가 가장 필요한 고난의 순간에는 절망과 두려움으로 오히려 기도를 할 수 없었습니다. 그러나 그런 어려움마저 말씀으로 극복하고 기도할 수 있는 용기를 얻을 수 있었습니다. 다음은 카칠라 기자가 비슷한 어려움을 겪는 사람들에게 추천하는 '기도할 힘을 주는 5가지 성구'입니다.

1. '때를 따라 돕는 은혜를 얻기 위하여 은혜의 보좌 앞에 담대히 나아갈 것이니라'(히브리서 4장 14-16절)
2. '상하고 통회하는 마음을 주께서 멸시치 아니하시리이다'(시편 51장 12-17절)
3. '너희 염려를 다 주께 맡기라 이는 그가 너희를 돌보심이라'(베드로전서 5장 6-7절)
4. '진노 중에라도 긍휼을 잊지 마옵소서'(하박국 3장 2절)
5. '모든 일에 기도와 간구로 너희 구할 것을 감사함으로 하나님께 아뢰라'(빌립보서 4장 6절)

기도를 할 수조차 없다고 느껴질 때가 진짜 하나님께 무릎을 꿇어야 할 때입니다. 그리스도인에게 기도할 수 없는 상황이란 존재하지 않습니다. 위로의 말씀으로 힘을 얻고 다시 주님께 기도함으로 문제를 해결하십시오. 아멘!!

♡ 주님, 기도를 통해 주님의 손길을 느끼게 하소서.
📖 말씀을 통해 다시 기도할 힘을 얻읍시다.

나의 영적 일지

10월 3일

예수님이 고르신 친구

읽을 말씀 : 요한복음 15:12-27

● 요 15:15 이제부터는 너희를 종이라 하지 아니하리니 종은 주인이 하는 것을 알지 못함이라 너희를 친구라 하였노니 내가 내 아버지께 들은 것을 다 너희에게 알게 하였음이라

'처치 리더스'에 실린 '예수님이 친구를 선택하신 6가지 기준'입니다.

1. 기도(누가복음 6장)
예수님은 12제자를 선택하시기 전에 밤낮으로 기도하셨습니다.

2. 순종(요한복음 15장)
예수님은 자신에게 순종하는 사람이 친구라고 하셨습니다. 이는 하나님께 사람을 인도하는 것이 예수님의 목적이기 때문입니다.

3. 파송(마태복음 3장)
예수님의 말씀을 들은 사람들은 다시 나가서 전할 수 있어야 했습니다.

4. 마음을 나눌 수 있는 사람(마태복음 13장)
예수님의 비전을 이해할 수 있는 사람만이 비유를 이해할 수 있었습니다.

5. 끈기(요한복음 6장)
어려운 말씀을 때로는 이해를 못하더라도 그들은 포기하지 않고 붙잡고 있었습니다.

6. 동행하는 사람(누가복음 22장)
제자들은 예수님이 시험을 받으실 때에도 예수님 곁을 지켰습니다.

예수님은 이런 기준을 지키는 사람들을 제자로 부르셨고, 또 종이 아닌 친구로 삼으셨습니다. 오직 예수님을 통해서만 하나님과의 관계를 회복할 수 있습니다. 예수님의 말씀에 순종함으로 예수님의 친구가 되는 권세와 축복을 누리십시오. 아멘!!

♡ 주님, 하나님의 자녀이자 예수님의 친구에 걸맞은 삶으로 변화되게 하소서.
📖 영영 죽을 죄인을 구원하시고 또 친구로 삼아주신 은혜에 감사합시다.

나의 영적 일지

사람을 살린 열정

읽을 말씀 : 요한복음 13:1-11

● 요 13:1 유월절 전에 예수께서 자기가 세상을 떠나 아버지께로 돌아가실 때가 이른 줄 아시고 세상에 있는 자기 사람들을 사랑하시되 끝까지 사랑하시니라

아우슈비츠 수용소에 갇혔다 풀려나온 경험으로 '로고테라피'라는 정신의학 이론을 만든 빅터 프랭클 박사에게 어떤 여자가 새벽 3시에 전화를 걸었습니다. 여자는 박사가 전화를 받자 빅터 프랭클이 맞냐고 물었습니다.

"네, 제가 빅터 프랭클이 맞습니다. 그런데 이 시간에 무슨 일로 전화를 주셨죠?"

"사실 저도 제가 왜 전화를 걸었는지 모르겠어요. 지금 자살하려고 약을 잔뜩 사다놔서 막 먹으려던 찰나에 어제 기사에서 본 박사님의 글이 우연히 생각나 저도 모르게 전화를 걸고 말았어요."

자살을 하려던 중이었단 여자의 말에 박사는 정신이 번쩍 들어 필사적으로 설득하기 시작했습니다. 정신없이 열변을 토하다보니 어느새 동이 텄고 박사는 여자와 약속을 잡아 지속적으로 상담을 해줬습니다. 그리고 열심히 살기로 마음을 고쳐먹은 여자에게 다른 환자와의 상담에 참고하기 위해 처음 새벽에 전화를 걸었을 때 어떤 말을 듣고 마음이 움직였냐고 물었는데 여자는 이렇게 대답했습니다.

"솔직히 그때 박사님의 말은 잘 기억이 나지 않아요. 그러나 어떻게든 저를 살리려고 하는 박사님의 열정이 제 마음을 움직였어요."

영혼 구원을 위해 하나님은 잠시도 쉬지 않으신다고 말씀은 전하고 있습니다. 하나님의 사랑에 반응하는 뜨거운 열정으로 살아가고 복음을 전하십시오. 아멘!!

♡ 주님, 하나님의 사랑을 가슴에 품음으로 식지 않는 열정을 갖게 하소서.
🖼 주님을 향한 첫사랑을 떠올리며 열정을 회복합시다.

나의 영적 일지

10월 5일

살아계신 하나님

읽을 말씀 : 고린도후서 3:1-9

● 고후 3:3 너희는 우리로 말미암아 나타난 그리스도의 편지니 이는 먹으로 쓴 것이 아니요 오직 살아 계신 하나님의 영으로 쓴 것이며 또 돌판에 쓴 것이 아니요 오직 육의 마음판에 쓴 것이라

미국의 한 명문대의 철학 수업 첫 시간이었습니다.
교수는 미셸 푸코, 노엄 촘스키, 스튜어트 밀, 리처드 도킨스와 같은 세계적인 석학들의 이름을 줄줄이 읊더니 이들의 공통점이 무엇인지 아냐고 물었습니다. 학생들이 아무 말이 없자 교수가 대답했습니다.
"분야를 막론하고 세계에서 가장 뛰어난 석학들은 모두 무신론자다."
그리고 종이를 나눠주며 '신은 죽었다'라고 쓴 뒤 사인을 하라고 요구했습니다. 그리고 이 기초 명제를 인정하지 않으면 수업을 진행할 수 없기에 'F 학점'을 주겠다고 말했습니다. 그런데 한 학생이 손을 들고 당당히 말했습니다.
"저는 크리스천입니다. 수업은 듣고 싶지만 서명은 하지 못하겠습니다."
교수는 코웃음을 치며 그렇다면 수업이 끝날 때까지 '신은 죽었다'가 거짓이라는 명제를 증명해보라고 했습니다. 그리고 밍왕이라는 이 학생은 교수로부터 도망치지 않고 하나님이 살아 계시다는 사실을 증명하기 위해 노력했고 마침내 교수로부터 인정을 받았습니다.
'신은 죽지 않았다'라는 영화의 모티브가 된 실제 이야기입니다. 하나님은 모든 사람이 만날 수 있는 방법으로 구원의 길을 열어놓으셨습니다. 10살짜리 꼬마 아이도, 세계 최고의 석학도 예외는 아닙니다. 믿음이 흔들릴 때는 두려워하지 말고 더욱 굳건히 하나님을 붙잡으십시오. 아멘!!

♡ 주님, 만물을 주관하시고 내 안에 머물고 계시는 주님을 경험하게 하소서.
🎬 '신은 죽지 않았다'를 감상하고 나의 생각과 믿음을 정리해봅시다.

나의 영적 일지

항아리를 깨라

읽을 말씀 : 요한복음 12:1-8

● 요 12:3 마리아는 지극히 비싼 향유 곧 순전한 나드 한 근을 가져다가 예수의 발에 붓고 자기 머리털로 그의 발을 닦으니 향유 냄새가 집에 가득하더라

중국 송나라의 한 마을에서 있었던 일입니다.

마을의 한 부잣집에서 쓰려고 사람이 갇힐만한 큰 독을 만들어 물을 채워 시장 거리에 내놨는데 한 아이가 호기심에 물독을 구경하러 기어 올라갔다가 안에 빠지고 말았습니다.

뒤늦게 이 모습을 본 사람들이 몰려들어 아이를 구하기 위해 야단법석을 떨었습니다. 모여드는 어른마다 주변을 향해 이런 저런 요구를 하며 외쳤습니다.

"여기 아이가 빠졌소. 어서 밧줄을 가져오시오!"

"항아리에 올라갈 수가 없는데 밧줄이 무슨 소용이오. 우선 사다리를 가져오시오."

"사다리를 가져오면 이미 늦소. 기어 올라가 구합시다."

그러는 사이 아이의 상태는 점점 위험해지고 있었습니다. 그런데 어디선가 항아리가 깨지는 소리가 들렸습니다. 사마광이라는 아이가 사람이 빠졌다는 소리를 듣고는 급하게 돌로 항아리를 깨 버린 것입니다. 비록 비싼 항아리는 잃었으나 다행히 아이는 무사했고 진짜 중요한 것이 무엇인지 알았던 사마광이라는 아이는 송나라의 덕망 있는 대학자로 자라 '자치통감'을 편찬해 전국의 학자들에게 존경을 받았습니다.

진짜 귀한 것을 위해서 덜 귀한 것은 가차 없이 깰 수 있어야 합니다. 예수님을 위해 한 나드의 향유를 깼던 막달라 마리아처럼 나의 가장 귀한 것도 주님을 위해선 아낌없이 드리는 믿음을 구하십시오. 아멘!!

♡ 주님, 저의 가장 귀한 것이라도 기쁘게 드릴 믿음을 갖게 하소서.
🏃 주님을 위해 드리는 물질과 시간, 정성을 아까워 맙시다.

나의 영적 일지

10월 7일

세상을 향한 미련

읽을 말씀 : 요한복음 3:1-21

● 요 3:19 그 정죄는 이것이니 곧 빛이 세상에 왔으되 사람들이 자기 행위가 악하므로 빛보다 어둠을 더 사랑한 것이니라

    처칠과 함께 세계 2차 대전을 승리로 이끌고 프랑스를 강대국으로 우뚝 세운 드골 대통령은 죽기 얼마 전에 다음과 같은 유언장을 썼습니다.
    "나는 나라로부터 이미 받기로 한 모든 특혜와 특전을 받지 않겠습니다. 그리고 죽은 뒤에 수여하기로 한 당연한 특전들도 모두 거부하겠습니다. 그 어떤 훈장도 주지 말고 동상도 세우지 말며, 이름을 딴 어떤 건물이나 기념관도 세우지 말아주십시오."
    그리고 장례식도 국장이 아닌 가족장으로 치렀고 다른 나라의 대통령이나 장관들도 참석하지 못하게 했습니다. 다만 함께 전장에서 싸웠던 전우들의 방문은 허용했습니다. 워낙 생전에 이에 대한 의지가 확고해 프랑스 정부도 모든 요구를 수용했습니다.
    또 드골 대통령은 묘비명에도 이름과 출생년도, 사망년도만을 쓰고 그 어떤 수식어나 직위, 했던 말도 적지 말라고 말했습니다. 그리고 정부가 지급해야 할 연금과 보상금은 불우이웃들을 위해 사용해 달라고 했는데 승계자인 가족들도 이에 동의해 모든 연금과 보상금은 독거노인들과 고아들을 위해 기부되고 있습니다.
    세상을 향한 미련이 없는 사람들은 떠나는 모습까지 달라야 합니다, 모든 가치와 수고를 이 땅이 아닌 본향인 천국에 쏟기 때문입니다. 하나님이 주신 축복과 행복들을 마지막 날까지 하나님을 위해 사용하는 참된 그리스도인의 모습으로 사십시오. 아멘!!

♥ 주님, 세상을 향한 미련을 버리고 천국을 향한 소망만을 품게 하소서.
📖 세상을 떠날 때 남길 유언과 유산에 대해 깊이 생각해봅시다.

나의 영적 일지

성공한 사람의 일생

읽을 말씀 : 빌립보서 3:10-16

- 빌 3:14 푯대를 향하여 그리스도 예수 안에서 하나님이 위에서 부르신 부름의 상을 위하여 달려가노라

    1930년도에 하버드대에서는 졸업생 중에서도 우수한 성적과 특기를 지닌 268명을 뽑아 무려 72년간을 연구했습니다.
    사회적으로 어디서나 엘리트 대접을 받는 사람들은 과연 평범한 사람들보다 더 행복한 삶을 사는지 혹시 '성공한 삶의 공식'이 있는지 파악하기 위해 심리, 약학, 의학, 사회학과 같은 하버드 대학 자체 내의 여러 분야의 최고의 교수들까지 연구진으로 합류한 프로젝트였습니다.
    이들 연구 대상자들은 사회적으로 보기에는 영락없는 최고의 성공을 이룬 사람들이었습니다. 미국 대통령 중 가장 엘리트였다는 케네디 대통령도 이 연구의 속해 있었고 그밖에도 많은 정치인, 베스트셀러 소설가, 언론인 등 수 많은 분야에서 두각을 나타낸 사람들이 있었습니다. 그러나 성공을 한 뒤에 여러 정신적인 어려움들을 보이기 시작했고 50세가 됐을 때는 조사 인원의 30% 정도가 심각한 정신질환을 앓고 있었습니다.
    2010년도 학술지에 발표된 이 연구는 '하버드 엘리트라는 몸 속에는 고통 받는 심장이 있다'는 표제를 달고 나왔고, 이 연구를 총괄한 베일런트 교수는 성공적인 삶과 노후는 어떤 지표로 평가할 수 없으며 지성이나 계급보다는 오히려 사람과의 관계가 더 유의미한 상관관계가 있었다고 말했습니다.
    세상이 말하는 성공은 겉으로만 화려한 껍데기일 뿐입니다. 세상이 말하는 성공을 따르지 말고 하나님의 말씀을 따르는 삶을 목표로 삼으십시오. 아멘!!

♡ 주님, 화려한 겉모습에 현혹되어 잘못된 목표에 시간을 낭비하지 않게 하소서.
   조급해 하지 말고 말씀이 가리키는 방향으로 걸어갑시다.

나의 영적 일지

10월 9일 — 한글의 가치

읽을 말씀 : 고린도전서 7:20-24

● 고전 7:23 너희는 값으로 사신 것이니 사람들의 종이 되지 말라

　훈민정음 해례본은 한글이 어떻게 만들어졌는지에 대한 목적과 유래, 사용법, 원리가 담긴 일종의 한글 사용서입니다.
　세종대왕이 한글을 배포하며 더 쉽게 백성들이 한글을 익힐 수 있게 하려고 만들었지만 이후 한글을 낮추려는 일부 세도가와 왕들의 방해로 해례본은 역사 속에서 자취를 감추고 맙니다. 그러다 일제치하 시대에 이 해례본을 가진 사람이 있다는 소식이 들려오기 시작했습니다. 당시 소중한 문화재를 암암리에 사들여 일제로부터 보호했던 간송 전형필 선생은 이 소식을 듣고 당장에 해례본의 소유자를 찾아갔습니다.
　해례본을 가진 사람은 전형필 선생에게 천원을 요구했습니다. 당시 이 돈은 서울에 있는 커다란 기와집을 살 수 있는 돈이었습니다. 그런데 이 말을 들은 전형필 선생은 오히려 껄껄 웃으며 말했습니다.
　"훈민정음은 우리 민족의 보물인데 고작 천원으로 되겠소? 내가 보기엔 최소 10배의 대접은 받아야 하니 만원을 드리겠소."
　판매가의 10배를 쾌척해 훈민정음을 구입한 전형필 선생은 이를 사진으로 찍어 학자들에게 보내 연구하게 했고 이런 노력 탓에 지금 훈민정음은 국보로 유네스코 세계유산에까지 등록될 수 있었습니다.
　물건의 가치는 사는 사람의 생각에 따라 달라집니다. 하나님은 나의 가치를 천하보다 귀하게 여기셨기에 예수님의 보혈을 주셨고, 말씀을 주셨습니다. 하나님을 알게 하고 생명을 구원하는 귀한 말씀을 더욱 소중하게 여기고 아끼십시오. 아멘!!

♡ 주님, 성경을 참으로 하나님의 말씀으로 여기고 영의 양식으로 삼게 하소서.
✵ 말씀을 더욱 가치 있게 여기고, 여기는 만큼 즐거이 곁에 두고 묵상합시다.

나의 영적 일지

특별한 사람

읽을 말씀 : 이사야 64:1-12

● 사 64:8 그러나 여호와여, 이제 주는 우리 아버지시니이다 우리는 진흙이요 주는 토기장이시니 우리는 다 주의 손으로 지으신 것이니이다

　뉴욕의 한 고등학교에서 고3의 담임을 하고 있는 교사가 있었습니다.
　교사는 졸업식을 앞둔 어느 날 학생들을 한 명씩 교탁 앞으로 불러 학생 개개인의 장점을 칭찬해주며 '당신은 나에게 특별한 사람입니다'라고 써 있는 작은 리본을 달아주었습니다. 그리고 추가로 3개의 리본을 더 나눠주며 말했습니다.
　"앞으로 1주일 동안 너희에게 특별한 사람을 찾아가 감사의 뜻을 전하고 선생님과 똑같은 이야기를 들려드렸으면 좋겠구나."
　그 중 한 학생은 진로 문제로 고민할 때 상담을 해준 근처 회사의 부사장을 찾아가 감사를 표하며 리본을 달아주었습니다. 학생의 말을 들은 부사장은 고민을 하다가 모두가 악덕 사장이라고 욕을 하고 있는 사장실을 찾아갔습니다. 믿었던 사람들에게 배신을 당하기 전에는 사장이 그 누구보다 다감한 사람이라는 것을 부사장은 알고 있었습니다.
　부사장에게 리본을 받은 사장은 깜짝 놀라며 눈시울을 붉혔습니다. 그리고 집에 가서 가족들을 불러놓고 그동안의 잘못을 말하며 리본을 건넸는데, 아빠의 진심을 알게 된 아내와 자녀들도 눈물을 흘리며 아빠를 용서해주었습니다.
　작가 헬리스 브리짓스가 실제 경험한 내용을 바탕으로 쓴 소설 '당신은 특별한 사람'의 내용입니다. 하나님이 예수님을 통해 구원해 주셨기에 우리 모두는 특별한 사람입니다. 모든 사람들을 특별하게 만드는 이 기쁜 소식을 아직 모르는 사람들에게 전해주십시오. 아멘!!

♡ 주님, 예수님과 바꿀 정도로 특별한 가치가 있는 사람임을 늘 기억하게 하소서.
※ 내가 소중히 여기는 사람에게 작은 선물과 함께 감사의 메시지를 전달합시다.

나의 영적 일지

10월 11일 - 권위가 나오는 곳

읽을 말씀 : 빌립보서 2:1-11

● 빌 2:3 아무 일에든지 다툼이나 허영으로 하지 말고 오직 겸손한 마음으로 각각 자기보다 남을 낫게 여기고

미국 매사추세츠 주의 한 교회에서 불우이웃을 돕기 위한 자선파티가 열리고 있었습니다.

매사추세츠의 주지사인 크리스천 허터도 파티에 참석했는데 그는 오전부터 계속된 일정 때문에 한 끼도 먹지 못한 상태라 매우 허기져 있었습니다. 사람들과 간단히 인사를 나눈 허터는 닭고기를 나눠주는 담당자에게 고기를 몇 조각 더 달라고 요청했으나 단칼에 거절당했습니다.

매우 배가 고파서 신경이 날카로워져있던 허터는 그 말을 듣고는 신경질적으로 반응했습니다.

"저는 매사추세츠의 주지사인 허터입니다. 그래도 안 된다는 말입니까?"

"그럼 제가 누구인지도 아시겠군요? 저는 닭고기를 나눠주는 담당입니다. 그리고 한 조각 이상은 드릴 수 없으니 어서 돌아가세요."

이 말을 듣고 자리로 돌아온 허터는 자신의 옹졸함에 부끄러웠고 또 어떤 자리든지 그 자리에 있는 사람의 권위를 인정해야 한다는 사실을 배웠습니다. 이 원리를 잘 적응한 그는 은퇴할 때까지 승진을 거듭해 국무부 차관 자리에까지 올라갔습니다.

말과 행동에서 나오는 것이 진정한 권위입니다. 잘못된 자리와 명예에 집착하지 말고 예수님처럼 바른 말과 행동으로 세상에서 하나님 말씀의 권위를 세우십시오. 아멘!!

♥ 주님, 옳은 일을 위해 필요한 진정한 힘이 있는 권위를 세우게 하소서.
🧩 나이가 많다는 이유로, 직위가 높다는 이유로 잘못된 강요를 하지 맙시다.

나의 영적 일지

받지 않으시는 예배

읽을 말씀 : 요한복음 4:21-24

● 요 4:23 아버지께 참되게 예배하는 자들은 영과 진리로 예배할 때가 오나니 곧 이 때라 아버지께서는 자기에게 이렇게 예배하는 자들을 찾으시느니라

　장로회신학대학에서 예배설교학을 가르친, 주승중 교수가 말한 '하나님이 받지 않으시는 5가지 예배'입니다.
　1.구원의 은총에 감격과 감사로 응답하지 않는 예배
　나를 찾아와 이 땅에까지 오신 주님의 사랑에 응답하는 것이 성도의 예배이기 때문입니다.
　2.항상 무엇인가 받으려고만 하는 예배
　예배는 하나님께 우리를 감사함으로 드리는 것인지 받기 위해 오는 것이 아니기 때문입니다.
　3.잘못된 태도로 드리는 예배
　동기가 잘못되면 태도도 잘못된 모습으로 나오기 때문입니다.
　4.두 마음으로 드리는 예배
　하나님 앞에 있으면서도 마음은 다른 곳에 있는 것은 책망받는 예배이기 때문입니다.
　5.회개하지 않은 마음으로 드리는 예배
　죄의 문제가 해결되지 않으면 거룩하신 하나님께 예배를 드릴 수 없기 때문입니다.
　예배는 오로지 하나님께 초점이 맞춰져 있어야 합니다. 나를 기쁘고 즐겁게 하는 예배가 아니라 주신 하나님의 은혜에 반응하는 참된 예배자가 되십시오. 아멘!!

♡ 주님, 마음과 열정을 다해 신령과 진정으로 예배하게 하소서.
※ 매주 드리는 나의 예배 모습과 동기를 점검해봅시다.

나의 영적 일지

말씀에 개입하라

10월 13일

읽을 말씀 : 마태복음 25:14-21

● 마 25:21 그 주인이 이르되 잘하였도다 착하고 충성된 종아 네가 적은 일에 충성하였으매 내가 많은 것을 네게 맡기리니 네 주인의 즐거움에 참여할지어다 하고

    사람들이 예약을 해놓고 찾아오지 않아서 큰 손해를 보는 식당이 있었습니다. 식당의 사장님은 참다못해 심리학자에게 컨설팅을 받았고 그 결과 무단 예약 취소율을 30%에서 10%로 크게 낮출 수 있었습니다. 일반적으로 예약을 할 때 '혹시 변경될 경우 연락주시면 감사하겠습니다'라고 덧붙이는데 이 말을 '변경사항이 있으시면 연락을 주시겠습니까?'라는 질문형식으로 바꾼 것이 비결의 전부였습니다.
    최근 들이 공연이나 콘서트를 홍보할 때 포스터에 가격이 적혀 있지 않는 경우가 많습니다. 공연을 즐길 때 가장 중요한 이 정보를 왜 포스터에 빼놓는 것일까요? 그러나 사실은 고객의 개입을 유도하려고 마케팅 담당자들이 일부러 넣지 않은 것입니다. 조금이라도 갈 마음이 있는데 금액이 궁금한 사람들은 전화로 문의를 하게 되고, 이 문의를 한 사람들은 그냥 가격을 적혀 있는 포스터를 본 사람들보다 훨씬 높은 확률로 실제 공연을 예매하기 때문입니다.
    언뜻 달라 보이지만 사실 이 두 가지 사례는 모두 단 한 마디 말이라도, 아주 작은 행동이라도 직접 하도록 개입을 시키면 그 행동을 따라 실제 움직일 확률이 높아진다는 '개입의 법칙'을 적용한 것입니다.
    말씀과 기도로 주님께 아멘으로 응답하며 말씀을 따라 실천하는 행동은 내 믿음을 더 성장시키고 더 하나님과 가까이 가게 돕습니다. 매일의 묵상과 삶을 통해 더욱 성령님의 인도하심을 따르십시오. 아멘!!

♥ 주님, 말씀을 실천하는 삶으로 더욱 말씀을 닮아가게 하소서.
🙏 모든 말씀엔 아멘으로 화답하며 하루에 한 가지씩이라도 말씀을 실천합시다.

나의 영적 일지

자존심이 부른 재난

읽을 말씀 : 잠언 28:24-28

- 잠 28:25 욕심이 많은 자는 다툼을 일으키나 여호와를 의지하는 자는 풍족하게 되느니라

    러시아의 한 시골에 있는 농부가 키우는 닭이 옆집으로 넘어가 알을 낳고 돌아왔습니다. 아침에 일어나 계란을 가지러 간 농부의 자녀는 닭의 보금자리에 알이 없어 당황해 하고 있었는데 그때 옆집에서 "이야, 오늘은 우리 닭이 알을 두 개나 낳았잖아?"라는 소리가 들렸습니다.
    아이는 옆집으로 찾아가 자기네 닭이 넘어와 알을 낳고 간 것 같다고 사정 설명을 했습니다. 그러나 옆집 가정은 믿을 수 없다며 아이를 그냥 돌려보냈습니다. 돌아온 아이의 말을 들은 농부는 화가 머리끝까지 올라 옆집을 찾아갔습니다.
    그날 이후로 두 집의 가족들은 만나기만 하면 싸웠는데 이 싸움은 몇 주간 계속되다가 결국 화를 못 이긴 농부가 한 밤 중에 옆집에 불을 질러 버렸습니다. 그런데 동시에 자기 집에서도 불길이 치솟았습니다. 같은 날에 서로의 집에 불을 지른 것이었습니다. 급하게 가족들을 데리고 피난 온 두 집은 활활 타는 집을 보며 눈물을 흘렸습니다.
    "고작 달걀 하나였을 뿐인데... 일이 이렇게까지 되어버렸구려."
    실제 농장을 운영했던 톨스토이가 자신의 경험을 토대로 지은 '재난의 원인'이라는 소설입니다. 아무것도 아닌 일에도 자존심과 오만이 들어가면 죄가 생기고 욕심이 생깁니다. 나 자신을 예수님께 드리고 예수님과 연합해 살아가는 사람들은 자존심과 고집을 내려놓아야 합니다. 주님 앞에, 사람들 앞에 교만한 마음을 버리고 겸손함과 사랑으로 모든 일을 대하십시오. 아멘!!

♡ 주님, 내 안의 예수님이 오직 나의 삶의 주권자가 되게 하소서.
🕯 사소한 자존심과 고집들을 주님 앞에 내려놓읍시다.

나의 영적 일지

10월 15일 — 평가를 두려워마라

읽을 말씀 : 히브리서 4:14-16

● 히 4:16 우리는 긍휼하심을 받고 때를 따라 돕는 은혜를 얻기 위하여 은혜의 보좌 앞에 담대히 나아갈 것이니라

결혼생활의 실패로 심한 우울증에 빠진 차이코프스키는 스위스에서 요양 중에 갑자기 떠오른 영감으로 바이올린 협주곡을 완성했습니다.

차이코프스키는 악보를 들고 뛰어난 바이올리니스트인 레오폴드 아우어 교수를 찾아가 초연을 부탁했습니다. 그러나 교수는 기교가 많아 소화하기 어렵다며 거절했습니다. 레오폴드 교수가 연주하지 못할 정도면 세상에 이 곡을 소화할 사람이 없다고 생각한 차이코프스키는 이 곡을 벽장에 쳐 박아 놓고 아예 꺼내보지도 않았습니다. 그런데 3년이 지나고 차이코프스키를 찾아온 바이올리니스트 아돌프 브로드스키가 우연히 이 곡을 보고는 이런 명곡은 반드시 빛을 봐야 한다고 말했습니다.

아돌프는 레오폴드보다 실력이 좋지는 않았지만 부단한 노력으로 이 곡을 소화해냈습니다. 그리고 마침내 빈 필하모니와 협연으로 차이코프스키의 '바이올린 협주곡 D장조 op.35'는 세상에 등장했습니다. 그러나 평론가들은 이 곡에서 악취가 난다며 혹평했습니다.

차이코프스키는 다시 의욕이 꺾였지만 아돌프는 이 곡은 세상에 알려질 가치가 있다며 온 유럽을 돌며 연주하기 시작했고 곧 유럽인들에게 엄청난 인기와 찬사를 받는 명곡이 됐습니다.

나를 제대로 평가할 수 있는 것은 오직 창조주인 하나님뿐이십니다. 세상의 평가에 상처받아 쓰러지지 말고 오직 나를 만들고, 세우시는 하나님의 음성을 따라 움직이십시오. 아멘!!

♥ 주님, 하나님의 음성에 더욱 귀 기울이고 따르게 하소서.
✍ 세상의 소리에 귀 기울이지 말고 그리스도인의 정체성을 지킵시다.

나의 영적 일지

반드시 나가야 하는 이유

읽을 말씀 : 히브리서 10:19-25

● 히 10:25 모이기를 폐하는 어떤 사람들의 습관과 같이 하지 말고 오직 권하여 그 날이 가까움을 볼수록 더욱 그리하자

    영국은 기독교인이 감소하는 유럽에서 그나마 명맥을 유지하고 있는 나라였으나 지난 몇 년 사이 교회 출석 인구가 급격히 감소해 사상 처음으로 백만 명 밑으로 내려갔다고 합니다.
    안타까운 사실은 자신을 그리스도인이라고 생각하면서도 교회에는 출석하지 않는 사람들이 너무나 많다는 것입니다. 이 사실을 안타깝게 여긴 영국의 칼럼니스트 앨러나 프랜시스가 한 잡지에 기고한 "크리스천들이 교회에 나가지 않는 이유와 그럼에도 나가야 할 이유"입니다. 그중에서 나가야 할 3가지 이유만 살펴보겠습니다.
    1.모이기를 폐하는 것은 말씀을 어기는 것이다(히브리서 10:25).
    히브리서는 모이기를 폐하는 습관을 따르지 말고 더욱 권하여 서로를 돌아보라고 말하고 있습니다.
    2.예수님은 교회를 사랑하신다(에베소서 5:25).
    에베소서를 보면 아내를 향한 남편의 사랑을 교회를 향한 주님의 사랑으로 표현하고 있습니다.
    3.예수님은 교회 가운데 계신다(마태복음 18:20).
    예수님의 이름으로 모이는 사람들 가운데 예수님은 항상 계십니다,
    예배는 의무가 아니라 권리이자 축복입니다. 예배를 드리는 성도들의 얼굴은 기쁨이 넘쳐야 하며 모든 예배는 축제와 같은 즐거움과 감격이 있어야 합니다. 하나님을 예배하고 은혜를 받을 귀한 권리를 쉽게 더욱 귀중히 여기십시오. 아멘!!

♡ 주님, 예배를 통해 드리는 시간을 아까워하지 않고 더욱 많이 헌신하게 하소서.
🕊 주일 성수를 최선을 다해 지키고, 결석하고 있는 주변 성도들에게 연락합시다.

나의 영적 일지

10월 17일 복음의 행진

읽을 말씀 : 갈라디아서 2:1-10

● 갈 2:5 그들에게 우리가 한시도 복종하지 아니하였으니 이는 복음의 진리가 항상 너희 가운데 있게 하려 함이라

인도가 영국의 식민지였던 당시 갑자기 인도 전국에 황당한 지령이 내려왔습니다.

'오늘부터 인도인은 소금을 직접 만들거나 판매할 수 없고 지정한 곳에서 사먹어야 한다'

수많은 인도인에게 소금세를 걷기 위해 영국 정부가 추진한 내용이었습니다. 인도는 인도양과 아라비아해가 국토 양쪽에 길게 닿아 소금을 싼 값이 쉽게 구할 수 있었지만 이 정책으로 인해 비싼 영국산 소금만을 사서 먹어야 했습니다.

결국 이 황당한 정책을 참다못한 간디는 소금을 위한 행진을 하겠다고 다음과 같이 선언했습니다.

"소금은 신이 우리에게 주신 선물입니다. 영국은 이 선물을 막을 수 없습니다. 우리는 소금을 가지러 염전이 있는 단디만으로 갈 것입니다."

단디만까지의 거리는 300km가 넘었지만 간디는 걷고 또 걸었습니다. 그리고 이 뜻에 동감을 한 많은 인도인들이 간디와 함께 걷기 시작했습니다. 결국 나중에 수 만 명으로 이 행진의 규모가 커지자 폭동을 우려한 영국 정부는 인도에서 생산된 소금을 자유롭게 소비할 수 있게 정책을 철회했습니다.

소금을 위해 목숨을 걸고 행진한 인도 사람들처럼 그리스도인들은 복음을 위해 마음을 다하며 살아가야 합니다. 나의 삶과 예배로, 그리고 귀한 동역으로 복음의 행진을 하는 삶으로 살아가십시오. 아멘!!

♥ 주님, 매일 더 주님 앞에 나아가는 삶을 살아가게 하소서.
🖋 복음을 위해 할 수 있는 일이 있다면 바로 시작합시다.

나의 영적 일지

거꾸로 사는 사람

읽을 말씀 : 베드로전서 2:1-10

10월 18일

● 벧전 2:9 그러나 너희는 택하신 족속이요 왕 같은 제사장들이요 거룩한 나라요 그의 소유가 된 백성이니 이는 너희를 어두운 데서 불러 내어 그의 기이한 빛에 들어가게 하신 이의 아름다운 덕을 선포하게 하려 하심이라

일반 지바현에는 이상한 우동집이 있습니다. 지붕이 땅에 붙어 있는 뒤집힌 모양의 우동집은 외관뿐 아니라 식당 안에 있는 모든 것이 반대로 붙어 있습니다. 벽에 붙어있는 메뉴와 병풍에 액자까지 거꾸로 붙어 있고 천장에는 돗자리와 방석이 붙어 있습니다.

이 우동집의 사장인 가와구치가 처음에 우동집을 하겠다고 했을 때는 온통 반대하는 사람뿐이었습니다. 처가에서는 망할 사업을 하느니 이혼을 하고 창업을 하라 그랬고, 풍수지리를 따지던 아버지는 터가 좋지 않다며 극구 반대를 했습니다. 사람들의 이런 혹평에 '그렇게 터가 안 좋고 망할 곳이라면 아예 거꾸로 세워 버리지'라는 오기로 건축 사무소를 찾았지만 그곳에서조차 공사비가 10억이나 든다며 반대했습니다.

그러나 가와구치는 고집으로 10억을 들여 거꾸로 된 우동집을 창업했고 맛있는 우동과 독특한 외관으로 유명세를 타 2년 만에 모든 빚을 청산하고 지금은 매년 10억을 버는 명소가 됐습니다.

다른 사람과 다른 방식으로 생각할 때 성공할 수 있는 것처럼 세상 사람과는 다른 방식으로 사는 것이 그리스도인의 성공입니다. 돈과 명예를 쫓지 말고, 1차원적인 즐거움을 쫓지 말고, 영원한 하나님의 나라와 말씀을 위해 살아가는 것이 세상이 모르는 지혜입니다. 모두가 세상의 방식을 따라 산다 해도 다니엘처럼 꿋꿋이 하나님만 바라보는 믿음을 구하십시오. 아멘!!

♡ 주님, 주님의 말씀을 내 발의 등으로 비추며 살아가게 하소서.
🖼 세상의 눈치를 보지 말고 당당한 그리스도인의 삶을 보입시다.

나의 영적 일지

10월 19일 - 절대 포기하지 않는 사랑

읽을 말씀 : 로마서 8:31-39

● 롬 8:39 높음이나 깊음이나 다른 어떤 피조물이라도 우리를 우리 주 그리스도 예수 안에 있는 하나님의 사랑에서 끊을 수 없으리라

러시아의 작가 투르게네프가 사냥을 마치고 집으로 돌아오고 있었습니다. 정문을 지나 정원을 지나고 있는데 잔디밭에 새끼 참새 한 마리가 떨어져 있는 모습이 보였습니다. 잔디에서 뭔가가 움직이자 투르게네프의 사냥개가 재빠르게 덮쳤는데 이 모습을 본 어미 참새가 어디선가 날아와 사냥개의 얼굴을 쪼았습니다.

사냥개는 사납게 짖기 시작했지만 그래도 포기하지 않고 어미 참새는 맹렬히 달려들었습니다. 결국 힘이 빠진 어미 참새는 사냥개의 공격을 받고 죽고 말았는데 이 모습을 본 투르게네프는 큰 충격을 받았습니다.

'저렇게 작고 연약한 존재를 세상에서 가장 용기 있게 만드는 것이 바로 사랑이로구나...'

그리고 그 후부터 사냥을 나갈 때마다 그 참새의 생각이 머리를 떠나지 않았습니다. 그는 결국 머지않아 오랜 취미였던 사냥을 포기했고, 자신의 경험을 토대로 '참새'라는 소설을 썼습니다. 그는 어머니의 사랑은 죽음보다 강하다는 내용이 이 소설에 담겨있다고 말했습니다.

세상에서 가장 귀하고 강한 사랑은 독생자를 십자가에 희생하면서까지 우리를 포기하지 않은 하나님의 사랑입니다. 죽음을 이기시고 모든 죄에서 승리하신 하나님의 강력한 사랑을 깨닫고 주님의 품을 떠나지 마십시오. 아멘!!

♥ 주님, 주의 사랑 안에 늘 거하고, 그 사랑에서 떠나지 않게 지키소서.
❀ 모든 사람을 구원할 은혜의 사랑을 믿음으로 전합시다.

나의 영적 일지

세상을 보는 프레임

10월 20일

읽을 말씀 : 고린도전서 15:47-58

● 고전 15:57 우리 주 예수 그리스도로 말미암아 우리에게 승리를 주시는 하나님께 감사하노니

성공한 사업가인 마이런 러시에게 한 제조회사가 투자를 부탁하는 편지를 보냈습니다.
그러나 마이런은 그 봉투에 적혀 있는 글을 보자마자 뜯지도 않고 바로 쓰레기통에 넣었습니다. 그 봉투에는 이런 글이 적혀 있었습니다.
'우리가 가장 소중하게 여기는 것을 우리의 자랑스러운 제품으로 만듭니다.'
고객의 입장이 아닌 자신의 입장을 바탕으로 만들어진 물건은 절대로 성공할리가 없다고 생각했기 때문입니다.
탈무드에는 이런 수수께끼가 나옵니다.
"사람의 눈동자는 흰자와 검은자가 있다. 그런데 왜 하나님은 우리 눈동자의 검은자를 통해 세상을 바라보게 만드셨을까?"
그리고 이 질문의 답은 이렇습니다.
"인생은 어두운 곳을 통해서 밝은 곳을 바라보아야 하기 때문이다."
하나님의 관점에서 나를 바라보고 세상을 바라볼 때 말씀이 믿어지고 말씀대로 살아가게 됩니다. 그러나 말씀을 믿지 않고 실천하지 않는 사람은 하나님의 진짜 능력을 알 수도, 체험할 수도, 또 믿을 수도 없습니다. 내 힘과 능력으로 되지 않는다면 이제는 온 힘을 다해 주님께 나를 맡겨봐야 합니다. 내가 원하는 삶과 나의 관점이 아닌 하나님의 관점으로 바라본 하나님이 원하시는 삶을 사십시오. 아멘!!

♡ 주님, 하나님이 기뻐하시는 것을 깨닫는 마음을 주소서.
🖼 말씀을 통해 나의 관점을 하나님의 관점으로 바꿔나갑시다.

나의 영적 일지

10월 21일

거리의 등불

읽을 말씀 : 마태복음 5:13-16

● 마 5:16 이같이 너희 빛이 사람 앞에 비치게 하여 그들로 너희 착한 행실을 보고 하늘에 계신 너희 아버지께 영광을 돌리게 하라

미국 건국의 아버지 벤자민 프랭클린이 하루는 등불을 집 밖에 두고 깜박 잊은 적이 있었습니다.

나중에 일이 있어 밖으로 나가다가 등불을 발견했는데 깜깜한 밤을 등불이 비춰주니 무서운 느낌도 들지 않고 여러모로 편하다는 생각이 들었습니다. 그날 이후로 집 밖에 선반을 만들어 등불을 밤마다 켜둔 벤자민은 도시의 모든 거리에 이런 불빛을 만들면 좋겠다는 생각에 깊이 연구를 했고 노력의 결실로 가로등을 개발했습니다.

그러나 벤자민이 설치한 가로등을 보고 마을 주민들은 크게 반발했습니다. 당시 등불은 집 안에만 켜 놓는 것이 일반적인 모습이었는데 그 귀한 등을 사람이 딱히 다니지도 않는 저녁에 그것도 온 도시를 밝힐 만큼 켜 놓는 것은 심한 낭비라는 생각에서였습니다.

그러나 가로등이 설치된 지 하루가 지나고 이틀이 지날수록 사람들의 이런 불만은 잦아들었습니다. 밤에 거리를 비추는 등불은 사회를 더 안전하게 만들었고 밤에도 쉽게 길을 찾고 장애물을 피할 수 있게 만들어줬습니다. 이렇게 미국에서 유일하게 가로등을 설치한 필라델피아는 가장 안전하고 편리한 도시로 명성을 떨쳤고 이후 다른 주로도 가로등이 퍼져나가기 시작했습니다.

어두운 밤 가운데 단 하나의 등불만 있더라도 사람들은 빛의 유익을 누릴 수 있습니다. 점점 악해져가는 세상 가운데서 바른 진리를 선포하는 진리의 등불이 되십시오. 아멘!!

♡ 주님, 주님 오실 그날까지 진리를 세상에 전하는 밝은 빛이 되게 하소서.
🦋 나의 행실로 하나님의 복음을 전하는 삶을 삽시다.

나의 영적 일지

한 변호사의 죽음

읽을 말씀 : 누가복음 12:13-21

10월 22일

● 눅 12:20 하나님은 이르시되 어리석은 자여 오늘 밤에 네 영혼을 도로 찾으리니 그러면 네 준비한 것이 누구의 것이 되겠느냐 하셨으니

프랑스 남부 아를 지방에 고급 저택에서 혼자 살고 있는 잔느 칼망이란 할머니가 있었습니다.

하루는 이 집에 한 변호사가 찾아와 제안을 했습니다.

"제가 할머니가 살아계시는 동안 매달 400만원씩을 드리겠습니다. 대신 할머니가 돌아가시고 나서 집을 저에게 물려주시겠습니까?"

집만 번듯했지 소득이 전혀 없이 연금만으로 사는 할머니는 흔쾌히 승낙했습니다. 변호사도 목돈을 들이지 않고 좋은 집을 구입할 수 있어서 만족했습니다. 변호사가 찾아갈 당시 잔느 할머니의 나이는 90세였습니다.

그러나 10년이 지나도, 20년이 지나도 잔느 할머니는 정정하게 살아계셨습니다. 심지어 77세에 변호사가 세상을 떠났을 때로 할머니는 살아계셨습니다. 결국 변호사가 죽은 뒤 2년이 지나고 할머니는 돌아가셨고 변호사의 가족들이 대신 집을 물려받았습니다. 그러나 그동안 변호사가 지급한 돈은 시가의 2배가 넘었습니다.

변호사는 자신이 찾아간 90살 노인이 122세로 기네스북에 세계 최장수 노인으로 등재됐을 지는 꿈에도 몰랐을 것입니다. 이처럼 세상에는 확실한 것이 없으며 누구도 내일 일을 예측할 수 없습니다. 오로지 확실한 복음의 반석 위에 믿음의 터를 세우고 변함이 없으신 주님을 따르십시오. 아멘!!

♡ 주님, 굳건한 믿음의 반석 위에 삶을 쌓게 하소서.
미래를 기대하지 말고 오직 주어진 하루를 말씀으로 살아냅시다.

나의 영적 일지

10월 23일

5%의 그리스도인

읽을 말씀 : 에베소서 3:1-13

● 엡 3:12 우리가 그 안에서 그를 믿음으로 말미암아 담대함과 확신을 가지고 하나님께 나아감을 얻느니라

관찰학습의 창시자인 반두라 박사는 때때로 다른 사람의 행동을 보는 것만으로도 트라우마를 극복하는 사람들이 있다는 것을 알게 됐습니다.

반두라 박사는 개를 특별히 무서워하는 미취학 아동들에게 강아지와 즐겁게 노는 장면이 담긴 영상을 매일 20분씩 보여줬습니다. 그리고 이 영상을 보여준지 1주일도 안 돼서 67%의 아이들이 더 이상 개를 무서워하지 않고 혼자서도 개와 잘 놀았습니다.

마찬가지로 왕따를 당해 고생하는 아이의 영상을 보여주자 대부분의 아이들이 현실에서 비슷한 어려움을 당하는 학생을 보게 되면 적극적으로 다가가 도움을 주었습니다. 반두라 박사는 이런 모습을 통해 사람들은 다른 사람들이 어떻게 지내는지 모습을 보는 것만으로 모방하려는 심리가 있다고 말했습니다.

그리고 최근의 연구에 따르면 95%의 사람들은 다른 사람의 행동과 사회적 규범을 따라 사는 성향이 있다고 합니다. 그래서 전설적인 판매원 카베트 로버트는 물건을 파는 가장 쉬운 방법은 그 물건을 쓰는 여러명의 유명인을 보여주는 것이라고 말하기도 했습니다.

사람들은 확신을 가지고 사는 사람을 통해 확신을 가집니다. 세상에서 하나님의 말씀을 나타내는 당당한 그리스도인이십니까? 아니면 말을 하지 않으면 아무도 모르는 숨겨진 그리스도인이십니까? 이 길만이 유일한 길이라고 세상에서 당당히 복음을 선포하는 자랑스러운 그리스도인이 되십시오. 아멘!!

♡ 주님, 세상에서 당당히 신앙을 드러내는 용기와 믿음을 주소서.
✥ 복음을 부끄러워 않고 당당히 자랑하는 그리스도인이 됩시다.

나의 영적 일지

공의와 사랑

10월 24일

읽을 말씀 : 스가랴 9:9-17

● 슥 9:9 …보라 네 왕이 네게 임하시나니 그는 공의로우시며 구원을 베푸시며 겸손하여서 나귀를 타시나니 나귀의 작은 것 곧 나귀 새끼니라

　세계적인 작가이자 기독교 변증가인 C. S. 루이스는 평소에 사람들에게 기도에 대한 질문을 많이 받았습니다.
　루이스는 '개인 기도'라는 책으로 이런 의문들을 모아 '말콤'이라는 가상의 인물과 편지를 주고받는 형식으로 여러 의문들에 대한 답을 제시했는데 다음은 그중 하나님의 공의와 관련된 내용입니다.
　'하나님이 사랑하는 창조물에게 진노한다는 것이 사실 이해가 되지 않습니다. 어쩌면 그것은 하나님과의 문제가 아니라 사람 개인의 문제가 아닐까요? 전류가 흐르는 전선은 인간에게 절대로 화를 내지 않습니다. 그러나 실수로 인간이 손을 대면 감전이 되고 맙니다. - 루이스에게 말콤이'
　'보낸 편지는 잘 받았습니다. 그러나 하나님의 이미지를 전류나 전선, 혹은 그 밖의 어떤 것에 대입시킨다 한들 아무 소용도 없고 득도 없습니다. 공의의 심판을 내리는 하나님은 인간을 용서하고 사랑하시지만 전기는 사랑도 용서도 할 수 없기 때문입니다.'
　완전한 선이시자 사랑이신 하나님이시기에 불의에 진노하시고, 그럼에도 사랑하시고 용서하시는 것입니다. 하나님의 진노는 사랑의 부재에서 오지 않고, 하나님의 사랑에는 공의가 빠져 있지 않습니다. 이 사실을 알 때에 참된 회개로 주님 앞에 나아가며 참된 사랑의 기쁨을 누릴 수 있게 됩니다. 사랑의 하나님은 죄를 싫어하는 공의의 하나님이라는 사실도 기억하십시오. 아멘!!

♡ 주님, 하나님의 공의가 있기에 용서도, 사랑도 있음을 깨닫게 하소서.
※ 죄의 회개에 대한 잘못된 교리를 조심합시다.

나의 영적 일지

10월 25일

주님이 임하시는 곳

읽을 말씀 : 마태복음 18:15-20

● 마 18:20 두세 사람이 내 이름으로 모인 곳에는 나도 그들 중에 있느니라

    신학교를 졸업하고 사역지를 고민하던 한 목사님이 계셨습니다.
    목사님은 '지금 시대에 예수님이 오신다면 어디에 있는 누구를 찾아가실까?'라는 생각을 하며 기도를 하다가 가장 소외받고 아무도 복음을 전하러 가지 않는 집창촌을 가야겠다고 마음을 먹었습니다.
    혼자서 공부하고 기도하며 무려 5년간을 준비했지만 막상 홍등가에 발을 디디자 부끄러움에 한 마디 말도 하지 못하고 쭈뼛거리며 돌다 올 수 밖에 없었습니다. 하지만 포기하지 않고 1년 정도 돌기 시작하자 슬슬 입도 열리고 사람들도 알아봐주기 시작했습니다. 그리고 함께 예배하고 싶어 하는 여성들도 늘어났습니다.
    더 많은 이들과 함께 예배할 수 있는 장소를 위해 간절히 5년 동안 기도를 드리자 분당의 할렐루야 교회 성도들이 5천만 원을 후원해줬고, 이 돈을 기반으로 예배 처소가 생길 수 있었습니다.
    지금도 집창촌에서 복음을 전하는 목사님은 이 목사님 한 분뿐이며 이렇게 오랜 세월 꾸준히 하시는 분도 한 분뿐입니다. 아무도 가려고 하지 않는 힘든 길이지만 하나님의 역사하심으로 분명히 변화되는 영혼들이 계속해서 생겨나고 있기 때문에 절대로 포기할 수 없다고 목사님은 고백했습니다.
    주님이 임하시는 곳이 우리가 가야할 곳이며, 주님이 성경에서 섬기셨던 사람들이 우리의 섬김의 대상입니다. 세상의 소외된 사람들을 위해 봉사하고 또 그들의 구원을 위해 기도해주십시오. 아멘!!

♥ 주님, 사람의 겉모습을 보고 천대하거나 무시하지 않게 하소서.
※ 지역의 어려움을 겪고 있는 사람들을 위한 봉사를 계획합시다.

나의 영적 일지

성도들의 나쁜 습관

읽을 말씀 : 누가복음 17:1-10

● 눅 17:3 너희는 스스로 조심하라 만일 네 형제가 죄를 범하거든 경고하고 회개하거든 용서하라

영국에서 목회를 하는 패트릭 마빌로그 목사님이 말한 '공동체의 축복을 누리기 위해 성도들이 예배시간에 그만두어야 할 5가지'입니다.

1. 설교를 골라 듣는 것
축복과 기쁨과 같이 달콤한 설교가 아니더라도 하나님의 말씀은 모든 부분이 필요합니다.

2. 찬양이나 기도와 같은 특정 순서를 경시하는 것.
예배의 중심이 설교인 것은 맞지만 예배는 처음부터 끝까지 모든 시간을 통해 하나님께 돌려드리는 시간입니다.

3. 공적인 예배 외의 모임에 참석하지 않는 것.
하나님께 진정한 예배를 드리기 위해선 개인의 삶이 제자로 훈련되어야 하며 그러기 위해선 소그룹 단위의 모임과 교제가 있어야 합니다.

4. 예배만 드리고 바로 떠나는 것.
예배 후 다른 성도들과 그동안의 삶을 나누는 친교가 있어야 합니다.

5. 교회나 하나님께 호의를 베풀고 있다고 생각하는 것.
내가 '예배에 나와준다', 혹은 '교회를 위해 무언가를 해주고 있다'는 생각은 참된 예배를 가로막는 가장 위험한 생각입니다.

사람은 완벽하지 않기에 실수할 수 있습니다. 그러나 실수인 것을 알았다면 곧바로 회개하고 더 나은 예배를 드리기 위해 새롭게 결심하십시오. 아멘!!

♡ 주님, 영이 회복되고 관계가 회복되는 참된 예배를 경험하게 하소서.
🙏 나의 예배드리는 습관을 돌아보고 고칠 것은 고칩시다.

나의 영적 일지

10월 27일

책임을 감당하라

읽을 말씀 : 신명기 11:1-7

● 신 11:1 그런즉 네 하나님 여호와를 사랑하여 그가 주신 책무와 법도와 규례와 명령을 항상 지키라

저명한 가정상담가이자 목사님인 리처드 마이어에게 잭이라는 남자가 찾아왔습니다.

잭은 자신이 자녀의 신앙을 위해 노력을 하는 데도 달라지는 모습이 보이지 않는다고 힘들어했습니다.

"저는 자녀들을 주일 뿐 아니라 수요일에도 교회에 보냅니다. 저녁에는 성경을 한 시간 동안 읽게 시킵니다. TV가 나쁜 영향을 미친다는 것을 알기에 볼 수 없게 하고요. 저는 이런 일들이 좋지 않다는 것을 잘 알기에 철저히 막지만 왜 아이가 엇나가는지를 모르겠습니다."

리처드 목사님은 잭에게 그렇다면 스스로의 모습은 어떤지 물었습니다. 그러자 잭은 한참을 우물쭈물 하다가 겨우 입을 열었습니다.

"사실 저는 교회에는 잘 나가지 않습니다. 일이 너무 힘들고 피곤해서 가서 앉아있기만 해도 힘들거든요. 성경도 따분해서 읽기가 힘들어요. 자녀들이 성경을 읽을 때 저는 거실에서 TV를 보곤 하지만 저는 못해도 자녀가 잘 되기를 바라는 마음입니다."

리처드 목사님의 잭의 자녀가 좋은 약을 들고 있기는 하지만 잭을 통해 독약을 먹는 법을 배우고 있다고 말했습니다.

성경이 말하는 가르침은 단순한 문자적 의미가 아니라 행동으로 나타나는 본입니다. 말씀으로 살아감으로 사랑하는 자녀와 주변 사람들에게 말씀의 본을 보이십시오. 아멘!!

💛 주님, 하루에 한 구절이라도 말씀의 본을 보이는 삶이 되게 하소서.
🙏 주일에 들은 설교말씀을 한 주간 적용하고자 노력합시다.

나의 영적 일지

본질에 집중하라

읽을 말씀 : 로마서 1:8-17

10월 28일

● 롬 1:16 내가 복음을 부끄러워하지 아니하노니 이 복음은 모든 믿는 자에게 구원을 주시는 하나님의 능력이 됨이라 먼저는 유대인에게요 그리고 헬라인에게로다

    뉴욕 맨해튼의 카페 '차 차 마차'의 입구에는 '고마워, 녹차'라고 스페인어로 적힌 네온사인이 있다고 합니다. 대낮에도 이 형광색 네온사인이 환하게 켜 있는 이유는 사람들이 사진을 찍게 하기 위해서입니다.
    SNS의 사진과 짧은 글을 보고 식당을 찾는 사람들이 점점 늘고 있고, 또 단순히 사진을 남기기 위해 식당을 찾는 사람들이 많아지면서 남의 이목을 끌기 위한 음식들을 만들고 인테리어를 꾸미는 것이 요즘의 트렌드입니다.
    그래서 사람들은 몸에 나쁜 것을 알면서도 고기와 베이컨을 잔뜩 쌓은 햄버거를 먹으러 가고, 인공색소를 잔뜩 넣어 무지개처럼 꾸민 빵과 아이스크림을 올린 괴상한 피자를 먹으러 가서 사진을 찍고 남들에게 공유합니다.
    이런 경향이 점점 심해져 한 식당에서는 방문하는 고객들이 더 나은 사진을 찍을 수 있도록 조명과 삼각대까지 기본으로 제공을 하고 있습니다. 전문가들은 남에게 보여주기 위한 음식을 찾는 사람들 때문에 음식의 기본이 사라지고 건강까지 해치고 있다고 평가했고 딕슬러 버클리 교수는 이런 현상을 '푸드 포르노'라고까지 비난했습니다.
    다른 사람의 시선과 평가, 관심이 어떤 것의 본질을 나타낼 수는 없습니다. 신앙생활에 있어서도 이런 외식과 잘못된 교만이 틈타지 않도록 경계하며 성경의 진리를 따르는 순전한 제자가 되십시오. 아멘!!

♥ 주님, 사람에게 신경 쓰고 집중하는 것이 아니라 오직 하나님께 집중하게 하소서.
📖 믿음의 기본, 신앙생활의 기본을 점검합시다.

나의 영적 일지

10월 29일 이혼의 전조현상

읽을 말씀 : 고린도전서 7:1-5

● 고전 7:3 남편은 그 아내에 대한 의무를 다하고 아내도 그 남편에게 그렇게 할지라

　워싱턴 대학의 존 고트만 교수가 20년 간 2천 쌍의 부부들을 연구한 결과 90% 정확성을 가진다고 발표한 '이혼의 8가지 징후'입니다.
　1.'당신은 맨날 그래'와 같은 흑백논리 언어를 사용한다.
　2.애매모호한 상황에서 항상 부정적 반응을 보인다.
　3.상대방과의 좋은 추억을 잊는 기억의 손상이 나타난다.
　4.지나간 일에 대해 부정적인 말들을 사용한다.
　5.스트레스에 약한 남편 쪽이 먼저 이런 일들을 시작한다.
　6.아내들은 인내심이 극에 달하면 대부분 불안한 반응을 보인다.
　7.배우자가 서로 대화중에 얼굴을 찡그리거나 돌리면 4년 내 이혼할 확률이 높다.
　8.서로의 대화중에 심박 수가 90이상으로 올라간다.
　그러나 고트만 박사는 대부분 징후가 나타났을 때 조치를 취한다면 이혼을 막을 수 있다고도 말했습니다. 예를 들어 부정적 반응이나 대화를 했을 때 5배의 시간을 긍정적인 활동에 투자한다면 부정적 앙금은 완전히 사라집니다.
　부부는 하나님이 맺어주신 관계로 서로의 노력으로 아름답게 가꿔나가야 합니다. 서로의 솔직한 대화와 나눔으로 더 나은 부부관계를 위해 노력하십시오. 아멘!!

♡ 주님, 믿음으로 사랑으로 서로 알아가며 다져가는 부부의 관계가 되게 하소서.
🧩 사랑과 신뢰로 세워가는 이 땅의 부부들을 위해 기도합시다.

나의 영적 일지

작은 생명을 대하는 모습

읽을 말씀 : 마가복음 9:33-37

- 막 9:37 누구든지 내 이름으로 이런 어린 아이 하나를 영접하면 곧 나를 영접함이요 누구든지 나를 영접하면 나를 영접함이 아니요 나를 보내신 이를 영접함이니라

고대 아테네에서는 중요한 일을 결정할 때는 항상 광장에서 모든 사람들이 모여 서로 토론을 하고 결정을 했습니다.

하루는 시민들의 의무와 복지에 대해서 중요한 결정을 해야 할 순간이 있어 시민들의 대표로 뽑힌 정치인들과 많은 군중들이 모여 열띤 토론을 하고 있었습니다. 그중에서 가장 높은 위치에 있던 원로 한 사람이 앞으로 나와 자기 의견을 말하며 사람들을 설득하고 있었는데 난데없이 작은 새 한 마리가 날아와 품에 안겼습니다.

새를 보고 깜짝 놀란 원로는 잡아다 바닥에 팽개쳤고 새는 목이 부러져 죽었습니다. 원로가 놀란 마음을 추스르고 다시 연설을 하려고 했는데 관중석의 한 남자가 일어나 외쳤습니다.

"자기 품에 날아온 새를 실수로 죽여 놓고 아무런 죄책감도 느끼지 않는 사람이 어찌 어려운 사람들의 마음을 헤아릴 수 있겠습니까? 이런 사람에게 아테네의 미래를 맡겨서는 안 됩니다."

사람들은 남자의 말을 듣고 일제히 야유를 퍼 부었고 원로는 투표에 의해 아테네에서 추방당했습니다. 그리스에서 실제로 전해 내려오는 이야기입니다.

예수님도 소자들에게 한 것이 곧 예수님에게 베푸는 것이라고 말씀하셨습니다. 낮은 곳에 있는 사람들을 찾아가 섬김으로 높으신 예수님을 경배하십시오. 아멘!!

♡ 주님, 예수님의 마음이 향해 있는 곳이 어디인지 알게 하소서.
세상에서 천대받고 소외받는 사람들에게 허리를 더욱 숙입시다.

나의 영적 일지

10월 31일

유태인 기도문

읽을 말씀 : 잠언 3:1-10

● 잠 3:3 인자와 진리가 네게서 떠나지 말게 하고 그것을 네 목에 매며 네 마음판에 새기라

    유대인들의 교육법을 세상 사람들은 '쉐마 교육법'이라고 부릅니다.
    '쉐마'는 들으라는 뜻의 히브리어로 처음에는 '이스라엘아 들으라'로 시작되는 신명기 6장 4절을 유태인들은 교육 지침으로 삼아 아이를 가르쳤습니다. 그러나 이후 신명기 6장의 5절부터 9절까지 확대되었고, 나중에는 11장과 민수기 15장을 포함한 내용으로 완성됐습니다.
    그래서 유태인들은 어려서부터 이 말씀을 집안 여기저기에 붙여 시도 때도 없이 읽게 합니다. 이 말씀이 지칭하고 있는 '이스라엘'이 '나'라는 정체성을 분명히 확립시키기 위해서입니다. 여기에 더해 유태인들은 갓난아기를 키울 때도 계속해서 기도를 합니다.
    예를 들어 머리를 감기면서도 "하나님을 경외하는 지혜가 깃들게 하소서"라고 하며 손을 씻기면서도 "이 손으로 선을 행하고 성공을 일구는 손이 되게 하소서"와 같이 모든 것을 신앙과 지혜 그리고 성공과 결부시켜 기도합니다. 유태인들은 자신들이 선택받은 하나님의 백성이며 그렇기에 말씀이 나타내는 축복과 계명이 자신들의 몫이라고 생각하기 때문입니다.
    말씀을 믿는다면 말씀을 알고, 또 가르치고, 또 그대로 실천해야 합니다. 말씀을 먼저 읽고 주시는 감동에 따라 하루에 한 절이라도 실천하며 살아가십시오. 예수님을 믿고 그 말씀을 진짜로 믿는다면 말씀을 외우고 또 지켜 행하십시오. 아멘!!

♥ 주님, 말씀대로 행하고 말씀대로 복 받게 하소서.
❀ 사랑하는 자녀와 가족들을 늘 기도하는 마음으로 축복해줍시다.

나의 영적 일지

11월

"여호와를 경외하는 자들아
너희는 여호와를 의지하여라
그는 너희의 도움이시요 너희의 방패시로다"

(시편 115편 11절)

11월 1일

죄를 끊어낼 용기

읽을 말씀 : 요한복음 8:1-11

● 요 8:11 ...예수께서 이르시되 나도 너를 정죄하지 아니하노니 가서 다시는 죄를 범하지 말라 하시니라

미국 서부 유타의 사막지역을 등반하는 한 남자가 있었습니다.
엔지니어로 일을 하다 휴가 때마다 익스트림 스포츠를 즐기던 아론이라는 남자는 혼자서 사막의 협곡을 건너며 스릴을 즐기고 있었습니다. 그런데 하이킹 도중 갑자기 높은 절벽 위에서 커다란 돌덩이들이 굴러 내려오기 시작했고 어떻게든 피해보려던 아론은 팔이 집채만 한 바위에 깔리고 말았습니다.
손목 아래 부분까지만 끼었기에 어떻게든 손을 빼보려고 했으나 바위가 너무 단단해 역부족이었습니다. 손을 차마 자를 수가 없었던 아론은 그대로 사흘 동안 누워 있으면서 구조대가 오기를 기다렸지만 하이킹을 하던 곳이 사막에서도 외진 곳이라 아무도 지나가지 않았습니다. 넉넉히 챙겨왔던 식량으로 무려 한 달을 버텼지만 이제는 식량이 모두 떨어졌고 사고가 난 지역으론 아무도 오지 않는다는 것을 깨달은 아론은 손을 잘라내기로 결심을 했습니다.
엄청난 용기로 한 시간 만에 바위에서 빠져나온 아론은 약 1시간 뒤에 사막을 탐험하는 사람들을 만났고 그 사람들이 해준 구조요청으로 헬기를 타고 빠져나가 목숨을 구할 수 있었습니다.
때로는 힘들고 슬프더라도 목숨을 위해 해야 할 일이 있습니다. 죄에서 구원하신 예수님의 말씀을 따라 하나님과의 관계에 방해가 되는 좋지 않은 죄들을 과감히 끊어내십시오. 아멘!!

♡ 주님, 하나님으로부터 멀어지고 사망에 이르게 하는 죄들을 경계하게 하소서.
🧩 반복적으로 짓는 분명한 죄들을 끊어낼 용기를 냅시다.

나의 영적 일지

청지기 정신

읽을 말씀 : 누가복음 12:35-48

● 눅 12:42 주께서 이르시되 지혜 있고 진실한 청지기가 되어 주인에게 그 집 종들을 맡아 때를 따라 양식을 나누어 줄 자가 누구냐

    류근철 박사는 한의학과 공학을 함께 연구해 많은 발명품을 만들어 수많은 특허를 받았고 모스크바국립공대의 종신교수로까지 임용을 받았습니다.
    그러나 이렇게 성공한 인생을 살면서도 평생을 자린고비처럼 아끼며 살았습니다. 집안의 가구는 남이 버린 것을 주어다 쓰고 그 흔한 선풍기나 에어컨도 없이 평생 한여름을 보냈습니다. 3천 원짜리 시장표 넥타이를 쓰고 대중교통을 타면서 평생을 악착 같이 모았습니다. 그렇게 모은 돈이 무려 578억이었는데 박사님은 여든이 되던 해에 전 재산을 카이스트에 기부를 했습니다.
    박사님이 카이스트에 기부한 액수는 국내 역사상 가장 많은 금액이며 다른 명문대의 1년치 기부금 액수보다도 많은 엄청난 금액입니다. 평생을 고생을 하며 모은 돈을 한 순간에 모두 기부하는 이유에 대해서 박사님은 이렇게 대답했습니다.
    "전혀 아깝지 않습니다. 이 돈은 내 돈이 아니라, 내가 관리한 돈이기 때문입니다."
    세상에서 내가 누리는 모든 것이 하나님이 주신 것이며 나는 그저 관리하는 것이라는 류 박사님과 같은 고백이 우리 모든 그리스도인의 입에서 나와야 합니다. 하나님이 주신 것을 하나님의 뜻에 따라 관리하는 선한 청지기의 삶을 사십시오. 아멘!!

♡ 주님, 물질과 소유에 대한 욕심까지도 주님께 내려놓게 하소서.
🗝 하나님이 주신 것을 하나님을 위해 사용할 방법을 같이 생각합시다.

나의 영적 일지

11월 3일

바자회로 선교하는 교회

읽을 말씀 : 로마서 12:1-13

● 롬 12:8 혹 위로하는 자면 위로하는 일로, 구제하는 자는 성실함으로, 다스리는 자는 부지런함으로, 긍휼을 베푸는 자는 즐거움으로 할 것이니라

    전주 바울교회의 주차장에는 1년에 3,4일씩 큰 천막이 쳐집니다. 한복을 차려입은 남자 교역자들은 '머슴'이라는 이름으로 여기저기 불려 다니며 힘쓰는 일을 하고, 가운데 특설 무대에서는 각종 공연들이 펼쳐집니다. 교회의 손맛 좋은 집사님들은 각자 장기를 살려 팥죽을 쑤고, 파전을 부치며, 맛난 반찬들을 만들어 팔고 남자 집사님들은 손님들이 가고 난 뒤에 테이블로 달려가 그릇을 정리하고 설거지를 합니다.
    전주 바울교회가 15년 동안 계속해서 하고 있는 '행복 바자회'의 모습입니다. 처음에는 교회 내의 봉사차원에서 작게 시작한 바자회가 어떻게 하면 지역주민들에게 더 다가가고 섬길 수 있을까 고민하다 보니 점점 스케일이 커지고 좋은 아이디어들이 생겨나면서 이제는 대표 마을 축제로 자리 잡게 됐습니다.
    매년 4만 명이 다녀가는 만큼 수익도 꽤 나는 편인데 지금껏 바자회로 세운 교회만 벌써 15개가 됐습니다. 지역 주민들의 열린 마음 때문에 이제는 구입한 물건을 배달해주며 비공식 심방을 가 축복 기도를 해주기도 하는데 이런 섬세한 배려 때문에 지역 사회에서 교회의 이미지도 좋고 성도도 점점 늘어나고 있다고 합니다.
    누구나 하는 행사라도 사랑이 들어가고 관심이 들어가면 사역이 되고 전도가 됩니다. 매너리즘에 빠져 그저 때우는 식의 행사가 아니라 정말로 사랑과 복음을 전하는 교회 행사를 위해 기도하십시오. 아멘!!

♡ 주님, 섬김으로 다가가 복음을 전달하게 하소서.
🖂 교회에서 매년 하는 행사가 있다면 더 좋은 행사를 위해 머리를 모읍시다.

나의 영적 일지

한 문장의 자신감

읽을 말씀 : 히브리서 4:14-16

- 히 4:16 그러므로 우리는 긍휼하심을 받고 때를 따라 돕는 은혜를 얻기 위하여 은혜의 보좌 앞에 담대히 나아갈 것이니라

   마커스 힐은 어릴 때 당한 교통사고로 말을 제대로 못하는 어려움을 겪고 있었습니다. 뇌에 이상이 생겨 약간의 스트레스나 긴장 상황만 오면 혀가 마비가 되는 현상이라 수업시간이나 친구들 앞에서도 말 한 마디를 제대로 할 수가 없었습니다. 그러나 암기력이 좋아 성적은 나쁘지 않았던 마커스는 대학에 진학을 했고 희망을 갖고 웅변수업을 교양으로 들었습니다. 이 수업의 담당이었던 스미스 교수는 첫 수업에 40명의 이름을 외운 마커스의 암기력에 감탄을 하며 웅변대회에 나가보자고 제안을 했습니다.

   이 말을 들은 마커스는 눈을 바닥에 깔고 그저 '저는 못해요', '저는 할 수 없어요'라는 말만 더듬으면서 반복했습니다. 그러나 스미스 교수는 입이 있는 사람은 누구나 웅변을 할 수 있다며 스미스를 다독였습니다. 그리고 스미스의 '저는 못해요'라는 한 마디를 '나는 금메달을 따려고 여기 왔다'라는 문장으로 바꿔서 계속 반복하게 했습니다.

   한 달 동안 반복한 결과 마침내 한 문장을 성공한 마커스는 자신감을 갖고 웅변을 연습했고 3달 뒤 미국 공립 2년제 대학의 대표들이 참가한 웅변대회에서 처음 성공시킨 한 마디처럼 금메달을 따 우승을 하며 평생 갖고 살아왔던 어려움을 극복했습니다.

   한 문장의 성공이 한 사람의 인생을 바꿀 수 있듯이 한 구절에 대한 믿음도 마찬가지입니다. 하루의 신앙을 성공함으로써 하나님의 사역에 기쁘게 동참하는 인생을 살아가십시오. 아멘!!

💗 주님, 한 구절의 말씀이라도 실천하며 살아가게 하소서.
🧩 할 수 있다 말씀하신 하나님을 믿고 담대히 도전합시다.

나의 영적 일지

폴란드의 쉰들러

11월 5일

읽을 말씀 : 요한복음 10:7-21

● 요 10:11 나는 선한 목자라 선한 목자는 양들을 위하여 목숨을 버리거니와

2차 세계대전 때 나치군은 폴란드를 점령해 바르샤바의 빈민가 지역의 유태인들을 남녀노소 가리지 않고 마구 수용소로 끌고 가 죽였습니다.

이때 샌들러라는 복지사는 시내에 퍼지는 장티푸스를 이유로 위생검사를 받아야 한다며 유태인 아이들을 보호소로 데려가 몰래 폴란드 안에 있는 곳곳의 고아원, 병원, 수녀원 등에 맡겼습니다. 그리고 전쟁이 끝나면 흩어진 아이들이 부모님을 쉽게 찾을 수 있게 간단한 인적사항을 적어 창고에 숨겨놓기까지 했습니다.

샌들러가 이런 방식으로 구한 아이들은 무려 2500여명이나 되는데 나중에 동료의 밀고로 게슈타포에게 고문을 받았지만 끝까지 비밀을 말하지 않았습니다. 고문 후유증으로 노년에는 집 앞의 마당에도 나가지 못했고 나라에서 뒤늦게 준 훈장을 받으러 가지도 못했습니다.

샌들러가 구한 2500명은 '쉰들러 리스트'로 알려진 오스카 쉰들러의 1100명보다 훨씬 많은 숫자입니다. 그러나 세상에는 거의 알려지지 않았고 폴란드 정부에서도 몇 십 년이 지나서야 공로를 인정하고 훈장을 수여했습니다. 그러나 샌들러는 세상이 알아주지 않아도 아무런 원망이나 불만도 없이 구한 사람들의 행복을 바라며 평생을 살았습니다.

이름 없이 빛도 없이 오로지 눈앞의 생명을 구하기 위해 최선을 다하는 의인 한 명으로 2500명의 생명이 살게 됐습니다. 이름도 못 얻고 빛도 못 얻을 지라도 하나님의 말씀이기에 평생을 순종하는 성도가 되십시오. 아멘!!

♡ 주님, 성령님의 음성을 따라 행할 일을 행하는 용기를 주소서.
🙏 해야 할 일을 마땅히 하고 보상을 바라지 않는 마음을 위해 기도합시다.

나의 영적 일지

하나님이 드러나는 찬양

읽을 말씀 : 시편 148:1-14

● 시 148:13 여호와의 이름을 찬양할지어다 그의 이름이 홀로 높으시며 그의 영광이 땅과 하늘 위에 뛰어나심이로다

    서울 마포구에 있는 100주년 기념교회에서는 정기적으로 독특한 찬양 집회가 열립니다.
    그런데 이 집회에는 흥겨운 분위기도, 크게 울리는 음악 소리도, 심지어 인도자의 멘트도 거의 없이 진행됩니다. 일반적인 찬양 집회와는 사뭇 다른 분위기지만 그럼에도 집회장에 모인 성도들은 더 집중하며 큰 목소리로 찬양을 부릅니다.
    이 집회를 기획하고 연출한 사람은 세계 최고의 음향 엔지니어인 황변준 집사님입니다. 그러나 화려한 이력과는 다르게 소리나 진행의 효과가 거의 없는 찬양 집회를 기획한 이유에 대해서는 다음과 같이 말했습니다.
    "인도자도, 악기연주자도 드러나지 않는 찬양집회가 필요하다고 생각했습니다. 찬양의 본질에 대해서 다 같이 생각해야 할 때가 지금 시대인 것 같습니다. 무조건 거룩한 분위기에서만 찬양을 드려야 된다는 것이 아니라 지금처럼 장년의 찬양, 청소년의 찬양이 따로 있고 인도하는 사람에 따라 분위기와 방향이 달라지는 찬양집회가 계속된다면 10년 뒤, 20년 뒤에 드려질 교회 안에서의 찬양은 어떤 모습일지 고민해야 봐야 합니다. 하나님이 드러나면서도 모든 세대가 함께 할 수 있는 세대간 단절이 없는 찬양집회가 필요합니다."
    나이와 환경과 감정에 관계없이 믿는 사람이라면 항상 찬양을 하는 것이 성도의 의무입니다. 온전히 하나님만 높여드리는 찬양을 예배를 통해 주님께 올려드리십시오. 아멘!!

💗 주님, 오직 믿음으로 하나 되어 주님 한 분만을 찬양하는 시대가 오게 하소서.
🙏 모든 세대가 함께 하는 찬양예배를 위해 기도합시다.

나의 영적 일지

11월 7일 죄의 신호

읽을 말씀 : 고린도후서 11:1-15

● 고후 11:3 뱀이 그 간계로 하와를 미혹한 것 같이 너희 마음이 그리스도를 향하는 진실함과 깨끗함에서 떠나 부패할까 두려워하노라

    수많은 신앙서적으로 많은 성도들의 경건생활에 도움을 준 오스왈드 스미스 목사님이 말한 '지금 하는 일이 죄인지 알 수 있는 질문' 중 8가지 입니다.
  1.질투하는 마음이 있는가?
  2.조급하고 초조해 하는가?
  3.마음속에 교만이 없는가?
  4.하나님의 것을 도적질하는가?
  5.다른 사람에 대하여 원통함을 품고 있는가?
  6.그리스도를 공개적으로 고백하지 못한 적이 있는가?
  7.영혼의 구원이 짐으로 느껴지는가?
  8.처음 느꼈던 하나님을 향한 열정이 식었다고 느끼는가?
    어떤 일에 대한 동기와 마음으로도 겉으로는 평범해 보이는 일이 죄가 될 수 있습니다. 지금 일을 하고 사람들을 대하는 나의 동기와 마음은 하나님이 받으시기에 합당한 상태입니까? 아니면 지극히 세상적입니까? 세상적이라면 오히려 죄에 빠져 하나님의 신호를 무시하고 있는 것입니다. 깨끗케 한 몸을 다시 진흙탕에 들어가 더럽히는 사람은 어리석은 사람입니다. 하나님은 우리의 겉모습 뿐 아니라 마음까지 속속들이 알고 계시는 분임을 알고 겉으로 보이는 모습으로 하나님을 속이려고 하지 마십시오. 아멘!!

♥ 주님, 선한 말과 선한 마음으로 될 수 있는 한 모든 일을 하게 하소서.
✤ 내 안에서 일어나고 있는 죄의 신호들을 미연에 방지합시다.

나의 영적 일지

나를 바라보라

11월 8일

읽을 말씀 : 마태복음 7:1-6

● 마 7:5 외식하는 자여 먼저 네 눈 속에서 들보를 빼어라 그 후에야 밝히 보고 형제의 눈 속에서 티를 빼리라

'기도에 대한 책'을 써달라고 복음전도자 무디가 요청했을 정도로 철저하게 기도로 사는 사람이었던 R. A. 토레이 목사님은 가는 곳마다 만나는 사람들에게 복음을 전했습니다.

한 번은 부흥회 기간 동안 머무르며 매일 점심에 들렀던 식당의 종업원에게 복음을 전했습니다. 종업원은 목사님에게 어떻게 하면 그리스도인이 될 수 있냐고 물었습니다.

목사님은 회개함으로 예수님을 구주로 영접하는 기도를 가르쳐주었습니다. 그리고 다음 날 식당을 찾은 목사님에게 그 종업원이 와서 아무리 기도를 해도 예수님이 믿어지지 않고 뭘 잘못했고 왜 회개해야 하는지도 모르겠다며 근심 섞인 목소리로 고민을 말했습니다. 그러자 목사님이 대답했습니다.

"그렇다면 한 번 더 제가 시키는 대로 해보시겠어요? 회개를 하려고 하지 마시고 자신의 모습을 볼 수 있게 해달라고 기도를 드려보세요."

일정은 모두 끝났지만 몇 주 뒤에 그 종업원의 상태가 궁금해 다시 식당을 찾은 목사님은 자신의 비참한 모습을 직시하고 주님께로 돌아온 훌륭한 그리스도인을 만날 수 있었습니다.

내 안에 숨겨진 깊은 죄성을 깨달을 때 이 죄를 해결해주시고 품어주실 분은 오로지 예수님뿐이시라는 걸 알 수 있습니다. 겉으로 드러난 약간의 선행과 칭찬에 교만하지 말고 내 안의 모든 죄를 주님께 고백하며 보혈의 권능으로 다시 일어서십시오. 아멘!!

주님, 나의 본 모습을 깨닫고 철저히 회개함으로 주님께 돌아가게 하소서.

나만 알고 있는 나의 진짜 모습까지 주님께 고합시다.

나의 영적 일지

11월 9일

가치 있는 짐

읽을 말씀 : 마태복음 11:25-30

● 마 11:29,30 나는 마음이 온유하고 겸손하니 나의 멍에를 메고 내게 배우라 그리하면 너희 마음이 쉼을 얻으리니 이는 내 멍에는 쉽고 내 짐은 가벼움이라 하시니라

    네팔의 타밍족은 해발고도 3300m 위의 랑탕 지역에서 살고 있습니다. 히말라야 트래킹을 하려는 사람들이 종종 찾는 이 지역은 사람들이 살기에는 쉬운 환경이 아닙니다. 지진이 났을 때 대피하기도 쉽지 않고 고산지대라 호흡도 쉽지 않습니다. 그러나 이렇게 험난한 지역에서 타밍족은 오랜 세월 동안 살아왔습니다.
    이 타밍족이 살고 있는 지역 중 가장 높은 곳은 강진곰파 마을로 무려 해발 3730m입니다. 사방에서 불어오는 거센 바람으로 풀이나 나무가 자랄 수 없고 몇몇 풀이나 작은 감자 정도가 수확할 수 있는 전부입니다. 그러나 이곳 타밍족은 여기서 자라는 약초와 작은 감자들을 챙겨 험난한 산악길을 내려가 다른 마을 사람들과 물물교환을 통해 식량과 생필품을 얻으며 살아갑니다.
    또 그렇기에 무조건 지켜야 할 수칙이 있는데 그것은 '꼭 필요한 것을, 필요한 만큼만'입니다. 길이 험하고 고되다 보니 욕심을 내 많이 챙겨갈 수도 없고, 필요 이상의 물건을 챙겨서도 무사히 돌아올 수가 없기 때문입니다.
    예수님의 말씀처럼 이 세상에서의 여정이 잠시뿐이라면, 이후의 영원을 준비해야 하는 것이라면, 끝까지 지켜야 할 것이 무엇이겠습니까? 영원한 진리인 말씀과 날 구원하신 하나님의 사랑만이 세상 끝날까지 내가 지켜야할 가치입니다. 잠시의 안락과 즐거움을 위해 영원을 준비하는 믿음을 가로막고 있는 것들이 있다면 모두 다 내려놓으십시오. 아멘!!

♡ 주님, 진정한 삶의 의미를 찾고 바르게 살아가게 인도하소서.
❂ 영원을 위해 준비해야 할 것과 버려야 할 것을 구분합시다.

나의 영적 일지

동행의 뜻

읽을 말씀 : 히브리서 3:12-19

● 히 3:14 우리가 시작할 때에 확신한 것을 끝까지 견고히 잡고 있으면 그리스도와 함께 참여한 자가 되리라

11월 10일

    미국의 '마음과 삶(Heart and Life)'이라는 잡지에 실린 작자 미상의 '하나님과 걷는 사람'이라는 시입니다.

  '하나님과 동행하는 사람은 하나님이 가시는 길을 가야 한다.
  아무리 그 길이 멀고 어렵고, 다른 사람들의 관심없는 길이라도.

  하나님과 동행하는 사람은 두려움이 없어야 한다.
  위험이 가로막고, 실패가 오고 모든 소망이 끊어질지라도.

  하나님과 동행하는 사람은 반드시 앞으로 가야 한다.
  하나님이 여전히 거기에 계시기 때문이다.'

    하나님과 동행한다는 것은 하나님이 계시는 곳에 나도 있으려고 하고, 하나님이 하시고자 하는 일을 나도 하려고 하는 것입니다. 그럴 때 세상 사람들이 이해하지 못할 선택을 하게 되고 이해하지 못할 능력을 보게 됩니다. 홍해 앞의 모세가 그랬고, 사자굴의 다니엘이 그랬고, 갈릴리 바다 위의 베드로가 그랬습니다. 에녹처럼 늘 주님과 동행하며 스데반처럼 꺾이지 않는 믿음을 위해 기도하십시오. 아멘!!

♡ 주님, 주님과 동행하는 삶으로 천국의 기쁨을 누리게 하소서.
📖 나의 삶은 주님과 동행하고 있는 삶인지 돌아봅시다.

나의 영적 일지

11월 11일 축복의 주의사항

읽을 말씀 : 에스더 4:10-17

● 에 4:14 이 때에 네가 만일 잠잠하여 말이 없으면 유다인은 다른 데로 말미암아 놓임과 구원을 얻으려니와 너와 네 아버지 집은 멸망하리라 네가 왕후의 자리를 얻은 것이 이 때를 위함이 아닌지 누가 알겠느냐 하니

자신의 직함을 밝히지 않은 '존'이라는 필명을 가진 사람이 인터넷에 올린 '그리스도인이 알아야 할 축복의 6가지 주의사항'이라는 글입니다.

1. 복 자체가 아닌 복을 주시는 분을 생각하라.
복에만 관심이 있고 주시는 분을 생각하지 못할 때 불평과 불만이 생깁니다.

2. 어떤 사람에게, 왜 복을 주시는지 생각하라.
복의 원리를 곰곰이 생각하다보면 하나님의 섭리를 알게 됩니다.

3. 복을 받은 후에는 은혜를 잊지 말라.
받은 것에 대한 감사는 세상을 살아감에도, 신앙생활을 하는 데에도 가장 필요한 자세입니다.

4. 복이 오는 것처럼 시험도 찾아온다는 것을 잊지 말라.
생사화복을 주관하시는 주님의 뜻은 사람이 결코 알 수 없습니다.

5. 복을 받은 뒤의 교만을 조심하라.
큰 복일수록 큰 교만의 위험에 빠질 수 있습니다.

6. 복을 받은 사람의 사명은 더욱 무거움을 알라.
하나님이 주신 복에는 이유가 있습니다. 주신 복을 통해 하나님이 원하시는 뜻이 무엇인지를 묵상해야 합니다.

나의 만족과 유익만을 위해 쓰는 것은 올바른 축복의 사용방법이 아닙니다. 복을 내려주신 하나님의 뜻을 묵상하고 하나님의 뜻에 따라 복을 흘려보내십시오. 아멘!!

♥ 주님, 하나님이 주신 복을 세상으로 흘러가게 하는 줄기가 되게 하소서.
🖐 하나님께 받은 복을 세어보고 올바르게 사용하고 있는지 돌아봅시다.

나의 영적 일지

성경이 말해주는 것

읽을 말씀 : 요한복음 5:39-47

● 요 5:39 너희가 성경에서 영생을 얻는 줄 생각하고 성경을 연구하거니와 이 성경이 곧 내게 대하여 증언하는 것이니라

11월 12일

　아프리카의 오지를 세 사람의 일행이 탐험을 하고 있었습니다.
　그들은 어떤 황무지를 지나다 땅에 떨어진 양피지를 발견했는데 먼저 일행 중 과학자인 사람이 종이의 재질을 살피며 깜짝 놀랐습니다.
　"이 양피지는 이집트 시대의 파피루스와 거의 비슷한 방식으로 만들어진 것 같습니다."
　다음으로는 예술가가 양피지를 살폈는데 그 역시 종이를 수놓은 세련된 문양들을 보고 감탄했습니다.
　"염료도 다양하고 이 무늬들도 매우 섬세합니다. 이 양피지를 만든 부족은 매우 미적 감각이 뛰어난 것 같아요."
　마지막으로 고고학자가 살폈습니다. 그런데 양피지에 적힌 이상한 무늬를 한참 보던 고고학자가 갑자기 화들짝 놀라 크게 외쳤습니다.
　"어서 도망칩시다. 이 주변에는 침입자를 용서하지 않는 호전적인 부족이 살고 있어요. 이 종이는 이 부근으로 탐험을 왔다가 홀로 생존한 어떤 사람의 경고문입니다!"
　성경은 역사적으로도, 문학적으로도 훌륭한 가치를 지닌 소중한 보물입니다. 그러나 성경의 진정한 가치는 그 안에 기록된 내용입니다. 그 안에 담긴 하나님의 말씀을 통해 세상의 모든 원리와 유일한 구원의 방법을 알 수 있습니다. 또한 세상의 모든 어려움을 헤쳐나갈 지혜를 얻을 수 있습니다. 성경이 가르치는 진리들을 인생의 매뉴얼로 삼으십시오. 아멘!!

♡ 주님, 성경의 참된 진리를 믿음으로 삶이 변화되게 하소서.
🙇 성경 말씀을 나의 생각대로 받아들이지 말고 주님의 말씀대로 받읍시다.

나의 영적 일지

11월 13일

이기적인 본성

읽을 말씀 : 전도서 9:1-12

● 전 9:3 모든 사람의 결국은 일반이라 이것은 해 아래에서 행해지는 모든 일 중의 악한 것이니 곧 인생의 마음에는 악이 가득하여 그들의 평생에 미친 마음을 품고 있다가 후에는 죽은 자들에게로 돌아가는 것이라

독일의 본 대학에서 성인 남성 38명을 대상으로 뇌의 반응을 연구하는 실험을 했습니다. 연구진은 각 팀을 서로 마주보게 하고 컴퓨터 화면에 순간적으로 여러 개의 점을 보여준 뒤에 한 숫자를 보여주고 화면에 나온 숫자보다 점이 더 많은지 적은지를 맞추게 했습니다. 그리고 맞추는 팀에게는 무조건 보상금을 지급했습니다. 무려 300번이 넘게 반복된 이 실험에서 참가자들의 뇌의 변화를 통해 다음과 사실을 알게 됐습니다.

- 보상금이 클수록 뇌가 활발히 반응했다.
- 서로 성공했을 때보다 나만 성공했을 때 더 행복해 했다.
- 돈을 받지 못했을 때는 뇌가 반응하지 않았다.

결론적으로 '상대방보다 내가 더 뛰어나다고 느낄 때', '그리고 되도록 더 많은 돈을 받을 때' 사람들의 뇌는 즐거움을 느끼는 도파민을 활성화시켰습니다.

실험에 참여한 아민 포크 교수는 이 연구 결과에 대해 "사람은 다 같이 많은 돈을 받기보다 주변 사람보다 더 많은 돈을 받을 때 행복감을 느낀다"고 말하며 남성에게 가장 큰 자극은 사회적 경쟁이라고 결론을 내렸습니다.

사람의 자연적인 본성은 이기적이며, 경쟁적입니다. 그러나 예수님은 세상의 방식과 정반대되는 말씀과 계명을 주셨습니다. 죄에 빠져 하나님을 알지 못하는 세상의 방법을 따르지 말고 과감히 진리의 편에 서십시오. 아멘!!

♥ 주님, 세상과 타협하지 않고 더욱 주님의 말씀을 따라 살고자 노력하게 하소서.
주님이 주시는 힘과 능력으로 세상을 따라가는 육체의 정욕을 이겨냅시다.

나의 영적 일지

성도들의 안전지대

읽을 말씀 : 시편 59:10-17

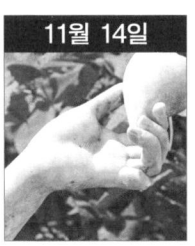

● 시 59:16 나는 주의 힘을 노래하며 아침에 주의 인자하심을 높이 부르오리니 주는 나의 요새이시며 나의 환난 날에 피난처심이니이다

　로마가 이스라엘을 점령하고 있을 때 가장 먼저 한 일 중에 하나가 성경을 가르치지 못하게 하는 것이었습니다.
　성경을 공부하다 걸리면 바로 사형이라고 엄포를 놓았지만 아키바라는 랍비는 두려워 않고 계속해서 사람들을 모아 성경을 가르쳤습니다. 다른 사람들이 죽음이 두렵지 않냐고 물을 때면 랍비는 항상 이런 얘기를 들려줬습니다.
　"여우가 강을 따라 걷는데 물고기들이 어딘가 바쁘게 움직이고 있었네. 궁금한 여우가 물고기들에게 뭐가 그리 바쁘냐고 물으니 어부들이 그물을 들고 쫓아온다고 답했네. 마침 배가 고픈 여우는 꾀를 내어 물고기에게 이렇게 말했다네. '어부가 그렇게 무섭다면 육지로 올라오지 않을래? 내가 아주 안전한 곳을 알고 있거든' 그러자 물고기가 비웃으며 말했다네. '어리석은 여우 녀석 같으니. 물고기에게 물속보다 더 안전한 곳이 있겠니?' 그물의 위험이 있다 해도 물속이 물고기에게는 가장 안전하지. 마찬가지의 이유로 나도 성경을 계속해서 가르칠 수밖에 없다네."
　결국 예수님을 믿는 성도들은 믿음으로 뭉쳐야 하고, 서로 모임 가운데 다시 일어서야 합니다. 점점 악해져가는 세상 가운데 여러 가지 시험거리가 찾아온다 하더라도 믿음으로 하나 되어 힘써 싸워 이겨내는 성도들이 되십시오. 아멘!!

♡ 주님, 기도로 연합함으로 갈등을 해결하고 더욱 연합하는 성도들이 되게 하소서.
🙏 주님이 주신 자리를 지키기 위해 최선을 다하며 기도합시다.

스트레스를 이기는 법

11월 15일

읽을 말씀 : 빌립보서 4:2-9

● 빌 4:7 모든 지각에 뛰어난 하나님의 평강이 그리스도 예수 안에서 너희 마음과 생각을 지키시리라

미국의 3대 방송사인 NBC의 건강방송에서 소개된 '스트레스를 이기는 10가지 방법'입니다.

01. 가장 먼저 주변의 가족과 친구와 대화하라.
02. 스트레스와 상관없이 평소 하던 일을 계속 수행하라.
03. 좋아하는 운동을 꾸준히 하고, 복식호흡과 더불어 스트레칭을 하라.
04. 카페인과 알코올의 과다 섭취를 피하라.
05. 잠이 오지 않아도 누워 있고, 충분한 낮잠으로 휴식을 취하라.
06. 식사는 제때에 제대로 된 음식으로 하라.
07. 기분에 이끌려 숨지 말고 밖으로 나와 사람들을 만나고 문화활동을 하라.
08. 자원봉사 활동을 하라.
09. TV를 멀리 하고, 무료할 때는 책이나 신문, 아니면 웹서핑을 하라.
10. 솔직하게 현재의 기분을 말하고 상태를 인정하라.

살면서 좋은 일만 있을 수는 없듯이 스트레스도 막을 수는 없지만 잘 관리할 수는 있습니다. 삶의 어려움들이 하나씩 해결될 때 정결한 마음으로 주님을 예배할 수 있고 또한 사랑과 배려의 마음을 품게 됩니다. 일상의 스트레스를 효과적으로 관리해 삶과 신앙에 부정적인 영향을 끼치는 것을 막으십시오. 아멘!!

♥ 주님, 사명을 잘 감당할 수 있는 정신적 건강도 허락하소서.
✤ 주어진 10가지 수칙을 적용해 스트레스를 관리합시다.

나의 영적 일지

돈보다 귀한 사랑

읽을 말씀 : 고린도전서 13:1-13

11월 16일

● 고전 13:13 그런즉 믿음, 소망, 사랑, 이 세 가지는 항상 있을 것인데 그 중의 제일은 사랑이라

새벽에 열심히 쓰레기 더미를 치우는 환경미화원이 있었습니다.
그런데 우연히 한 쓰레기봉지에 담겨진 종이뭉치가 눈에 들어왔는데 아무리 봐도 쓰레기 같지는 않았습니다. 혹시나 싶어 쓰레기봉지를 뜯어 보니 5만 원 짜리 60장, 총 300만 원이 들어있었습니다. 그리고 주변에는 편지처럼 보이는 비에 젖은 종이가 사방에 흩어져 있었습니다.
그냥 그 돈을 우연히 챙겨도 누가 뭐라 할 사람이 아무도 없었을 것입니다. 그러나 이 환경미화원은 누군가의 소중한 사연이 있을지도 모른다는 생각에 찢어진 편지 조각을 모았고 그 편지에는 '평생 도움만 받은 형님과 형수님께 죄송합니다. 항상 건강하시고 여생 즐겁게 보내시길 기원합니다'라고 적혀 있었습니다. 300만 원이 평생 자신을 돌봐준 형님에 대한 고마움의 표시인 것을 알게 된 환경미화원은 편지에 적힌 이름을 바탕으로 주변을 수소문해 결국 주인을 찾아 돌려줬습니다.
그리고 사연을 알고 보니 자식을 잃고 상심을 빠진 형님을 위로하기 위해 동생이 고생을 하며 모은 돈을 보낸 것이었습니다. 돈을 다시 찾은 할아버지는 돈보다도 동생의 마음이 담긴 편지를 찾게 되어 너무 다행이라며 돈보다 훨씬 값진 마음을 되찾아준 환경미화원에게 진심으로 감사를 전했습니다.
돈을 최고의 가치로 살아가는 세상이지만 결코 돈으로는 살 수 없는 더 소중한 것들이 많이 있습니다. 돈과 욕심에 휘둘리지 말고 사랑을 베푸는 선행을 선택하십시오. 아멘!!

♡ 주님, 눈앞의 황금보다 정직한 양심을 지킬 수 있는 믿음을 주소서.
📖 물질에 대한 욕구까지도 주님 앞에 드릴 수 있게 해달라고 기도합시다.

나의 영적 일지

11월 17일 — 우울증 7계명

읽을 말씀 : 시편 28:1-9

● 시 28:7 여호와는 나의 힘과 나의 방패이시니 내 마음이 그를 의지하여 도움을 얻었도다 그러므로 내 마음이 크게 기뻐하며 내 노래로 그를 찬송하리로다

한국은 OECD국가 중 자살률이 1위이지만 우울증으로 치료를 받고 있는 환자 수준은 가장 낮다고 합니다.

이 말은 어쩌면 치료를 받아야 할 사람들이 주변의 시선을 의식하느라 치료 시기를 놓치고 있을 수도 있다는 말이기도 합니다. 정신적으로 너무 힘이 들면 당장 정신과 전문의를 찾는 것이 현명하지만 약간의 우울감은 기본적인 관리로 충분히 이겨낼 수 있습니다. 다음은 정신과 전문의들이 권하는 '우울증을 이겨내는 7가지 방법입니다.'

1. 단 음식을 멀리 해라.
2. 지방 섭취를 삼가고, 육류도 최소한으로 줄이라.
3. 대신에 치즈와 달걀 같은 양질의 단백질을 섭취하라.
4. 담배를 끊고 카페인 섭취를 줄이라.
5. 복합 비타민 B와 비타민 C를 섭취하라.
6. 햇볕을 하루 30분 이상 쐬라.
7. 하루 30분 이상 운동을 하고 물을 8잔씩 마셔라.

우울증은 감정과 의지의 문제가 아니라 몸과 휴식의 문제일 확률이 더 높습니다. 그러므로 일시적인 감정이라면 너무 심각하게 생각하기보다는 한 계단씩 해결해나가려는 자세가 필요합니다. 몸의 건강을 추구하는 삶으로 "항상 기뻐하라는" 하나님의 말씀에 의지해서 의지적으로라도 정신과 영혼의 건강의 초석을 쌓으십시오. 아멘!!

♥ 주님, 신앙의 회복이 전인적인 회복으로 이어지게 하소서.
🙏 정신적인 어려움을 겪고 있다면 솔직히 고백하고 기도를 부탁합시다.

나의 영적 일지

포기하기엔 이른 나이

읽을 말씀 : 여호수아 14:6-15

- 수 14:14 헤브론이 그니스 사람 여분네의 아들 갈렙의 기업이 되어 오늘까지 이르렀으니 이는 그가 이스라엘의 하나님 여호와를 온전히 좇았음이라

    환갑의 나이에 컴퓨터를 배우기 시작한 일본의 마사코라는 할머니가 있었습니다. 컴퓨터를 하면 인터넷을 통해 많은 사람들과 소통할 수 있겠다는 생각에 무조건 덤벼들었지만 생각보다 어려워 무려 3개월이 지나고서야 조금 다룰 수 있게 되었습니다.
    기쁜 마음으로 노인들을 위한 '멜로우 클럽'이란 곳을 만들었지만 사람들이 거의 없었습니다. 주변을 돌아다니며 사람을 모아보니 대부분 관심은 있어도 다루기 어려워해 시작조차 하고 있지 않았습니다. 마사코 할머니는 자신의 노하우를 담아 노인들을 위한 컴퓨터 교육 책들을 만들었고, 이 책들은 너무 효과가 좋아 전 세계에 퍼졌고 유명인사가 된 마사코 할머니는 세계적인 지식 컨퍼런스인 TED에 서기까지 했습니다.
    최근에는 스마트폰에 관심을 가져 다양한 게임을 하고 있는데 노인들을 위한 게임이 없는 것 같아 개발사들에 요청을 했습니다. 그러나 한 군데도 답이 없자 할머니는 앱을 만들기 위해 프로그램 공부를 하기 시작했습니다. 그리고 몇 달 뒤 결국 일본 전통 의상에 대한 지식이 있어야 이길 수 있는 노인들에게 유리한 게임 '히나단'을 만들었고 80세 할머니가 만든 게임 앱으로 다시 한 번 세간의 화제가 되었습니다.
    나이에 상관없이 열정과 창의성만 있다면 누구나 도전할 수 있습니다. 세상을 떠나는 그날까지 하나님을 향한 열정으로 세상에 창의적으로 말씀을 선포하십시오. 아멘!!

♡ 주님, 언제나 새로운 도전을 할 수 있는 열정과 끈기를 허락하소서.
🙏 나이나 학력, 기타 외적인 문제로 한계를 설정하지 맙시다.

나의 영적 일지

성경에 관한 상식들

11월 19일

읽을 말씀 : 시편 119:80-91

● 시 119:81 나의 영혼이 주의 구원을 사모하기에 피곤하오나 나는 주의 말씀을 바라나이다

다음은 성경에 관한 여러 가지 토막 상식들입니다.
1. 성경이 기록된 언어는 구약은 히브리어(일부 아람어) 신약은 헬라어이다.
2. 구약은 39권, 신약은 27권으로 합계 66권으로 되어 있다.
3. 구약 929장, 신약 260장. 합계 1189장이다.
4. 성경의 저자는 약 40여명이다.
5. 성경이 기록된 기간은 구약이 1500년, 신약이 100년으로 1600여 년 동안 기록된 책이다.
6. 성경 전체의 한 가운데는 시편 117편이 있고, 구약은 욥기 29장, 신약은 짝수라 가운데가 없다.
7. 가장 긴 권은 구약은 시편이고 신약은 사도행전이며 전체적으로는 시편이다.
8. 가장 짧은 권은 구약은 오바댜요, 신약은 요한2서이며 전체적으로는 요한2서다.
9. 구약은 23,214절, 신약은 7,959절로 합계 31,173절로 되어 있다.

아는 만큼 보인다는 말이 있습니다. 성경을 얼마나 보고, 또 얼마나 알려고 하십니까? 물론 이런 상식들을 안다고 성경을 더 잘 아는 것은 아니지만 뭐든지 좋아하는 만큼 더 파고들게 됩니다. 하나님의 말씀을 더 자세히 알고 깊이 들어가고자 하는 열망을 품으십시오. 아멘!!

💗 주님, 하나님을 사랑하는 만큼 말씀을 더 간구하고 사모하게 하소서.
📖 말씀을 더 깊이 이해하는데 도움을 주는 서적들을 읽읍시다.

나의 영적 일지

보조개가 있는 사과

읽을 말씀 : 베드로전서 4:12-19

11월 20일

● 벧전 4:13 오히려 너희가 그리스도의 고난에 참여하는 것으로 즐거워하라 이는 그의 영광을 나타내실 때에 너희로 즐거워하고 기뻐하게 하려 함이라

　사과로 유명한 경북 지역에 엄청난 우박이 내렸습니다.
　한창 수확철인 6월에 내린 우박으로 도내의 거의 모든 사과농장이 피해를 입었습니다. 피해를 입은 사과만 모아 따져보니 7만 톤이나 됐으나 대부분의 사과가 우박을 맞은 쪽만 살짝 흠집이 있을 뿐 맛이나 품질에는 별다른 문제가 없었기에 더 안타까웠습니다. 그런데 폐기된 사과를 보는 사람들마다 한 마디씩 했습니다.
　"사과가 파인 부분이 마치 웃는 것 같네?"
　그 말을 듣고 보니 정말로 그렇게 보였습니다. 사과의 살짝 들어간 부분이 마치 보조개처럼 보였습니다. 경북의 농민들은 그래서 이 사과의 값을 거의 절반으로 낮추고 '하늘이 만든 보조개 사과'라고 이름을 붙였습니다. 재밌는 스토리에 가격은 싸고, 품질도 거의 차이가 없는데다가 농민들까지 도울 수 있어서 사과는 불티나게 팔렸고, 처음에는 농협이 운영하는 마트에만 풀리던 물건이 나중에는 강남의 백화점에까지 들어갈 정도로 큰 인기를 끌었습니다.
　때로는 이해할 수 없는 어려움이 더 나은 상황과 결과를 만들기도 합니다. 감당하기 힘들다고 여겨지는 고난과 시험이 찾아온다 할 지라도 온전히 주님을 의지하며 포기하지 않는다면 하나님의 크신 뜻을 깨닫게 됩니다. 때로는 이해할 수 없고 또 어쩔 수 없는 어려움들이 내 삶에 찾아온다 할지라도 그 일조차도 하나님의 뜻으로 믿고 이겨내십시오. 아멘!!

💛 주님, 어떤 어려움 가운데에서도 주님이 주시는 소망을 품게 하소서.
🖼 힘든 일들이 찾아와도 믿음으로 웃으며 극복할 수 있는 믿음을 구합시다.

나의 영적 일지

11월 21일
강영우 박사의 교육원리

읽을 말씀 : 시편 143:1-12

● 시 143:10 주는 나의 하나님이시니 나를 가르쳐 주의 뜻을 행하게 하소서 주의 영은 선하시니 나를 공평한 땅에 인도하소서

시각장애인이지만 한국인 최초로 미국 행정부의 차관보까지 올라갔던 강영우 박사가 평생동안 교육현장을 경험하면서 깨달은 10가지 교육 원리입니다.

01. 역경을 긍정의 관점에서 보는 것이 성공의 첫걸음이다.
02. 인생의 장기적인 목적을 설정하라.
03. 위기를 해결하며 자신의 능력을 알고 존재가치를 발견하게 된다.
04. 분명한 비전을 품어라.
05. 이미 성공한 위인 중에 자신에게 맞는 역할 모델을 찾아라.
06. 세계화 시대에 알맞은 가치관을 정립하라.
07. 동일한 가치를 추구하는 집단에 소속하라.
08. 최악의 상황에도 가슴에 간직한 희망과 꿈을 절대 포기하지 말아라.
09. 남들보다 조금이라도 잘하는 것이 있다면 그 능력을 개발하라.
10. 일이든 봉사든 남에게는 항상 최고의 것을 주어라.

잘 배우는 것만큼 잘 가르치는 것도 중요합니다. 한 분야에 정통한 사람은 필연적으로 남을 가르치게 됩니다. 성도들은 믿음에 정통해 말과 삶으로 복음을 가르치는 삶을 살아가야 합니다. 하나님이 주신 능력을 신앙과 더불어 잘 계발해 사람을 키우는 훌륭한 선생의 역할을 감당하십시오. 아멘!!

♥ 주님, 말씀을 배우고 또 전하는 삶을 살아가게 하소서.
📖 본문의 교육 원리를 자신과 자신이 가르치는 학생들에게 적용합시다.

나의 영적 일지

친절의 보답

읽을 말씀 : 에베소서 4:25-32

● 엡 4:32 서로 친절하게 하며 불쌍히 여기며 서로 용서하기를 하나님이 그리스도 안에서 너희를 용서하심과 같이 하라

　미국 텍사스 주의 브라운즈빌이라는 도시에는 루비스라는 레스토랑이 있습니다. 이 레스토랑에는 하루도 빠지지 않고 7년째 찾아와 식사를 하는 월터라는 노인이 있었는데 참전용사인 그는 종업원들에게 늘 무례하게 대했고, 까다로운 요구를 했습니다. 음식이 조금이라도 식으면 다시 데워오라고 했으며 자신의 청을 들어주지 않으면 큰 소리로 욕설을 퍼부었습니다.
　그러나 이 식당의 멜리나 만큼은 어떤 상황 속에서도 미소를 잃지 않았습니다. '종업원은 손님을 가려 받을 수 없기에 누구에게나 친절을 베풀어야 한다'는 것이 멜리나의 생각이었습니다. 7년 동안 멜리나는 월터의 전속 웨이터나 마찬가지였습니다. 월터가 식당에 들어오면 모두가 자리를 피했고 오직 멜리나만이 반갑게 웃으며 주문을 받았고 모든 요구를 들어주었습니다.
　그런데 매일 같이 찾아오던 월터의 모습이 한 동안 보이지 않았습니다. 그러다 월터가 세상을 떠났고 마지막 유언으로 멜리나에게 자신의 차와 모든 재산을 남겼다는 소식을 듣게 됐습니다. 월터에게 유일하게 친절을 베풀어주는 멜리나가 고마웠지만 그동안 표현을 하지 못하고 있었던 것이었습니다.
　자신이 맡은 의무를 다하는 사람에게 생각 이상의 축복이 찾아옵니다. 가정에서, 직장에서, 교회에서 맡은 자리의 의무를 성실히 수행하십시오. 아멘!!

♥ 주님, 보내신 그 자리가 어디든지 성실한 마음으로 감당하게 하소서.
🖼 언제나 그 자리에서 묵묵히 사명을 감당하는 분들을 위해 기도합시다.

나의 영적 일지

11월 23일
영혼을 채우시는 주님

읽을 말씀 : 시편 16:1-11

● 시 16:11 주께서 생명의 길을 내게 보이시리니 주의 앞에는 충만한 기쁨이 있고 주의 오른쪽에는 영원한 즐거움이 있나이다

 잇따른 사업실패로 빚더미에 앉은 아버지를 보며 '돈이 곧 행복'이라는 생각을 갖게 된 여자가 있었습니다.
 가진 것 없이 많은 돈을 벌어야 하다 보니 성인이 되자마자 유흥업소에 발을 들였고 조폭인 남자친구의 도움으로 4년 만에 자기 업소를 운영하게 됐습니다. 그러나 바라던 뜻대로 많은 돈을 벌고 결혼까지 했음에도 인생의 허전함을 채울 수가 없었습니다. 상담도 받아봤지만 오히려 자살 충동만 더 심해졌습니다.
 결국 남편은 이혼을 선택했고 딸을 데리고 떠났습니다. 다시 도박에 빠진 그녀는 그동안 모은 수억 원을 탕진하고 빚까지 진 상태로 새출발을 위해 미국까지 갔다가 실패해서 다시 돌아왔습니다. 다시 유흥업소에 들어가 마담 일을 하다가 문득 돈이 행복의 전부가 아닐지도 모른다는 생각을 하게 됐고 친오빠의 권유로 교회에 나가게 됐는데 아무것도 모르는 상태에서도 말씀이 귀에 들어오고 마음에 박히기 시작했습니다.
 그렇게 주님을 믿고 이전의 과거를 모두 청산한 뒤 열심히 신앙생활을 하고 있었는데 몇 년 뒤 남편과 딸이 돌아왔고 도박과 마약으로 고생하던 남편도 회복되는 기적을 체험한 뒤 이제는 온 가족이 주님의 은혜를 전하며 살아가는 믿음의 가정으로 세워졌습니다.
 사람 마음에 생기는 공허함은 결코 주님이 아닌 다른 것으로 채울 수가 없습니다. 마음의 빈 잔을 채우고 상처 입은 영혼을 회복시키는 주님의 은혜를 간구하십시오. 아멘!!

♥ 주님, 주님이 필요한 모든 사람들에게 놀라운 회복의 역사가 일어나게 하소서.
📖 인생의 참된 만족은 오직 주님께로부터 온다는 사실을 기억합시다.

나의 영적 일지

목적이 없는 부

읽을 말씀 : 잠언 11:23-31

● 잠 11:24 흩어 구제하여도 더욱 부하게 되는 일이 있나니 과도히 아껴도 가난하게 될 뿐이니라

　세계 최고의 부자하면 많은 사람들이 '빌 게이츠'나 '워런 버핏'을 떠올립니다. 그러나 최근 공식적으로 인정된 세계 최고의 부자는 인도의 무케시 암바니인데 자산가치가 632억 달러로 멕시코 통신재벌인 카를로스와 빌 게이츠보다 10억 달러가 많고, 워런 버핏보다는 무려 70억 달러가 더 많습니다. 무케시의 재산을 우리 돈으로 계산하면 무려 57조원이나 됩니다.

　무케시는 이런 엄청난 부를 아버지로부터 그냥 상속 받았는데 때에 맞춰 인도 경제가 호황이 되면서 주가가 치솟았고 그 결과 별 다른 노력 없이 세계 최고의 부자가 됐습니다.

　갑자기 세계 최고의 부자가 된 그는 뭄바이에 엄청난 저택을 짓고 있는데 이 저택은 프랑스의 베르사이유 궁전보다 크고 주차장만 6층이 있고 헬기 착륙장 까지 있는 호화로운 건물입니다. 관리하기 위해 필요한 인력만 600명이지만 이 집에 머무르는 사람은 무케시 회장의 가족과 어머니를 포함한 6명뿐입니다. 또 마땅히 돈을 쓸 방법을 찾지 못한 그는 근처에 대규모의 땅을 사들여 세계 최대 규모의 경제특구를 조성하려고 하고 있습니다.

　뚜렷한 목적이 없다면 아무리 큰돈을 벌어도, 엄청난 명예가 생겨도 결국 방황하게 될 뿐입니다. 더 많이 가지려고 노력하기보다 가진 것을 지혜롭게 사용하고자 하십시오. 아멘!!

♡ 주님, 주님께 받은 큰복을 올바로 흘려보내는 강물이 되게 하소서.
　하나님의 축복과 더불어 올바르게 사용할 지혜도 함께 구합시다.

나의 영적 일지

11월 25일

젊음의 조건

읽을 말씀 : 시편 103:1-8

● 시 103:5 좋은 것으로 네 소원을 만족하게 하사 네 청춘을 독수리 같이 새롭게 하시는도다

사무엘 울만이 쓴 '청춘'이라는 시의 일부분입니다.

'청춘이란 인생의 어떤 한 시기가 아니라 마음가짐을 뜻하나니
청춘이란 두려움을 물리치는 용기,
안이함을 뿌리치는 모험심, 그 탁월함을 뜻하기에
때로는 스무살 청년보다 예순 살 노인이 더 청년일 수 있네.

세월은 피부의 주름을 늘리지만
열정을 가진 마음을 시들게 하진 못하지
사람들과 하나님으로부터 아름다움과 희망,
기쁨과 용기의 영감을 받는 한 언제까지나 청춘일 수 있네.'

이 시는 맥아더 장군이 늘 가지고 다니며 보던 시인데 맥아더의 사무실에 들른 종군기자 프레드릭 팔머는 우연히 이 시를 보고 큰 감명을 받았습니다. 늘 이 시를 외우고 다니던 프레드릭은 나중에 리더스 다이제스트에 특집으로 이 시를 소개했고 그 뒤로 전 세계에 퍼져 많은 사람들에게 감동과 희망을 주는 명작의 반열에 오르게 됐습니다.
모세와 갈렙이 노년에도 비전을 꾸고 이룰 수 있었던 것은 항상 하나님이 주신 열정을 가슴에 품었던 청년이었기 때문입니다. 하나님의 비전을 품고 그 비전을 향한 열정을 간직하는 청년이 되십시오. 아멘!!

♥ 주님, 비전을 향한 열정을 늘 가슴에 품고 사는 청년이 되게 하소서.
📖 하나님이 내 가슴에 심어주신 비전을 다른 이유로 포기하지 맙시다.

나의 영적 일지

일상의 영웅들

읽을 말씀 : 잠언 3:27-35

11월 26일

● 잠 3:27 네 손이 선을 베풀 힘이 있거든 마땅히 받을 자에게 베풀기를 아끼지 말며

뉴욕 맨해튼의 지하철역에서 있었던 일입니다.
열차가 들어오고 있는 도중 갑자기 한 청년이 비틀거리며 선로로 떨어졌습니다. 이 광경을 본 사람들이 비명을 지르는 사이 한 남자가 재빨리 선로로 뛰어들었고, 남자의 몸을 덮어 선로 옆으로 피했습니다. 다행히 둘 다 무사했고, 평범한 노동자였던 웨슬리 오트리는 이 사건으로 '지하철의 슈퍼맨'이라는 별명을 얻으며 인기 스타가 됐습니다. 당시 재벌이었던 도날드 트럼프도 천만 원의 기부금을 보낼 정도였습니다.
그런데 평범한 한 남자의 희생을 보고 많은 사람들이 깨달음을 얻었습니다. 오슬리의 '슈퍼맨'이라는 별명에 영감을 얻어 뉴욕의 이곳저곳에 히어로의 모습을 하고 선행을 펼치는 사람들이 생겨났기 때문입니다. 빨간 망토를 두르고 괴상한 복면을 쓴 어떤 교사는 지하철을 다니며 노약자와 임산부에게 자리를 양보하게 돕는 일을 하고, 전에 매춘부였던 여자는 가죽 코르셋을 입고 나비 가면을 쓴 뒤 밤늦게 거리에서 일을 하는 여자들을 보호하러 다닙니다.
또 흰 망토에 노란 장갑을 끼고 거리의 쓰레기를 줍고 다니는 '클렌저'라는 영웅, 노란 티와 멜빵을 입고 기계가 고장난 사람들을 찾아가 도와주는 '더 슈퍼'라는 영웅도 있습니다.
필요한 사람에게 필요한 도움을 주는 것이 세상에 필요한 영웅이며 예수님의 제자가 할 일입니다. 오늘 하루 나의 도움이 필요한 사람들을 그냥 지나치지 말고 도우십시오. 아멘!!

♥ 주님, 선을 행할 기회를 놓치지 않고 즉시 실행에 옮기게 하소서.
📖 오늘 만나는 나의 도움이 필요한 사람들을 도웁시다.

나의 영적 일지

11월 27일

팔여거사

읽을 말씀 : 고린도후서 12:1-10

● 고후 12:9 ...내 은혜가 네게 족하도다 이는 내 능력이 약한 데서 온전하여짐이라 하신지라 그러므로 도리어 크게 기뻐함으로 나의 여러 약한 것들에 대하여 자랑하리니 이는 그리스도의 능력이 내게 머물게 하려 함이라

조선 중종 때 기묘사화로 억울하게 누명을 쓰고 귀향을 간 김정국은 스스로를 '8가지를 풍족하게 즐기는 사람'인 '팔여거사'라고 부르며 호로도 사용했습니다.

동부승지의 벼슬에서도 쫓겨나 몸만 고향으로 와 있는데 무엇이 그리 풍족한지 궁금했던 그의 친구가 이유를 묻자 그는 이렇게 대답했습니다.

"토란국과 보리밥을 넉넉하게 먹고, 온돌에서 잠을 넉넉하게 자고, 샘물을 넉넉하게 마시고, 서가에 가득한 책을 보고, 봄꽃과 가을 달빛을 감상하고, 새와 솔바람 소리를 듣고, 눈 속에 핀 매화와 서리 맞은 국화 향기를 맡는다네. 그리고 이 일곱 가지를 넉넉하게 즐길 수 있기에 '팔여'가 아니겠는가?"

"자네 말이 맞네. 내가 서울에서 사람들을 살펴보니 자네와는 정 반대인 사람들도 많더군.

진수성찬을 배불리 먹어도 부족하고, 오색병풍을 치고도 잠을 못 자고, 명주를 실컷 마시고도 더 좋은 술을 찾고, 화가의 그림을 실컷 보고도 좋은 줄 모르고, 현모양처를 두고도 귀한 줄 모르고, 곳간에 쌀가마를 쌓아두고도 부족하게 여기더군. 거기에 한 가지 더, 이 일곱 가지 부족한 게 있다고 부족함을 걱정하더군."

광야에서 지켜주시고, 푸른 초장으로 인도하시는 주님을 믿고 온전히 기쁨을 누리십시오. 아멘!!

♡ 주님, 모든 것을 인도하시는 주님을 믿고 모든 일에 감사하게 하소서.
🧩 내 삶의 불만의 스위치를 내리고 감사의 스위치를 켭시다.

나의 영적 일지

불가능에 도전하는 이유

11월 28일

읽을 말씀 : 누가복음 1:26-38

● 눅 1:37 대저 하나님의 모든 말씀은 능하지 못하심이 없느니라

6살 때 동네 개울에서 혼자 수영을 배우며 강을 건너던 마틴이란 소년이 있었습니다. 동네에서 유일하게 혼자 수영으로 강을 건널 수 있던 소년은 큰 희열을 느꼈고, 점차 큰 강에 도전을 했습니다. 그렇게 조금씩 성장하던 소년은 몇 십 년 뒤인 2000년도에 3천 킬로미터가 넘는 독일의 다뉴브강과 미국의 미시시피강을 건너는데 성공하고, 다시 몇 년 뒤 4천 킬로가 넘는 중국의 양쯔강까지 정복을 했습니다.

양쯔강을 건넌 뒤 마틴은 다음엔 아마존강을 목표로 삼겠다고 했는데 아마존강은 5천 킬로미터가 넘었고, 식인 물고기인 피라니아가 살고 있고 있었습니다. 게다가 마틴의 나이는 당시 50살이 넘었습니다.

하지만 마틴은 피라니아의 공격을 막기 위해 고안된 특수 전신 수영복을 입고, 물살이 거세 보트로도 건너기 쉽지 않은 아마존을 하루에 80킬로미터 씩 헤엄치며 2달 만에 정복을 했습니다.

뜨거운 햇살에 2도 화상을 입어도, 구토와 현기증, 고혈압 증세에도 포기하지 않은 마틴은 도전하는 이유에 대해 이렇게 말했습니다.

"사람들은 제가 도전을 할 때마다 불가능하다고 말합니다. 그런데 그 불가능한 일을 제가 성공한다면 다른 사람들도 불가능한 목표를 향한 용기를 얻을 수 있을 거라고 생각합니다."

불가능한 일에 도전하므로 세상에 용기를 주는 사람들처럼 세상과 다른 방식으로 살아가며 참된 진리를 세상에 전하는 그리스도인이 되십시오. 아멘!!

♡ 주님, 말씀을 실천하는 삶에 매일 도전하며 성공하게 하소서.
🔖 말씀이 가르치는 진리를 따라 참된 삶이 무엇인지 세상에 보여줍시다.

나의 영적 일지

11월 29일 일단 행동하라

읽을 말씀 : 마가복음 4:10-20

● 막 4:16 좋은 땅에 뿌려졌다는 것은 곧 말씀을 듣고 받아 삼십 배나 육십 배나 백 배의 결실을 하는 자니라

    영국의 작은 마을에서 대학을 다니며 학비를 벌 궁리를 하던 알렉스라는 청년이 있었습니다.
    침대에 누워 하루 종일 공상에 빠져있던 알렉스는 문득 '인터넷에 광고 게시판을 만들면 어떨까?'라는 생각을 했습니다.
    그는 밀리언 달러 홈페이지(www.milliondollarhomepage.com)라는 이름의 계정을 하나 사서 화면 면적만큼 돈을 주고 광고를 게시할 수 있게 규칙을 정했습니다. 그는 먼저 가까운 가족과 친구들에게 이 공간을 홍보하고 팔았습니다. 그리고 천 달러가 모이자마자 언론사에 연락을 해 광고를 실었습니다.
    지금도 존재하는 저 홈페이지는 어찌 보면 아이들 장난 같이 조악한 모습을 하고 있습니다. 그러나 알렉스의 기발한 생각은 계속해서 매체를 타고 퍼져나갔고, 거의 모든 공간이 유명한 기업들에게 팔려 나가게 됐습니다. 알렉스는 약 4개월 만에 10억을 벌었고, 더 이상 학비는 아무 문제가 되지 않았습니다.
    이후 알렉스는 번 돈을 바탕으로 숙면과 휴식을 도와주는 'CALM'이라는 앱을 만들었는데 이 앱 역시 엄청난 성공을 거두며 세계적인 스타들까지 자발적으로 홍보를 해주는 인기 있는 앱으로 자리를 잡았습니다.
    떠오르는 즉시 반응하는 사람이 인생도, 신앙도 성공할 수 있습니다. 선한 생각과 좋은 아이디어들은 떠오르는 즉시 실행할 방법을 찾으십시오. 아멘!!

♡ 주님, 말씀에 의심 없이 즉각 순종하는 믿음을 주소서.
※ 머리를 스치는 아이디어가 있다면 일단 시작해봅시다.

나의 영적 일지

인생에 남겨지는 것

읽을 말씀 : 디모데후서 4:1-8

11월 30일

● 딤후 4:8 이제 후로는 나를 위하여 의의 면류관이 예비되었으므로 주 곧 의로우신 재판장이 그 날에 내게 주실 것이며 내게만 아니라 주의 나타나심을 사모하는 모든 자에게도니라

9살 때 악성 뇌종양으로 시한부 인생을 선고받은 소년이 있었습니다.
항암치료를 받으며 2년 동안 잘 버티던 소년은 11살이 되던 해에 자기 몸에 이상이 생겼다는 것을 느꼈습니다. 그리고 그날 밤 엄마를 병실로 불러 조용히 자기 유언을 말했습니다.
"엄마, 제가 죽으면 아픈 아이들에게 장기를 기증해주세요."
어머니는 깜짝 놀라며 제발 그런 소리를 하지 말라고 부탁했습니다. 그러나 소년은 담담히 그런 말을 한 이유를 얘기했습니다.
"세상에는 위대한 일을 하는 사람들이 참 많은 것 같아요. 죽고 난 뒤에 저도 그런 사람들처럼 기억되고 싶어요. 그리고 제가 장기기증을 한다면 제가 죽어도 세상 어딘가에는 남아 있는 거잖아요?"
이 말을 들은 부모님은 소년의 뜻대로 해주겠다고 약속했습니다. 몇 달 뒤 소년은 병세가 악화되어 숨을 거뒀고, 유언대로 다른 아이들에게 장기를 기증했습니다. 그리고 11살에 세상을 떠난 뤼앙의 사연을 안 의사들은 모두 모여 수술이 끝나고 병상을 둘러서서 허리를 숙이며 감사의 인사를 전했습니다.
내 인생을 통해 남길 수 있는 가장 값진 것은 다른 생명을 구하는 일입니다. 아직까지 나를 통해 맺힌 열매가 없다면 이제부터라도 더욱 열심을 내야 할 때입니다. 몸보다 더 중요한 영혼 구원을 위한 일에 내 삶을 헌신하십시오. 아멘!!

♡ 주님, 한정된 시간을 정말로 가치 있는 일을 위해 사용하게 하소서.
📖 한달에 최소 한 명 이상에게는 복음을 전할 계획을 세웁시다.

나의 영적 일지

12월

"주의 말씀은 내 발에 등이요 내 길에 빛이니이다"

(시편 119편 105절)

12월 1일

그리스도인입니까?

읽을 말씀 : 요한복음 21:15-25

● 요 21:17 ...주께서 세 번째 네가 나를 사랑하느냐 하시므로 베드로가 근심하여 이르되 주님 모든 것을 아시오매 내가 주님을 사랑하는 줄을 주님께서 아시나이다 예수께서 이르시되 내 양을 먹이라

　A.W. 토저 목사님이 쓴 책 '나는 진짜인가, 가짜인가'에 나오는 내가 그리스도인인지 알 수 있는 7가지 질문입니다.
　1. 내가 가장 원하는 것은 무엇인가?
　2. 내가 가장 많이 생각하는 것은 무엇인가?
　3. 나는 돈을 어떻게 쓰는가?
　4. 나는 여가를 어떻게 보내는가?
　5. 나는 어떤 사람들과 어울리는가?
　6. 나는 누구를 존경하고 어떤 것에 열광하는가?
　7. 나는 무엇을 보고 웃는가?
　정말로 원하는 것을 솔직히 말해보십시오. 마음속에 가장 많이 떠올리는 생각은 무엇입니까? 애써 번 돈을 쓰는 곳은 어디입니까? 하나님을 위해 사용할 때는 어떤 마음을 가지고 계십니까? 남는 시간은 하나님을 묵상하고, 이웃을 위해 보내십니까? 아니면 오로지 나의 휴식을 위해 의미 없는 일을 하고 계십니까? 모든 질문에 솔직히 답해보십시오. 그리고 스스로가 진짜 그리스도인인지 아닌지를 평가해보십시오.
　하나님은 나를 위해 독생자 예수님도 아낌 없이 보내주셨습니다. 나는 그런 주님을 믿는다고 고백하면서 어떤 삶을 살아가고 있습니까? 양심에 거리낌이 있다면 이제부터라도 주님 앞에 부끄럽지 않은 당당한 그리스도인이 되기 위해 노력하십시오. 아멘!!

♥ 주님, 스스로에게 부끄럽지 않은 주님의 제자가 되게 하소서.
✿ 위의 질문에 솔직히 답을 해보고 나의 신앙을 평가해봅시다.

　나의 영적 일지

성공보다 중요한 것

읽을 말씀 : 빌립보서 3:5-12

● 빌 3:8 또한 모든 것을 해로 여김은 내 주 그리스도 예수를 아는 지식이 가장 고상하기 때문이라 내가 그를 위하여 모든 것을 잃어버리고 배설물로 여김은 그리스도를 얻고

고시촌이라고 불리는 신림동에는 고시생들을 위한 '아름다운 교회'라는 곳이 있습니다. 학원가 지하에 자그마하게 자리 잡고 있는 이 교회는 힘든 고시공부를 하면서도 신앙을 지킬 수 있도록 물심양면으로 배려합니다. 또 붙은 수험생과 기뻐하기보다 떨어진 수험을 위로하는 일을 더 중요하게 여기는 목사님이 계십니다. 목사님은 매일같이 밤을 새며 공부하는 피곤한 수험생들이지만 그래도 신앙을 우선시하도록 셀을 만들어 성경공부를 시키고, 힘든 공부를 하는 목적이 하나님의 영광을 위해서인 것을 잊지 않도록 함께 모여 기도하곤 합니다.

그런데 약 10년 전 무더기로 41명의 사시 합격자를 내면서 이 교회는 세간의 화제가 됐습니다. 3년간 70명이 넘는 합격자를 냈다는 소식이 알려졌지만 사람들은 우연이라고 생각했습니다.

그저 어쩌다 우수한 학생들이 교회에 나가 이뤄진 성과라는 시각도 있었습니다. 그러나 이 교회의 사시합격 배출자는 매년 늘어 최근에는 한 해에 70명이 넘은 경우도 있고 어느덧 이 교회 출신의 사시합격자는 500명을 넘어섰습니다.

하나님이 나에게 주신 재능과 사명을 분명히 깨닫기 위해서는 먼저 신앙이 바로 서야 하고 하나님을 최우선 순위로 놓아야 합니다. 성공보다 중요한 성공의 목적과 그 길을 인도하시는 분이 하나님이라는 사실을 기억하십시오. 아멘!!

♡ 주님, 제 삶이 주님의 뒤를 쫓는 발자취가 되게 하소서.
🖼 주님을 항상 최고의 자리에 모신 뒤 열정과 노력을 더합시다.

나의 영적 일지

찬양의 의미

12월 3일

읽을 말씀 : 시편 89:1-9

●시 89:5 여호와여 주의 기이한 일을 하늘이 찬양할 것이요 주의 성실도 거룩한 자들의 모임 가운데에서 찬양하리이다

　종교개혁 이전의 예배에는 회중이 함께 부르는 찬양시간이 없었습니다. 4세기에 열린 라오디게아 총회에서 회중들의 찬양을 교칙으로 금지했기 때문에 예배시간에 모인 성도들은 찬양대가 부르는 뜻도 모를 찬양을 듣고 성직자들이 읽어주는 라틴어 말씀을 멀뚱멀뚱 듣다가 집으로 돌아왔습니다.

　그래서 마틴 루터는 종교 개혁을 일으키고 성경을 독일어로 번역하는 일을 첫 번째로 한 뒤에 회중들이 함께 찬양할 수 있도록 독일어 찬양을 직접 작사, 작곡하는데 힘을 썼습니다. 루터는 회중들이 따라 부르기 쉽도록 당시 유행하던 멜로디에 찬양 가사를 붙이기도 했는데 그렇게까지 해야만 했던 이유가 동역자였던 스팔라틴 목사님에게 보내는 편지에 나와 있습니다

　"제가 독일어 찬송을 만드는 이유는 노래란 매체를 통하여 하나님의 말씀이 그들 속에 살아있게 하기를 원해서입니다. 초대교회 교부들이 보인 모범이 이것입니다."

　찬양은 말씀의 고백이며 하나님을 향한 나의 마음과 정성을 온 힘과 감정을 다해 올려드리는 예배입니다. 그러므로 예배 가운데 불려지는 찬양은 더욱 진실한 고백으로, 하나님을 향한 기쁨의 표현으로 올려져야 합니다. 교회에서 드려지는 모든 찬양을 편견 없이 순수한 마음으로 하나님께 올려드리십시오. 아멘!!

♡ 주님, 주님을 향한 진실한 고백으로 찬양을 올려드리게 하소서.
🔥 모든 예배 순간에 찬양의 가사를 생각하며 전심으로 고백합시다.

`나의 영적 일지`

보이지 않는 변화

읽을 말씀 : 시편 51:9-19

● 시 51:10 하나님이여 내 속에 정한 마음을 창조하시고 내 안에 정직한 영을 새롭게 하소서

   시카고 대학 심리학과의 셀러 교수는 교통사고를 자주 당하는 사람들의 공통점이 있는지 연구를 하고 있었습니다. 셀러 교수의 연구 결과 교통사고를 더 잘 당하는 사람들의 특징은 다음과 같았습니다.
  - 성격이 급해서 속도위반과 차선변경을 자주 하는 사람들
  - 주위가 산만해 신호나 주변 환경을 잘 살피지 못하는 사람들
  그런데 조금 이상한 특징도 있었습니다.
  - 옷을 막 입고 다니는 사람들
  - 주변 사람들에게 사랑받지 못하는 사람
  옷과 교통사고의 관계는 연구 결과 나름 설명이 됐지만 아무리 생각해도 주변 사람들에게 미움 받는 사람과의 인과관계는 찾을 수가 없었습니다. 하지만 반대로 주변 사람들에게 사랑과 인정을 받는 사람들은 또 교통사고가 나지 않을 확률이 높았습니다. 현상은 분명히 나타나는데 검증이 되지 못하고 있지만 셀러 교수의 연구팀은 이 내용을 논문에 실어 많은 사람들에게 알렸습니다. 이와 비슷한 연구로 캔자스주립대학의 시네트 박사는 예술작품을 자주 접하는 사람들은 자신을 더 아름답게 가꾸는 경향이 있다는 사실을 논문으로 발표했습니다.
  세상에는 분명히 존재함에도 설명할 수 있는 일들이 일어나곤 합니다. 마찬가지로 보이지 않는 하나님을 나의 삶과 행동으로 세상에 보여주는 그리스도인이 되십시오. 아멘!!

♡ 주님, 드러나는 행동 뿐 아니라 내면도 아름답게 가꿔나가게 하소서.
🙏 보이지 않는 영역에서의 거룩함과 정결함도 신경 씁시다.

나의 영적 일지

12월 5일

MVP가 뽑은 MVP

읽을 말씀 : 고린도후서 1:12-24

● 고후 1:24 우리가 너희 믿음을 주관하려는 것이 아니요 오직 너희 기쁨을 돕는 자가 되려 함이니 이는 너희가 믿음에 섰음이라

    2014년도 미국 프로농구 NBA의 시즌 MVP로 케빈 듀란트라는 선수가 뽑혔습니다.
    단상으로 나온 그는 수상 소감을 이야기하다 갑자기 울먹이며 말을 멈췄고, 잠시 뒤 자리에 앉은 어머니를 바라보며 말을 이었습니다.
    "21살에 미혼모인 어머니는 저와 형을 키우며 사투를 벌이셨습니다. 온 가족이 쫓겨나다시피 이사를 다닐 때에 지금처럼 성공하리라고는 어떤 사람도 생각하지 않았습니다. 어머니는 나의 훈련을 위해 무더운 꼭두새벽부터 일어나셨습니다. 경기가 있을 땐 언제나 코트 바로 옆에서 목이 터져라 제 이름을 불러주셨고, 세상의 그 누구도 나의 성공을 믿지 않을 때 믿음을 잃지 않도록 지켜주셨습니다. 거리의 노숙자가 되지 않게 우릴 지켰고, 따스한 옷을 주며 한 끼도 거르지 않게 챙겨주셨지만 본인은 매일 밤 주린 배를 안고 잠자리에 드셨습니다. 어머니는 날 위해 모든 것을 희생하셨습니다. 당신이 진정한 MVP입니다."
    케빈 듀란트는 자신을 위해 희생한 어머니와 힘들었던 시절을 잊지 않았습니다. 그래서 성공한 뒤에도 철저한 자기관리를 놓지 않았고 또 자기 이름이 들어간 신발을 가난한 아이들도 신을 수 있게 저렴한 가격으로 팔아달라고 요구하기도 했습니다.
    그 어떤 놀라운 성공과 성과를 이루더라도 그것은 모두 날 위한 주님의 희생 덕분입니다. 모든 것을 아낌없이 부어주신 주님의 은혜를 기억하고 모든 영광을 주님께 돌리십시오. 아멘!!

♡ 주님, 받은 은혜를 잊지 않고 반드시 더 크게 보답하게 하소서.
※ 지금의 나를 위해 수고하신 부모님과 은사님께 감사인사를 드립시다.

나의 영적 일지

암세포와 죄

읽을 말씀 : 이사야 43:22-28

● 사 43:25 나 곧 나는 나를 위하여 네 허물을 도말하는 자니 네 죄를 기억하지 아니하리라

12월 6일

　노벨상 수상자인 버닛 박사는 면역학의 세계적인 권위자입니다.
　버닛 박사는 암과 면역력에 대한 연구에 특히 집중했는데 그러면서 매우 놀라운 사실 두 가지를 발견해냈습니다.
　- 첫 번째로 암세포는 갑자기 생겨나는 것이 아니었습니다.
　일반적으로 성장이 모두 멈추고 노화가 시작되는 30세부터 사람의 몸에는 하루에 수천 개에서 수만 개까지 암세포가 생겼습니다. 암 판정을 받지 않은 사람도 온 몸을 면밀히 관찰하면 암세포가 계속해서 생기고 있었습니다. 조금 더 자세히 계산을 해보니 얼추 5분에 수십 개씩 사람의 몸에는 암세포가 생기고 있었습니다.
　- 두 번째로 암세포는 없앨 수 없는 것이 아니었습니다.
　건강한 사람의 몸에는 'NK 세포'라는 것이 있었는데 이 세포가 활성화되면 몸을 돌아다니면서 암을 비롯한 이상이 있는 세포들을 죽였습니다. 그래서 매일 암세포가 생기지만 NK 세포가 활성화만 되어 있다면 암에 걸리지 않고 살아갈 수 있는 것이었습니다. 버닛 박사는 이 연구를 토대로 암에 걸리고 걸리지 않는 것은 갑자기 일어나는 큰 사건이 아니라 평소의 '라이프 스타일'이라고 결론을 내렸습니다.
　매일 생겨나는 암세포가 사라지는 것처럼 우리의 죄와 의심도 하나님을 향한 믿음으로 이겨낼 수 있습니다. 매일 필요한 말씀의 양식과 기도로 매일의 은혜를 구하십시오. 아멘!!

♡ 주님, 단 하루도 주님의 은혜 없이 살아갈 수 없음을 고백하십시오.
❀ 아무리 힘들어도 주님과 함께 하는 경건생활은 빼먹지 맙시다.

나의 영적 일지

12월 7일

지금이 전해야할 때

읽을 말씀 : 요한복음 4:34-42

● 요 4:35 너희는 넉 달이 지나야 추수할 때가 이르겠다 하지 아니하느냐 그러나 나는 너희에게 이르노니 너희 눈을 들어 밭을 보라 희어져 추수하게 되었도다

중국의 철학자 장자가 돈이 없어 굶어죽을 위기에 처해 있었습니다. 그는 평소 친분이 있으면서 집안도 유복하던 위나라의 문후를 찾아가 도움을 요청했습니다. 문후는 장자의 청에 이렇게 답했습니다.

"그건 어려운 일이 아닙니다. 그러나 좀 기다리십시오. 조금 있으면 수확철이라 봉토에서 많은 돈이 들어올 것인데 그때 여유가 생기니 넉넉히 금 백 냥을 드리겠습니다."

이 말을 들은 장자는 갑자기 문후에게 방금 있던 일이라며 이야기를 들려주었습니다.

"사실 여기 오며 지나던 시장에서 다급히 누가 부르는 소리가 들렸습니다. 주위를 살펴보니 깊이 파인 수레자국에 금붕어가 빠져 있었습니다. 붕어가 나를 불러 하는 말이 조금 있음 죽게 생겼으니 한 됫박이라도 물을 부어 달라 했습니다. 그러나 그걸로 연명은 힘들 것 같아 저는 수로를 파줄 테니 하루만 기다리라 했습니다. 그러더니 붕어가 갑자기 큰 소리로 화를 내는 것이 아니겠습니까? 그 이유를 물으니 '지금 당장 죽게 생겼는데 내일 만날 강물이 무슨 소용이 있소? 차라리 생선가게에서 나를 찾으시는 편이 좋겠소'라고 말을 했습니다."

세상 사람들이 '나는 괜찮다'고 말해도 '당신은 죽을 위기에 처해 있다'라고, '그러나 유일한 방법이 여기 있다'라고 언제든 전할 준비가 되어 있어야 합니다. 나중과 다음을 기약하지말고 지금 세상에 가장 필요한 복음을 전하십시오. 아멘!!

♥ 주님, 복음전파의 중요성을 한시도 잊지 않고 살아가게 하소서.
❀ 오늘 최소 한 명에게 복음을 전하거나 교회 출석을 권유합시다.

나의 영적 일지

실속 있는 사람

읽을 말씀 : 고린도후서 4:16-18

● 고후 4:17 우리가 잠시 받는 환난의 경한 것이 지극히 크고 영원한 영광의 중한 것을 우리에게 이루게 함이니

카페에서 글을 쓰는 습관을 가진 경제학자가 있었습니다.
　어느 날 문득 손에 들고 있는 커피를 보며 원가가 궁금해진 그는 가격을 알아보기 시작했습니다. 경제학자는 커피 가격이 생각보다 너무 싸다는 사실에 놀랐지만 경제학자답게 초기 투자비용과 커피 머신, 인건비, 사용되는 자재 등등을 추가로 계산했습니다. 그러나 그럼에도 원가에 비해 2.5배나 비쌌습니다. 이 사실이 못마땅했던 경제학자는 더 싼 카페를 찾으려 했지만 그런 카페는 너무 외진 곳에 있었습니다.
　그리고 다시 생각해보니 항상 찾기 좋은 곳에 있는 카페들은 대부분 대기업이 하는 프랜차이즈였고, 값이 저렴한 카페들은 외진 곳에서 개인이 하는 경우가 많았습니다. 경제학자는 이번에는 주변 부동산 시세를 알아보기 시작했고 그 결과 번화가에 있는 카페들의 값이 비싼 이유는 임대료 때문이며 실질적인 이득은 프랜차이즈 회사보다 건물 주인이 보고 있다는 결론을 내렸습니다. 그리고 며칠 뒤 뉴욕의 경제 전문잡지 '파이낸스'에 대기업의 프랜차이즈가 비싼 임대료 때문에 실질적인 수익률이 매우 낮다는 기사가 실렸고, 경제학자는 이 이야기를 자신이 집필 중인 '언더커버 이코노미스트'라는 책에 실었습니다.
　같은 일을 하고, 같은 돈을 벌어도 전혀 다른 결과를 불러오는 삶이 될 수 있습니다. 세상적인 만족을 위해 사는 껍데기 인생이 아니라 함께 성장하는 기쁨을 누리며 하나님의 나라를 세우는 실속 있는 삶을 사십시오. 아멘!!

♡ 주님, 영원한 것을 향한 투자를 아까워 않게 하소서.
　내 인생의 목표가 1차원적인 목적만 가지고 있지 않은지 생각해봅시다.

나의 영적 일지

12월 9일

희생의 의미

읽을 말씀 : 로마서 6:1-14

● 롬 6:13 또한 너희 지체를 불의의 무기로 죄에게 내주지 말고 오직 너희 자신을 죽은 자 가운데서 다시 살아난 자 같이 하나님께 드리며 너희 지체를 의의 무기로 하나님께 드리라

한 곤충학자가 개미를 대상으로 집 마당에서 연구를 하고 있었습니다. 그런데 실수로 개미 군락지 근처에서 낙엽에 불이 붙어 작은 화재가 일어났습니다. 불을 끄기 위해 소화기를 가지러 잠시 집으로 들어갔다 왔는데 불은 이미 꺼져 있었습니다. 주변을 살펴보니 불 밑에 타죽은 개미 시체가 산더미처럼 쌓여있었습니다.

혹시 개미들이 화재를 막기 위해 일부러 희생을 했나 싶어 학자는 다시 비슷한 조건으로 실험을 해봤습니다. 그랬더니 불을 발견한 첫 개미가 바로 뛰어들기 시작했고, 이내 다른 개미들도 불을 발견하자마자 불속으로 뛰어들었습니다. 개미들이 뛰어들 때마다 몸속의 키틴질이 소화 작용을 해서 수많은 개미가 뛰어들면 작은 화재는 퍼지기 전에 멈출 수 있었습니다.

이런 현상은 벌들 가운데서도 종종 일어납니다. 수십 킬로미터 떨어진 곳에서도 정확히 벌집을 찾을 수 있는 벌이지만 가끔씩 무리를 떠나 혼자 죽는 벌들이 있습니다. 그 벌들을 조사해보면 대부분 바이러스에 감염이 됐거나, 다른 벌들에게 옮을 수 있는 병에 걸린 상태입니다. 결국 무리의 존속을 위해서 스스로를 희생해 벌집을 떠난 것입니다.

누군가의 크고 작은 희생이 있기에 지금의 나도 존재하는 것이며, 지금의 교회도 존재하는 것입니다. 예수님의 희생이 온 인류의 구원을 가능케 하셨듯이 세상에서 더 큰 열매를 위해 기꺼이 헌신하는 손과 마음을 구하십시오. 아멘!!

♡ 주님, 남이 알아주지 않을지라도 묵묵히 해야 할 일을 하게 하소서.
🙏 다른 사람들을 위해 희생하고 계시는 분들을 항상 존중합시다.

나의 영적 일지

행동을 막는 의심

읽을 말씀 : 로마서 14:13-23

12월 10일

● 롬 14:23 의심하고 먹는 자는 정죄되었나니 이는 믿음을 따라 하지 아니하였기 때문이라 믿음을 따라 하지 아니하는 것은 다 죄니라

아테네의 광장에서 명절을 맞아 큰 연극이 공연되고 있었습니다.

광장에는 동맹국인 스파르타 사람들도 많이 와 있었는데 아테네의 전통 규율에 따라 자리를 나눠 앉았습니다. 그런데 공연 시작 전에 허리가 굽은 노인이 지팡이를 짚으며 힘겹게 안으로 들어왔습니다. 자리가 이미 꽉 차 있어 앉을 곳이 없었는데 이 모습을 본 아테네 사람들은 자리를 양보하라고 서로 웅성대고 있었습니다. 그러나 서로 말만할 뿐 아무도 일어서지 않았습니다. 보다 못한 한 스파르타인이 노인을 자기 자리로 데려와 앉혔는데 이 광경을 본 아테네인들은 환호와 박수를 보냈습니다. 환호가 끝나자 노인이 자리에 일어나 큰 소리로 말했습니다.

"과연 아테네 사람들은 선이 무엇인지 아는 지혜로운 사람들인 것 같습니다. 그러나 스파르타 사람들은 그 선을 묵묵히 행하는 용기 있는 사람들입니다."

설원이라는 중국 고서에는 이런 말이 나옵니다.

"여우는 맹수에 속하지만 의심이 많아 실천하는 일이 적다. 그렇기에 작지만 언제나 목숨을 걸고 덤비는 벌이나 반딧불보다도 못하다고 볼 수 있다."

믿음이 있는 사람만이 용기를 낼 수 있고 아는 것을 실행에 옮길 수 있습니다. 나를 머뭇거리게 만드는 많은 두려움들을 이겨내고 하나님을 기쁘시게 하는 찬양을 올려드리는 삶을 살게 해달라고 기도하십시오. 아멘!!

♡ 주님, 선을 행하는 일에는 언제나 담대하게 도우소서.
📖 나를 망설이게 만드는 모든 장애물들을 놓고 주님께 기도합시다.

나의 영적 일지

12월 11일 불행의 특징

읽을 말씀 : 잠언 1:20-33

● 잠 1:32 어리석은 자의 퇴보는 자기를 죽이며 미련한 자의 안일은 자기를 멸망시키려니와

일상을 건강하게 보낼 수 있는 비법을 소개하는 '팝슈가닷컴'에서 소개한 '불행한 사람들의 10가지 공통점'입니다.

01. 이미 지나간 일을 계속 떠올리며 후회한다.
02. 새로운 도전을 쉽게 포기한다.
03. 운동을 전혀 하지 않는다.
04. 이룰 수 없거나 측정이 불가능한 목표를 세운다.
05. 건강에 좋지 않은 음식을 즐겨 먹는다.
06. 잠을 충분히 자지 않거나 불규칙한 생활을 한다.
07. 자신의 장점을 모르고 단점만 기억한다.
08. 오프라인이 아닌 온라인 활동에만 집중한다.
09. 다른 사람의 험담을 자주 한다.
10. 다른 사람의 실수를 용서하지 않는다.

불행하기에 이런 실수들을 하는 것이 아니라, 이런 실수들을 하기에 불행하다고 느끼는 것입니다. 불행을 만드는 습관들을 끊어낼 때 삶의 방향은 자연스럽게 행복으로 흘러갑니다. 하나님은 진정으로 행복한 삶을 살아가는 비결을 이미 말씀을 통해 다 전해주셨습니다. 그 방법을 무시하고 세상의 방법을 따라갈 때 불행하게 됩니다. 하나님이 주신 귀한 시간과 사명을 낭비하는 잘못된 습관들을 하나씩 끊어내십시오. 아멘!!

♡ 주님, 하나님의 말씀을 따라 진정한 행복을 누리는 축복의 삶을 주소서.
※ 해당하는 특징들이 있다면 한 가지씩 제거해 나갑시다.

나의 영적 일지

성적과 행복

읽을 말씀 : 고린도후서 13:1-13

- 고후 13:11 마지막으로 말하노니 형제들아 기뻐하라 온전하게 되며 위로를 받으며 마음을 같이하며 평안할지어다 또 사랑과 평강의 하나님이 너희와 함께 계시리라 거룩하게 입맞춤으로 서로 문안하라

  심리학 용어 중에는 '접촉 커뮤니케이션'이라는 것이 있습니다.
  부모들이 사랑을 담아 자녀들은 안아주고, 업어주고, 놀아주며 이루어지는 모든 접촉을 말하는 용어인데 따뜻한 표현과 함께 '접촉 커뮤니케이션'을 많이 받은 자녀일수록 성격이 밝고 명랑하며 머리도 좋아진다고 합니다. 반면에 접촉 커뮤니케이션이 부족한 아이들은 지적 발달이 늦고, 신체적 발육도 떨어진다고 합니다. 결론적으로 아이가 건강하고 똑똑하게 자라길 원한다면 이른 공부를 시키고 좋은 약을 먹이기보다는 사랑을 담아 더 많이 놀아주고 칭찬을 해주면 됩니다.
  네덜란드 호프 대학 심리학과의 마이어즈 교수는 오랜 연구 끝에 '나라의 경제 수준과 국민의 행복도는 연관이 없다'라는 결론을 내렸습니다. 그 이유는 먹고 살기 충분한 수준까지는 행복도가 경제 수준에 따라 오르지만 그 이후에는 전혀 관계가 없고, 오히려 줄어드는 경향까지 있기 때문입니다. 반면에 경제수준이 낮은 사람이라도 인간관계가 좋은 경우에는 행복도가 매우 높았습니다. 연구에 따르면 경제력보다도 오히려 주변 사람들과의 인간관계가 훨씬 행복도와 연관이 컸습니다.
  진짜 필요한 것이 무엇인지 모르는 경우에 노력과 시간을 낭비하게 됩니다. 하나님은 사람을 서로 돕고 배려하며 또 사랑하게 만드셨습니다. 하나님이 창조하신 원리에 따라 살아감으로 참된 복과 행복을 누리십시오. 아멘!!

♡ 주님, 하나님의 창조원리를 깨닫고 적용하는 지혜를 주소서.
🙏 세상의 방식에 따른 조기 교육과 물질만능주의를 경계합시다.

나의 영적 일지

12월 13일 — 작은 틈을 조심하라

읽을 말씀 : 에베소서 4:25-32

● 엡 4:27 마귀에게 틈을 주지 말라

　1912년에 첫 출항에서 침몰한 '타이타닉 호'는 세계에서 가장 널리 알려진 여객선입니다.

　당시 거대한 배의 안전을 지키기 위해 타이타닉 호는 16개의 격벽으로 나누어 설계됐는데 이론상 이중 4구획에 물이 차도 배가 가라앉지 않는 사실상 침몰할 수 없는 구조였습니다. 그런데 빙산에 배가 기울어지며 절대 일어나지 않을 것 같았던 그 일이 일어나 배가 가라앉게 된 것이었습니다.

　한 가지 더 안타까운 사실은 사고 당시 20km미터 떨어진 곳에 대형 화물선 캘리포니안 호가 있었습니다. 이 배에서 무전만 제대로 받았다면 대부분의 승객은 구조될 수 있었지만 캘리포니안 호는 규정을 어기고 한 명의 통신사에게 24시간 업무를 보게 했습니다. 며칠을 밤을 새다가 지쳐서 잠이 든 통신사는 구조요청을 듣지 못했고 결국 90km나 떨어진 카르파티아 호가 구조를 하러 왔으나 여객선인데다가 동력도 거의 떨어진 상태라 승객들을 30%정도 밖에 구조하지 못했습니다.

　사상 최악의 침몰사고가 난 것은 절대로 일어나지 않을 것 같았던 일 때문이었고, 승객들이 구조되지 못한 것도 푼돈을 아끼려고 사람 한 명을 덜 썼기 때문입니다. 작은 방심과 작은 틈이 나의 믿음을 무너뜨리지 않도록 일상의 작은 죄를 조심하십시오. 아멘!!

♥ 주님, 어떤 공격에도 흔들림 없는 견고한 요새로 믿음을 세워주소서.
✐ 습관적으로 짓는 사소한 죄들이 있는지 살펴보고 끊어냅시다.

나의 영적 일지

한국인을 위한 식습관

읽을 말씀 : 시편 39:1-13

● 시 39:13 주는 나를 용서하사 내가 떠나 없어지기 전에 나의 건강을 회복시키소서

　고려보건대학의 박민수 교수의 '건강을 위해 고쳐야 할 한국인의 식습관 5가지'입니다.
　1. 소금은 하루에 5g만 먹자.
　한국인의 소금 섭취량은 13g 정도로 WHO 권장량의 2배가 넘습니다. 라면을 멀리하고 저염식 김치를 먹으면서 소금 섭취량을 조절해야 합니다.
　2. 칼슘을 충분히 섭취하자.
　한국인의 평균 칼슘섭취량은 553mg정도인데 500mg을 더 먹어야 권장량을 채우게 됩니다.
　3. 섬유소를 챙겨먹자.
　되도록 다양한 반찬이 나오는 한식을 챙겨먹고 따로 샐러드 한 접시 정도를 더 먹어야 합니다.
　4. 식사를 천천히 하자.
　빨리 먹는 습관은 포만중추에 신호를 보내지 못해 과식을 하게 됩니다. 한국인의 절반 정도는 10분 안에 식사를 끝낸다고 합니다.
　5. 물을 충분히 마시자.
　한국인들은 전업 주부를 제외하고는 대부분 만성탈수 증상에 있다고 합니다. 최소 하루에 8잔 정도의 물은 마셔주는 것이 좋습니다.
　좋은 음식을 알맞게 섭취하는 습관으로 하나님이 주신 건강을 관리하십시오. 아멘!!

♡ 주님, 하나님이 주신 귀한 양식을 통해 얻은 힘으로 비전을 향해 가게 하소서.
※ 5가지 수칙 중에 필요한 부분은 체크를 해가며 지킵시다.

나의 영적 일지

12월 15일

영원히 사는 법

읽을 말씀 : 요한복음 3:14-21

● 요 3:16 하나님이 세상을 이처럼 사랑하사 독생자를 주셨으니 이는 그를 믿는 자마다 멸망하지 않고 영생을 얻게 하려 하심이라

중국의 인기 작가 두훙은 췌장암에 걸려 시한부 인생을 살아가고 있었습니다. 사랑하는 엄마를 잃기 싫었던 두훙의 딸은 여러 가지 정보를 찾다가 미국에 죽은 사람의 시신을 냉동시켜 보존해주는 '냉동보존연구소'가 있다는 걸 알게 됐습니다. 숨을 거둔 직후 곧바로 냉동을 시킨 상태로 이곳으로 옮겨진 사람들은 언젠가 지금 상태로 죽은 사람들을 되살릴 기술이 생겨날 때까지 보존됩니다. 두훙은 밑져야 본전이란 생각으로 1억이 넘는 돈을 들여 중국의 1호 인체 냉동 실험체가 됐습니다. 그리고 몇 달 뒤 췌장암으로 목숨을 잃자마자 본사에서 온 외과전문의에 의해 냉동되어 미국의 연구소로 이동되어 보존되고 있습니다.

YMCA를 기반으로 청년운동을 벌였던 이상재 선생에게 한 청년이 찾아왔습니다.

"선생님, 신문 기사에 장수 비법이 나와 있어 가져왔습니다. 선생님 같이 훌륭하신 분이 더 오래 사셔야 하지 않겠습니까?"

그러자 이상재 선생은 크게 웃으며 대답했습니다.

"난 그런 거 필요 없네. 그 사람들은 진짜 비법을 모르거든, 나는 영원히 사는 법을 알고 있다네!"

죽음이 정해진 삶에서 영생을 얻을 수 있는 유일한 방법은 죽음에서 이기신 예수 그리스도를 믿는 것뿐입니다. 사망의 권세에서 나를 구원하신 주님께 찬양과 영광을 돌리십시오. 아멘!!

♥ 주님, 삶과 죽음, 심판과 그 이후의 삶이 있음을 모든 사람이 알게 하소서.
📖 부활하신 주님을 믿음으로 죽음 이후의 영생이 있음을 믿읍시다.

나의 영적 일지

계약서에 적어야 할 것

읽을 말씀 : 로마서 12:1-13

● 롬 12:1 그러므로 형제들아 내가 하나님의 모든 자비하심으로 너희를 권하노니 너희 몸을 하나님이 기뻐하시는 거룩한 산 제물로 드리라 이는 너희가 드릴 영적 예배니라

'헌신'에 대한 설교말씀을 들은 한 성도가 예배시간이 끝난 뒤 목사님을 찾아와 물었습니다.

"목사님, 저도 주님을 위해 헌신하는 삶을 살고 싶습니다. 그런데 열심과 헌신의 차이가 무엇인지 도저히 모르겠습니다."

목사님은 잠시 자리를 떠나 종이와 펜을 가져왔습니다. 그리고 종이에다가 이렇게 적기 시작했습니다.

'위임장. 내 인생의 모든 것을 예수님께 위임할 것을 나는 선언합니다.'

"이 계약서에 날짜와 서명을 적고 그대로 따르는 것이 헌신입니다. 열심은 내가 내킬 때만 예수님의 말씀을 따르는 것이지만 헌신은 언제나 예수님을 따라 사는 것입니다. 그런데 많은 성도들이 헌신을 하겠다고 사인은 하지만 날짜는 적지 않습니다. 그리고 어떤 성도들은 오늘부터 헌신하겠다고 날짜는 적었지만 서명은 또 하지 않습니다. 저 계약서에 날짜와 서명을 모두 적는 것이 진정한 헌신입니다."

구원 받고 새로운 피조물이 된 뒤에 어떤 결심을 하셨습니까? 그리스도의 제자가 되겠다는 계약서에 날짜와 서명을 모두 적으셨습니까? 적으셨다면 충실히 계약을 이행하고 계십니까? 하나님은 단 한 번도 나와의 약속을 어기지 않으셨습니다. 이제는 내가 드린 약속을 지켜야 할 차례입니다. 평생을 갚아도 못 갚을 귀한 은혜를 부어주신 주님을 위해 기꺼이 감사함으로 헌신하십시오. 아멘!!

❤ 주님, 내 삶의 주도권을 온전히 주님께 맡기는 믿음을 주소서.
🖼 하나님께 내 삶의 전부를, 오늘 위임합시다.

나의 영적 일지

12월 17일 - 버려야 할 질투

읽을 말씀 : 야고보서 3:13-18

● 약 3:14 그러나 너희 마음 속에 독한 시기와 다툼이 있으면 자랑하지 말라 진리를 거슬러 거짓말하지 말라

예일대학의 살로베이 심리학 교수는 미국에서 일어나는 범죄의 원인 중 20%는 질투라고 말했습니다.

또 '질투에 대한 이론과 연구'를 쓴 그레고리 화이트 박사는 부부의 이혼 원인 가운데 30%가 질투 때문이라고 말합니다. 독일의 심리치료사 롤프 메르클레는 질투에 대한 잘못된 생각이 사람들을 더 힘들게 만들고 있다며 질투에 대한 5가지 오해를 조심하라고 말했습니다.

1. 사랑하면 당연히 질투가 생긴다.
2. 질투심은 사랑의 증거다.
3. 적당한 질투는 관계의 활력소가 된다.
4. 질투심은 고칠 수 없는 천성이다.
5. 좋은 질투와 나쁜 질투가 있다.

질투는 대부분 낮은 자아존중감과 연관이 되어 있기 때문에 처음엔 활력소로 느껴지는 가벼운 질투라도 시간이 지나면 서로의 관계를 좀먹는 병으로 번질 확률이 높습니다.

하나님으로부터 참된 만족을 얻지 못할 때 잘못된 집착과 간섭이 생기게 됩니다. 모든 종류의 집착과 간섭, 시기는 하나님이 보시기에 좋지 않은 것들입니다. 사랑의 속성에는 이런 것들이 없기 때문입니다. 질투와 시기를 넘어선 참된 사랑을 하나님으로부터 느끼고 배우십시오. 아멘!!

♥ 주님, 시기와 질투가 아닌 참된 사랑과 겸손을 배우게 하소서.
🙏 모든 관계에 질투가 틈타지 않도록 조심하며 기도합시다.

나의 영적 일지

인생의 낮과 밤

읽을 말씀 : 히브리서 6:1-12

● 히 6:11-12 ...너희 각 사람이 동일한 부지런함을 나타내어 끝까지 소망의 풍성함에 이르러 게으르지 아니하고 믿음과 오래 참음으로 말미암아 약속들을 기업으로 받는 자들을 본받는 자 되게 하려는 것이니라

스코틀랜드의 윌리엄 브로디는 가구를 잘 만드는 장인이었습니다.

브로디는 가구 만드는 일을 했으나 언제나 신사처럼 차려입고 다녔고 모르는 사람에게도 예를 갖추어 인사를 했습니다. 단 하루도 찡그린 얼굴로 남을 대한 적이 없어 스코틀랜드의 모든 사람들은 브로디를 좋아했고 또 존경했습니다. 그는 뛰어난 예술가들과도 교류를 했고 엄청난 부자가 아니면 들어갈 수 없는 사교 클럽에도 들어갔습니다.

브로디의 직업과 재산은 그럴 수 없는 위치였지만 모든 사람들이 '브로디라면 괜찮다'라고 말해주었기에 그는 이런 혜택을 누릴 수 있었고 나중에는 에드버러 시의원으로까지 선출됐습니다.

그래서 세무서를 털다가 잡힌 조직의 리더가 윌리엄 브로디라는 사실을 알았을 때 모든 스코틀랜드의 시민들은 믿을 수가 없었습니다. 그토록 모든 사람에게 친절하고 성실하던 윌리엄은 밤마다 도박을 즐겨 큰 빚을 지고, 두 명의 첩을 두고, 자신이 일을 했던 집에 들어가 도둑질을 하고 나중엔 강도 조직을 만들어 은행까지 털던 원흉이었던 것입니다. 스코틀랜드의 작가 로버트 스티븐슨은 아버지로부터 들었던 윌리엄 브로디의 이야기에 영감을 받아 '지킬과 하이드'라는 소설을 썼습니다.

윌리엄의 낮과 밤과 같은 모습이 세상과 교회에서의 우리의 삶의 모습과 같지는 않습니까? 교회 밖에서도 흔들림 없는 그리스도인으로 살아가십시오. 아멘!!

♡ 주님, 예배 때의 모습만 거룩한 위선자가 되지 않게 도우소서.
교회 밖에서의 나의 삶을 돌아보고 회개합시다.

나의 영적 일지

12월 19일
불속에 들어갈 믿음

읽을 말씀 : 다니엘 6:19-28

● 단 6:23 왕이 심히 기뻐서 명하여 다니엘을 굴에서 올리라 하매 그들이 다니엘을 굴에서 올린즉 그의 몸이 조금도 상하지 아니하였으니 이는 그가 자기의 하나님을 믿음이었더라

사자가 불타는 고리를 뛰어넘는 서커스는 동물묘기 중 가장 난이도가 높은 묘기 중 하나입니다.

동물들은 대부분 불에 대한 두려움을 본능적으로 갖고 있는데 아무래도 털이 긴 동물일수록 더 심하다고 합니다. 그래서 사자가 이 불타는 고리를 뛰어넘게 만들기 위해서는 많은 훈련이 필요한데 실수로 사자가 불에 다치기라도 하면 사자 뿐 아니라 조련사의 목숨도 위험해질 수 있는 상황이 찾아오기도 합니다.

그렇다면 이 사자가 두려움 없이 불타는 고리를 뛰어넘게 만드는 원동력은 무엇일까요? 대부분의 사람들은 보상이라고 생각합니다. 불타는 고리를 넘을 때마다 먹이를 주기 때문에 위험을 무릅 쓴다고 보는 것입니다. 그러나 실제로 조련사들의 이야기를 들어보면 먹이를 주긴 하지만 그저 먹겠다고 죽을 위험을 무릅 쓰고 불 가운데 뛰어드는 사자는 존재하지 않는다고 합니다. 다만 먹이보다도 그동안 수도 없이 고리를 향해 뛰었지만 아직 다친 적이 없다는 조련사를 향한 믿음이 있기에 조련사의 신호에 따라 불타는 고리를 안으로 뛰어들 수 있다는 것입니다.

다치지 않는다는 확신이 있다면, 믿음이 있다면 불 가운데도 뛰어들 수 있는 것이 진정한 믿음입니다. 나의 믿음은 세상에서 어떻게 표현되고 있습니까? 나의 삶에서 어떻게 나타나고 있습니까? 각박하고 위험한 세상 속에서도 나를 지켜주시고 이길 힘을 주시는 주님을 믿고 두려워 말고 더욱 힘을 내십시오. 아멘!!

♥ 주님, 사자굴과 풀무불도 두려워하지 않을 다니엘과 같은 용기를 주소서.
🐾 언제나 하나님이 나와 함께 하신다는 믿음을 갖고 세상에 나갑시다.

나의 영적 일지

위기의 시작

12월 20일

읽을 말씀 : 잠언 9:1-10

● 잠 9:9 지혜 있는 자에게 교훈을 더하라 그가 더욱 지혜로워 질 것이요 의로운 사람을 가르치라 그의 학식이 더하리라

    웨스트민스터 신학대학의 칼 트루먼 교수가 교회성장과 위기에 관련된 워크샵에서 교회에서 점점 젊은이가 사라지는 것에 대한 질문을 받았습니다. 질문자는 특히 자신이 생각하는 원인인 '세상의 유혹'과 '교회와 사회의 괴리'의 문제를 어떻게 해결해야 하는지도 물었습니다. 그러나 트루먼 교수는 전혀 다른 곳에 원인이 있다고 대답했습니다.
    "제가 그동안 연구한 바에 따르면 교회에 젊은이들이 점점 감소하는 가장 큰 이유는 부모님들이 주일성수의 중요성을 분명하게 가르치지 않기 때문입니다. 비단 주일성수뿐이 아닙니다. 가정예배와 그 외의 기독교적 가치관들과 우선순위에 대한 문제들도 마찬가지입니다.
    주일날 아침, 친구들이 모두 해변가로 놀러가는 것을 보면서 당신 또한 그들과 똑같이 바닷가로 놀러가고 있진 않나요? 자녀들에게 '이럴 땐 주일성수를 하지 않아도 돼'와 같이 느낄 수 있는 사항들을 알게 모르게 전달한 적은 없나요?"
    자녀들은 부모님이 하는 모습을 보고 자기들도 모르게 닮아갑니다. 어쩌면 지금 교회 안의 위기는 교회 밖의 문제가 아니라 제대로 된 본을 보이지 못하고 신앙의 전승을 교회 교역자들에게만 맡기는 모습에서 발생한 것일지도 모릅니다. 스포츠와 학교, 여행과 취미, 공부와 중요한 행사와 하나님께 드리는 소중한 예배를 타협하지 말고 우선순위를 분명히 지키십시오. 아멘!!

♡ 주님, 주님을 경배하는 삶이 먼저 바로 선 저의 모습이 되게 하소서.
🙏 하나님을 예배하고 섬기는 일을 언제나 최우선 순위로 둡시다.

나의 영적 일지

12월 21일
직장인의 신앙

읽을 말씀 : 골로새서 3:18-25

● 골 3:22 종들아 모든 일에 육신의 상전들에게 순종하되 사람을 기쁘게 하는 자와 같이 눈가림만 하지 말고 오직 주를 두려워하여 성실한 마음으로 하라

'리디머 교회'의 팀 켈러 목사님이 직장인들을 대상으로 한 워크샵에서 말한 '신앙이 주는 직장에서의 5가지 유익'입니다.

1. 신앙은 직장생활에 안정감을 줍니다.
믿음이 없다면 일 자체가 나의 정체성이 되지만 믿음은 고된 일 가운데에도 내가 누구인지를 잊지 않게 도와줍니다.

2. 신앙은 일의 가치에 대한 바른 관점을 줍니다.
복음은 모든 직업을 존귀하게 보기 때문입니다.

3. 신앙은 직장에서의 윤리기준을 제시합니다.
직장에서도 예수님을 나타내야 하기에 과도한 경쟁에서도 선을 지키게 만들어줍니다.

4. 신앙은 새로운 세계관과 가치관을 갖게 해줍니다.
직장에서도 믿음을 생각할 때 거짓을 분별하고 빛을 따르게 됩니다.

5. 신앙은 팍팍한 업무 관계에 희망을 줍니다.
눈앞의 업무를 넘어선 더 중요한 것들에 초점을 잃지 않게 도와주기 때문입니다.

신앙생활은 직장생활과 구분되는 영역이 아니며, 또 직장생활을 더 어렵게 하는 것도 아닙니다. 바르게 선 신앙은 직장생활을 더 행복하게 만들고 죄의 길에 빠지지 않게 만들어줍니다. 직장에서도 하나님이 주신 믿음을 잃지 않고 할 수 있는 최선을 다하십시오. 아멘!!

♡ 주님, 어디에 있든지 진리의 빛을 발하는 삶을 살아가게 하소서.
🧩 직장에서도 그리스도인의 정체성을 잃지 말고 주님과 동행합시다.

나의 영적 일지

한 가지에 감사

12월 22일

읽을 말씀 : 데살로니가전서 5:12-18

● 살전 5:18 범사에 감사하라 이것이 그리스도 예수 안에서 너희를 향하신 하나님의 뜻이니라

    잘 나가는 개그맨으로 활동하다가 '망막 색조 변성증'이라는 병에 걸려 갑자기 시각장애인이 된 연예인이 있었습니다.
    뒤늦은 나이에 시각장애인이 되어 삶에 적응하는 것이 쉬운 일은 아니었지만 그럼에도 포기하지 않고 가수로, 배우로 성공하기 위해서 노력을 했는데 이런 모습들이 매스컴을 타면서 감동을 받은 한 40대 남성이 눈을 기증하겠다며 연락을 했습니다.
    다시 볼 수 있다는 생각에 한 걸음에 천안으로 달려가 기증자를 만났는데 그는 그 자리에서 기증을 받지 않겠다고 포기했습니다. 훗날 TV에 나와 기증을 왜 받지 않았냐고 물었는데 그는 이렇게 대답했습니다.
    "그분은 희귀 근육병을 앓고 있어서 온 몸을 사용할 수 없으셨습니다. 유일하게 멀쩡한 곳이 눈이었는데 어떻게 제가 받을 수 있겠습니까? 저는 하나를 잃고 아홉 개를 가지고 있지만 그분은 아홉 개를 잃고 하나를 가진 분이셨습니다. 그러나 이미 기증은 받은 것이나 마찬가지입니다. 그분을 만나 세상을 보는 눈을 얻었기 때문입니다."
    잃은 하나가 아니라 받은 아홉 개에 집중하는 것이 감사입니다. 하나님은 이미 우리에게 필요한 모든 것을 넘치도록 주셨습니다. 그 목록들을 적어보십시오. 나는 주신 것들에 대해 충분히 감사하고 있는 사람입니까, 아니면 받은 것도 모른 채 더 달라고 조르기만 하는 사람입니까? 먼저 주신 것에 깊이 감사할 줄 아는 은혜를 아는 그리스도인이 되십시오. 아멘!!

♥ 주님, 받은 은혜를 눈앞에 두고 오히려 불평하는 악한 자가 되지 않게 하소서.
🖼 풍성히 주신 것에 감사함으로 이웃과 나눕시다.

나의 영적 일지

12월 23일

가장 현명한 선택

읽을 말씀 : 잠언 12:15-28

● 잠 12:15 미련한 자는 자기 행위를 바른 줄로 여기나 지혜로운 자는 권고를 듣느니라

영국에서 가장 국민들에게 사랑을 받았던 왕 조지 6세는 연설을 잘하는 사람으로도 알려져 있습니다.

하지만 그는 어린 시절부터 말을 심하게 더듬는 장애가 있어서 정상적인 대화가 힘들 정도였습니다. 다행히 라이오넬이라는 좋은 선생을 만나서 콤플렉스를 극복하고 제대로 말을 할 수 있게 됐는데 이 스토리는 '킹스 스피치'라는 영화로도 제작됐습니다.

그런데 조지 6세가 왕위에 올랐을 당시 히틀러는 선전포고도 없이 시시때때로 런던을 공습했고 모든 영국 국민들은 겁에 질려있었습니다. 이 상황에서 병사와 국민들의 용기를 이끌어 내고 안정을 시켜야 했던 조지 6세는 대국민 라디오 연설을 했는데 역사에 길이 남을 명연설로 지금도 인정받고 이 연설의 마지막을 조지 6세는 루이스 해스킨스의 '시간의 문'이라는 시를 인용하며 마무리 지었습니다.

'나는 시간의 문에 서 있는 남자에게 물었습니다.

내가 알지 못하는 곳이라도 안전히 갈 수 있는 빛을 달라고

그러나 그는 어두운 곳을 가리키며 대답했네

저 어둠 속으로 들어가십시오. 그러나 하나님의 손에 맡기십시오.

그 어둠이 당신의 빛보다 낫고 환한 길보다 더 안전할 것입니다.'

아무리 힘들고 어려운 상황으로 보인다 하더라도 주님과 함께 하길 선택하는 것보다 더 현명하고 나은 선택은 없습니다. 캄캄한 어둠으로 덥힌 좁고 좁은 길일지라도 주님의 손에 모든 것을 맡기며 용기 내어 걸음을 옮기십시오. 아멘!!

♡ 주님, 세상의 의지할 곳은 오로지 주님이 계신 곳임을 고백하게 하소서.
📖 인생에 갈림길에선 하나님이 계신 곳이 어딜 지를 생각하십시오.

나의 영적 일지

성탄 선물

읽을 말씀 : 마태복음 1:18-25

● 마 1:23 처녀가 잉태하여 아들을 낳을 것이요 그의 이름은 임마누엘이라 하리라 하셨으니 이를 번역한즉 하나님이 우리와 함께 계시다 함이라

미국의 뉴스 공유 사이트 '레딧(Reddit)'에서 '비밀의 산타'라는 이벤트를 연 적이 있었습니다. 자신이 원하는 선물을 모두가 볼 수 있는 곳에 적어 놓으면 누군가 그 선물을 산타처럼 보내준다는 취지의 이벤트였습니다. 레이첼이라는 여성은 큰 기대감을 갖고 '명품 화장품, 보석, 아이패드'라고 적었습니다.

그런데 기적처럼 2주 뒤에 정말로 선물상자가 도착했습니다. 포장을 뜯자 그 안에는 작은 젖소 인형과 성탄 카드 한 장, 그리고 여행관련 책자가 들어있었습니다.

레이첼은 누군가 자신을 기분 나쁘게 하려고 일부러 쓸데없는 선물을 보냈다고 생각했습니다. 그런데 책에 꽂혀 있는 카드를 읽어보니 세계 최고의 갑부 빌 게이츠가 보낸 것이었습니다.

'레이첼, 인형이 아닌 실제 소를 당신의 이름으로 아프리카에 기부했습니다.'

베푸는 즐거움을 알게 해주려는 빌 게이츠의 선물을 받은 레이첼은 큰 감동을 받아 사이트에 인증샷과 함께 글을 올렸고 앞으로 남을 돕는 일에 대해서 깊이 생각해보고 동참할 예정이라고 적었습니다.

때로는 내가 바라는 것보다 더 귀한 선물을 받을 때가 있습니다. 나를 위해 이 땅에 오신 예수님이 바로 그렇습니다. 세상의 그 어떤 부귀영화보다도 예수님이란 선물이 내 인생 최고의 선물이며 최고의 행복이라는 것을 깨달으십시오. 아멘!!

♡ 주님, 성탄의 기쁨이 매일 저의 마음에 있게 하소서.
🙏 최고의 기쁨과 찬양, 감사와 영광을 예배를 통해 주님께 올려드립시다.

나의 영적 일지

12월 25일 — 이 땅에 오신 예수님

읽을 말씀 : 누가복음 2:8-21

● 눅 2:10 천사가 이르되 무서워하지 말라 보라 내가 온 백성에게 미칠 큰 기쁨의 좋은 소식을 너희에게 전하노라

백성들이 어떻게 살고 있는지 궁금해 평민의 복장으로 시내를 두루 살피던 왕이 있었습니다. 그러다가 어느 시장 귀퉁이에 쭈그려 앉아 동냥하는 거지 소녀를 보게 됐는데 한 눈에 반했으나 체면에 아무 말도 못하고 왕궁으로 돌아갔습니다. 그러나 거지 소녀를 향한 뜨거운 마음을 이겨낼 수 없어 시름시름 앓다가 결국 아무 일도 못할 정도가 됐는데 왕을 진단하던 의사는 몸에 이상이 없다는 것을 눈치 채고 혹시 고민이 있으면 말을 해달라고 간청했습니다.

왕은 의사에게 솔직하게 자신이 거지 소녀와 사랑에 빠진 일을 이야기 했고 의사는 왕의 권한으로 그 소녀를 데려오는 것이 좋겠다고 말했습니다. 그러나 왕은 고개를 가로저었습니다.

"왕의 권한으로 그녀를 데려온다 한들 마음을 얻을 수는 없지 않은가?"

그런데 잠시 뒤에 왕이 방법을 찾았다며 환호성을 질렀습니다.

"방법을 찾았네. 내가 거지가 되면 돼. 거지가 되면 그녀와 함께 생활할 수 있고, 마음을 얻을 가능성도 생기지 않는가?"

그리고는 누더기를 들고 왕궁으로 뛰쳐나갔습니다.

신학자 키에르케고르가 성육신의 의미를 쉽게 설명하기 위해 지은 이 이야기의 왕은 예수님이고, 거지는 우리입니다. 예수님이 이 땅에 오셔야 할 이유는 나를 너무나 사랑했고, 너무나 살리고 싶으셨기 때문입니다. 날 위해 분명히 이 땅에 오신 예수님의 사랑을 평생 잊지 마십시오. 아멘!!

♡ 주님, 예수님이 이 땅에 오셔야 할 이유가 바로 나였음을 알게 하소서.
📢 예수님이 나를 위해, 우릴 위해 오셨다는 기쁜 소식을 만방에 전합시다.

나의 영적 일지

받고 싶은 은혜

읽을 말씀 : 요한복음 4:13-15

- 요 4:14 내가 주는 물을 마시는 자는 영원히 목마르지 아니하리니 내가 주는 물은 그 속에서 영생하도록 솟아나는 샘물이 되리라

    중국의 한 스타벅스 매장에서 지구의 날을 맞아 이벤트를 열었습니다. "개인 컵을 가져오신 분들에게는 원하는 음료 한 잔을 서비스해 드립니다. 단, 매장에서 모두 드시고 가셔야 합니다."

    1회용 컵이 아닌 개인 텀블러를 사용해 환경을 보호하는 캠페인의 일환이었습니다. 다음 날 카페 문을 열자마자 사람들이 물밀 듯이 밀려오기 시작했고, 하루 종일 줄을 서서 커피를 받아야 할 정도로 다양한 사람들이 컵을 들고 찾아왔습니다. 대부분은 집에 있는 보온병이나 텀블러를 가져왔고, 간혹 더 많은 커피를 받기 위해 커다란 일반 잔을 가지고 온 사람도 있었습니다.

    그런데 그중에 한 사람은 커다란 은색 대야를 들고 와 커피를 담아달라고 요구했습니다. 그리고 그 뒤의 사람은 심지어 양동이를 들고 왔습니다. 조금 심하다 싶을 수도 있었지만 매장 직원은 군소리 없이 대야와 양동이에 커피를 가득 채워 주었고, 그 사람들은 빈자리에 앉아 몇 시간동안 커피를 꾸역꾸역 마시고는 카페를 나갔습니다.

    공짜라는 이유로 커피를 마시기 위해 필요 이상의 일을 하고, 필요 이상의 시간을 쏟아 붓는 어리석은 사람도 있습니다. 하지만 매주, 매일, 매시간 하나님께서 부어주시는 은혜를 위해서 우리는 어떤 크기의 마음과 기대감을 가지고 살아가고 있을까요? 누구보다도 큰 그릇으로 하나님이 부어주시는 은혜를 담아가려는 마음으로 예배를 드리고, 경건생활을 하십시오. 아멘!!

💗 주님, 다함이 없는 주님의 은혜를 더 크게 사모하게 하소서.
🙏 기대하는 마음으로 간절히 모든 예배를 드립시다.

나의 영적 일지

12월 27일 하나님보다 위일 순 없다

읽을 말씀 : 누가복음 19:28-44

● 눅 19:38 이르되 찬송하리로다 주의 이름으로 오시는 왕이여 하늘에는 평화요 가장 높은 곳에는 영광이로다 하니

　일본의 세계적인 신학자 우찌무라 간조오는 대학을 졸업하고 기독교 국가를 느끼며 깊은 공부를 하려고 미국으로 유학을 갔습니다.
　미국 전역을 돌며 많은 것을 느낀 우찌무라는 에머스트 대학과 커네티컷 대학에서 신학을 공부했는데 형편이 좋지 않아 근처 식당에서 허드렛일을 하며 학비를 벌었습니다. 하루는 접시를 닦는 그를 보고 한 동료가 말했습니다.
　"자네도 참 일본에서 좋은 학교를 나와 안정적인 직장까지 있었다면서 뭘 얼마나 더 성공을 하겠다고 여기까지 와서 이 고생을 하는지 모르겠네."
　그 말을 들은 우찌무라가 대답했습니다.
　"성공이나 돈, 명예 때문에 온 것이 아닙니다. 그저 하나님께 영광을 돌리기 위해서 온 것입니다."
　우찌무라는 일본에서 교사를 하고 있을 때는 천황이 내린 '칭호'를 거부해 교사직을 박탈당했는데 비록 칭호뿐이지만 사람이 하나님보다 높을 수 없다는 것이 이유였습니다.
　세상의 그 무엇도, 그 누구도 하나님보다는 더 높은 가치가 될 순 없습니다. 주님은 이미 날 위한 모든 값을 치르셨습니다. 하나님보다 더 나를 만족시키시고, 기쁨을 주실 수 있는 분은 없습니다. 하나님보다 귀하게 여기는 사람이나 가치로 우상숭배를 하는 큰 죄를 범하지 말고 오로지 하나님의 영광을 위한 삶을 사십시오. 아멘!!

♥ 주님, 우상숭배가 하나님께 짓는 죄임을 깨닫게 하소서.
📖 하나님보다 더 높은 가치로 여기는 것이 있지 않는지 돌아봅시다.

나의 영적 일지

죄를 박멸할 백신

읽을 말씀 : 마태복음 5:43-48

● 마 5:45 이같이 한즉 하늘에 계신 너희 아버지의 아들이 되리니 이는 하나님이 그 해를 악인과 선인에게 비추시며 비를 의로운 자와 불의한 자에게 내려주심이라

    1952년 미국의 전역의 신문에는 다음과 같은 기사가 대서특필로 실렸습니다.
    '소크 박사의 백신이 제대로 작동하다!'
    당시에는 전 세계적으로 소아마비의 발생이 큰 골칫거리였습니다. 딱히 치료법이 없는데다가 앓고 난 뒤에는 신체 일부분을 사용할 수 없게 되는 무서운 질병이었기 때문입니다. 그런데 소크 박사는 자신의 몸을 실험체로 사용하는 열정으로 마침내 소아마비를 막을 수 있는 백신을 개발했습니다. 당연히 세간의 이목은 과연 소크 박사가 이 백신의 특허권을 얻어 약을 얼마에 판매할 것인가에 쏠렸습니다. 그러나 소크 박사는 이에 대해 이렇게 말했습니다.
    "소아마비 백신은 특허가 없이 무료로 공개할 것입니다. 누구나 필요한 사람은 백신을 맞을 수 있게 해야 합니다. 공기와 물, 햇볕을 사용하는데 돈을 내지 않듯이 소아마비 백신 역시 마찬가지입니다."
    소크 박사의 이런 결심으로 백신은 저렴한 가격에 누구나 맞을 수 있게 되었고, 50년이 지나 소아마비 바이러스는 거의 박멸되어 그로 인해 고통 받는 사람이 거의 없게 되는 놀라운 일이 일어났습니다.
    비유로 말하자면 하나님은 예수님이라는 죄를 이길 백신을 우리에게 선물로 주셨습니다. 그 은혜가 전 세계에 퍼져 모든 사람이 구원받을 수 있도록 제자의 삶을 감당하며, 때에 상관없이 복음을 전파하십시오. 아멘!!

♥ 주님, 보혈의 능력으로 죄를 이기게 하소서.
🙏 하나님을 향한 믿음을 먼저 확신하고 담대히 주변에 복음을 전합시다.

나의 영적 일지

12월 29일 고난이 없는 사람

읽을 말씀 : 빌립보서 1:27-30

● 빌 1:29 그리스도를 위하여 너희에게 은혜를 주신 것은 다만 그를 믿을 뿐 아니라 또한 그를 위하여 고난도 받게 하려 하심이라

민들레는 도시에서도 종종 볼 수 있는 어디에나 있는 식물이지만 수백 년 전부터 약으로 썼을 정도로 효능이 좋습니다.

동의보감에는 민들레가 위염을 다스리고 간을 보호하고, 체기를 내려주며 머리카락까지 검게 만든다고 나와 있고, 또 이 중에서도 흰 민들레의 효능이 훨씬 좋다고 나와 있습니다. 그런데 이 흰 민들레는 일반 민들레와 자라나는 과정이 다릅니다.

흰 민들레는 영하 20도 가까이 내려가는 한 겨울의 추위를 견디고 여름의 30도가 넘는 더위를 이겨냅니다. 한 철을 살고 지는 보통의 식물들과는 달리 뜨거운 여름을 나고 한 겨울을 버티는 것이 흰 민들레이며 그렇기에 일반 민들레보다 약효도 더욱 좋습니다.

미국의 린든 존슨 대통령은 인재를 채용할 때 너무 빨리 성공한 사람과 실패를 많이 경험하지 않은 사람은 되도록 배제했습니다. 쉽게 출세한 사람은 자기가 최고인 줄 알아 편협한 생각을 가지게 되며, 실패를 경험한 사람은 다른 사람을 이해하지 못해 공감 능력이 떨어진다고 생각했기 때문입니다. 반면에 조금 늦게 성공을 하고 많은 실패를 한 사람들은 오히려 이런 경험을 통해 더 폭넓은 사람들을 위한 좋은 정책들을 만들어낼 수 있다고 생각했습니다.

고난이 없는 사람은 배움이 없는 사람입니다. 하나님은 분명히 이길 시험을 주시고, 그 시험을 통해 연단하십니다. 왜 고난을 주시냐고 하나님께 묻기 보다는 그 고난을 통해 무엇을 가르치시는지에 더욱 집중하십시오. 아멘!!

♥ 주님, 어떤 어려움에도 하나님을 신뢰하며 앞으로 나아가게 하소서.
❀ 지나온 고난을 떠올리며 그 가운데 임하신 하나님을 기억합시다.

나의 영적 일지

절망보다 강한 것

읽을 말씀 : 디모데전서 4:6-16

● 딤전 4:10 이를 위하여 우리가 수고하고 힘쓰는 것은 우리 소망을 살아 계신 하나님께 둠이니 곧 모든 사람 특히 믿는 자들의 구주시라

　강남세브란스병원 암센터의 소장인 이희대 박사는 국내 최고의 암전문의 중 한 명입니다.
　하지만 암을 고치는 의사라 해도 갑작스레 찾아온 암은 피할 수가 없었습니다. 수술로 대장을 절반이나 제거했지만 예후가 나빠 말기에 접어들었습니다. 게다가 간에 전이까지 되어 계속해서 항암치료만을 받아야 하는 좋지 않은 상황에 빠졌습니다.
　계속된 재발에 11번이나 수술을 받았지만 이런 힘든 상황에서도 계속해서 병원에 나와 환자들을 진찰하고 수술까지 집도합니다. 박사님이 좋지 않은 건강에도 이렇게 열심히 진료하는 이유는 단 한 가지, 비슷한 고통을 겪는 환자들에게 희망을 주기 위해서입니다.
　박사님은 힘들지만 치료받을 수 있음에 감사해야 한다고 환자들에게 가르치며 두려움을 이겨낼 수 있는 가장 좋은 방법인 매주 목요일 예배를 통해 예수님을 전합니다. 박사님은 최악의 상황에서도 감사를 할 수 있는 비결에 대해 이렇게 말을 한 적이 있습니다.
　"인생의 모든 고난은 동굴이 아니라 터널입니다. 언젠가는 끝이 있고 나가는 출구가 있죠. 밖에는 더 행복한 삶이 기다리고 있습니다."
　최악의 상황에서도 희망을 품을 수 있는 것은 모두 지나가는 과정이기 때문입니다. 설령 한 해가 뜻대로 풀리지 않았다 하더라도 여전히 내 손을 놓지 않고 동행하고 계시는 주님을 통해 희망을 품으십시오. 아멘!!

♡ 주님, 어떤 상황에서도 주님으로 인한 희망을 품게 하소서.
　지나온 한 해도 무사히 보내게 해주신 주님께 감사합시다.

나의 영적 일지

12월 31일
승리할 이유

읽을 말씀 : 고린도전서 9:20-27

● 고전 9:25 이기기를 다투는 자마다 모든 일에 절제하나니 그들은 썩을 승리자의 관을 얻고자 하되 우리는 썩지 아니할 것을 얻고자 하노라

매년 초에 발행되는 미국 침례교 연합의 회보에 이런 글이 실린 적이 있습니다.
"한 걸음으로 너무 멀리 가려고 하지 말라.
너는 앞으로도 계속 걸어야 한다.
한마디 말로 네가 누구인가를 말하려 하지 말라.
너는 말을 계속 해나가야 한다.
1인치의 성장으로 만족하려 하지 말라.
너는 계속 성장을 해야 한다.
하나의 행동으로 모든 것을 이루려고 하지 말라.
너는 계속 행동해야 한다."
우리의 인생은 한 해로 끝나는 것이 아니라 계속 이어지기 때문에 한 해의 성공으로 자만할 필요도, 한 해의 어려움으로 낙심할 이유도 없습니다.
리빙스턴의 뒤를 이어 험난한 아프리카에서 모진 고초를 당하면서도 "나는 매일 지치고 무너지지만 하나님이 포기하지 않으시기에 예수님과 더불어 반드시 승리할 것이다"라고 고백했던 선교사 댄 크로포드처럼 어떤 상황 가운데에서도 포기하지 말고 다가올 승리를 선포하십시오.
주님께서 우리를 위해 예비하신 새해를 잘 준비해 주님이 주시는 큰 복을 누리며 그 복을 이웃과 나누면서 사십시오. 아멘!!

♡ 주님, 지금까지 살아온 것이 주님의 크신 은혜 때문임을 깊이 감사하게 하소서.
🙏 지나 온 모든 날들이 주님의 은혜였음을 송구영신 예배 가운데 고백합시다.

나의 영적 일지

《맞춤형 30일간 무릎기도문 시리즈》

염려대신 기도합시다! 기도하면 문제가 해결됩니다!

동아일보- 2016년 2월 4일자

가정❶ 자녀를 위한 무릎기도문
가정❷ 가족을 위한 무릎기도문
가정❸ 남편을 위한 무릎기도문
가정❹ 아내를 위한 무릎기도문
가정❺ 태아를 위한 무릎기도문
가정❻ 아가를 위한 무릎기도문
가정❼ 재난재해안전 무릎기도문(부모용)
가정❽ 재난재해안전 무릎기도문(자녀용)
가정❾ 십대의 무릎기도문(십대용)
가정❿ 십대자녀를 위한 무릎기도문(부모용)

교회❶ 태신자를 위한 무릎기도문
교회❷ 새신자 무릎기도문
교회❸ 교회학교 교사 무릎기도문

365❶ 우리 부모님을 지켜 주옵소서(365일용)
365❷ 번성하게 하고 번성하게 하소서(365일용)
365❸ 자녀축복 안수 기도문(365일용)

기도❶ 선포(명령) 기도문

망망한 바다 한가운데서 배 한 척이 침몰하게 되었습니다.
모두들 구명보트에 옮겨 탔지만 한 사람이 보이지 않았습니다.
절박한 표정으로 안절부절 못하던 성난 무리 앞에 급히 달려 나온 그 선원이
꼭 쥐고 있던 손바닥을 펴 보이며 말했습니다.
"모두들 나침반을 잊고 나왔기에 … "
분명, 나침반이 없었다면 그들은 끝없이 바다 위를 표류할 수 밖에 없을 것입니다.

우리는 삶의 바다를 항해하는 모든 이들을 위하여
그 나침반의 역할을 하고 싶습니다.
우리를 구원하신 위대한 주 예수 그리스도를 널리 전하고 싶습니다.

"하나님은 모든 사람이 구원을 받으며
  진리를 아는 데에 이르기를 원하시느니라"
(디모데전서 2장 4절)

하나님은 나의 힘이요 구원이십니다
김장환 목사와 함께 / 경건생활 365일

발행처 | 나침반출판사
발행인 | 김용호

발행일 | 2018년

등 록 | 1980년 3월 18일 / 제 2-32호
주 소 | 157-861 서울 강서구 염창동 240-21
        블루나인 비즈니스센터 B동 1607호
전 화 | 본　사(02)2279-6321
        영업부(031)932-3205
팩 스 | 본　사(02)2275-6003
        영업부(031)932-3207

홈페이지 | www.nabook.net
이 메 일 | nabook@korea.com
          nabook@nabook.net

ISBN 978-89-318-1549-8
책번호 마-1053

※이 책은 김장환 목사님의 설교자료와
  여러 자료를 정리해 만들었습니다.

값은 뒷표지에 있습니다.